大学者谈史系列

中国史学精神

李宗侗 著

中国文史出版社

图书在版编目（CIP）数据

中国史学精神 / 李宗侗著 . -- 北京：中国文史出版社，2023.9
（大学者谈史系列 / 史鸣主编）
ISBN 978-7-5205-4223-4

Ⅰ.①中… Ⅱ.①李… Ⅲ.①史学 – 研究 – 中国Ⅳ.① K092

中国国家版本馆 CIP 数据核字 (2023) 第 139429 号

责任编辑：方云虎

出版发行：中国文史出版社
社　　址：北京市海淀区西八里庄路 69 号院　邮编：100142
电　　话：010-81136606　81136602　81136603（发行部）
传　　真：010-81136655
印　　装：廊坊市海涛印刷有限公司
经　　销：全国新华书店
开　　本：16 开
印　　张：34.25
字　　数：399 千字
版　　次：2024 年 1 月北京第 1 版
印　　次：2024 年 1 月第 1 次印刷
定　　价：98.00 元

编者说明

　　李宗侗治学，上探古史，下及近代，对中国古代史、晚清史、史学史等均有专门研究，成一家之言。本书收录作者论史文章30篇，选自作者几部代表性著作。全书由三个部分和附录组成。第一部分，"中国史学起源"收录作者论述中国史学源流的论文12篇；第二部分，"史家与史官"收录作者论述中国著名历史学家和史学著作的文章10篇；第三部分，"历史的剖面"收录作者就某一个专门问题撰写的文章8篇，从具体的侧面反映李宗侗的史学观点。附录为李宗侗著述目录。

　　本书的编辑重点参考了李宗侗《中国古代社会新研　历史的剖面》和《中国史学史》《李宗侗文史论集》《李宗侗自传》等著作，订正了个别错讹。

编　者

目　录

第三篇　历史的剖面

附　录

第一篇　中国史学起源

史的起源

第一节　史之初义为史官

史之初义为史官而非指史书。在这一点上，与欧西史字出自希腊文"Historia"者不同。希腊文初义为"真理的寻求"，所指为史书。在中国，史书是后起之义，由史官而引申成史官所写之史书。

史之初义为史官，更可以文字证明之。《说文解字》"史部"：

> 史，记事者也，从又（手）持中；中，正也。

许君谓史为记事的人，即是史官，甚是；但谓中为正，实误。吴大澂《说文古籀补》颇驳此说：

> 史，记事者也，象手执简形。按：古文中作 𠂹，无作中者。

以手持之中为象简形，而非中正之中，盖古文 中 与 𠂹 不同。史所从之字作 中，而钟鼎文中字作 𠂹，两字原不相似。王国维在《释史》中，则以为中象盛简或盛笑之器，而江永《周礼疑义举要》早已说过：

> 凡官署簿书谓之中，故诸官言"治中"、"受中"、"小司寇断庶民讼狱之中"，皆谓簿书；犹今案卷也。

以上各说，除许君释中为正，象无形之物，去古人心理过远外；无论以中象简形，或象盛简抑盛筭之器，其为象所手持记事用简策之形则一。故史之初义确为掌史之官（手持简策记事的人），而非史书（简策），明矣。

然则其职务又若何？其初盖与巫祝相近也。其所包括之职务，既烦且广，固不若后世史官之简单。王国维在其《释史》中，颇能窥见其中消息：

> 史为掌书之官，自古为要职。殷商以前，其官之尊卑虽不可知，然大小官名及职事之名多由史出，则史之位尊地要可知矣。……古之官名多从史出。殷周之间，王室执政之官，经传作卿士（《书》"牧誓"、"洪范"、"顾命"；《诗》"商颂"）；而毛公鼎、小子师敦、番生敦作卿事；殷虚卜辞作卿史；是卿士本名史也。又天子、诸侯之执政，通称御事（《书》"牧誓"、"大诰"、"酒诰"、"梓材"、"洛诰"、"文侯之命"），而殷虚卜辞则称御史，是御事亦称史也。又古之六卿，《书·甘誓》谓之六事；司徒、司马、司空，《诗·小雅》谓之三事，又谓之三有事；《春秋左氏传》谓之三吏；此皆大官之称事若吏，即称史者也。

是则史之最初"位尊地要"，诚若王氏所言。但其最初职务不限于掌书之官，王氏对此点则稍嫌错误。因其职务之范围，远较掌书为广，此所以后之官名多从史出；若最初只是掌书之官，则后代与掌书无关的职务何以亦用史来称之？因为最初史的职务甚广，所以厥后各官多以史称，可谓为最初史职之分化。

直至东周，史与祝及史与巫，尚常比举，汪中《述学·左氏春秋释疑》：

> 楚公子弃疾灭陈，史赵以为岁在析木之津，犹得复由。吴始用师于越，史墨以为越得岁而吴伐之，必受其凶。然则史固司天矣。有神降于莘，惠王问诸内史过，过请以其物享焉。狄人囚史华龙滑与礼孔，二人曰："我太史也，实掌其祭。"然则史固司鬼神矣。陨石于宋五，六鹢退飞过宋都，襄公问吉凶于周内史叔兴。有云如众赤鸟，夹日以飞三日，楚子使问诸周太史。然则史固司灾祥矣。陈敬仲之生，周太史有以《周易》见陈侯者，陈侯使筮之。韩起观书于太史，见易象。孔成子筮立君，以示史朝。然则史固司卜筮矣。

《楚语》：

> 及少暤之衰也，九黎乱德，民神杂糅，不可方物，夫人作享，家为巫史。

按：巫史连文，即以其职务相似，《楚语》注谓："巫主接神，史次位序。"实属强分。原文不云乎："在男曰觋，在女曰巫，是使制神之处位、次主，而为之牲器时服。"则巫亦能次神之处位，其职权并非史所专有。总上《左传》及《国语》所记载，则史至东周时，其职务仍与巫祝难有所分。亦即说，史与巫祝同是掌理天人之间各种事务。若往前推，史之职务，只能与巫祝更近，且更进一步；若从王国维谓"中为盛筮之器"而"古者筮多用筮以代蓍"（《释史》注）之说，尤与前所谓史之最初职务包括占卜相合。从中者，或最古之史官职务且以占卜为最重要。占而后记之，又与商代贞人之先卜贞而后刻于甲骨上者相类似，贞人犹能保存史官之古义；而贞人者，亦古代史官之一种也。

刘知几《史通·史官》篇：

> 寻自古太史之职，虽以著述为宗，而兼掌历象日月阴阳度数。

按：刘知几身处唐代，当时的史官已与巫祝相远，而以著作为专业，故误会古代史官亦以著述为宗。然刘氏仍能明了古代太史兼掌历象日月阴阳度数，则其说传自更早，应为吾人所重视。此亦足证明史之初义与巫相近。且据司马迁本身所言，亦颇能窥得其义。《汉书·司马迁传》：

> 仆之先人，非有剖符丹书之功；文史星历，近乎卜祝之间，固主上所戏弄，倡优蓄之。

迁所谓史在卜祝之间，是也。故《后汉书·百官志》云：

> 太史令一本注曰（按：此为司马彪注）：掌天时星历，凡岁将终，奏新年历；凡国祭祀丧娶之事，掌奏良日及时节禁忌；凡国有瑞应灾异掌记之。
>
> 丞一人，明堂及灵台丞一人。本注曰：二丞掌守明堂灵台，灵台掌候日月星气，皆属太史。又引《汉官仪》曰：太史待诏三十七人，其六人治历，二人龟卜，三人庐宅，四人日时，三人易筮，二人典禳。……

则直到后汉，太史之职务尚包括历算、占卜、望气等。且后汉太史令单飏，以"善明天官、算术"入《方术列传》。太史令张衡则"尤致思于天文、阴阳、历算"（《后汉书·张衡列传》），而

《方术列传》称在"中世张衡为阴阳之宗"焉。皆足证明至东汉之时，史仍与巫有关，则其最古之本职更无论矣。

总以上所说，史之初义为史官，而其职权凡三变。总全国一切之教权政权，最初之职务也。（王国维《释史》："自《诗》《书》彝器观之，内史实执政之一人，其职与后汉以后之尚书令，唐宋之中书舍人、翰林学士，明之大学士相当，盖枢要之任也。"）盖最古教权与政权原不分，史既掌管一切天人之际的事务，则总理一切政权教权，亦极合理。后渐演变，因政权与教权分离，天人之际属于教权范围，故史官职权缩小，只包括天人之际的事务及其记载而不能参预政权，此第二阶段也。只以著国史为事，此第三阶段。亦即后世对史官之普通观念。盖时代愈后史官之权愈小，愈古权愈广，明乎此，方能知史之真谛。即以地位而言，亦最初极尊，而后转卑。《汉书·司马迁传》注引如淳曰：

> 《汉仪注》：太史公，武帝置，位在丞相上。天下计书先上太史公，副上丞相，序事如古春秋。

《史记·太史公自序》"正义"引虞喜《志林》亦曰：

> 古者主天官者皆上公，自周至汉，其职转卑；然朝会坐位，犹居公上，尊天之道也。（按：《汉仪注》即《汉官仪》，四卷，卫宏著。卫宏，东汉初人。）

观汉太史公坐位尚在丞相上，可知其更早之地位愈尊，职务愈重，似毫无疑矣。

第二节　古代史掌于贵族

古代王国典册皆掌于王官；列国者掌于列国之官吏；下至大夫，其家族的典册，亦为其族所私有。非官吏非独不能掌理，且不能学习，且亦无从学习。学必有师，师皆是贵族官吏，亦不肯授于外人。史书是典册的一部分，故史书亦掌于官吏，狭义的说掌于史官。史官所传的弟子，仍是贵族，且或者是史官的同族，若晋之董史，即系历代相传者。《左传·昭公十五年》周景王说：

> 及辛有之二子董之，晋于是乎有董史。

又《宣公二年》：

> 太史书曰："赵盾弑其君。"以示于朝。宣子曰："不然。"对曰："子为正卿，亡不越竟，反不讨贼，非子而谁？"宣子曰："呜呼？我之怀矣，自诒伊戚！其我之谓矣。"孔子曰："董狐古之良史也，书法不隐。赵宣子古之良大夫也，为法受恶。惜也，越竟乃免！"

杜预谓董狐为董史之后，不误。盖董史在晋，历数百年，世掌国史。春秋时齐之太史，且有兄弟继承者，如《左传·襄公二十五年》：

> 太史书曰："崔杼弑其君。"崔子杀之。其弟嗣书而死者二人，其弟又书，乃舍之。

是兄弟四人，相继为太史也。以上两事皆因有弑君而偶然记载在《左传》中，其余世袭的太史，因未遇到政变，故亦无赫赫之名，然史之掌于贵族则无疑矣。

在古代贵族世传的情形下,这是当然的现象。班固《汉书·艺文志》原出自刘歆之《七略》,其所述诸子十家,皆谓为某家出于某官。所说出自某官,固然不尽可凭信;但古代典章,皆掌自官吏,班氏尚能略窥其意。《秦始皇本纪》说:"欲学法令者,以吏为师。"盖犹同古人官守其业。孔子问礼于老子,学琴于师襄,问官于郯子(《史记·孔子世家》)。师襄曰师,是掌乐之官;老子据《史记》为周之柱下史;而郯子是国君。足证在孔子以前,非向贵族无从学习。

最早的史并非统一的,各国各有其史官,已若上所述;各国亦各有其史书,各保存于国中,内容既不尽相同,名称亦不尽相似。所以孟子说:"晋之《乘》,楚之《梼杌》,鲁之《春秋》。"因为史官的职权最初较广,所以最初的史书所记不止是单纯的史迹,若后人所想象者;其所记载且包括一切宗教的活动。因为最早的政治或社会,莫不与宗教有关,而最初政权皆出自神权也。

不只史书名称不同,即史官的名称亦不尽一致。据西、东周的记载,有下列各种名称:

(一)太史:周　《酒诰》:矧太史友、内史友。

齐　《左传·襄公二十五年》,太史书曰:"崔杼弑其君。"

卫　闵公二年,狄人囚史华龙滑与礼孔,以逐卫人。二人曰:"我太史也,实掌其祭。"

晋　《宣公二年》,太史书曰:"赵盾弑其君。"

鲁　《文公十八年》,季文子使太史克对曰:……《哀公十一年》,公使太史固归国子之元。

(二)左史:周　《逸周书·史记解》:左史戎夫。

晋　《襄公十四年》，左史谓魏庄子曰："不待
　　中行伯乎？"

楚　《昭公十二年》，左史倚相。

（三）外史：鲁　《襄公二十三年》，将盟臧氏，季孙召外史
　　　　　　　掌恶臣而问盟首焉。

（四）内史：周　《酒诰》：矧太史友、内史友。

《庄公三十二年》，惠王问诸内史过。

《僖公十六年》，周内史叔兴聘于宋。

《文公元年》，王使内史叔服来会葬。

是知各国史官名称不尽相同。后人或有以记事记言分为左右史之职，如《礼记·玉藻》：

动则左史书之，言则右史书之。

后人不明古代非大一统，遂常寻求画一的制度，如黄以周《礼书通故》卷三十四谓："内史居左，太史居右。"乃谓内史即左史，太史即右史。若观以上所引，周既有内史，又有左史，则左史亦非内史也。章学诚《文史通义·书教上》又谓："记曰：左史记言，右史记动。其职不见于周官，其书不传于后世，殆礼家之悫文欤？"其实周、晋、楚皆曾有左史，如上文所引证，则章说亦非也。盖诸家皆泥于古代与后世相同，有画一之组织，而不知其非也。知各国史官史书之名称不必尽相同，则无须代为整理而求其画一。至于《周礼》有太史、小史、内史、外史、御史，似属较后之组织。因《周礼》一书，写成时期颇有先后，中有较先作品，亦有较晚之增加部分。然太史所属之冯相氏、保章氏，皆掌司天及日月星辰，尚系史官的初职。则五史之增，亦不妨害其保存局部的较古面貌。

卜辞中既有卿史、御史，则商代官吏有史之名称可知。至于《说文解字叙》称黄帝史官仓颉，而《吕氏春秋·先识览》有夏太史；但夏以前传说常极简单，则史之名称是否为当时所有，抑为后人之所加，颇难考证。至于史之职务，其存在于夏代或甚至于夏以前，则当无疑问也。

第三节　史书的演变

最初的史迹既包括一切天人之事，故其范围至广；但较后已随史官职务之缩小范围，而将其大部分记载限于人事。以史书性质的演变而言，可分为四阶段。即最初各国之史，尽由其史官所写，其性质完全为官书，私人无作史书者。苟其欲之，亦无史料足供撰述。此第一阶段也。及春秋之末，贵族陵夷，平民上升，上下阶级紊乱，同时学术开放，昔则为贵族所垄断，今则平民之优秀者亦能因获得知识而加入士的阶级。于是渐有私人著述，史书亦不外此例。战国至西汉可谓为官书与私人著述并存之时代。其重要者如司马迁，虽任太史令之职，但其写成《史记》，则非受汉皇命令而纯粹为私家著述。但在同时期，六国各有史记，而《秦纪》尚存至西汉，司马迁即曾读之。此第二阶段也。及东汉时，班固等即曾受诏著书：

> 召诣校书部，除兰台令史。（《汉官仪》：兰台令史六人，秩百石，掌书劾奏。）与前睢阳令陈宗、长陵令尹敏、司隶从事孟异，共成世祖本纪。迁为郎，典校秘书。固又撰功臣、平林、新市、公孙述事，作列传、载记二十八篇，奏

之。(《后汉书·班固列传》)

　　刘珍，字秋孙。……永初中，邓太后诏使与校书刘騊
騄、马融及五经博士，校定东观五经、诸子传记、百家艺
术，整齐脱误，是正文字。永宁元年，太后又诏珍与騊騄作
建武已来名臣传。

　　李尤，字伯仁。……（和帝时）召诣东观，拜兰台令
史。稍迁。安帝时为谏议大夫，受诏与谒者仆射刘珍等俱撰
《汉记》。（皆《后汉书·文苑列传》）

班固等所撰，后称为《东观汉记》，完全属于官书性质。东汉之
特点，即史书不由太史令撰述，而可由他官，大部分在东观写
成，因：

　　是时学者称东观为老氏藏室，道家蓬莱山。（注：老子
为守藏史，复为柱下史，四方所记文书皆归柱下，事见《史
记》。言东观经籍多也。蓬莱海中神山，为仙府，幽经秘录
并皆在焉。）(《后汉书·窦章列传》)

兰台为东汉皇家图书馆，修史所资，自然于兹取之。此第三阶段
也。魏明帝太和中，始置著作郎，掌撰国史。至唐，更设史馆，
专修官书。然晋以后私家撰史者，屡世不绝。官私兼存，此第四
阶段也。

　　最古史官的职权既甚广泛，其所掌之史书，亦系广义的，
包括一切典章制度，实包括后代所谓六经。章学诚谓"六经皆
史"，颇有局部的合理，因六经最初皆史官所掌。各国的史书，
名称既不尽相同，已如前所述。但普通多以"春秋"名之，而不
称为史，如《墨子》中所引，有周之《春秋》，燕之《春秋》，

宋之《春秋》，齐之《春秋》等是也。以史称史书，似始自司马
迁。在《太史公书》中，凡屡称"史记"，盖指古人所作史。是
史由史官而兼指史书，盖始于秦汉之际。

第四节　史的分类及其范围

以中国史言之，约可分为三类：一曰编年，二曰记事，三曰
传记。或独用一体，或综合众体，史书大约不出此范围。编年者
以年为主，以事系于年月，如《竹书纪年》《春秋》是也。记事
者以事为主，记一事或同类事之始末，而不限于年代，如纪事本
末记某一事或正史中诸志记同类之事是也。传记者以人为主，记
一人或同族或同地域或同性质之人物的事迹，如正史中及杂史中
各传是也。亦有综合各体而成书者，如《史记》各本纪，编年体
也；各书，记事体也；世家及列传，传记体也。

宋以前，多分史书为编年体及纪传体，刘知几《史通》所谓
二体也。宋以后，更有纪事本末一体兴焉。此旧说史书之三体
也。然纪传体实合编年体之本纪与传记体之列传及纪事本末体之
志而成，为一种复杂的组织，似不能独标一体，故今以新三体说
代之。

古人史书多称为春秋，故刘向、刘歆《七略》因之，将史书
入于春秋类。班固据之遂不别立史部，如《国语》《世本》《战
国策》《太史公书》（即《史记》），皆现今所谓史书，而艺文志
属于春秋家。至魏"秘书郎郑默始制《中经》，晋秘书监荀勖又
因《中经》更著《新簿》，分为四部，总括群书"（《隋书·经籍
志》），其丙部则史部也。至宋文帝元徽中，王俭撰《七志》，一

曰经典志，记六艺、小学、史记、杂传。史书与六艺同列为经典，盖仍《七略》之遗意。梁武帝普通中，阮孝绪撰《七录》，二曰纪传录，记史传。史与经又分为二。至以四部分类者，唐则曰经、史、子、集，以史与经并立而次之，盖远师东晋李充分四部而史入于乙部之意也。历代虽稍有更动，然史次于经，从此已定。但其中所包括有超出现在史学史范围者，如地理及金石两门，后因研究范围逐渐增加，以附庸蔚为大国；故现研究史学史者，不再讨论及之，留为地理沿革史及金石史之专门研究。

读中国上古史札记

一 释史新论

史字的初义是史官，现在已经成了不争的定论。许叔重在《说文解字·史部》说：

> 史，记事者也。从又（手）持中。中，正也。

许叔重是东汉时人，他说"史，记事者也"，就是说史指史官而言，想必根据着较他为古的说法。这一点毫无问题。但是，上面所引的话里有问题的，就是以中为正。因为中是表示无形的物件，而较早的人只能表示有实质之物，不能表示用手拿着无形的物——中，这是与古人的思想完全不合的，至清末吴大澂在《说文古籀补》里说：

> 史，记事者也。象手持简形。按古文作 ![字形]，无作中者。

吴氏以为"象手持简形"，这较许叔重所说的中正为合理。后来王国维先生在他那篇名著《释史》中，推广吴氏的意思，以为中象盛简或盛策之器具。《释史》说：

> 吴氏大澂曰："史象手执简形。"然中与简形殊不类。江氏永《周礼疑义举要》云："凡官府簿书谓之中，故诸官言

治中受中，小司寇断庶民狱讼之中，皆谓簿书，犹今之案卷也。此中字之本义，故掌文书者谓之史，其字从又从中，又者右手，以手持簿书也。吏字事字皆有中字，天有司中星，后世有治中之官，皆取此义。"江氏以中为簿书，较吴氏以中为简者得之（简为一简，簿书则需众简）。顾簿书何以云中，亦不能得其说。案《周礼》大史职，凡射事饰中舍算。大射仪司射命释获者设中。"大史释获，小臣师执中先首，坐设之东面，退。大史实八算于中，横委其余于中西。"又"释获者坐取中之八算，改实八算，兴执而俟乃射。若中，则释获者每一个释一算，上射于右，下射于左。若有余算则反委之，又取中之八算，改实八算于中，兴执而俟云云"。此即大史职所云释中舍算之事。是中者，盛算之器也。中之制度，《乡射记》云："鹿中髤前足跪，凿背容八算，释获者奉之先首。"又云："君国中射则皮树中。""于郊间中。""于竟则虎中。""大夫兕中。""士鹿中。"是周时，中制皆作兽形，有首有足，凿背容八算。亦于中字形不类。余疑中作兽形者乃周末弥文之制，其初当如中形，而于中之上横凿空以立算，达于下横，其中央一直乃所以持之，且可建之于他器者也。考古者简与算为一物。古之简策，最长者二尺四寸，其次二分取一为一尺二寸，其次三分取一为八寸，其次四分取一为六寸（详见余《简牍检署考》）。算之制，亦有一尺二寸与六寸二种，射时所释之算，长尺二寸，投壶长尺有二寸。《乡射记》箭筹八十，长尺有握，握素。注：简策也；筹，算也；握，本所持处也；素谓刊之也。

章太炎在他的《文始》中也说：

　　用从卜中，中字作Ⅺ，乃纯象册形，其作中者非初文，乃为后起之字。中本册之类。故《春官·天府》，凡官府乡州及都鄙之治中，受而藏之。先郑司农（郑玄）云：“治中谓其治职簿书之要。”《秋官·小司寇》：“以三刺断庶民狱讼之中，岁终则令群士计狱弊讼，登中于天府。”《记·礼器》曰：“因名山升中于天”，升中即登中，谓献民政要之簿也。尧曰：“咨尔舜，天之历数在尔躬，允执其中。”谓握图籍也。春秋《国语》曰：“余右执鬼官，在执鬼中。”韦解以中为录籍。汉官亦有治中，犹主簿耳。史字从中，谓记簿书也。自太史内史以至府史皆史也。

王、章两位先生皆注意中为简册的解释。但是，我们要注意，古代之有历史是在史官记载史书以前。因为最初的古史，全是一代一代口传的，所谓“十口相传”是也。可见中字应当在简册以外去想象。劳贞一先生首次提出这个问题。在他那篇《史字的结构及史官的原始职务》一文中（见《大陆杂志》第十四卷第三期），以为中不是代表简册，而是代表弓钻。他并且引用了《居延汉简》，以为一直到汉朝，尚有钻燧取火之事，兹引原文如下：

　　御史大夫吉（丙吉）昧死言，丞相相（魏相）上太常昌书言太史丞定言：“元康五年五月二日壬子夏至，宜寝兵，太官抒井，更水火，进鸣鸡，谒以闻，布当用者。”——臣谨案比原宗御者水衡抒太官御井，中二千石，二千石各抒别火官，先夏至一日以除燧取火，授中二千石，二千石官在长安、云阳者，其民皆受，以日至日易故火，庚戌寝兵，不听事，尽甲寅五日。臣请布，臣昧死以闻。（五、一○及一○、一一七）

以上句读皆据劳先生原文。钻木改火这件事见于《论语》。而《周礼》把它分别列在"司爟氏"与"司烜氏"两项下。固然《汉简》所说，是在宣帝时改火仍属于太史令，由这一条我们也可以间接证明，后儒所疑《周礼》是刘歆所伪造的故事，假设这是真的，刘歆何不利用眼前的故事把改火列入太史的官职。《周礼》可以证明不是刘歆所造，亦不是周公致太平之书，它是杂凑而成的，亦有极古传下来的，亦有后人添造的。改火这条亦可作为证据之一。

但是，我很奇怪劳先生已经看到了弓钻与史官的关系，但他又多转了一个弯，要证明龟卜是史官的主要任务。所以又引起了戴君仁先生作一篇《释史》（见《台湾大学文史哲学报》第十二期，一九六三年十一月出版）。它的大意可以说是反对劳贞一先生的意见，仍旧将中的问题回复到简册。他并且引王筠《说文句读》所说：

> 金刻册字，约有 ~~甲乙丙丁戊己庚~~ 诸体，其编皆两，其札或三或四或五，以见札之多少不等，非止两札。

他并且以甲骨文册字有的写成三笔，或四笔为证。因为他坚持史官与简册有关，所以他特别注意符命一事。我的意见是，戴静山先生专注意符命一项，等于劳贞一先生的专注意卜筮一项，事实上这全是史官的职务之一，而不能以偏概全。

我现在提出另一件新的意见，我以为史官与改火有关，所以一直到西汉，据《居延汉简》的记载，改火仍由史官主持。古代的希腊、罗马以及印度皆有祀火典礼。我曾在《中国古代社会史》中证明中国古代亦与之相同。因为他们皆有同类的典礼，想必其来源甚为古老，必始于他们方聚居于中央亚西亚的时代。不只此也，我们知道非洲西南部属于班图种的黑俉俉人（Herero）亦有类似的祀火典礼。

孟子说灭人国者必"毁其宗庙"，因为庙中供有火，毁其宗庙就等于毁其宗庙中所祀的火，否则灭国与灭火同一灭字，就难以解释了。祭祀后必燔肉于火上，然后大家分食，以取人神相感之意。《左传》成公十三年：

> 成子受脤于社，不敬，刘子曰："国之大事，在祀与戎。祀有执燔，戎有受脤，神之大节也。"

又《国语》卷三《周语》：

> 皇天嘉之，胙（禹）以天下。

作天子曰胙以天下，就因为祭祀才有胙肉，胙国同享国一样。这些皆能证明中国古代实在有祀火。按《说文解字·、部》说："主，灯中火炷也。"我们一直到现在，称祭祖先的神主或祭地方神的社主，皆仍旧叫做主，明明是木所做的神牌，何以用"灯中火炷"的主来称呼？这就是因为在改为木牌以前，吾国最早亦曾有祀火的典礼。后来虽改用木牌，但是仍旧保存着最初的名称。并且中国古人相信木能生火，因为火在保存中时常发生困难，所以后人就直接用生火的木来为代表。这大约就是为什么改成木制牌位而仍旧保存主的旧名称原因。因为改火是由史官主持，大约最初生祭祀的火亦由史官。然则史官手中所拿的中，不是代表钻龟所用的弓钻，而是代表祀火所用的钻燧。近来我曾对劳贞一先生当面提出此意，颇承他很同意我的看法。

至于戴静山先生所提出史与巫的关系，我亦是非常赞同的。在最初只有神权，所以巫史特别有权力。后来社会演化了，于是在神权中分出了政权，所以史同巫仍保存着大部分最高的权力，而成为天人之际的重要人物。关于策命一事，史官仍旧保存最早的职务。而最初占卜大约亦是由史官管理，所以一直到商代，贞人占卜后将辞刻在甲骨上。因为在较早，取火的钻燧同钻龟的弓钻恐怕只是一件事。钻燧为着取火是有神性的；弓钻为着问同亦是有神性的。

我的结论是说史官手执之中是弓钻，不如直接的说是钻燧更比较的近于情理。

二　中国上古史的同源异派合流说

在顾颉刚中国上古史的层累造成说以外，我认为还有另一种也很重要的，我称它为同源异派合流说。我这是拿几条水来做比喻，它们发源的地方是在同一或相近的地方，而后它们各向不同方面流出，并且所经过的地点不同，因此，它们各水沿途所吸收的物质亦各不相同，所以我说它异派，但后来它们又合流到一处，多半经过人工的混合，变成了合流，这个时间大约在战国及战国以后，于是又变成上古史一种古怪的现象。

我再在事实上来举几个例，可能使大家更明白我的意见。这种说法现在只用在五帝上面。大家知道五帝之说始见于《大戴礼·五帝德》篇，太史公的《五帝本纪》就是根据《大戴礼记》而来的。

因为我看见在中国上古史里边，常常有两个人并列成一小团体，这就是黄帝与炎帝、颛顼与帝喾、帝尧与帝舜，我以为他们每一对最初全是由一个传说传下来的。在《史记·五帝本纪》中固然只有黄帝，但事实上它所说的事情亦有炎帝的存在，所以古代所说的五帝，事实上仍有六帝，而其源流皆出自传说中的两帝。《史记》说："（1）轩辕之时神农氏世衰，诸侯相侵伐，暴虐百姓，而神农氏弗能征。于是轩辕乃习用干戈以征不享，诸侯咸来宾从。（2）而蚩尤最为暴莫能伐。（3）炎帝欲侵陵诸侯，诸侯咸归轩辕，轩辕乃修德振兵……以与炎帝战于阪泉之野，三战然后得其志。（4）蚩尤作乱不用帝命，于是黄帝乃征师诸侯，与蚩尤战于涿鹿之野，遂禽杀蚩尤。（5）而诸侯咸尊轩辕为天子，代神农氏，是为黄帝。"这里边有互相冲突的地方，一面说诸侯相侵伐暴虐百姓而神农氏弗能征［见（1）］，另一方面说炎帝欲侵陵诸侯［见（3）］，既然说他弗能征，何以他又能侵陵诸侯，这两句话是互相冲突的。这种怀疑不自我开始，清儒已经有人说过，我以为这是两种传说的不同，一种是黄帝之代炎帝，是用征诛的方式，另外一说，诸侯咸尊轩辕为天子代神农氏［见（5）］，这内中有禅让的意味。本来事实上说起来，征诛同禅让只是一件事的两面。譬如大家全知道，尧是让舜登帝位的，普通全说是禅让；但是据《史记正义》引《竹书纪年》说："竹书云昔尧德衰为舜所囚也。"《正义》是唐人所作，彼时《竹书纪年》这部书尚完整无缺，这证明尧舜之间在禅让的传说以外亦有征诛的一说，这两种传说与黄帝同炎帝之间的传说颇相近似，这亦使我更加信黄帝同帝舜、炎帝同帝尧，最初只是一个同源的传说，而以后传说所经的地方及口传的民族各不相同，所以愈往后愈复杂，尧舜的传说自然就比黄帝同炎帝的传说更趋于复杂。

　　至于颛顼同帝喾，《史记》上所说的："颛顼静渊以有谋，疏通而知事，养材以任地，载时以象天，依鬼神以制义，治气以教化，絜诚以祭祀。"而帝喾，《史记》又说："普施利物不于其身，聪以知远，明以察微，顺天之义，知民之急，仁而威，惠而信，修身而天下服，取地之财而节用之，抚教万民而利诲之，历日月而迎送之，明鬼神而敬事之。其色郁郁，其德嶷嶷，其动也时，其服也士，帝喾溉执中而遍天下，日月所照，风雨所至，莫不从服。"这完全是空泛的记载，并没有实事可以证明，大约若举出事实来，他们恐怕仍旧同黄帝及炎帝或帝尧同帝舜相同吧。为什么说他们两个是一对，就是因为《史记集解》引《皇览》说："颛顼冢在东郡濮阳顿丘城门外广阳里中。"而《帝喾下》引《皇览》曰："帝喾冢在东郡濮阳顿丘城南台阴野中。"两者相近，所以我说颛顼同帝喾是一对。

又按：帝喾在古书中时常与帝俊相混，而郭璞以帝俊为帝舜，于是帝喾又同帝舜混乱了。不过这并没有什么重要的关系，反能证明我所说的帝喾与帝舜皆是由一个同源的传说传下来的。王国维先生在研究夒字中，曾解释过帝俊与帝喾的关系，他说："此称高祖夒，案卜辞惟王亥称高祖王亥，或高祖亥，大乙称高祖乙，则夒必为殷先祖之最显赫者，以声类求之，盖即帝喾也。帝喾之名已见《逸书·书序》，自契至于成汤八迁，汤始居亳，从先王居，作《帝告》。《史记·殷本纪》告作诰，《索隐》曰：'一作俈。'案《史记·三代世表》、《封禅书》、《管子·侈靡篇》，皆以俈为喾，伪《孔传》亦云：'契父帝喾都亳，汤自商丘迁亳，故曰从先王居。'若《书序》之说可信，则帝喾之名已见商初之书矣。诸书作喾或俈者，与夒字声相近，其或作夋者，则又夒字之讹也。《史记·五帝本纪索隐》引皇甫谧曰：'帝喾名夋。'《初学记》九引《帝王世纪》曰：'帝喾生而神灵，自言其名曰夋。'《太平御览》八十引作逡。《史记正义》引作岌。逡为异文，岌则讹字也。《山海经》屡称帝俊（凡十二见），郭璞注于《大荒西经》帝俊生后稷下云：'俊宜为詧。'余皆以为帝舜之假借。然《大荒东经》曰：'帝俊生仲容。'《南经》曰：'帝俊生季釐。'是即《左氏传》之仲熊、季狸，所谓高辛氏之才子也。《海内经》曰：'帝俊有子八人，实始为歌舞。'即《左氏传》所谓有才子八人也。《大荒西经》：'帝俊妻常羲，生月十有二。'又传记所云：'帝喾次妃诹訾氏女曰常羲，生帝挚者也。'三占从二，知郭璞以帝俊为帝舜，不如皇甫以夋为帝喾名之当矣。"（《观堂集林》卷九、《殷卜辞中所见先公先王考》）。

上文已说过，黄帝同炎帝之间似乎有两种不同的传说，一种是禅让，另一种是征诛。我并且说过这只是一件事的两面，只看的人角度不同而已。在尧同舜之间，也存在着这两种传说，尧让位于舜是最普遍的而最使后人相信的。譬如《论语·尧曰篇》如此说，而孟子时代更大发挥这种意见。可是《史记正义》引《竹书纪年》说："昔尧德衰为舜所囚也。"《正义》是唐朝人所作，那时《竹书纪年》原本尚存在，不像现存本是明朝人所改定，所以这一说必有甚古的来源。这同"以与炎帝战于阪泉之野，三战然后得其志"，可以说炎帝同帝尧全是被迫而让位，这大约另是一种传说。所以我说五帝中有两对两对的传说同源，就是说黄帝同炎帝一对，颛顼帝喾一对，尧舜是一对。因为他们最初是同源，所以传说的内容颇相近似。本来同源异派各说各的话并不要紧，可惜的是到后来，大约在春秋以后，有人忽然使他们合流，而忘记了他们根本是同源的，所以使中国古代史发生了异常的混乱。更不幸的是五帝的历史并且加上他的世系，所以成了定型，而传至几千年以后。

（原载《大陆杂志》第 29 卷第 10、11 期合刊本，1964 年 12 月）

炎帝与黄帝的新解释

在抗战中间，我住在上海，而徐旭生（炳昶）先生从昆明来信，先说起我以前所作的多半是为人之学，而现在他希望至今以后，我专门做的是为己之学，徐先生的原信如下：

> 《古邦》叙文实属不朽鸿制。其中至新至精，万不容非议之发现，堪填满篇幅。拜读之余，五体投地。先生虽曾有大功于故宫，然终属为人之意多而自为之意太少。因迫深藏，使先生能致力于名山之业，或天之所以特福善人乎？昶此生此世，止希望能读先生此等之十许篇。在昶为不虚此生，在先生则已千秋业成。名世巨制原不能有多少篇。

后来就编这篇叙文及其他若干篇材料合成，在北平琉璃厂来薰阁刊行《中国古代社会新研》，这是我这部书首次的出版；后来在民国三十四年，开明书局有同类书的刊出，实在等于再版。因为我在这部书里有研究祀火的问题，所以徐先生就问到我《楚语》所说的火正问题，由于火正而牵涉到重黎，由于重黎而牵涉到《汉书·匈奴传》所说的撑黎，更连累的说到西藏的腾格里湖，这一连串的问题，我不只同徐先生谈起，在民国三十六年，我再回到北平的时候，更与王静如先生谈起，他说在阿尔泰语系中有的固然如我在文章中所假定，如匈奴人称天为腾格黎，而且另一种如唐代的突厥语称天为同利，也是同一字。我在十年前，有一次在台湾大学也同李方桂先生谈起这类的问题，因为当时我曾经问他，是不是藏语与阿尔泰语也有关联，他当时回答我说，这个问题谈起来就大了，因此我现在就把当时写的徐旭生先生的这封信转录在后面，以表示对李方桂先生及同类学者的敬意。虽然我对语言是外行，但仍希望李方桂先生及陈寅恪先生指教。所以提到陈寅恪者，就因为王静如是他的学生。

承询重黎一节，我近对此事颇有少些意见，谨列于后，以备批评与采择。

南正重司天，火正黎司地之说见于《楚语》观射父之言，观射父则东周中叶之人也。黎为火正亦见于《郑语》史伯之言，史伯则西周末之人。虽《楚语》及《郑语》的编辑时代不可确知，但在东周则似无疑。可以说南正重司天，火正黎司地之说至晚在东周中叶已经存在。现尚须研究这说是否系初型。

我以为这只是变型而非初型，请详其说。观射父之言系为解释《周书》所谓重黎实使天地不通，《周书》专指《吕刑》乃命重黎绝天地之事。于是我们不能不先一观察《吕刑》这篇。

《吕刑》辟首几句："惟吕命王，享国百年耄荒，度作详刑以诘四方。"历来考证家皆未得其确解，以至影响《吕刑》全篇的意义。傅孟真先生说吕命王不得释作王命吕，甚是，但他以为这是西周吕国的文章则非。吕国固然与这吕有关，但《周书》所采非姬姓者只《秦誓》一篇，秦尚系周所属的诸侯，即以非王室的文字而论，亦只《秦誓》《费誓》两篇；何以他忽采及不属周而自称王的吕国文字？再以吕国而论，吕是姜姓所谓伯夷之后，他说"伯夷降典，折民惟刑"可也，他何必牵到别人的祖先而说"禹平水土，主名山川；稷降播种，农殖嘉谷"呢？可以说《吕刑》是周代吕国的文章近似而非甚确。我以为《吕刑》是西周周室发表的文章，或者就在穆王时代，若旧说所传，其中有一部分是新的文章，若"墨碎疑赦，其罚百镮"等句，亦有一部分极古的。首句就属于这极古的部分。惟吕命王就是惟吕命王，但吕不是甫侯而是姜姓图腾之一的吕。无论古代初民，无论近代初民，谓刑受自神是极普遍的现象，其例甚多，兹略举以下二项为例。斯巴达法典相传由 Lycurgue 受自 Delphe 神庙，见希腊史家Plutargue 书；巴比伦法典亦由 Hammurabi 王受自神，现存石碑上端为王受法典之像，下端为法典全文。

吕既是姜姓图腾之一，则姜姓谓其刑为自吕所命，自然毫无疑义。并且下文明言度作详刑，现通行本《吕刑》固无详字，但《周礼·大司寇注》所引则有之，篇中亦言"告尔祥刑"，篇末亦言"鉴于兹详刑"。祥刑即详刑，亦即羊刑，此亦若《禹刑》、《汤刑》也。吕命王作详刑而享国百年毫荒一句，则是吉利之词，王泛指吕所命之各王，后儒谓穆王享国百年误矣。等于若谓某姜王，某吕王，某周王，享国百年亦误矣。

吕是姜姓的图腾，《吕刑》原出自姜姓，何以姬姓如周室亦用其字句呢？这就因为姬姜原有极密切的关系。我在拙著《希腊罗马古代社会研究序》中已说及姬姜是一个部落的两部 Phateries 历世互为婚姻。周代的厥初生民是姜嫄。考近代初民社会部落中的两部并且时互相消长其势力，有时甲部势长而沦乙为附庸，有时乙部反得势。两部虽互为婚姻而亦时常交哄。姜姬部落亦曾若是，最初姜部势强，所以《史记》说炎帝为天子；后来姜部势衰，姬部厉害了，所以说黄帝战败炎帝代为天子。一因势力，二因婚姻，两方遂有习俗的交流，使全部落的文化渐趋一致。吕图腾最初的资格，虽是姜部的祖先，后更渐分化为吕神；民不祀非族，姬姓固然不能祀姜姓的祖先，但他们不妨亦敬奉吕神，所以姬姓亦重视吕。二因姬姓的文化较姜姓的吕团落后（非较姜姓普遍的落后，因东周时尚有落后的姜戎，汉时尚有更落后的西羌），所以黄帝能战败炎帝，诚若来示所云。惟其落后，他所以无姜姓这般完备的《吕刑》，因此他们就接受了姜姓的而沿用其字句。有此二因，《吕刑》就由姜部而至于姬部。

然则现本《吕刑》与最初姜姓所传者文字初无二致么？则又不然。比若最初本《吕刑》当只有"伯夷降典，折民惟刑"这句，而无禹稷等句。伯夷典礼（见于《尧典》），能礼于神（见于《郑语》），古者礼刑不分，典礼即典刑，且后亦言"今尔何监？非时伯夷播刑之迪"。姜伯夷之后，所以称道其祖，若禹是姒姓之祖，稷是姬姓之祖，初本《吕刑》必不称道他们。后来《吕刑》由姜部而通用及姬部，周人亦欲尊其祖，遂加上"稷降播种，农殖嘉谷"一事。至于"禹平水土，主名山川"是周人亦尊禹如《閟宫》所谓后稷缵禹之绪而加上者，抑是《吕刑》在传至周人以前曾经过姒姓而加上者，现颇难知，但这两事非初本《吕刑》所有，则似无疑。由是而观，由初本《吕刑》以至西周的现本《吕刑》，其间曾有过若干次增益，但亦保存若干原文，若篇首所云云。我意乃命重黎绝地天通，若非原文，亦属于较古部分，当远在西周以前。

《吕刑》的来源既明，再论重黎及绝地天通。我意重黎只系一人，后所谓重，黎只系分化。前年所作《中国古代图腾制度及政权的逐渐集中》时，曾谓最古的中国语言是复音而非单音，并以黾之初音当读若蜘蛛，蜘蹰即其分化而保存旧音者。后对此更获得若干证据。以重黎而论，初音当读重黎，其图画文字则作重，而童、董及呈皆其分化字。祝融八姓有董姓，仍系重姓。《楚语》谓程伯休父是重黎后，程呈同字，汉冀州从事郭君碑："先民有呈"即"有程"足证，则程仍是重。重黎能绝地天通，亦必系天神，对此亦有旁证。匈奴有撑犁孤涂单于者，班氏谓撑犁之意为天。撑犁当即系重黎，重黎亦即系天。我意重黎实即祝融图腾之一，由图腾变为天，变为司天之神，乃系图腾变化的通例。另一变化通例是图腾的地名化。地之得名皆由于图腾团之定居其地，比若徐旭生先生所云之姜水及姜氏城皆由于姜图腾团之定居其地以得名。若重非图腾，则重丘、董泽、毕郢、楚都之郢等地之得名无从矣。

《汉书·匈奴传》：其国称之曰：撑犁孤涂单于。匈奴谓天为撑犁，谓子为孤涂，单于者广大之貌也。苏林曰：撑音掌距之掌。

重黎复音更有一证。晋文公名重耳，耳古音尼，聂之今音，耳之粤音，尔在古时与你同字，皆足为证。黎与耳只系 gl 与 gnl 之对转，所以重耳即重黎，晋原疆以戎索，而晋文又出自大戎狐姬，则以重黎为名并无足异，况其弟兄，夷吾、奚齐的名字亦似皆带几分戎气〔我因此颇疑太史公及有些汉儒稍知此种消息。《文侯之命》郑君谓为文侯仇，但史公及刘向（《新序·善谋篇》）皆谓为文公重耳，其实"父义和"既未明言仇，亦未明言重耳，而文侯之称则近于仇。疑汉儒相传有类扬子云《法言》"義近重，和近黎之说"，遂以义和（義和）为重耳（重黎）也。此说颇觉甚辩，而又不敢自信，恐怕辩恰足以饰非，故置之括弧里，请阅者教之〕。

更深一步研究，重黎之原始音当为重格黎，与泽言天湖之腾格里音相同而仍系一字，腾格里之意为天，与撑黎之为天相同，尤足证明重黎之为图腾之天化者，重黎、撑黎、腾格里只系一字的分化，这更足证明重黎存在之久古。或者有人疑问黎若果读格黎,何以汉代译匈奴语者不曰撑格黎,而只曰撑黎?以汉代译音论,黎之原始音反当证为黎而非格黎。此说骤闻似近理,若细审之则仍非是。兹特答证其非并同时证明黎之原始音当为格黎。汉代人不译撑黎为撑格黎,即因汉代人尚读黎若格黎而非若现人之读若黎,汉书之撑黎,现实当读若撑格黎也。高本汉谓前之舌音(g、k等)曾保存至前汉,以楼兰译音之楼,各(g)之与洛(l)等为证,前汉人读楼、各、洛等音发端当以 gl,其论甚确,亦足证撑黎即撑格黎之译音,而重黎之原始音亦当若重格黎无疑。我更以为现在天字之读音仍系重格黎之余音。

由重黎之为撑黎,及为腾格里,足见其在空间上之广远。若非他在时间上之久古存在,则在空间正亦难若是传布之广远。况以在中国文字上而论,重、童、呈……等象形文亦甚纷歧,亦足证其曾经长时间的变化。以拙见言之,重黎实较他的孙子史迁旅行的地方多,他不只"西至空同,北过涿鹿,东渐于海,南浮江淮",他且曾"西至中亚,北过蒙古,东逾于海;南渐于洋矣";颇疑重黎传说远至于美洲及澳洲,故有后二语,然其确实尚待证明。

重黎之原始音既明,更讲其"绝地天通"。这虽非表现历史事实,但能表示初民一段思想,背景。因此尚须一讨论初民对图腾的观念。

姓即图腾,而姓者,人所生也。然则姓即祖先乎?则又近是而略非。图腾只是祖先的前身。祖先是有个性的,而图腾同时有个性而无个性(personal-inpersonal),图腾同时是全体亦是单位(unity-all),图腾不只能生图腾团员,并能生图腾物(与图腾同名之物,若风团之凤凰)以及创造其图腾类事物。近代初民常将宇宙间现象及物分属于若干团,谓某事物若属于某团,即因他与某团的图腾同性质。我名之为图腾类事物。我以为五行之分,其观念皆远出自这类图腾类事物观念。若以人类全体缩小至一个图腾团时,或说一个图腾自团以为除彼再无人类外,则图腾即等于宇宙,其意义与原始的天无别,盖因天仍系图腾的变化。

更论图腾生人之说。图腾生人即所谓感生也,在这点上,图腾又是感生帝的前身。拙著《中国古代图腾制度及政权的逐渐集中》有一专章讨论此事。初民不识受孕与交媾的联系,相信与男人无干,而受孕自图腾。此亦非与图腾交媾之谓,只须与图腾直接或间接相接触,若契之与玄鸟卵,禹之与苢,后稷之与大人迹是也。但感生仍是物质的,初民所谓气、性皆是实质的而非抽象的词。近代初民相信图腾能分出若干人目不能见的小粒,其小若尘土之细。方与图腾接触之时,这类小粒进入妇人的子宫内,子宫就感觉震动,此即所谓感生。于是又能明白初民的诗句:姜嫄之履大人迹即与图腾的接触,而"载震"之震即系初民所谓子宫的震动。更以本文风光言之,《广雅》:"说重,身也。"此谓有孕为重,即因重黎图腾所发之小粒入妇人而孕,故谓感孕为重;入时必动,故重更引为动。若邑姜方震太叔(《左传》),震亦即孕,重亦即孕;震及动皆为震动;震与动恐仍系一字的分化也。

至人卒后小粒仍返其所由来之原处,以待机会再感生。由于初民思想之含混,小粒虽分自图腾,只是图腾的化身,并非与图腾分而为二(宗教史上有一个普遍且为学者公认的现象,即全体能分出部分,部分分出以后,全体仍旧完全存在,并不因此而稍减。这公例亦适用于图腾上)。所以亦能说小粒仍即图腾。于是生人与图腾间有不断的往来,若假设重黎图腾所居之处为天,则天地自然可通,因为人之生由于图腾之下降自天,而人之卒由于图腾之由地返天上也。这时的人无个性,皆系图腾的分化。及人的格性渐明而观念变。

人既渐趋向个性化，祖先亦趋向个性化，而历代祖先各有各的不同，图腾团团员不再皆是图腾的降生，只始祖是图腾所生，而团员皆顺序与始祖有关系，而间接与图腾有关。图腾不再降下地，而团员亦不能再上天，于是绝地天通，绝地天通的前后实代表两种思想。前者信团员皆系图腾的降生；后者信图腾只生始祖，而始祖生二世祖，二世生三世……以至于现代团员。

重黎原系图腾，变而为司天之神；其时天亦包括宇宙而言。及天分为天地，后世太极生阴阳两仪之说，当即出于这类思想，重黎遂不得不分为二，重遂司天，黎遂司地。此说当较《吕刑》之说迟晚的多。

最可笑者，重黎既司宇宙，就是上帝，而《吕刑》谓上帝使重黎，此一人而分为二者；再以吕而论，吕亦即黎的分化，吕告王说上帝使重黎，则又一人而分为三人。这又足证《吕刑》之距传说之始，曾经过若干改变，而传说当始于远古矣。至于重黎之为官，则更后矣。

更就文字上言之，我颇信象形文字的起因，至少一部分象形文字的起因，与图腾有关。此言至今犹深信之。即以重黎而论，其象形文字有多式，兹列于下：

（1）重

（2）童　童与重实同字，后更分化者，《檀弓》所谓“嬖重汪锜”即嬖童。“鍾”与“鐘”实仍即一字一物，用为乐器则曰鐘，用为量器则曰鍾，最初物既不分字亦不分。

（3）𡈼，呈，程，郢，重从𡈼，而程之意又为重量，𡈼及其分属与重当系一字。

（4）坙，陘。坙从𡈼声，而祝融后苏公所属之地又有陘，坚仍王之分体。

（5）陈 陈重仍系一声之转，古时谓不轻为重，今俗语谓不轻为陈（沉），音读不同，意则仍旧。《汉书·食货志》"太常之粟陈陈相因"亦即重重相因。最足为决证者，《穀梁传》"毁宗庙，迁陈器"，即《孟子》所谓"毁其宗廟，迁其重器"也。陈器即重器，比若"宝玉大弓"矣，范宁不得其解，绕湾而释为乐器，误矣。重器固有时包括有一部分乐器在，但非皆系乐器也。

（6）州 州者重之对转，且苏公所属之地亦有州。

（7）祝 祝亦即州，且重黎亦即祝融。

（8）曾，鄫 層亦即重，鄫亦姒姓禹后，疑曾仍是重。

（9）成，郕 丘之所谓几成者亦即几重；且"地平天成，称也"以称释成。张石州（穆）更以成为称之初字，象称物形。称与程同与重量有关。疑成亦即重。

（10）申 空陈以申为声，金文且有作陣者，申陈同字。而炎帝之居陈亦即居申。《皋陶谟》：天其申命用休。郑君本作重命。是重亦即申，此姜姓之有申国也，因为炎帝本姜姓，所以居申矣。

（11）黎

（12）离 重黎之地名化者有钟离。

（13）吕 吕之古音当如离，今吴音尚然。申即重，吕即黎，申吕亦即重黎之变文。

（14）耆 戡黎《大传》作戡耆。佛经之阿耆尼，原作 agni，由耆之为黎更可证明古读黎若格黎，格（g）变转则为耆矣。

（15）支，歧 耆与支同音，疑赐支即歧。

（16）阢 《殷本纪》戡黎亦作戡阢。

（17）示 王菉友以为祇即示之重文，示即祇之初字，后加示，其说甚是。《周礼》地祇即作地示，示为地示与黎司地亦系平行的同类演变也。

（18）氐　氐即示。重黎图腾地示化即曰示，用为团称则曰示。

（19）氏　章太炎疑氏氐初系一字，后音变形变而略有不同。

（20）崇，嵩　崧嵩尤能证明重黎之非单音，嵩既含有重（重叠）音，而又以示（黎）为音符，崇之最初音当亦读若重黎也。夏后氏常以崇山为传说中心（崇伯鲧）等，夏实与祝融有密切关系。

《周语》："夏之兴也，融降于崇山；及其衰也，回禄于信遂。"融即祝融，回禄皆系祝融团重要人物，而融所降又于崇山，何夏人之重视崇山与祝融也。

（21）目，台，厘　由上条能明白夏人姒姓的来由。台，目实系一字，只有口与无口耳。我曾说明台即台骀，而台之古音当若台＋怡。我近细思此说尚须补充，即台骀仍系重格黎之变；重格黎一度而为台格黎（Tegli）。由此而发生两途：一者 gl 变为湿音，遂更为台＋怡（Tai）；另者 T 失去只存格黎，遂变为厘。后稷之有邰在汉为厘县即以此。

（22）狄　狄亦重黎之另一缩音，而匈奴后之铁勒又为此系之另一变化，狄皆隗姓，而鬼方又匈奴之别解，无怪乎狄之即铁勒，皆出自重黎矣。

由是而少论中国文字，中国语与匈奴语之分支，当在未有象形文字以前，匈奴无文字足证。但即以西周本部而论，夏语由复音趋单音的进步最前，我所谓夏语即孔子所谓雅言，盖由夏人起，经周人而至于黄河流域。其四周的语言尚保存不少初音，若北则有祝栗、重耳，南则有钟离、州来皆是。我谓古代象形文字有一部分出自图腾，以上所陈亦能作少些例证。

另外说重黎即祝融，祝融与重黎为阴阳对转，而融之现读更为黎之湿音也（gli, illi）。融者从虫而以鬲为声，鬲之右音当若格黎（gli），隔以鬲为声足证。《说文》谓融从鬲，虫省省，其实当恰相反也。

《山海经》：

> 钟山之神名曰烛阴，视为昼，瞑为夜，吹为冬，呼为夏，不饮不食不息，息为风，身长千里，其为物，人面蛇身赤色，居钟山下。

钟山即重黎之山，烛即祝，阴即融，掌重黎之山者是祝融，这是极值得深思之事，而非偶然的巧合。烛阴亦即《天问》之烛龙：

> 日何所置？烛龙安照？

龙仍未离 gl 音也。观《山海经》所说，他管理昼夜冬夏，非司天地之神而何？后人常谓羲和即重黎，他们的职务实在有相似，或其来源不同而名称不同欤？

《左传》载：吴王僚之弟公子烛庸，亦以祝融为名者。

即已将重黎之为重格黎，而祝融神农皆系重格黎之异地分化说明之后，古代史上尚有一位极占有地位者，与神农并称，其传说且较神农者更夥，这位就是黄帝。

太史公在《五帝本纪》之首说：

> 黄帝者，少典之子，姓公孙，名曰轩辕。生而神灵，弱而能言，幼而徇齐，长而敦敏，成而聪明。

史公常据《世本》、《帝系》以记述，试再观《五帝德》及《帝系》所说：

　　　孔子曰：黄帝少典之子也，曰轩辕。生而神灵，弱而能
　　言，幼而彗（慧）齐，长而敦敏，成而聪明。（《五帝德》）
　　　少典产轩辕，是为黄帝。（《帝系》）

若较《史记》与《五帝德》二文，止"姓公孙"为《五帝德》所
无，其余少典之子及名轩辕皆相同，并且下面五句只徇齐与彗
齐之字句稍微不同。若据《索隐》则《大戴记》别本"彗"有作
"睿"者，与"徇"尤相近。足征史公在这段除"姓公孙"以外，
全据《五帝德》也。公孙之姓还似周人之氏，公孙王孙其起当更
晚，若非得轩辕音而窃公孙王孙之义的别译，则此必系伪造也。

　　黄帝为少典子之说，不只见为《大戴记》的两篇，更有较早
的根据。《晋语》：

　　　少典生黄帝炎帝，生而异德，故黄帝为姬，炎帝为姜。

《晋语》是胥臣所说，当晋文公时，较《帝系》之为战国的记载
为早。《新书》所说：

　　　炎帝者黄帝同母异父兄弟也，各有天下之半。

似亦根据《晋语》者。

　　在前篇中，吾人既已明了重格黎是一部的图腾，而炎帝是图
腾演变后的生祖，因此吾人亦能说所谓炎帝的弟兄黄帝即同部落
中另一部的生祖。初民社会的部落是由两部所组成，两部平等，
各有其部员；屯居时各有其固定的狩猎区域，所以说"各有天下
之半"。若部落所据之面积为天下，两部平分，则各有其半了。

　　炎帝黄帝既是两部的生祖，何以又说他们是少典之子？这就
因为两部既组成部落，愈趋接近，遂渐造成一种传说以示团结之
意，所以有少典之发生。但少典非图腾，部落与团性质不同，不

能有图腾，他只是共祖，亦若八姓之祝融为共祖也。少典氏之兴，不只较两部图腾的存在为晚，且极后起。两部之组成部落虽有他种原因，虽以外婚的目标为最。由于外婚的严格，最初的图腾团绝不能承认两团共祖，这与外婚是绝对抵触的。一面有共祖，一面外婚，这矛盾现象只能发生于图腾社会衰微之时，少典氏之说恐怕是极晚近的事罢。

共祖之生当较生祖为晚，有时他且是失去图腾性质的生祖之复化，并且他与感生帝相抵触。若黄帝炎帝之感生不同，不云一帝所感。共祖代表部落一统的观念。最初两部虽原属同部落，但仍各治其部，不相统属，亦无统一的需要，亦即无共祖的需要。及部落两部的首领等差化，这部的首领成了天子，并掌两半个天下之政，共祖于以生焉。兹称任部落首领之部为君部。共祖之形式不一，或以君部之生祖充之，八姓之共戴祝融是也；或在共部生祖之上再加一共祖，炎帝黄帝之为少典氏子是也。这皆是父系化后的现象，厥后两部诸团互糅，愈渐统一矣。

黄帝名轩辕，《大戴记》、《史记》皆如说。《帝系》又谓：

> 黄帝居轩辕之丘。

史公亦云。而《海外西经》对轩辕之丘则谓：

> 轩辕之丘在轩辕国北。

是则轩辕者既属人名，亦属丘名，国名。我在《图腾社会篇》曾说明，图腾一方面可以个人化变为生祖，另一面可以地域化变为地名（丘名，国名）。山、地皆因图腾团之定居其地而得名。轩辕之能化作人名、丘名、国名，这尤足证我所谓轩辕是图腾非诬，并且轩辕之丘亦即昆仑之丘。轩辕之初意当读为昆格仑（Khunglun），轩以干为音符，干昆皆以起首；仑之古音当为格仑，ge 之湿音则变为辕矣。可以说轩辕即昆仑也，轩辕为最古传说中的人物，所以昆仑亦是古传说中的名山。昆格仑部的图腾变成生祖则名轩辕，所居之丘则曰昆仑之丘，所狩猎之区别曰昆仑之国，这皆遵守图腾变化律而发展。

并且昆格仑亦即祝融八姓中之员姓。

员亦即云，《左传》中：妘国一作郧，妘，金文皆作娟，足证员即云。并且《秦誓》：

> 若弗云来。
> 虽则云然。

《疏》："员即云也。"而古本"云"作"员"。《汉书》师大德亦作员。《诗·郑风·出其东门》：

> 聊乐我员。

《释文》谓：云一作员。又《商颂》："景员维河"，注亦说："员，古文作云。"是云员两字古相同也。员之古音当亦出自昆格仑。何以言之？员之最初当只作○，亦即圆之初字（王菉友谓○加贝而成员，再加○而成圆，○与圆两字音义皆同，是也。且圜与圆实在是一字的分化）。《说文解字·囗部》：

> 圜，天体地也，从□，睘声。
>
> 圆，圜全也，从□员声，读若员。

最初○当亦读若睘员也。

王筠《说文释例》卷一引许印林说：

> □古盖作○，读若圆，员从□声，其证也。……凡圜圆
> 也，古盖皆用此一字，后乃益孳益多耳。

王氏在卷八中更申说之：

> □部圜圆围盖为□之分别文，唐韵羽非切与印林但以
> 为圆，皆遵得一偏，而谓字体当作○则是也。圜者谓必○正
> 圆无圭角也；圆者谓○完全无欠缺也；二者皆直指○之状而
> 言围者书其中空白而言。若以○为国邑之象，则其中所围
> 者人氏也。《诗·长发》："帝式命于九围。"《传》云："九
> 围之州也。"《正义》云："盖以九分天下，各为九处，若规
> 圆然。"是也。若以○为军旅之象，则其中所围者敌人也。
> 《史记·高帝纪》"围宛城三帀"是也。既有圜圆围三字瓜
> 分其义，故经典无用□字者。员从□声，是圜圆即□之证；
> 乃从□声，是围即□之证。而员从□声，圆又从员声；乃从
> □声，围又韦声，是又辗转相从，复归本字也。

他又补充说：

> ○有圆音，遂注睘圆于○之中而作圜圆也；又有围音，
> 遂注韦于○之中而作围也。

王许两氏所说甚明，圜圆围三字最初只系一字，较许君之分

为三字者完密多矣。○之初音当读若昆格仑，圜大徐音王权切；圆，大徐音王问切，皆昆之变。圆之现音于问切则格伦之湿音。而□围之羽非切则又圆之对转也。

《说文解字·雨部》賨字以员为音符，而小徐本谓"读若昆"，亦能证员之含有昆音也。

古代初民对于立体的圆与平面的圆未必有极完备细密的观念，至少他们表现这两种未必能有分别，圆之为天体，圆之为圜全，两者之分必系较晚之事。最初昆格仑图腾之表现为文字只用○，以○表现其图腾者在现在澳洲初民亦有之。

在初民的狭窄观念中，他的团图腾是万能的，同时是宇宙的创造者，所谓万物之始也。所以最初○所代表之观念是无所不包，无所不包所以无以名之，所以浑沦为不可知之称。《列子》：

> 太易者未见气也，太初者气之始也，太始者形之始也，太素者质之始也。气形质异而未相离，故曰浑沦。浑沦者言荣物相浑沦而未相离也。视之不见，听之不闻，循之不得，故曰易也。

我不敢说初民已有《列子》书中这般明了显密的观念，但后人这观念实由初民的演化而出，初民的当更浑沦而已。另方面昆格仑图腾既代表全体，所以称全体亦曰浑沦，晋语尚有"胡卣"一词，即其代表也。然而浑卣即是员，即是昆仑，王箓友在"鳏，昆于不可知也"下释之曰："昆于与昆吾、昆仑、浑沦同意。"昆仑与浑沦不同，王氏已先我而言之矣。这亦即《系解》所谓"无极"，老子所谓"无名"观念之所由出。

○既是昆格仑图腾的最初符号，员不过其异体，何以员姓亦称云姓耶？是又有由。古人对于天空诸现象，皆信有神为之主宰，而神只是图腾的演化，最早初民必以为宇宙诸现象皆图腾的施为。所以凤凰之凤与天空之风的表现初无二字，风之作由于凤之施为。云之兴现亦以为系员（昆格仑）图腾的施为，故亦名为云（员）。风之形不可象，故至商代的甲骨文仍以凤为风；云则有形可象，故较早已另创象形字 ㄛ（云）以别于专象员图腾之〇或员。两字仍相同也。

　　我这并非蹈空之论，且有实证。云与昆格仑有关，不只云员两字音同而可互通也。《史记·五帝本纪》：

　　　　官名皆以云命，为云师。

这想系据《左传》昭十七年郯子所说：

　　　　昔者黄帝氏以云纪，故为云师而云名。

我在《图腾社会》下篇曾言，古官名与地名相似，亦常出自图腾名字，而官之初义为图腾庙渐变为事图腾庙之人。员姓以云纪官是极合理的现象。

　　《古今注》：

　　　　黄帝与蚩尤战于涿鹿之野，常有五色云气，金枝玉叶，止于帝上。有花葩之象，故因而作华盖也。

云是员图腾的施为，亦可谓为他的化身，所以黄帝上当常有五色云气。

　　《周礼·大司乐》说：

　　　　黄帝（乐）曰云门大卷。

蔡邕《独断》：

> 乐，黄帝曰云门。

现代初民常有祀图腾的乐舞，表现的是其图腾的故事。员团的祀图腾乐舞以表现昆格仑图腾故事，所以名曰云门，郑君谓"言其德如云之所出"，虽依据字面，未尝不近理。至于大卷，贾《疏》谓与"云门为一"，极合理。黄帝之友曰云师，乐舞曰云门，其上常有云气，员姓与云之密切显然矣。

况且云者山川之气，亦可说天地之元气。在初民思想里天地未分时，图腾既包括宇宙，亦可说云即图腾之气，亦即云是员图腾所发之气。这气亦称为"烟煴"（鲁灵光《殿赋》《思玄赋》），或"纲缊"（《易·系辞》），或"壹壹"（《说文解字·壶部》）或"氤氲"（《易·释文》），字虽稍异，音皆相同，段玉裁谓"合二字为双声叠韵，实合二字为一字"。我以为这仍是昆仑之异体，段玉裁说"元气未分"，这不仍是"浑沦者万物相浑沦而未相离"吗？

原载《史语所集刊·庆祝李方桂先生六十五岁论文集（上册）》

第 39 卷，1969 年 1 月

《希腊罗马古代社会研究》序

　　古朗士（Fustel de Coulange）是法国一位著名历史家。他的研究方法，简质确实，文章亦能删除陈言，明了易解。他是史学界所谓古朗士学派的创始人。他的著作，除若干篇历史研究外，《法兰西古代政治制度史》及《希腊罗马古代社会研究》，皆是极有名的著作。后一书原名《古邦》（Cité Antique），在世界大战前版本上，古邦二字之下注有"希腊罗马古代社会研究"小字。兹为容易明了起见，采用他作译本的名称。这部书在全世界常为研究古代希罗学者所引用，在法国为中学生所共习，成为参考必需的书。在古朗士以前，欧人对于希罗古代常多误解，因此常想将古代制度复兴于当世。这亦如我国读书人误信尧舜的揖让雍容，误解周代制度，每想复行古制一样。古朗士始说明古代制度，皆生自当时的社会。古代社会既不能复活，由古代社会而生的制度，当然亦不能复兴。并且古代所谓民政，所谓自由，皆有彼时的解释，其事实亦与现代所谓民政，所谓自由不相似。若只看字面，就想将他搬到现在，不但不能实现，并且害及现代真正的民政及自由。总括起来说一句话，可以说古朗士始将希罗古代的真相还给希罗。

　　我从民国十三年间，就相信研究中国古代历史，须多用古器物为证明，可以说是考古学方法（见《解决古史的唯一方法》，

《现代评论》及《古史辨》第一册）。近来赖友人傅孟真、李济之、徐旭生、董彦堂诸先生的努力发掘，考古学给古史的成绩斐然可观，使我这摇旗呐喊的小卒既非常钦佩，亦非常惭愧自己的毫无贡献。但近几年来，我觉着另外有两种方法，亦应同时并用，或者对古史的贡献更能增加。这两种方法，一种是社会学的方法，一种是比较古史学的方法。社会学虽是一种比较新创的科学，但对现代原始社会的观察，已经颇有可观。人类种族虽有不同，进化的途径似乎并不殊异。现代原始社会不过人类在进化大路上步行稍落后者。他们现在所达到进化大路的地段，就是我们步行稍前的民族的祖先，在若干千万年前，亦曾经过的地段。我们研究他们的现在史，颇可说明我们的古代史。现在欧美学者，对澳洲、美洲土著人的研究，已能使我们利用他，对我国古史有所说明（见下边《释生姓性旌及其他》篇）。我国广东、广西、云南、贵州、四川、湖南各省皆有苗傜侗僮倮儸各种人。若有人能亲身到以上各省，做一种切实的研究，于古史有裨益，自然更应当有成绩，一面更能多解决古史上若干问题，一面对原始社会研究全体可以有贡献，对此亦极盼国内学者的努力。

另一种是比较古史学的方法。人类制度愈进化愈繁复，愈古愈简单亦愈相似。所以研究近代史用比较方法难，研究古代史用比较方法易。譬如埃及古代有象形文字，巴比伦古代有楔形文字，与我国古代象形文字何者相同，何者互异，皆应当有切实的研究比较。以至于各种典章制度莫不皆然。如是不只对我国古史可以有所说明，或者亦可对东西民族、东西文化同源异源的问题有所解决。观序中后边所论列，当可知这种比较方法的成功。

希腊纪年的确实时代始自第一次欧灵庇亚节，即纪元前七七六年，较西周共和元年为后。罗马建城相传在纪元前七五四年。这些皆在西周东周之交。但希腊及意大利各处的邦制皆更远古。雅典末王苟德鲁斯（Codrus）相传在纪元前十一世纪，约在西周成康之际，雅典王政自然更前于此。

古朗士所欲研究者，起自纪元前十五世纪，乃至二十世纪。是为古代邦制度初创时代。自然那时的事，无从考究真确年月，只能忖度约略的时代。厥后邦制度愈为兴盛。至纪元前四五世纪时，已渐衰微。至纪元前后，经思想的变迁，经罗马的残毁，遂渐渐灭。再加以基督教的发展，遂更使古邦制度无踪可寻。古朗士的研究亦终止于彼时。

古朗士是一位极慎重的考证历史家，对书中所引古书莫不注明原书篇章号数。我现在把这些注皆删去，只将引用符号""仍旧留存，表示这是引用古著作原句而非综括的字句。我以为要想检阅古代著作原书者，必已通晓希腊文或拉丁文，亦必至少能读英法德文中的一种。那么，自有带注的法文原书或英德文的译本可供翻阅。我说明这点以免读者疑心古朗士所说皆无出处，其实恰与相反。

至于神名、地名、人名，原书并未注明。这皆是欧人攻古代史者所深习，故亦无这种必要。但在我国，我觉着应当注出，以免读者研究费力。并且在人的时代上，可以看出制度变迁的迟早。所以我对古人生卒年，凡可能者莫不注出。凡人名后括弧中，前者系生年，后者系卒年。凡注明纪元前者系在纪元前，否则在纪元后。凡生卒年不能确知者，则写明约在何年。书中所引人名，有只见于古代某书一次，无法详细知道他的其他故事者，亦如长沮之只见于《论语》一样。如是者则无从更注，故亦从略。书后附有注的索隐，以便使读者检阅。

这篇序的目的，在研究希、罗与中国古代制度的相同。其中最重要的莫过"祀火"典礼。两三千年以来从未被学者说到的谜，居然被我发现，解释清楚。其余各种制度，同似的亦甚多，兹将篇幅较长者列成专篇（三至八），其余皆总述在《家的通论》及《邦的通论》两篇内。家及邦的详细情形，皆见书中各卷，不必再赘叙。这两篇内，不过希罗与中国古代家及邦相同各节而已。

一　家的通论

祀祖制度的起始，当然极为古远。杜尔干（Durkheim）谓较进化的原始社会不说人民出自图腾，而说出自代表图腾的始祖。始祖与图腾，实在还是一个。由此可见祀祖不过祀图腾的接续。希罗古代祀祖以火为代表。这种制度在我国极古时代亦曾有，"主"字及各种典礼皆可证明。《释主》篇专说他，现在不赘。

由祭祀而生出主持祭祀人的重要。这个家长，在希腊文、拉丁文、印度文皆称为 Pater，三种文字相同，足证这个字是亚利安民族最早的字，在希罗人、印度人未离中央亚细亚以前，久已通用。他的古老想必亦如"祀火"典礼。我国古代"父"字，亦用以称呼家长。所以《说文解字》又部说：父，家长率教者。太公望亦称尚父，就因为他是族长。春秋时宋尚有乐父、皇父、华父、孔父，皆是族长；孔父的世系尤足为证。宋厉公弟弗父何生宋父周，周生世子胜，胜生正考父，正考父生孔父嘉。除世子胜外皆称父，可见族长称父乃当时的通俗，并不限于宗的始祖。世子胜不称父，因为他卒在他的父亲以前，尚未代宋父为家长也。古无轻唇音，且鱼虞模同韵，父字音亦与 Pater 的首音相同。父字金文中多作 ，表示手奉火之形，尤能说明家长祀火的职位。在希、罗、印中古代的家长皆称"父"，亦是一件极可注意的事。我疑心父同 Pater 就是一个字。我久已疑心中国最古语并非单音。后来第一步变化，轻音渐渐失落，重音仍旧保存。于是变成现在广东话的样子，重音后间或仍留尾音。第二步变化，尾音亦失落，再变为普通话，这就是外国人所名为单音者。一种语言变作旁的一种语言时，轻音或多或少的失落是一种普通现象，拉丁文变法文就是一个例。Pater 的重音"爸"，在父字里保存，轻音失落，亦与我所假设相合。这种假设并不妨碍象形文字。象形文字既是绘画，画一物不必一定用单音名叫。并且埃及的象形文字亦不是单音。但因此就能说中国古代语与亚利安古代语是同源么？当然不能以一个字的孤证下断语。不过观下文各篇所说希罗古代制度与中国古代的那般多的相同，实在使人对同源说有些相信。

祖先不受外人的祭享。这种意见希腊拉丁文古代著作中常常提及。《左传》僖十年，申生欲以晋畀秦，说秦将祀他。狐突对他说："臣闻之，神不歆非类，民不祀非族；君祀无乃殄乎！"可见外人祭神，等于不祭。僖卅一年卫成公"命祀相。宁武子不可，曰：鬼神非其族类，不歆其祀"。凡此皆与西方思想相同。至孔子时，这种思想虽较衰，但孔子亦说："非其鬼而祭之，谄也。"（《论语》）

中西古代皆有葬礼。古朗士以为葬礼之兴，必始自相信人死后魂体不分散的时候。虽然这种信仰，后渐有改变，但葬礼行之已久，礼节仍旧保存。希罗葬礼细目，现在已经不很清楚，只知道用器具仆婢等为殉，这亦与我国古礼相似。并且葬后应呼名字三次，这亦与古礼之"复"相似。

家的人口渐渐的增加,于是不能不分成若干小团体。各小团体总起来在希罗名为演司(Gens),实在就是我国所谓同姓。全演司人共有一姓。其余每个小团体——每支——在共有的姓外,各另有一姓以示区别。拉丁文名曰agnomen,亦即我国所谓氏。可见氏族的组织,希、罗与我国古代亦同。族姓的说明见《大宗与小宗》篇。

演司有他的首领,有公共产业,有公共墓田。这些亦与我国古代族相同。

必须家族永远不断,祀祖方能永远不绝。故婚礼在希罗、在中国皆认为极重要。希罗的婚礼皆分为三节:第一节在女家,女父声明嫁其女;第二节从女家至夫家途中;第三节在夫家。第一二节亦与《士婚礼》中亲迎相同。希罗车前有"婚烛"为导,《士婚礼》亦言"执烛前马"。第三节在夫家,希、罗制度皆须见祖先,然后妇人及夫方有共同宗教。这节在祀祖及各家有各家的家族宗教思想里,甚为重要,婚礼的神髓亦即在此。《士婚礼》并未言庙见,但我相信古代亦曾有此礼。《左传》隐八年,郑公子忽娶于陈,"先配而后祖。鍼子曰:是不为夫妇,诬其祖矣。非礼也,何以能育!"可见应当先祖而后配,所以陈鍼讥之。

婚姻的目的在求得嗣续的人。古朗士说,结婚是由两个共同宗教的人结合起来,以产生一个第三者,以永传其宗教(卷二,第二章)。所以希罗古制度,无男子之妇必须离婚。我国古制,妇有七去之中亦有"无子去"一条(《大戴礼·本命》篇)。希罗并且禁止男子终身不娶。我国古书中虽然看不出曾否有过这种制度,但在春秋时,至少贵族里未见有不娶的独身男子。并且直至现代,士大夫阶级中,只见有多娶者,未见有不娶者。希罗古制至基督教发展而完全消灭。我国古制未受摧毁,直至清末,可以说仍是古制的延演。在清末家族思想已较衰微时尚且如此，古代家族方盛时可想而知了。

在希罗古代，女子与男子的权利不同，地位不同（古朗士对此不惮反覆申言。欧洲人早已离开家族制度，对这些不甚了解。但我国不久始在法律上承认男女地位权利的平等，不必再详细叙说），因此妇人成了附属，印度人说："妇人童年从父，少年从夫，夫死从子。"这与《大戴礼·本命》篇所说："无专制之义，有三从之道，在家从父，适人从夫，夫死从子，无所敢自遂也。"简直是一部书的两种版，字体不同而已。

反过来，对男子非常重视。希罗、印度古时，小儿初生后若干日皆须见于家神。由人抱着，绕家火行三周，并由他的父亲在族人前宣布承认是他的儿子。这亦与我国古礼仿佛。《左传》桓六年：

> 子同生，以太子生之礼举之：接以太牢，卜士负之，士妻食之，公与文姜宗妇命之。

《内则》：

> 国君世子生，告于君，接以太牢，宰掌具。三日，卜士负之。

下边又讲各级接子所用牲的种类，则生子礼不限于世子。《内则》自然是七十子以后的书，固然不能完全相信，但生子礼在我国古代亦有，似乎不甚假。

但古代男子之中，亦不甚平等。长子继承宗祀，故较余子皆高。希罗古代对此与我国亦同。古书中讲嫡长特权的地方甚多，大家皆知，不必我再引证。希罗余子分自长支而独立，亦在晚期始有。

希罗这个长子甚为重要，印度人亦说长子为继承宗祀而生者，余子不过爱情的结果。并且希罗人在某种祭祀，非有子助祭不可，无子的人常临时过继旁人的儿子一天，以应这种职务。我疑心我国古代亦须长子助祭。兄字甲骨文作 𝕣，从人跪形，即表示长子之助祭。长子既然先生，后乃渐引申为男子先生者之普通名称，不再专指长子。这种引申意亦必与余支取得长支平等权同时。祝亦从兄，古时祭时或者由长子读赞词。元字，《说文解字》训始也，与兄之训长也亦相近。金文有作 𝕣 者（《邾公华钟》），亦人跪形。《召诰》两称元子："改厥元子"及"有王虽小，元子哉"，皆指成王系上帝的长子。则元字亦表示元子的助祭。

罗马亦有如我国冠礼之成年礼。罗马人不戴冠，自然不能行冠礼，但他的袍礼亦与冠礼同。儿童穿上袍（Toga）始算成年。穿袍必须行特别的礼节。

希罗最古时，父在子不能有财产，亦与《曲礼》所说："父母存，不有私财"相同。

各家垣墙，不得相连接。并有"垣神"管理。中国古代宫室制度，亦与相同，其详见《释主》篇。

二 邦的通论

周自武王灭殷，周公成王践奄以后，无数互相不同的古邦遂被制度较划一的各国所代。周代的各国只是古邦的蜕化。在周以前，邦的数目当比较更多。《史记》说黄帝时置左右监，监于万国，禹会诸侯于塗山，执玉帛者万国；武王伐纣，不期而会者诸侯八百。这些记载固然不一定可靠，但古代邦数之多，却是真确。这种邦的境域甚小，方是最初的古邦，方是古朗士书中所讲的希罗的古邦。

邦系由族长联合组织而成。邦之上有王。这个王虽能执行邦的事务，但要事皆须咨询各族长。并且各族长在他的族里，仍有无上威权，王亦不能过问族内部的事。邦内有若干公民。Citoyen（公民）这个字，出自 Civitas。我既译 Civitas 做邦，Citoyen 亦宜译做邦民。但近人对这个字多译做公民，兹亦从众。我疑心邦民即《左传》中所谓"国人"。据古朗士的研究，最初只有家长可以做公民，其余如各族的余子尚不能做。至于客人、奴隶，乃各族的私人，自然更不数在邦内。关于客人等阶级详《古代社会阶级》篇。

古代邦的特殊性质，就是这一邦与彼一邦毫无共同。一邦的宗教、典礼、法律，皆他所自有。各邦的纪年不同，每邦以始建之年纪年。每邦各自有他的史记、礼记。每邦自有其疆域。古人对疆界信为有神性，无论私人田产的或邦的皆然。私人田产的四周，皆栽有界石。栽界石亦是极重要典礼。据富拉古斯（Flacus）的记载，先将界上掘一条沟，然后祭祀，以牲牺的血、食品及酒倾在沟里；更以燃着的木炭置在沟里。乘着热的时候，将界石栽在沟中。界石系石制或系木制。古朗士疑心木炭系燃自祖火者，亦颇近埋。因此这种界石乃亦有神性。对邻居的出界，万不可侵犯，否则等于渎神。按封字康侯封鼎作 Y，邦字亦从此。古时邦、Y 盖一个字，皆表示栽界石于地之形。

王的职务，亦即邦的政治，可以分为二种，一种是祭祀，一种是战争。《左传》成十三年，刘康公谓"国之大事，在祀与戎"。实在古邦的政治不过如此。兹分别言之。

王有护持邦火不灭的职责，他须朝夕祭祀，并时常与族长共同在神前聚餐，名为公餐。这种公餐即我国分胙肉的旧形式。祭器及祭品，亦随各邦自己的礼仪而不同，但各邦的皆一成不变，不许稍有改革。罗马祭祀有时用牛羊豕各一，亦与我国的太牢相同。有时用纯白牛，与我国古代祭祀用纯牲亦相同。且有时用牲至百牛，亦同甲骨文所记商代制度。有种祭祀须用陶器。盖陶器起自新石器时代，较铜器早。古人重保守，用陶器当较用铜器更合古礼。《郊特牲》谓郊"器用陶匏"，又谓婚礼"器用陶匏"，足证郊礼婚礼皆始自新石器时代，创行时方用陶器，尚未用铜器。后人相沿，虽铜器时代亦尚用陶器也。由此更可知铜器初兴时，只用作兵器（矢戈等）及食器，祭器尚沿用陶器，用铜作祭器较晚。

王的另一种职务在战争。古代皆骑战，步兵之创始较晚，希罗与中国对此点亦相同。现在万不可用后世军队状况想象邦军。每族族长各将其属下组成军队，由他自己帅领。联合各族军队就成邦军。王不过是邦军的统帅，邦军并不直接属于他，只由各族长间接方属于他。

出征时必先祭祷、占卜。这就是《左传》所说的"治兵于庙"及"受命于庙，受脤于社"，及"卜征"某处。出征时必载着邦火或神像。这亦就是《曾子问》所说"古者师行必以迁庙主行"。到开战时，亦先行祭祀、占卜，不吉则不开战。《左传》成十六年晋楚鄢陵之战，楚子重使伯州犁立在楚王背后，随时告诉晋军中的状况："王曰：骋而左右何也？曰：召军吏也。皆聚于中军矣。曰：合谋也。张幕矣。曰：虔卜于先君也。撤幕矣。曰：将发令也。甚嚣且尘上矣。曰：将塞井夷灶而为行也。皆乘矣；左右执兵而下矣。曰：听誓也。战乎？曰：未可知也。乘而左右皆下矣。曰：战祷也。"伯州犁以晋人而奔楚，对晋人礼俗自然知道得甚清楚。可见每次战前须"虔卜于先君"，须"战祷"。凡此亦与希罗古代相同。《左传》足证战前占卜之处尚多，惟此节述说次序最详，引此以概其余。

战事完了亦必告祭邦神。希罗皆有凯旋的礼节。《左传》隐五年，臧僖伯说：

> 入而振旅，归而饮至，以数军实。

城濮战役，晋亦"振旅恺以入于晋，献俘，授馘，饮至，大赏"（僖廿八年）。此外，齐灭莱，晋灭偪阳，亦各献俘，皆是凯旋礼。这亦是春秋时尚通行的礼节。凯旋希罗皆有乐歌。《说文解字》豈部：豈，还师振旅乐也。则古代凯旋亦有乐。

邦与邦之间亦常有联盟。盟时须祭祀，祷告誓于神。春秋盟誓常见，每次皆须"歃用牲"（襄廿六年）"加书"（昭元年）。用牲就是祭祷。加书的载书就是誓辞。兹且引亳盟的载书，以例其余：

> 载书曰：凡我同盟，毋蕰年，毋雍利，毋保奸，毋留慝，救灾患，恤祸乱，同好恶，奖王室。或间兹命，司慎、司盟、名山、名川、群神、群祀、先王、先公、七姓十二国之祖，明神殛之，俾失其民，队命亡氏，蹐其国家。（《左传》襄十一年）

由此可见古代邦的一切皆受宗教的支配。祭固然是宗教，戎亦受宗教管理。

三 释主

在极古时代，希腊、意大利及印度皆曾有"火"的崇祀。每家在他的里院或屋门旁，皆有永燃不熄的火。这种火多用炭或煤燃烧。家人每天早晚必祭祀他，在饭前亦必祭告。不只各家如此，即每个演司（每族）、每区、每邦，亦莫不有"火"的祭祀。据欧西学者的研究，家火当即代表祖先，因古人言语中，祖先与家火，常常互相混用，演司火似乎就是代表始祖。因为相隔极远的地方，东至印度，西至地中海，皆有同类礼节，遂使吾人相信礼节的创始，必在希腊、意大利、印度人以前。大约在亚利安族——希腊、意大利、印度各族的共祖——尚未离开中央亚细亚以前，这种礼节已经存在。厥后亚利安各族迁徙至各处时，乃将这种习俗带至各地。

据现存的希腊、拉丁、印度各书中，尚能略知这种礼节的一二细目。但这些书皆较"祀火"的极盛时代为晚近，故只能略知其礼节，而无法深知（详细见古朗士书各卷）。然就现在可以知道的，与我国古制相较，颇有能吻合者。本篇所欲研究者，亦即在此。

我国所用以代表祖先而受祭享者，习惯皆用木制的牌位："主"。按《说文》🔥部："主，灯中火炷也。"主明明是灯中火炷，而偏用他叫木头做的牌位，这是何种理由？盖我国极古亦曾有"祀火"的制度，用火以代表祖先，与希腊、罗马、印度等处相同，因为是火焰，故名为主。后不知在何时，有人制木主以代火。但主这个名称已用过不知几千年，习惯已久，故相仍而不改。于是木质的牌位亦名为主矣。

木主的制度，在我国起自何时，现在颇难臆断。《论语·八俏》篇"哀公问社于宰我，宰我对曰：夏后氏以松，殷人以柏，周人以栗"。问社，《正义》谓《鲁论》原作问主。即问社亦以郑康成解作问社主为长。宰我所言古制若果确实，则木主之制，似已起自夏时。"祀火"的制度，更在夏以前矣。《淮南·齐俗训》有有虞氏社用土，夏后氏社用松，殷人社用石，周人社用栗之说，更上推至有虞。但《淮南》汉人书，更不敢相信。

不论如何，从文字上观察，我国在木主以前，曾祀火则确切也。不只如此，希腊、意大利等处祀火细节以及祀火的位置，与我国古制亦甚相合。希罗每家所祀的火，每年须止熄一次，重燃新火。燃新火的月日，各家不同，各邦不同。燃时不准用铁石相敲，如我国乡间的用火链取火，只准取太阳火，或两木相摩擦所生的火。木质亦有限制，有准用的木头，有不准用的木头，错用认为渎神。这些细节，亦与我国古制相同。每年重燃新火，即我国古代所谓"改火"。《论语·阳货》篇，宰我说："钻燧改火。"上边两句说"旧谷既没，新谷既升"，下边又说"期可已矣"，这明明说钻燧改火亦是每年的。因为改火，新者不与旧者相见，所以中须停若干时候（当然不能出一天）。这停火的时间与改火的时间，各家各邦不一定相同，其中之一即寒食的起因。

介子推，《左传》只说晋文公求之不获。及至《楚辞·九章》始有"介子忠而立枯兮，文公寤而追求"。《庄子·盗跖》篇始说："介子推至忠也，自割其股，以食文公。文公后背之，子推怒而去，抱木燔而死。"可见子推被焚之说起始甚晚。后人对寒食之说，去古已远，不能了解，遂附会到介子推身上。其实改火、寒食的制度，较古不知若干年也。

不只改火的制度，希罗与中国相同，即燃火的方法亦同。前边说过，取火只准用太阳火，或两木相摩生的火，且木质亦须用合礼的。按《周礼》司烜氏掌以夫遂取明火于日。郑康成《注》：夫遂，阳遂也。以夫遂取火于日，即以铜凹镜向太阳以引火。这不与希罗的取太阳火相同么？《周礼》这部书，当然非周公所制，并且决非西周的书。观其中有整齐划一各国的思想，如甸卫等整齐的规画，禄制的统一等等，当系厌恶战国的割据而理想统一的时代所作，其时代当在战国。但有些条里间或保存着古制度。这是著者或抄自古书，或传自习俗，不自觉的写上的。我以为明火就是其中的一条。至于以木取火，马融注《论语》改火亦说："《周书·月令》有更火之文：春取榆柳之火，夏取枣杏之火，季夏取桑柘之火，秋取柞楢之火，冬取槐檀之火。"郑康成注《周礼》司爟引郑司农以鄹子说，与此同。由此可见取火的木质须用一种固定的、合礼的，亦与希罗风俗相同。并且摩取的方法亦同。钻燧的解释，汉儒已经不甚明了，惟周柄中所引揭子宣说，颇为近理，兹抄录如下：

> 钻燧之法，书传不载。揭子暄《璇玑遗述》云：如榆则取心一段为钻，柳则取心方尺为盘，中凿眼。钻头大，旁开寸许，用绳力牵如车。钻则火星飞爆出窦，薄煤成火矣。此即庄子所谓木与木相摩则燃者。古人钻燧之法，意亦如此。（周柄中《典故辩正》）

盖每季两种木，正一种做钻，一种做盘。上边已经说过，各家各邦的改火时候并不一定相同，所以有五季取火用木的不同。如改火在春间者则用的榆柳，改火在夏者则用枣杏。其余各季各有用木，并非每季改火也。后人不懂改火与祀祖有关，见有春用何木、夏用何木之说，遂以为四时改火。故编《周礼》者，遂在司爟职掌中，写上：四时变国火。不知《月令》说"五季"者，当如上边的解释，而非四时变火。

与明火有关者，尚有明水。《逸周书·克殷解》："毛叔郑奉明水。"彼时武王方祭社，明水当然亦与礼有关。《周礼》司烜氏："以鉴取明水于月。"郑注：鉴，镜属，取水者，世谓之方诸。《说文》金部："鉴，大盆也，一曰鉴诸，可以取明水于月。"以鉴盛水，固然不错，但两君皆未说怎么样取明水于月。高诱注《淮南子·天文训》："方诸见月则津而为水"，与前说又不同，他说：方诸，阴燧，大蛤也。熟摩令热，月盛时，以向月下，则水生。以铜盘受之，下水数滴。高说甚怪，但我亦不敢轻信古人所谓明水准像他所说的那样曲折。编《周礼》的人，大约已不知明水为何物，以为明火既取自日，明水当亦取自月。但我想明水的解释并不如此。现在我们礼失而求诸"夷"罢。希罗古代皆有一种洗水，重要几与他们敬祀的火相等。古代书中常提起"火及水"。火就是家火、邦火，水就是洗水。因为祓洗礼中用他，所以我译做"洗水"。取洗水的方法，是用祭台上火所燃着的炭，浸入水中。因为炭有神性，故水亦有神性。我以为古代所谓明水，取法与此相同，明火所以燃祭台上的火，明水乃浸入炭的水。因有神性，故曰明；明者，神明的意思。

因为邦中亦有祀火，邦火亦就是邦的代表。古时灭人国者，必"毁其宗庙"，毁他的邦火，所以灭人国曰"灭"，与灭火相似。若非古时有"祀火"的制度，这个灭字就无法解释了。

古时祀火由家长，家长即父。春秋时宋尚有孔父、华父，皆是家长的称谓。《说文解字》谓父从又举杖，我以为实在从又奉火。金文皆作 ，尤显火（ ）的形状。

王，金文作 （《盂鼎》，《格仲尊》），吴大澂释 为古火字。王从火，即因古代王亦祀火的教士。

由火而说到与火有关的祭肉。希罗古代祭祀，必燔肉于祭台上的火，祭后大家分食，以取因人神相感而人人相感的意思。若拒绝一个人加入团体时，可以燔肉不分给他吃，即表示不与他共事神。因此分食燔肉，尚有友谊的表示。希罗如此，再返观我国古代。据各书所记载，古代祭肉有两种名称：一种叫做脤，一种叫做膰。《左传》成十三年：

> 公及诸侯朝王。遂从刘康公、成肃公，会晋侯伐秦。成子受脤于社，不敬。刘子曰：国之大事，在祀与戎。祀有执膰，戎有受脤，神之大节也。

闵二年：

> 梁余子养曰：帅师者受命于庙，受脤于社。

《国语》卷十一，《晋语》：

> （张侯曰：）受命于庙，受脤于社。

据此则祭宗庙的肉曰膰，祭社的肉曰脤。祭宗庙的肉亦曰胙。《左传》僖九年：

> 王使宰孔赐齐侯胙，曰：天子有事于文武，使孔赐伯舅胙。

既曰有事于文武，当然是祭宗庙，故胙即是膰。归胙当是分食膰肉的变通办法，亦是共与神相感的意思。同祭则分肉，不同祭则送肉，用意相同。《春秋》定十四年尚有"天王使石尚来归脤"。《左传》尚有"太子（申生）祭于曲沃，归胙于公"（僖四年）及子产所说："孔张为嗣大夫，丧祭有职，受脤归脤。"（昭十六年）"进胙者莫不谤令尹"（昭廿七年）。可见古代凡祭必分送肉，君祭则赐胙归脤，臣祭则归胙归脤。而《论语》亦说：

> 朋友之馈，虽车马，非祭肉，不拜。(《乡党》)

由这条可见朋友亦互相送祭肉，并且足证对送祭肉的重视。古人在物质上，非常重视马。公子重耳在齐，"有马二十乘，公子安之"，就不想走。送礼亦常送马，足见对于马的重视。但不拜馈车马，而拜馈祭肉，分肉习俗之来自远古而深为人所重视可知。鲁祭膰俎不至，孔子行。有人说孔子以小事为借口，实在膰俎不至，即非友谊的意思，故甚重视，非小事也。

《说文》有脤无脤，有胙无祚，膰则作燔：

> 脤，社肉盛之以蜃，故谓之脤。天子所以亲遗同姓。从示，辰声。(示部)
>
> 胙，祭福肉也，从肉，乍声。(肉部)
>
> 燔，宗庙火熟肉，天子所以馈同姓。从炙，番声。(炙部)

其实脤与脤，胙与祚，膰与燔，仍皆相同。说天子所以以亲遗同姓，馈同姓，亦不错。最初分肉只能在同姓人内，或同邦人内。但周初大事封建以后，几乎将各邦皆变成同姓，或变成亲戚，界限扩充无限，所以分肉亦不只限于同姓。上边赐齐侯胙以外，宋对周亦"天子有事膰焉"(僖二十四年)。齐、宋在周皆异姓，而孔子于鲁亦异姓，足证归胙之礼在东周时已由同姓而扩充至异姓。

在义字上从祭肉亦引出两个字。一个是祚字。《左传》载践土之盟的要言说：

> 皆奖王室，无相害也。有渝此盟，明神殛之，俾队其师，无克祚国，及其玄孙，无有老幼。(僖廿八年)

《国语》卷三，《周语》：

> 皇天嘉之，胙（禹）以天下。……胙四岳国，命为侯伯。

做天子，做侯伯皆曰祚国，就因为祭祀必有胙肉，能祭祀就能保有国家。祚国实在同享国一样，享亦祭祀也。

段玉裁说，祚皆系胙之误。上古祚胙实在是一个字，对这个问题，这里不必讨论。

另一个是宥字。《左传》庄十八年：

> 虢公、晋侯朝王，王飨醴，命之宥。皆赐玉五瑴，马三匹。

又僖廿五年：

> 晋侯朝王，王飨醴，命之宥。

又僖廿八年：

> 晋侯献楚俘于王，王飨醴，命晋侯宥。

又《国语》卷十，《晋语》：

> 王飨醴，命公胙侑。（此与《左传》记同年的事）

韦昭、杜预皆解侑为既食以束帛侑助。王引之始解侑为与王相酬酢。王国维从其说，更引《鄂侯驭方鼎》为证。鼎有"驭方 𤔲王"，王谓𤔲即宥侑二字，亦即《说文》友之古文𦫤的本字（见《观堂别集补遗·释宥》）。我以宥就是祭后分祭肉，所以《国语》说命公胙侑。胙侑连文，尤为明了。有当是宥、侑最初的字。金文中皆从手（又）执肉。《说文解字》说他从月又声，实在不对。我以为享是古代一种极隆重的请客礼。先祭神后与客分食神余。因为享是祭神，所以这种礼亦曰享。祭后同分食祭肉，或者亦同饮祭酒，就是宥。若不同祭祀，祭后送肉至家者，则曰归胙，因参加祭祀或否而名称不同。因为同食祭肉，与神共感，故亦称其人曰友，即朋友字的起因。

将亦是祭祀的一种，将帅实在亦是引申之义。《说文解字》寸部，以为从寸，酱省声，实在不对。将当然是手（寸）献肉（夕）的象形，舆祭同意。爿是放肉的俎形。我再引几句《毛诗》为证：

殷士肤敏，祼将于京。厥作祼将，常服黼冔。（《文王》）

毛训将为行。郑君注《周礼·小宰》，亦以祼将为祼送，并谓祼送即送祼。郑之训送与毛之训行似乎同意。若将真训送，作诗的人应当说将祼，不应说祼将。我以为祼将是一种祭名。分言则曰祼曰将，合言则曰祼将。殷士祼将于京，正与《左传》僖二十四年所说"天子有事膰焉"相合。宋人正是接续殷士的职务。

因为古代主祭的人，即战争统帅军队的人，所以叫统帅的人为"将"，因为主持"将"祭的亦是他。这亦与王之从火同意。

我因为怀疑将是祭名，我就在古书中寻找将字的注解，居然在《我将》的《毛传》找到这字的古训，与我的假设暗合。

我将我享，维羊维牛，维天其右之。（《我将》）《毛传》：将，大享献也。

在《毛诗》几十个将字的《传》里，只有这一处如此解释。这种解释，必较毛公远古得多，汉儒对他已经不能明白。所以《毛传》对祼将两字已经不用这种解释，并且《郑笺》将"我将"亦解释为"将犹奉也"。

此外《楚茨》：或剥或亨，或肆或将。《毛传》：将，齐也。将与亨并列，自然亦是祭祀。《长发》：有娀方将，帝立子生商。《毛传》：将，大也。我以为方将亦宜解作方祭方合。方将即简狄"祈于郊禖"也。《那》及《烈祖》皆有"顾予烝尝，汤孙之将"。《毛传》谓"将犹扶助也"。其实亦宜解作汤孙的祭献。

因为祭所以引申为献。《楚茨》及《既醉》的"尔殽既将"皆作"你的殽既献"解。

希罗古代尚有一种公民代表，名曰"伴食"，专代表公民在邦火旁举行公餐，先祭然后分食。后来这种人变作固定职务的官吏。按我国有三个字，在金文上皆相同。一个是飨，一个是乡，一个是卿。《说文解字》食部，飨：乡人饮酒也。乡人饮酒就是希罗的公餐。金文 象二人共食之形。因为共祭共食的人必共处一区，故亦名其区为乡。伴食是次于邦君的官吏。他们共祭共食，或者与邦君共祭共食，因名为卿。这就是后来高贵的卿士的由来。可见统军的将，执政的卿，起初皆是掌祭的教士。

方希罗祀火渐衰时，火变成一座独立神，名为惟士达（Vesda）。惟士达实在是祭台的名字，由公名变为专名。但在祭其他各神时，必先祭惟士达。印度人亦说，无论何种祭祀时，必先祭阿耆尼，阿耆尼即印度人的火。按《周礼》司爟，"凡祭祀则祭爟"。其说亦与希、罗、印度祭祀先祭惟士达或阿耆尼相同。但关于祭爟之礼，汉儒已说不清楚。郑康成亦只说礼如祭爨。以后诸家注疏，因为已经不明白"主"及"爟"皆出自古代祀火，更不能解说明白。

希罗又说祭神的祷告皆由惟士达携带着上达于神。此说又与我国民间灶王上天报告每家的善恶相似。固然无从知道民间这种传说起自何时，但民间传说时常有甚远的起源，则似乎有理。

说祭灶、祭爨，亦如祭燧之出自古代祀火，大约不至于去真实太远。

古代房屋的建筑，亦与祀火有密切的关系。希腊人房屋的建筑据说传自神。房屋皆建在垣内。希腊人的习惯，分垣内地为相等二段，前段为院落，后段为房屋。火就在院落的底，进屋门的左近，等于在垣内正中间。罗马人的火亦供在垣内正中间。不过他们的房屋盖在火的四围。房屋中间有一个院落，供着火。

罗马房屋盖在火的四围，与古代宫室制度亦相同。古代宫室制度，聚讼纷纭，但我以为王国维所说的最得真相。兹引王氏《明堂庙寝通考》如下：

> 四阿者，四栋也。为四栋之屋，使其堂各向东西南北于外，则四堂后之四室，亦自向东西南北而凑于中庭矣。此置室最近之法，最利于用，而亦足以为观美。明堂、辟雍、宗庙、大小寝之制，皆不外由此而扩大之缘饰之者也。（《观堂集林》卷三）

王氏此说，卓识远过汉唐诸儒，与罗马古建筑亦若合符节。王氏又说：

> 四堂四室两两对峙，则其中有广庭焉。庭之形正方，其广袤实与一堂之广相等。《左氏传》所谓埋璧于太室之庭，《史记·封禅书》载申公之言曰：黄帝接万灵明庭，盖均谓此庭也。此庭之上有圆屋以覆之，故谓之太室。太室者，以居四室之中，又比四室绝大，故得此名。……又谓之世室。

太室、世室就是古代"祀火"的地方。罗马人所谓环以建房，即环太室以建四堂四室。太室上有顶，但顶高过四面各屋，所以名明堂、重屋（周曰明堂，殷曰重屋，夏曰世室，《考工记》文）。火畏风雨，当然应有顶。罗马记载中虽未说到这一节，似乎亦应当有。

王氏又用《卜辞》及《克钟》、《颂鼎》、《寰盘》、《望敦》等器文，证明宗庙与明堂同制，亦有太室及四室。其实宗庙、明堂最初只是一种祀火的庙。不特明堂、宗庙为然，古人房屋之制，莫不如此。王氏谓"《丧服传》言大夫士庶人之通制，乃有四宫"，甚合古制。并且《论语》所记孔子"尝独立，鲤趋而过庭"的庭，及《孟子·离娄》下"与其妾讪其良人，而相泣于中庭"的中庭，皆四室相对中间的庭也。可见这种房屋制度，是古代普遍的。又因为四屋相向，中庭亦名中霤，王氏对他亦有详细确切的解释。古人祭中霤亦仍是"祀火"的遗制。中霤亦系极古时代火的位置。所以"祀火"礼节一经明白后，古代若干制度皆能迎刃而解。

兹依王氏意，绘古代房屋图如右。

古者"告朔之礼，天子居宗庙"（《说文·王部》）。战时亦必"治兵于庙"，"受命于庙"。且古代策命的礼，亦必行于庙中（《颂鼎》等器）。古代政治简单，所谓"国之大事，在祀与戎"（《左传》成十三年），祭与戎既皆在庙中，说古人上朝亦在庙中，当去事实不远。且庙从朝声，最古当系一字，朝与庙亦一件事。

不只如此，古代王亦住在庙中，殡在庙里。住在庙中，王国维亦甚有创见。兹略述他的话如下：

《望敦》云：唯王十有三年，六月初吉，戊戌，王在周康宫新宫，旦，王格太室。《寰盘》云：唯廿有八年五月既望，庚寅，王在周康穆宫，旦，王格太室。《颂鼎》云：唯三年五月既死霸，甲戌，王在周康邵宫，旦，王格太室。此三器之文皆云：旦，王格太室，则上所云王在某宫者，必谓未旦以前，王所寝处之地也。且此事不独见于古金文，虽经传亦多言之。如《左传》昭二十二年：单子逆悼王于庄宫，以归。王子还，夜取王以如庄宫。二十三年：王子朝入于王城。郱罗纳诸庄宫。按庄宫，庄王之庙，而传文曰逆、曰如、曰纳，皆示居处之意。

案王说甚为洽当。王既是大主教，有守护火不灭的职务，当然住所不能离火太远。我以为至少西周初年，甚至于东周初年，路寝就是宗庙的堂，并非单有路寝。后来生活繁复，或者渐另立路寝，但最初宗庙的堂与路寝并非两种。所以王时常住在庙里（住在路寝），并且应当常住在那里，所以鲁僖公薨于小寝，《左传》就说他"即安也"。

汉儒对殡庙亦颇聚讼，皆误据《檀弓》"殷朝而殡于祖，周朝而遂葬"，说殷人殡庙，周人则不殡。《檀弓》一篇甚芜杂，且甚晚，清儒对此已甚怀疑，其说当然不甚可靠。《左传》僖八年：

禘而致哀姜焉，非礼也。凡夫人不薨于寝，不殡于庙，不赴于同，不祔于姑，则弗致也。

夫人尚殡于庙，邦君反不殡于庙，有这种道理么？并且晋文公卒，将殡于曲沃（《左传》僖卅二年），这显明为的曲沃有宗庙（《左传》言晋文公、悼公，皆说：至于曲沃，朝于武宫。可见曲沃有武公的庙）。诸家皆泥《檀弓》之说，或者说鲁用殷礼

（孔广森），或者说其末世诸侯何能同也（郑康成），或谓以殡过庙（杜预），皆未能得其真相。我以为生时住在路寝，死后就在庙殡，并且据古朗士研究，极古人类皆住在田地里，亦就葬在家里，祀火之处就是始祖的坟墓。殡在庙正是葬在家的遗意。贾公彦说周人不殡于庙，而殡于路寝，他不知路寝原来就在庙中。

因为太室，我对于"至"字，亦有新释。金文中常言格于太室。《尧典》亦言："归格于艺祖。"《诗·我将疏》引郑康成曰："艺祖、文祖，犹周之明堂。"可见格于艺祖，亦犹格于太室。格，昔儒皆训为至。格当系一种请祖先来临的祭礼。《说文解字》至部，至：鸟飞从高，下至地也。从一，一犹地也。象形，不上去而至下来也。许氏这种解释实在过于勉强，我以为至仍是火形， ▲ 是静的火， ☒ 是熊熊旺盛的火。"祖考来格"，神灵既至，代表他们的火也就发起光来。古人祀火必在内"室"，而不在外"堂"，所以亦名其地为室。

至字的下半或系表示祭台形。希罗祀火有祭台。我国古时庙主有石函，想系祭台的变形。《左传》庄十四年：

（原繁）对曰：先君桓公，命我先人，典司宗祏。

昭十八年：

使祝史徙主祏于周庙，告于先君。

哀十六年：

（卫孔悝）使贰车反祏于西圃。

杜预注后两条皆说：祏，藏主石函，惟注第一条说是藏主石室。祏既可徙可反，只能是石函，不能是石室。

我疑心古时家火用石祭台，变为后来的祐；邦火（社火）用土祭台，变为后来的社。古时殖民者必从旧火燃新火。后来火变为主时，既不能燃新火，亦不能分木主的一块，所以变通办法，将祭台上的土分一块给到他处去殖民的人。这就是周代封建"授土"的起因。

古代祀火演变的痕迹，列表如下：

四　释生、姓、性、旌及其他

现在先述一段古社会的推测，虽其时代较"邦"制不知更远古若干年，但据莫尔根（Morgan）所说，原始社会的团与后来的演司似乎相同。在说到邦以前，先研究他，亦甚合理。

近几十年经欧美学者的努力，实地考察、研究，对现存原始社会组织的了解，颇有相当成绩，于是用比较方法，施及古代，对古代社会组织，亦能更为明了。现在先将现存原始社会的大纲简略说明，然后再返观我国古书中的记载，有些似"若合符节"。

团（Clan）乃原始社会最习见的组织。凡一团的人皆以为共有一种图腾。图腾大约以动物或植物为表识。在极幼稚的原始社会中，其人曾自称"出自图腾"：如团之图腾为"狼"者，则团人自称出自狼。图腾乃全团所共有，团中人完全平等。亦有以人名名其团者，则谓其人为初得图腾之"始祖"。此种盖曾经若干神话的演进，由图腾而始祖化。杜尔干（Durkheim）在《宗教生活的简单形式》（Les forme sélementaires de la vie religieuse）一书中亦说："始祖之名仍然是一种图腾。……团的图腾起源及始祖由来，似乎只是一个。"

在更进一步的原始社会，如印第安人及美拉尼西亚人，不自称出自图腾，而谓与图腾有共同性质。据郝伯特（Hubert）及茂思（Mauss）所调查，美拉尼西亚人称这种共同性质为"马那"（mana）（见二氏所著《法术学理》The-orie de la magie 一书），马那不只同团人所共有，且可施之于物，如谓"某物亦有马那"是也。这种见解在原始社会中较为进化，故低级者如澳洲土人则无之。

近代社会学研究略如上述，试再推测于中国古代。按《说文》女部，"姓：人所生也。古之神圣人，母感天而生子，故称天子，因生以为姓。"则姓亦人所自出，故姓实即原始社会之图腾。而古字实只作"生"。若再观古代各姓，如姜之图腾为羊，风之图腾为凤凰，嬴之图腾为鴟鸟等，则姓之无异于图腾，更为明显。

古代各团在狩猎或战争时，必各有旗帜以为分别。古代埃及刻画中曾看见过。旗帜上所绘亦即其部落的图腾。按《说文》亦谓"旌：所以精进士卒也。"盖古代表识图腾（生）之旗谓之旌。

扩而言之，人可以性相近，人之性可善可恶，而物亦可有性，则"性"实即"马那"，亦就是图腾的性质。故"性"、"姓"、"旌"实皆出于一物："生"。中国古代社会所谓"生"，亦即现代原始社会的图腾。并且姓、性、旌三字的偏旁实后来所加，极古时当皆谓之曰"生"。

姓即图腾的结果，在文字内现在尚能看见他种遗痕。凤乃凤姓的图腾。凤之雌者曰凰。因此后来团拥戴首领时，当然视为图腾的代表；又因当时尚在母系社会，故称其首领为皇（凰）。三皇皆风姓，亦足为证。后来社会变为父系的，尊称乃为男子所独有。后人未悉其因，乃造为自王之说，其实并非如此。

在风姓部落中，大家皆自以为同一图腾，同属于凤，故引申相呼为朋。此即古文凤字之朋变为"朋党"之所由来。彼时似仍在原始共产社会时期，较称首领为皇之已渐入于集权时期为早。故朋党之义或较先于称首领为凤之义。

此外我并且疑心"崩"字亦风姓所先创。山在凤上，其义为死，亦颇合理。

公、伯，皆最初邦君的称谓，与王并无什么等差。《尧典》中称禹做伯禹，称夷做伯夷，就因为他们亦是邦君。我以为公、伯亦犹皇之与凰，最初亦是以松为图腾及以柏为图腾的团称他们的首领的称谓，后来渐普遍成了邦君的通称。

又如"美"字，当为姜姓所先用。《说文解字》羊部，美：甘也。从羊从大。徐铉说羊大则美，不错，但牛大不亦可以美？用羊不用牛的缘故，就因为美是赞美姜姓图腾的美。祥善义敬等字当亦如此。《说文解字》示部，祥：福也。羊部，羊：祥也。最古羊祥当系一个字。言部，善：吉也，从誩从羊。我部，义：己之威仪也，从我羊。養敬两字意尤显。食部，養：供养也，从食羊声。按《不娶敦》養作 𦎫 ，以手事羊，即所以養其图腾。苟部之苟当即敬的古文。许君说从羊省，从包省，从口，实在不对。羊字甲骨文常作 ↑ 。我以为 ↑ 与 𦍋 相同，即羊字。苟从羊从口，从口所以祝告图腾，所以敬事图腾，敬不过一种变形。

此外龚弄等字当系以龙为图腾的团所创。《说文解字》廾部，弄：愻也。与心部恭音义皆同，当系恭的古字，以手事龙表示恭敬。共部，龚：给也。古代当与弄是一字，所以《牧誓》说龚行天之罚。宀部，宠：尊居也。图腾所居的房屋，自然是尊居。这类字最古时各团皆有，各用自己的图腾为表示，但传到现在的无多。这种原因，亦甚容易知道。我们现在知道的文化，多半系周鲁文化，自然不容易有很多他种文化的遗存。从羊的字保存得特别多，正可以证明我下边所说的姜姬两姓是同一部落的两部，周亦采用姜人所造的文字。

原始社会最初为平等共有社会，稍进而为集权；最初为母系社会，稍进而为父系；最初游牧，稍进始为定居。故最初只有图腾之分，而无地域之别。所谓先有英吉利人而后有英格兰，英格兰名字，得自英吉利人。但有了英格兰以后，又变为相反的，英吉利人又变作生在英格兰的人。

由此可知，我国最古代的地名，大部是图腾的名字。用这种图腾（姓）的团，因定居在某一地，就用图腾以名其地。譬如：虞的图腾当系仁兽的驺虞，后变为地名（《诗·文王》虞芮质厥成）；扈的图腾为户鸟，后亦变为地名（有扈氏，见《甘誓》），如是者不胜枚举。

我疑心商人原来就姓商，而子姓较晚。天命玄鸟，降而生商。商亦即图腾。且"利以伐姜，不利子商"（《左传》哀公九年），商姜对言，姜系姓则商或亦姓。

近代原始社会每一部落，更自分为左右两部。部并自有其图腾。部中且常再分为若干团。两部可以互通婚姻，但同部婚姻，则绝对禁止。每部又自分为若干级，普通只两级，间或有四级者。级数的分别，同部落中左右两部必须相同，如两级皆须两级，四级皆须四级是。每部人民皆分属于某一级，但必须父子异级，祖孙同级。假使某人属于甲级，其子则属于乙级，其孙则又属于甲级。至于婚姻，左部甲级之男子亦只能与右部甲级之女子结婚，而不能与乙级者。据杜尔干的研究，这种分级的目的完全为婚姻，所以分别行辈，至于祖孙同级者，则祖孙年岁相去常五六十岁，决不至行辈紊乱而有婚姻之嫌。

以上述学说为标准，再返观我国上古史，亦得如下的推测。同姓不婚，自古悬为厉禁，与同图腾的团不婚亦同。现在能看见的古史，多由周鲁所遗传。姬姓以外的事，亦以姜姓者为多。且姬姜两姓婚姻的频繁，亦足证两族关系的密切。后稷之母姜嫄，古公之妻姜女，武王之后邑姜，以及春秋鲁卫夫人之多为姜氏。而周初所封各国，宋以殷后，陈以大姬之外，多系同姓。独申、吕、许、齐，姜姓为多，而齐尤大邦（楚非周封；邾等附庸，乃周前旧邦之臣服者）。因此我颇疑姬姜乃古代部落中之左右两部。姬之图腾，固难索解，然乃蔷之别名，或用植物为表识者（《说文》艸部，苣：蔷也，从艸，叵声。又蔷：楚谓之蘺，晋谓之蔷，齐谓之苣）。最古姬姜历史，实难分离。黄帝炎帝或系两部的始祖。姬姜两族历世互通婚姻，尤合上述两部之说。《诗》言"厥初生民，实维姜嫄"，盖后稷以上仍系母系社会，故诗人不咏后稷之父，只述姜嫄。《诗·生民》：诞弥厥月，先生如达。《郑笺》训达为羊子。《说文》：羍，小羊也。羍系本字，达乃假借字。后稷出自姜姓，谓如羊子之生，甚合。段茂堂疑尊祖之诗不应如是，不知谓如羊，正所以尊祖。

至于分级之说，我以为即古代的"昭穆"。古代昭穆实在是固定的，某人是昭永远是昭，某人是穆永远是穆。我且引几个证据：

> 乃穆考文王，肇国在西土。（《周书·酒诰》）
>
> 率见昭考，以孝以享。（《诗·载见》。《毛传》：昭考，武王也。）
>
> 访予落止，率时昭考。（《诗·访落》）
>
> （宫之奇）对曰：大伯、虞仲，大王之昭也，大伯不从，是以不嗣。虢仲，虢叔，王季之穆也。（《左传》僖五年）
>
> 管蔡郕霍鲁卫毛聃郜雍曹滕毕原酆郇，文之昭也。邗晋应韩，武之穆也。（《左传》僖廿四年）
>
> 曹，文之昭也；晋，武之穆也。（《左传》定四年）

可见西东周人对昭穆皆有固定的指示。大王之子为昭，王季之子为穆，文王之子为昭，武王之子为穆，亦即大王为穆，王季为昭，文王为穆，武王为昭。

后儒谓天子七庙，三昭三穆。按照这种说法，某人是穆者，等到每次新君即位毁庙时，将他往上一迁，岂不又将他变为昭了么？这种不固定的说法，决非古礼。

此外更有两部相对级的男女历世互婚的证据。古称夫之父与妇之父及母之弟兄同曰舅，夫之母与妇之母及父之姊妹同曰姑，而姊妹之子及婿同为甥，即分级之所遗留。盖最古原始共产社会，同级人相视皆若弟兄姊妹，与上述称谓恰相合。

方母系社会时，子女皆从其母的图腾，两部之第一代若各从其图腾，则第二代必互换图腾，至第三代复如第一代。兹假设"狼""虎"两部，列表如下：

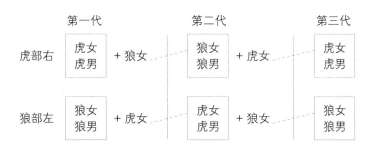

因此祖孙同图腾（姓），而父子则否。我疑周人以王父字为氏者，仍系此制度的遗痕。氏所以别族，当然不能用王父姓，最初想系用名，后改用字（周初人只有名而无字，年长则加伯仲叔季，所谓"五十以伯仲"，如叔封、叔度、季载是）。

母系社会的舅，即母亲的兄弟，对她家里有极高的威权，现在澳洲、美洲的土人仍旧如此。所以古人称异姓为伯舅、叔舅，是尊贵的名称，亦系这种古代舅权的痕迹。

五　大宗与小宗

我国古代礼制有若干种颇为后儒聚讼，大宗与小宗亦就是其中之一。其实这是一件极容易明白的制度。不过因为后来小宗之中，又有小宗，历世愈久，分析愈密，遂使研究者目迷五色，不能明了。今用比较方法，观希罗之演司，再推测最初的大小宗，然后再随着同姓、同宗、同族历世的变化，大小宗的制度当能明白。

我国何时始有大小宗的分别，当然无从确悉，但其制度似应兴自远古。方一姓人数尚未增至极多、一地物资尚足供给全姓、家长以一人力量尚能指挥全姓的时候，自然不必分析。全姓皆在由长子世袭的家长（父）之下生活着，自然亦无所谓大小宗。不过后来人数渐渐增多，一姓人数渐超过万人（罗马有些姓自有几千个战士。彼时只有贵族可以做战士，这几千个战士外，尚有几千客人、奴隶，总数当超过万人），或因宗教、统率、经济上种种不便，或因余子渐与长子争权，于是一姓内部渐渐分析，大小宗的制度始兴。此亦人类社会进化史当有的现象。

于是长支为大宗，余子就成为小宗。所以《丧服小记》及《大传》说："别子为祖，继别为宗。"别子就是我所谓余子。因为自从他方独立成一个宗，方与长子分别，所以名为别子。因为他成了独立支的家长，所以他亦成了祖。若《史记》所记可信，黄帝之子廿五人，得姓者十四人，虽尚未有大小宗的名字，但分姓的意义已经相同。商人礼制与周不同，似乎无大小宗制度。商代长子与余子权利相等（王国维《殷周制度论》谓殷人不分嫡庶，用字似乎未恰当。殷人不分长子与余子，则系事实。殷人有否庶子，尚成问题，我疑心庶妾制度始自周人，或者竟始自文王）。殷人这种制度的由来，可以做两种假设：一，殷人方自原始共产社会进入首领制度的社会，所以尚以弟兄陆续做王。二，殷人曾有过长子世袭的阶段，至成汤以后，已进入弟兄分产的社会。不过王位不可分，而亦想到周代封建的制度，所以弟兄陆续做王。由前一说，则殷代社会尚在长子世袭制以前；由后一说，则殷代社会已进入长子世袭制以后。观近来殷墟的发掘，殷代文化灿然，远在同时代周国以上，似以后说为近似。这亦没有什么足以惊奇的。都立安人到了斯巴达时，已经将从前的族姓（演司）制度废除，殷人或者亦尝如此。

现在古书里所看见的大小宗当然只是周代宗法社会极盛后

的现象。但在初民社会，已有部团及支团的组织。部即最初的图腾团，后分而为若干团，团后且有时更分而为若干支团。在北美初民社会里能看出这类现象的明显痕迹。宗法社会的姓既为初民社会的团的变化，大宗亦即团，小宗亦即支团。所以说大小宗的制度不必始自周代，商人虽尚在兄弟共权阶段，但成汤以后，未见他的兄弟继立为商王，且以后诸王似乎都是成汤的子孙，而不是成汤的兄弟之后。成汤固可恰巧孑然一身而无弟兄，这种假设虽可用于后世，但不能用于初民，因在原则上说，同姓同辈者皆是弟兄，全商人不能当成汤时，这一辈只有他一人。因此商人的王位资格恐亦有相当条件，亦即说商人恐已有大小宗的现象，虽然现在的商代史料对此尚无足征。并且这与现代初民之分部、团、支团亦合。或者商人之分大小宗尚未若周人之琐细而已。因商人所分不琐细，所以能长久维持兄弟共权；周人所分过于琐细，宗愈分愈多，亦愈分愈小，亦愈能中央集权。诸国之内虽有政在邦君或政在大夫之别，然皆系一人或极少数人的独裁。宗愈分愈宜于政权集中，汉之分诸王地以封诸王之子孙，以造成汉皇的集权，亦其佳证。罗马有包括万人的宗而周代无之，所以罗马保持议会制较久，而周代诸邦则较为集权。

小宗别自大宗，但尚未能与他完全脱离。希罗的兄弟与长兄分家时，长兄独有祖先历世相传的家火，在物质上亦有独有祖传房屋的便宜。《内则》亦说：适子庶子祇事宗子宗妇，虽贵富不敢以贵富入宗子之家。《内则》当然是七十子后学的作品。方春秋战国之交，宗法渐衰微时，所记尚且如此，更前几百年，宗法方盛时的情形，可想见更须对宗子恭敬了。

宗法若非创自周代，但利用他以封建，以扩充周国的势力，可是周人独自发明的方法。但亦因此而大宗分小宗，小宗又分小宗，繁细无底止，使后人研究宗法愈觉着歧路之中更有歧宗。

宗法有两种看法：一种是横看，即所谓小宗之中，更有小宗。今用周鲁世系，列表如下：

以文王武王为大宗，周公"别子为宗"就是小宗。但周公既分以后，伯禽等成了独立的"百世不迁者，别子之后也"（《大传》），单看亦就可以看作独立的大宗。所以他又可以分出小宗（叔孙氏）。叔孙氏后亦可以照周公一样，再分小宗，遂有叔仲氏的小宗。由此表亦可以看出周代大小宗的愈分愈多了。

小宗独立以后，须经多少代，或须何种条件，方能再分出小宗，现在颇不易知道。由鲁国的制度看起，似乎小宗只许用伯仲叔季，而不得称子。臧氏出自孝公，僖伯、哀伯、文仲、宣叔、武仲、昭伯，终春秋之世，未见有称子者。展氏出自孝公，施氏出自惠公，《左传》只看见夷伯、展庄叔（展氏）、施孝叔，亦未见有称子者。只三家及邱氏称子。邱氏先有惠伯，后有敬子、成子，先称伯仲而后称子。三家的先用伯仲、后称子的次序，尤为明显。季氏称子始自第三世：季文子。孟孙氏、叔孙氏皆始自第四世：孟献子、叔孙穆子。以前皆用伯仲：共仲、穆伯、文伯、惠叔（孟孙氏），僖叔、戴伯、庄叔（叔孙氏），成季、齐仲（季孙氏）。并且孟孙第五世分出的子服氏（别子），叔孙氏第三世分出的叔仲氏，季孙第六世分出的公父氏，就仍旧称伯仲，而不称子：孝伯、惠伯、昭伯、景伯（子服氏）；惠伯、昭氏（叔仲氏）；穆伯、文伯（公父氏）。由此可见死后称子是大宗的表示。所以周初尚称康叔等为叔封、叔鲜、叔度、叔处……季载，就因那时封建初兴，各国内部尚无后来族氏的分析，宗周是大宗，列国是小宗的理由。鲁秉周礼，较其他各国保存这个制度亦长远。

宗法的另一种看法是竖的，兹仍用周代世系，列表如下：

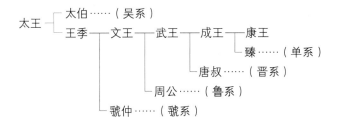

若由一个人看起，譬如由成王：则吴系是继高祖的宗，虢系是继曾祖的宗，鲁系是继祖的宗，而晋系是继祢的宗。等到成王薨后，康王即位。由康王看起：虢系变成继高祖的宗，鲁系变成继曾祖的宗，晋系变成继祖的宗，单系成了继祢的宗。所以《丧服小记》说："故祖迁于上，宗易于下。"这亦是极简单易明白的。

春秋时人大概亦觉得这种宗又分宗的繁复，所以有时亦以同姓、同宗、同族来分。如襄十二年传：

> 吴子寿梦卒，临于周庙，礼也。凡诸侯之丧，异姓临于外，同姓于宗庙，同宗于祖庙，同族于祢庙。是故鲁为诸姬临于周庙，为邢、凡、蒋、茅胙祭临于周公之庙。

由此可知姬姓对鲁是同姓，周公的儿子各支派是同宗，伯禽以下所分的各支是同族。姓、宗、族三种等级。叔向亦说："肸之宗十一族，唯羊舌氏在而已。"（昭三年）亦足证宗高于族。但万不可混宗族的宗与大小宗的宗。宗族的宗是固定的，如周公后皆为同宗。大小宗的宗是流动的，凡一支从其他一支分出，就名为小宗，看所从分出的那一支为大宗。

由上引《左传》，亦能看出周室的分宗，始自武王成王时代。所以看周室做大宗，列国为小宗。这亦与上边我所说小宗只用伯仲称呼，而康叔等只称叔某、季某，亦即小宗相符合。但在周初，周室是大宗，各宗是小宗。后来各宗又等于大宗，各族又等于小宗。这亦是各姓屡分的现象，亦是大小宗研究的纠纷的缘由。

宗并非一种空名目。"宗主"对"宗人"尚有威权，宗人对宗亦尚有义务。到春秋时，宗法已经不十分强固，而宗的威权，宗人的义务，尚有若干存在，兹分析如下：

宗主有杀宗人的权：知䓕对楚子说："……首其请于寡君，而以戮于宗……"（《左传》成三年）

有放逐宗人的权："晋赵婴通于赵庄姬，原屏放诸齐。"（成五年）

国家若欲放逐某人时，须先咨询他的宗主："郑放游楚于吴。将行子南，子产咨于太叔。太叔曰：吉不能亢身，焉能亢宗。"（昭元年）

宗主在战时，就率领着宗人："栾范以其族夹公行。"（成十六年）

对宗必须尊敬："叔孙婼聘于宋，桐门右师见之，语卑宋大夫，而贱司城氏。昭子告其人曰：……今夫子卑其大夫，而贱其宗，是贱其身也。"（昭廿五年）

不准反对同宗的人："华亥欲代右师，乃与寺人柳比，从为之征曰：闻之久矣。公使代之。见于左师。左师曰：女夫也必亡。女丧而宗室，于人何有，人亦于女何有。"（昭六年）

在春秋时，尚且如此，春秋前宗主的威权可想而知。实在说来，宗主在宗内就等于君之在邦中。宗主与邦君最初皆是大主教，不过大小的不同，性质并无歧异。王国维以为君统与宗统是两件事（《殷周制度论》），尚未能明白古代邦组织的真相。

六　邦史、邦礼及教育

古邦中皆有邦史记及邦的礼记。邦史多半肇自建城之始。凡邦中祭祀、战争、灾异，一切与宗教有关的事，莫不记载其中。礼记不只包括礼节，且包括媚神的诗歌，测神意的占卜，及神的命令类似诗歌的刑律。这些在极古时，皆无写本，只由历代教士口授。古邦中的官员皆系教士，我所谓教士皆指最初邦官员而言。教士与官员最古时合而为一，古朗士书中已经详言，我在这篇中，对我国古代这种制度，亦将详细研究、解释。每邦的史记、礼记，皆只有邦中教士可以知道，邦以外的人自然不能知道，且亦不准他们知道，即邦中非贵族亦不能知道。后渐有写本，但仍由教士保存，由贵族传习。

像《春秋》一类的史记，古邦中皆应有过。他的内容虽甚干枯无味，但无一件与宗教无干。现在极简略的择若干条举例如下：

（一）灾异　隐三年，二月己巳，日有食之。
　　　　　　桓元年，大水。

灾异皆是天地间的变象，古人深信是神降的灾，自然必须记在史记里，以示警戒。

（二）祭祀　隐五年，考仲子之宫。

祭祀自然与神有关，更须记在史记里面。

（三）即位　桓元年，公即位。

即位必告庙，自然与宗教有关。

（四）出境　襄廿八年，公如楚。
（五）回国　襄廿九年，公至自楚。

出境回国亦皆须告庙。

（六）朝　隐十一年，滕侯、薛侯来朝。
（七）聘　隐九年，天子使南季来聘。
（八）会　襄廿一年，公会晋侯、齐侯、宋公、卫侯、郑伯、曹伯、莒子、邾子于商任。
（九）盟　僖八年，公会王人、齐侯、宋公、卫侯、许男、曹伯、陈世子款盟于洮。

来朝来聘者必享之于庙。往朝往聘必告庙始行。会亦须告庙。盟须誓于"司慎、司盟、名山、名川、群神、群祀、先王、先公、七姓十二国之祖。"（襄十一年，亳盟）与宗教关系尤为密切。

（十）战争　隐二年，无骇帅师入极。

成三年，公会晋侯、宋公、卫侯、曹伯伐郑。

凡战争皆应载主以行，出师必"受命于庙，受脤于社"，自然更应书在策上。

（十一）田物　昭元年，叔弓帅师疆郓田。

成二年，取汶阳田。

桓二年，取郜大鼎于宋，纳于太庙。

古人信田界、疆界皆是神的，所以变动疆界皆与神有关。鼎是一种重器，灭人国者必迁其重器，所以取失必书。

（十二）城筑　隐七年，城中丘。

庄廿八年，冬，筑郿。

建城是古代宗教盛典，观希罗古代即知。

（十三）嫁娶　文四年，逆妇姜于齐。

庄廿七年，莒庆来逆叔姬。

古人对婚礼极为重视，观古朗士所说及士婚礼自明。

（十四）出奔　襄廿三年，臧孙纥出奔邾。

奔后大夫必盟，如盟叔孙氏，盟子家氏（昭公廿五年）。盟必告宗庙，亦与宗教有关。

（十五）生卒　桓六年，子同生。

宣十八年，公薨于路寝。

桓二年，宋督弑其君与夷及其大夫孔父。

襄廿七年，卫杀其大夫宁喜。

僖廿八年，公子买戍卫，不卒戍，刺之。

生子必须庙见（见《家的通论》篇），卒必殡于庙，自然须书在史记里。刺与杀实在一样，不过鲁习惯说刺。杀大夫亦必告庙。

由以上各条看起，邦中无一事与宗教无关。最古的邦史只记与邦有关的事。夏邦只记与夏有关者，商邦只记与商有关者，其余各邦间的事，夏商并未参加，概不记载。商灭夏得到夏的史记，周灭商得到商的史记。所以周朝对夏商的历史知道得比较清楚，对其余与夏商同时各邦的历史，几乎茫然，亦即因此。譬如《竹书纪年》就是一个证据。现在所传的固然不真，但由王国维所集的各条，亦不见记载与夏商无关的史料。至周代用封建统一各邦，有事皆互相通告，因此对不关邦史的事，凡他邦通告者，皆据原文书在策上，或者尚须先告庙。否则鲁并未参加城濮战役，不必记在《春秋》。他邦的弑君、杀大夫皆与鲁无干，亦不必记载。古人对记载必用固定的方式辞句。鲁"犹秉周礼"，所用的方式自然是周式，《左传》定公四年所说封国皆带着"祝、宗、卜、史"，同姓国史记自然皆用的是周式。观春秋时宋的典制与周已甚相近，而孔子亦叹"殷礼吾能言之，宋不足征也"，宋已被周礼所同化。恐怕周时各国史记方式皆相似的。无论如何，《春秋》只据他国通告原策文直书，无所谓微言大义。譬如赵穿弑君而书赵盾者，系晋史原文，非鲁史所改，更非孔子所作。古代邦史皆由史官所掌，最初并且不准人看。各邦史的失逸，这是一种重要的缘故。

各邦另有邦的礼记。古邦的礼节既各邦不同，各邦的礼记自然亦异。不只夏与商、商与周礼节不同，即夏与他同时的各邦，商与他同时的各邦，礼节亦不同。同上面所说关于邦史一样，商灭夏得到夏的礼记，周灭商得到商的礼记。所以夏礼、殷礼虽然杞、宋不甚足征，但周时尚知道夏礼、殷礼的一部分。孔子尚说"行夏之时，乘殷之辂"，而古书中不见提起与夏同时的扈礼如何，与商同时的葛礼如何。各邦礼之亡，亦同各邦史之亡，皆由古邦的特立现状所致。

希罗所谓礼记，实在包括中国的《诗》《乐》《礼》《易》。韩宣子见《易》象与鲁《春秋》而谓周礼尽在鲁，可见古代礼记包括《易》《诗》《书》《礼》《乐》《春秋》而言。后来儒家所谓六经，实在不过古邦中的史记礼记。先只有口传，后始有写本。先只有世族传习，后始变为公开。观孔子学无常师，到处一件一件的请人去教，及孔子的先生老子是柱下史，师襄是师，郯子是邦君，皆是世族，可知公开给非世族的时候，去孔子不远。自己皆习过而用以教弟子的，或者要推孔子第一人了。

古人最迷信，在中国及希罗亦皆相同。希罗占卜的方法甚多，有鸟占、观象、观牺牲的脏腑等占法。他们尤信巫语。罗马有一种预言的专书，我国古代卜筮亦始自远古。《春秋》所言尚有望气。这些皆大家习闻，不必我再引证。《金縢》所言穆卜，我疑心他并非寻常的卜。《释诂》训穆为敬，亦未得其真实。穆卜乃看一种卜书。这种占书藏在金縢匮中，故亦名"金縢之书"。周公用龟卜后，更"启籥见书，乃并是吉"，明穆卜与卜并吉，自然两种占法不同，后在天大雷雨以风、邦人大恐时，王亦与大夫戴着弁，以启金縢之书，欲知书中所说是何种吉凶。恰看见匮中有周公自以为功的记载，于是成王明白了，天象乃"动威以彰周公之德"。所以说："其勿穆卜"，不用看占书了，我已经知道什么缘故了。盖周人每次穆卜后，仍将穆卜的结果，写在策上，存在金縢匮中。所以周公这篇记载亦在匮中，为成王启匮看见。成王穆卜，最初为知道天象变动的缘故，并不知道周公有记载藏在匮中，曰"启籥见书"，曰"以启金縢之书"，自然匮中有书，专为"穆卜"的书，而非寻常"卜"的书了。

法律古时亦附属于礼。近代所谓民法，如亲属，如继承，自然不外古代所谓礼。就是刑法，亚利安民族古代亦将他附在礼记，此节在中国虽无可考证，但"刑不上大夫"，就专为庶人而设。且审判官是士（《尧典》：皋陶，汝作士），士最初乃掌祭祀的人。这亦与古邦中审判官是教士相同。关于士的说明见下文。古邦的法律最初并无写本，中国古代亦相同。《左传》昭六年：

> 郑人铸刑书。叔向使诒子产书曰：……昔先王议事以制，不为刑辟，惧民之有争心也。……夏有乱政，而作禹刑；商有乱政，而作汤刑；周有乱政，而作九刑。三辟之兴，皆叔世也。……民知争端矣，将弃礼而征于书。

昭廿九年：

> 遂赋晋国一鼓铁，以铸刑鼎，著范宣子所谓刑书焉。仲尼曰：晋其亡乎，失其度矣！夫晋国将守唐叔之所受法度，以经纬其民，卿大夫以序守之。民是以能尊其贵，贵是以能守其业。贵贱不愆，所谓度也。文公是以作执秩之官，为被庐之法，以为盟主。今弃是度也，而为刑鼎。民在鼎矣，何以尊贵？贵何业之守？贵贱无序，何以为国？

由叔向所说，可知夏商周最初皆无刑法，至少没有写出而为各阶级皆知的刑法。且古时只征于礼。由孔子所说，贵贱不愆是为度。这种度，卿大夫以序守之，阶级须分得清楚。贱者尊重贵者，贵者方能辈辈做世族。礼不下庶人，刑不上大夫，两种阶级毫无共同。现在"民在鼎矣"，晋始有两种阶级共有的法律，贵者不再被尊视，所以说"失其度矣"。这两节文字的价值从未被研究者识出。他表示君子小人两阶级混合的开始。

史记礼记既专为世族所保存、传习，古代教育、孔子以前的教育，可以说是世族的教育。庶人的教育自然不必说起。《尧典》说"教胄子"。胄子就是世族的儿子。郑康成谓胄子为国子，《诗·崧高》疏引《说文解字》，礼谓適子为胄子是也。今文家据《史记》说为教稚子或教育子，实在未能知道古代情形。在《家的通论》篇中已讲过世族男子在宗教上的特殊地位，他应受特别教育，并不足奇异。最古时的胄子或者只指长子而言，余子或尚不列在内。古时教育情形，《内则》及《王制》亦曾说过。这两篇皆是七十子以后的书，《王制》尤是汉人所作，固然不能尽以为确实，只能作为研究的参考。《内则》：

> 十年，出就外傅，居宿于外，学书记。衣不帛襦裤，礼帅初，朝夕学幼仪，请肄简谅。十有三年，学乐诵诗，舞勺。成童，舞象，学射御。二十而冠，始学礼。可以衣裘帛，舞大夏。惇行孝弟，博学不教，内而不出。

《王制》：

> 乐正崇四术，立四教，顺先王诗书礼乐以造士。春秋教以礼乐，冬夏教以诗书。

《周礼》亦说六艺。由此可以想象古代的教育，不过诗书（历史）礼乐射御书（认字）数，一切皆与宗教有关。诗乐所以事神，书所以记载与宗教有关的事，射既用在享礼亦用在戎。御亦车战的必需。戎亦古邦宗教的一端，观古朗士所述即知。所以古朗士说，古邦教育皆为的造成教士。只有世族可以做教士，平民不能做，所以平民不必受教育。《王制》说国之俊选皆能入学，系后人以后礼说前礼的错误。世族在出生，春秋以前素未尚贤。

平民不必受教育，世族可是非受不可。《左传》昭十六年：

> 晋韩起聘于郑，郑伯享之。子产戒曰：苟有位于朝，无有不共恪。孔张后至，立于客间。执政御之，适客后。又御之，适县间。客从而笑之。事毕，富子谏曰：……孔张失位，吾子之耻也。子产怒曰：……孔张，君之昆孙，子孔之后也，执政之嗣也。为嗣大夫，承命以使，周于诸侯，国人所尊，诸侯所知。立于朝而祀于家，有禄于国，有赋于军，丧祭有职，受脤归脤，其祭在庙，已有著位。在位数世，世守其业，而忘其所，侨焉得耻之！

观孔张的地位，是那般高的世族，自然应当"世守其业"。一有错误，客人讥他，国人引为深耻，可见在春秋世族将衰之时。世族尚非深知他的"业"不可。

七　释王、卿、将、士、史、工、巫

古邦政是宗教，邦的官吏是教士。古朗士这句话说得真不错。邦中最高的邦君，这些邦称为皇、称为帝、称为王，那些邦称为后、称为伯，名称虽不同，其为邦君则一，最初毫无轩轾，他们在邦内是首领，等于父在家里。后稷既称后，大王亦称王，并无足奇异。现将名称与宗教关系最显著的几个特加研究。

王是"祀火"的教士。《盂鼎》《格仲尊》，王皆作𤓯。吴大澂释𤉣为火字。王祀火，故字从火。

卿是伴食于公餐的人。他最初在宗教上是王的辅佐，后在邦政上亦是王的辅佐。

将是持肉祭祀，因而称行祭祀的人。古时掌邦祭者，战时亦统率邦军，故引申为掌军的名称。卿及将的解释，已详《释主》篇，兹不细说。

士的意义甚多。一种是卿士。《洪范》说卿士，春秋时周尚称卿士（《左传》隐三年，郑武公、庄公为平王卿士）。卿士或者是商制，周所沿用。一种是大夫士的士，较低于大夫。春秋时列国多有。一种是士师的士（《尧典》）。其实最初这三种皆相同，士不过邦君下最初的官吏。

士与史与事三字最初皆是一个字。对史事吏三字，王国维的研究已甚详细。王先生在《释史》（《观堂集林》）里，以《卜辞》《毛公鼎》《小子师敦》《番生敦》《毛诗》《尚书》《左氏传》，证明古代官皆"称事若吏即史者也"。最初只系一字，后各需专字，"持书者谓之史，治人者谓之吏，职事谓之事。此盖出于秦汉之际，而《诗》《书》之文尚不甚区别"。

我以为不只史事吏最古是一个字，士亦与同是一字。《牧誓》："是以为大夫卿士"，《洪范》："谋及卿士"，《顾命》："卿士邦君"，《商颂》："降予卿士"，《左传》隐三年："郑武公、庄公为平王卿士"，《毛公鼎》《小子师敦》《番生敦》皆作卿士，《卜辞》作卿史。周卿士中有司徒、司马、司空，《诗·雨无正》称为三事。皆足证卿士即卿史，士亦即是史、事。

士是最古时王下的官。最古时邦境甚狭，邦政甚简，或者有些邦里只有王及士。王所管名曰政，士所管名曰事。《酒诰》："有正有事"，以正（政）与事对举。《国差𦉜》亦云"立事"。孔子对冉求亦说"其事也"，以对冉求所说"政"。郑君《注》：君之教令为政，臣之教令为事（《论语·子路》篇）。盖春秋时仍沿政事之分。

后士中有几个人在公餐伴食，就称这几个士为卿士。这称呼至晚当始自商周之际。更后有的简称为卿。春秋列国多称卿，惟周室尚称卿士。古人最富保守，阶级愈高，保守性愈重。周室较列国更守旧，并非奇异的事。

古邦掌祭祀者，亦记载邦中一切史事，亦兼审判，故士亦是史，亦是士师。古代礼记既包括《礼》《易》《春秋》等书，士或史亦兼任后世祝、宗、卜、史的职务。《左传》定四年，祝佗谓封伯禽时，"分之土田培敦，祝宗卜史，备物典策，官司彝器"。似周初已将四职分开。但至春秋时，四职尚时常混杂，且就《左传》所载举几个例。

有祝宗连用者：

> 晋范文子反自鄢陵，使其祝宗祈死。（成十七年，晋）
> 祝宗用马于四墉。（襄九年，宋）
> 公使祝宗告亡。（襄十四年，卫）
> 昭子齐于其寝，使祝宗祈死。（昭廿五年，鲁）

有祝史并举者：

> 祝史矫举以祭。（桓六年，随）
> 其祝史陈信于鬼神，无愧辞。（襄廿七年，晋）
> 日有食之，祝史请所用币。（昭十七年，鲁）
> 使祝史徙主祏于周庙，……郊人助祝史除于国北，禳火于玄冥回禄，祈于四鄘。（昭十八年，郑）
> 祝史之为，无能补也。（昭廿六年，齐）

由此足见祝与史、祝与宗的职务，分得不甚清楚。郑火，使祝史祈于四鄘；宋火，使祝宗用马于四墉。更足见史、祝、宗职务的相近。并且说"祝宗卜史"的祝佗，对历史知道得就甚详细。而闵二年，卫史华龙滑与礼孔说："我太史也，实掌其祭。"尤足证史的最古职务。《史记》谓老子为周柱下史。柱即主，主下史乃在火旁掌记录的太史。

至于卜及史，分得尤不清楚，《左传》中记占卜的各条内有五条记明卜人，而八条则说明系史。

由史占者：

> 周史有以《周易》见陈侯者，陈侯使筮之。（庄廿二年，陈）
>
> 辛廖占之曰：吉。（闵元年，晋）
>
> （按辛廖当系辛有之后，董史也。）
>
> 初晋献公筮嫁伯姬于秦，……史苏占之。（僖十五年，晋）
>
> 邾文公卜迁于绎。史曰：利于民而不利于君。（文十三年，邾）
>
> 公筮之。史曰：吉。（成十六年，晋）
>
> 武子筮之，遇困之大过，史皆曰：吉。（襄廿五年，齐）
>
> 穆姜薨于东宫，始往而筮之，遇艮之八。……史曰：是谓艮之随。（襄九年，鲁）
>
> 晋赵鞅卜救郑，占诸史赵、史墨、史龟。（哀九年，晋）

由卜占者：

> 成季之将生也，桓公使卜，楚丘之父卜之。（闵二年，鲁）
>
> 秦伯伐晋，卜徒父筮之，吉。（僖十五年，秦）
>
> 卜招父与其子卜之。（僖十七年，梁）
>
> 使卜偃卜之。（僖廿五年，晋）

> 初，穆子之生也，庄叔以《周易》筮之。……以示卜楚
> 丘。（昭五年，鲁）

可见占卜不一定由卜人，史亦能占之，这就因为史、卜最初并未分职。

不止史（士）能卜筮，巫亦能筮。筮字从巫，即其明证。并且《周礼》筮人有巫更、巫咸、巫式、巫目、巫易、巫比、巫祠、巫环等筮法，可见巫筮最初只是一个字（庄存与谓巫更等为古精筮者九人）。巫在古时是极有威权的人物，他是神与人的中间。在官吏就是教士的时候，他的地位不见得比邦君低。所以商的宰相"卿士"就是巫咸、巫贤。巫并且能治病，因为古时治病方法用符箓。《论语》有巫马期，想是以官为族姓，足证《周礼》所说的巫马氏不假。《论语》又说："南人有言曰：人而无恒，不可以作巫医。"（《子路》篇）这句话是那时的俗语，孔子既引他，想较孔子为早。足证巫亦就是医。《说文解字》示部：禰，祝禰也。尚是巫医的演变、遗留。

与巫类似的尚有工。不过这个字的初义早已变更，痕迹颇难看出。春秋时只余转变的意义。一种是乐工，《左传》襄四年：工歌文王之三。一种是工商，《左传》襄九年：商、工、皂、隶，不知迁业。一种是工祝，《诗·楚茨》：工祝致告，徂赉孝孙。又孝孙徂位，工祝致告。《毛传》：善其事曰工。似乎不确，工祝是一种管祝告的人。

由这些看起来，乐工能歌诗以事神，工祝能祝告以事神。工商的工能造祭器，能筑城，能建宗庙，能制戈矛，观《考工记》所载便知。他知道一切凡祭与戎，即一切与宗教有关的工艺。这些皆最初"工"的演变、分化，最初的工包含这一切。他懂得使

神喜欢的一切方法。周公所谓"予仁若考，能多才多艺，能事鬼神"。就是工的最适宜的注脚。考，《史记》作巧，巧从工，多艺亦即《夏书》所谓"工执艺事以谏"的艺（《左传》襄十四年，师旷引《夏书》）。他能歌以事神，亦与巫能舞以降神同意，所以《说文解字》工部说"工与巫同意"。

工亦古时平常官吏，这邦名曰士，那邦名曰巫，另一邦名为工。因此又变为官的普通称谓。《皋陶谟》，"百工惟时"；《康诰》，"百工播民和"；《洛诰》，"予齐百工"。凡此皆谓百官。宗周最保守，如上所说卿士名称的保存，周在春秋时犹沿用百工，列国则多称百官矣。《左传》昭廿二年，"单子使王子处守于王城，盟百工于平宫。"又"百工叛"。足证工亦就是官的旧称号。《盐铁论·刺复》篇说百工惟时为士守其职，亦可为我说工等于士佐证。且士所职亦曰士（后曰事），工所职亦曰工（后曰功），亦相同。《尧典》，"钦哉，惟时亮天工。"《史记》工作事。《皋陶谟》，"天工人其代之"。《史记》作是为乱天事。皆足证工与事相类。

《尧典》，"伯禹作司空"。司空乃百工之长。后又加司徒、司马而成三事（三士）。至春秋末，士的范围愈扩充。古时惟士能知典章礼乐，现在则庶人之贤者亦渐能知道。于是士亦随教育的公开而变为读书人的普遍名称。

兹将上面所述士、史、工、巫的演变，列表如下。最初这些字不一定是一邦所用，演变中尚有各邦相互的关系。演变的途径或比这表繁杂得多，但有什么方法知道呢?

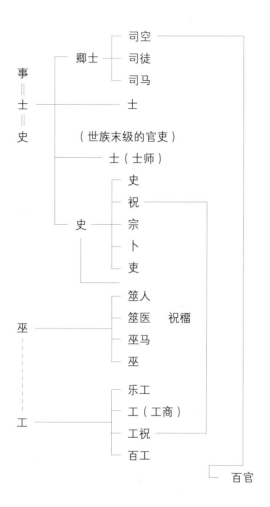

八　古邦中的阶级

西周初年封建制度的结果，自然不能不有阶段。并且周以前各小邦的组织，亦不能不有阶级。但古代阶级如何分法，及有多少阶级，亦为极有兴味的研究，亦即为此篇所想尝试者。

西周初年阶级，现在亦无甚明晰的记载；我们且仍用古朗士的方法，先看看东周春秋时代阶级如何分别，然后再上溯更古时代。后代社会，必由前代的蜕代而来，由后者亦能推测前者，或前者亦略与后者相似。

《左传》中说阶级最清楚的一节，莫过于昭七年楚芊尹无宇的话，他说：

> 故王臣公，公臣大夫，大夫臣士，士臣皂，皂臣舆，舆臣隶，隶臣僚，僚臣仆，仆臣台；马有圉，牛有牧。

观此则王、公、大夫、士、皂、舆、隶、僚、仆、台，所谓十等。另外尚有圉、牧两种人。皂舆以下八等（连圉牧在内），古人亦常混用。譬如《左传》他节，有皂隶连用者，如隐五年"皂隶之事"，襄九年"商、工、皂、隶，不知迁业"，昭三年"栾、郤、胥、原、狐、续、庆、伯，降在皂隶"；有隶圉连用者，如哀二年"人臣、隶、圉，免"；有皂牧连用者，如襄廿一年"其次皂牧舆马"；有皂隶牧圉连用者，如襄十四年"庶人、工、商、皂、隶、牧、圉，皆有亲昵"。可见这八等分别言之，固然一等与一等不同；但混而言之，亦可以算作一等，就是奴隶的阶级。

若就地域看，昭七年的是楚人的话（芊尹无宇），襄九年的是楚人指晋人而说的话（子囊），襄十四年的，昭三年的，哀二年的，皆是晋人的话（师旷、叔向、赵鞅），隐五年的及襄廿一年的皆是鲁人的话（臧僖伯、内史克）。在原来是荆蛮而渐受周文化的楚，在公族衰弱的晋，在公族仍盛、"犹秉周礼"的鲁，皆有同类阶级，可见奴隶阶级的存在是春秋时普遍的现象。

此外尚有一种阶级：庶人阶级。庶人并不完全是奴隶，这节其须注意。春秋时说庶人及隶圉等皆分着说，并未见混在一起。襄九年《传》楚子囊说晋：

> 其卿让于善，其大夫不失守，其士竞于教，其庶人力于农穑，商、工、皂、隶不知迁业。

襄十四年晋师旷说：

> 天子有公，诸侯有卿，卿置侧室，大夫有贰宗，士有朋友，庶人、工、商、皂、隶、牧、圉皆有亲昵，以相辅佐也。

哀二年晋赵鞅誓曰：

> 克敌者上大夫受县，下大夫受郡，士田十万，庶人、工、商遂，人臣、隶、圉免。

由末一条，可以知道人臣、隶、圉克敌者可以免力役，庶人未说，就因为他们并非奴隶，无力役可免，反能进一步遂仕宦也。由前一条可以知道庶人力于农穑，他们的根本职业是农人。他们亦不是士，春秋时士与庶人永不并列。孔子尚说："天下有道，则庶人不议。"（《论语·季氏》篇）可见庶人干政，在孔子时尚以为不合古制。最晚至孟子时，方常连称士庶人。春秋末年，士的阶级已经不甚严格，世族、庶人内一部分聪慧者上升入士，其余仍留为农，遂与工、商变为四民。

庶字义是次一等的意思。所以妾所生子曰"庶子"，异姓曰"庶姓"（隐十一年《传》，滕侯曰：薛庶姓也），周称商人亦曰"庶殷"（《召诰》屡言庶殷）。庶人、工、商及奴隶皆非世族，古人习称为"小人"，以别于世族的"君子"。凡世族皆系家长——"父"的后人。古时父及君相同，故称他们曰君子。

这亦与罗马的父族（Patriarch）之出自"父"（Pater）相同。君子包括士、大夫、卿、邦君。

由孔子所说"天下有道，则庶人不议"，可知愈古庶人愈不能干政，愈不能仕宦，君子与小人之分别愈严。只有世族能执政。所以说"礼不下庶人，刑不上大夫"。礼不下庶人，即因古朗士所说他们是无宗族宗教的人。

春秋时的社会阶级可以列表如下：

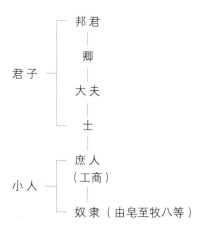

《左传》中说君子、小人的地方，凡在春秋前半者多用作贵贱之分，至后半始有用作受过教育的人及未受过教育的人的分别。《论语》中后一种尤夥。《诗》、《书》中所用君子、小人皆属前一义。君子小人的分别愈古愈显，他是古邦中普遍的分别。

郭沫若先生以为奴隶制度至共和初已渐衰，似乎不确。他以为周厉王被"庶民"赶走，由共伯做了皇帝，这就是奴隶的解放。

照郭氏说来，共伯是希罗的暴君。但我们要知道《左传》昭廿六年所说的"万民弗忍"的民及《国语·周语》所说的"国人围之"的国人是否奴隶。奴隶照古邦通例看，素不数在邦中，他们是各世家的私产。《诗》、《书》所说民自然不包括奴隶。至于国人，自然更指着贵族而言。《左传》定十年，宋公子辰说："吾以国人出，君谁与处？"于是他就同"仲佗、石驱出奔陈"。所谓国人指仲佗、石驱而言，国人自然指贵族而非奴隶。周厉王之被逐，依我的意见，是贵族的革命，而非奴隶的革命。所以周公、召公共理国政。史书所记自陕以东、自陕以西的话，亦就是彼时的事。周公、召公是指彼时的周、召。后儒误会周文公即周公，遂将分治之事移前。周公无谥法，观《左传》中皆只称周公足证。至于共不过是一个小国，即《左传》"太叔出奔共"之共。共伯若能由奴隶推戴为君，那时贵族势力方强，诸侯大家未必能容忍他。观春秋时晋、郑之屡次纳王，即知在西周奴隶拥戴暴君之不可能。

郭氏并且误解《吕刑》之用钱赎罪。古时奴隶皆分隶在各家族内，家长对他们有生杀的无上威权。邦中刑律管不到他们。金作赎刑是对贵族的刑律。这亦不足证奴隶的解放。

并且城濮战后，周王赏晋侯以虎贲三百人（僖二十八年）。秦伯送卫于晋三千人，实纪纲之仆（僖廿四年）。臧武仲说季武子：若大盗礼焉，以君之姑姊与其大邑；其次皂牧舆马；其小者衣裳剑带，是赏盗也（襄廿一年）。皆足证春秋时尚能把奴隶私相赠送，与田地、器物相等，奴隶制度仍然通行。

《卜辞》中已有奚、奴等字，足见奴隶制度不始自周，古邦中通常皆有。君子、小人阶级之分，亦古邦中惯例。

九　殖民

古代希腊意大利的各民族，皆有所谓殖民地。其法乃由甲邦的世族一人，燃火于邦火，然后率领若干人载新火而至乙地，举行建城的典礼。所载的火，遂为新邦的邦火，而新邦亦为甲邦的殖民地。但殖民地与其祖邦（拉丁文直译为母邦）的关系，并非如近代殖民地及统属国关系之深切。据古朗士的研究，似乎只是宗教的。燃火的人，亦即后来的建城者，必须是甲邦的世族。因为邦的制度，非世族不能参与甲邦的邦火祭祀，当然更无从燃新火；而建城必须遵用典礼，这种典礼又非世族无从与知。至于随从的人，则不一定是世族，有时甚至是甲邦以外的人。

实在说来，希腊意大利古代的殖民，就是我国古代所谓封建。《左传》定四年：

> 昔武王克商，成王定之，选建明德，以藩屏周。故周公相王室，以尹天下，于周为睦。分鲁公以大路、大旂、夏后氏之璜、封父之繁弱、殷民六族：条氏、徐氏、萧氏、索氏、长勺氏、尾勺氏，使帅其宗氏，辑其分族，将其类丑，以法则周公，用即命于周，是使之职事于鲁，以昭周公之明德。分之土田培敦，祝宗卜史，备物典策，官司彝器；因商奄之民，命以伯禽，而封于少皞之虚。分康叔以大路、少帛、綪茷、旃旌、大吕，殷民七族：陶氏、施氏、繁氏、锜氏、樊氏、饥氏、终葵氏。封畛土略，自武父以南，及圃田之北竟，取于有阎之土，以共王职，取于相土之东都，以会王之东蒐。聃季授土，陶叔授民。命以《康诰》，而封于殷虚。皆启以商政，疆以周索。分唐叔以大路、密须之鼓，阙巩，沽洗，怀姓九宗，职官五正。命以《唐诰》，而封于夏

虚。启以夏政，疆以戎索。

古书中记载封建的，以这条为最详细。伯禽、康叔、唐叔就是燃火建城的世族，祝宗卜史就是懂典礼的人（希腊意大利燃火建城的人，常常就是懂典礼的人，周代大规模殖民，不妨由几个人分担这种职务）；殷民、怀姓就是随从的人。各种皆与西方的相似，不过规模较大而已。对卫、晋，子鱼虽然未说及祝宗卜史，但我想亦应当有。

周初的封建，对中国历史甚为重要。他划分先后历史成两个时期，等于罗马的统一各邦，但比罗马早得多。罗马统一各邦在纪元前二〇七年，周之灭商则约在纪元前一一二五年，较罗莫卢斯（Romalus）建成尤早。

周灭商始由陕西进至河南，封管蔡康叔皆在彼时。至成王周公诛武庚，践奄，始更进至山东，封齐鲁等国。成王时更北伐，进至山西，封晋韩等国。昭王南征，穆王征徐，至宣王始能使荆蛮来威。周的势力于是及南国，汉阳诸姬姓国盖皆封于此时。从太王翦商起，至宣王南征止，周室皆在扩充境域。这是第一步推动，由周室直接用武力征服各邦。第二步推动较后，在齐鲁晋等国受封以后，由分封各国用武力向外扩充。齐的向东发展，鲁的向东向南发展，晋的向北发展，就是这种现象。

罗马在武力上只有第一步推动。在组织上，他未与征服的各邦以组织。各邦无论名为臣服或联盟，皆仍独立存在，只由罗马派一省长治理其地。省长每年更换，有无上威权。罗马对各邦是真正征服，周室对各邦则完全是殖民。对强的邦，他就灭了，改由周室兄弟亲戚封其地和殖民（譬如，《诗·文王》所说的"虞芮质厥成"的虞，即改封仲雍的子孙）；对弱邦就留做分封各国的附庸（如邾之对鲁）。所封各国除姬姓外，只有异姓的齐、纪、申、吕、许、陈、宋。齐、纪、申、吕、许皆姜姓，《释生姓性旌及其他》篇中已讲过姜姬是一个部落的两部，实在等于一个民族。陈是大姬之后，仍是一半姬姓。只有宋是被征服民族之被封者。但观封鲁、封卫，派去那般多的殷民，作洛以后迁去那般多的殷庶，就能明白彼时欲分散殷人的政策。并且鲁孝公惠公以上皆娶自商，足证想同化宋人的希望。而春秋之宋，在组织上已不见有甚显著与姬姓诸国不同的地方，孔子亦叹殷礼不足征，足证同化宋人的结果。于是全中国合为一邦。

固然周初封建与希腊意大利古代的殖民情形略有不同：希腊意大利是无计划的，周初是有计划的。但这种不同，并不在基本观念，而由于形势。希腊意大利包含无数小邦，各邦当然无法任意殖民；而周乃当时唯一有力的民族，自然能独行其政策了。

至于周以外的民族，如夏，如商，是否已有封建制度，现在颇难征考。若据孟子所说"象封于有庳"，则封建已起自远古。但孟子时代，已不熟悉古史的真相，而深信三代是有系统的相传，自然认各种制度皆传自古代，后代不过有所损益而已。所以他所说的古代制度，尚待研究。不过后代史书记载里，常说及夏殷同姓的国。如襄四年《传》：（寒浞）使浇用师，灭斟灌及斟寻氏；如哀元年《传》：昔有过浇，杀斟灌以伐斟鄩；杜氏皆以为夏同姓国。又如伾侁亦说是商的同姓国，若这些记载可靠，夏殷同姓国的解释，只有两种可能：（一）夏民族和商民族曾在一个时期中因战争迁徙或种种现在不可知道的原因，分散居于各处。后渐在各区域内，建成无数小邦。其中一小邦渐渐强盛而变为古史中的夏国或商国；其余小邦遂成古史中的夏同姓国或商同姓国。（二）同姓国乃夏商的殖民地。这两种假设，哪一种合理，当然现在无法证明。但夏商甚至夏商以前，中国亦有无数小邦，则系的确事实。否则，孟津会的诸侯甚难达到八百的数目（八百之数目确否固不可知，当时邦国甚多则系事实）。

古邦是完全独立的。各邦的典章、政事无一相同。这一邦的人到那一邦就被看做外人，不能享公民的权利。经周封建后就不同了。照着希腊殖民的语言说，周是祖邦，列国是姊妹邦。典章政事虽有各地方的小不同，但大体上皆相似。从此可以互相庆吊，互相往来。他们不只皆与周室有关系，并且互相有关系。周室不妨衰弱，他们仍能联合起来。这就是春秋夷与夏的观念的由来。将古邦公民的观念扩充至几百千倍。至春秋时，显然全国只分两个阶级：一面是各国的世族（君子），另一面是各国的平民（小人）。一国的卿大夫出奔，适他一国，仍受世族的优礼，就足为证。亦因此而战国时盛行客卿，国界的观念亦不甚重。亦因此而秦始皇的一君式的统一容易，盖周朝已用过殖民式的统一。

罗马统一后，亦分两种阶级，但与周朝的不同。一面是罗马邦，较最初并未扩充；一面是被征服的各邦。每邦与罗马皆有关系，各邦间互相无关系。所以周室衰弱后，中国事实上并未分为文化不同、语言不同的若干国；而罗马衰弱后，各地就仍旧回复独立状况，希腊仍回复希腊，高卢亦仍回复高卢。这就因为周用殖民方法，罗马不用的缘故。于此亦可见周初封建在中国历史上的价值。

亦因周室力行同化，极力泯除古邦的界限，遂使各古邦特有的文献无从征考。若非希罗古邦足供参考，周以前邦的情形，恐难想象。后儒误信夏商与周的统一相等，亦即由此。因此古朗士这册《古邦》的研究，对我国古邦能说明不少，足供研究古史者极宽的利用。

十　中国与希腊罗马古代相同制度表

希腊及罗马	中国
祀祖	祀祖
演司	氏族
长子继承制	立嫡长制
祀火	主
火居院之中	宗庙之正中为太室
邦火	社
每族各有族墓，族人皆葬其中	族墓
无子之妇出	无子为七出之一条
长子独传家火，余子另燃新火	大宗，小宗
妇人童年从父，少年从夫，夫死从子	三从
Pater 即家长	父，家长率教者
罗马 Toga 袍礼	冠礼
神不享外人的祭祀	神不歆非类，民不祀非族
吃饭前必祭	虽蔬食菜羹必祭，必斋如也
祭祀用香料	灌鬯
在各种祭典里，必先祷告圣火	凡祭祀必先祭爨
婆罗门人食新米以前，必先供祭圣火	献新
犯重罪者不听葬	兵者不入兆域
公餐	胙，享
建城祭用纯白牛	祭牲尚纯
罗莫卢斯建城时，将从他的故乡带来的土放在沟中	封国受土自天子

羊，豕，牛三种同时用，为被洗礼的习惯	太牢
界石	封疆
王兼有政权教权	祭与政皆由邦君
贵族	世族
客人	庶人
奴隶	皂、舆、隶、僚、仆、台、圉、牧
军队只有骑兵或乘车的甲士，后始有步兵	先有车战，后始有步卒
出征必先集合，由大将祭祷	治兵于庙
出征必载着神像及邦火	出征必载主
战前必占卜，吉则战，否则否	战前必卜
凯旋时往庙中祭祀，献胜利品	入而振旅献俘
放逐	放逐
殖民	封建
主教每月初一宣布每月的佳节	告朔
邦忌，公共生活皆须停止	甲子不乐
各邦皆有记载礼仪的书	《礼记》
法律最初并无写本，后虽写出亦甚秘密	晋铸刑鼎，孔子讥之
各邦皆有史记，由教士掌管	各国宝书，亦由太史氏掌管
积木斧	殳

　　上中国及希罗古代相同制度共若干条，其详皆散见前九篇中。古朗士书，第一章言古邦的信仰。第二章言家族。第三章言邦，即古邦的起始及兴盛时代。第四章言革命，即古邦的变化时期。第五章言思想改变，古邦残毁，即古邦的衰落时期。由始至

终，详赡无遗，足为古代社会研究著作的典式。我这篇序只杂列中国与西方的相同各节，即无古朗士的谨严，且学殖荒落，所获有限。而两年来颠沛流离，爰止无所，几乎无书可供参考。多凭记忆，难免舛错，尚希史学界多加纠正。并且希望古史学家对篇中提出诸问题加以指教。

中西相同的有这般多，我相信若细加研究，相同之处当尚不止此。汉族与西方民族同源之说，欧西学者曾屡经尝试。或以为与埃及有关，或以为与巴比伦有关。但证据皆甚薄弱，且时常只用孤证，从未见这般多的相同。以上这些条内，或者若干项是人类进化的普遍现象。但"祀火"一节，如埃及、巴比伦等古民族并未通用。然亚利安族则与汉族相同，且由祀火而出的各种制度亦相同，尚能对这些说汉族与亚利安族毫无关系么？史学家将这些问题，若加以研究，不止研究希罗古邦史能对我国古史有贡献，并且能反过来，用我国古邦史，对希罗古邦隐晦地方，亦有所说明。如此则对人类通史的帮助，真不算少。

这部书在去年上半年已经译完，下半年完全做修改及整理的工作，并将人地名等加以注释。最初我以为注释甚易，其实这步工作繁难异常，所费的时间比译全书不少。至于序中各节，草创多在去年，写出则始自今岁。附记于此，以识译此书的始末。

民国廿四年五月

周代的政治制度

一　邦国的起源

中国周代邦国的组织大约由更古的邦国组织所因革而来。孔子说："殷因于夏礼，所损益可知也；周因于殷礼，所损益可知也。"三代政治的组织是相沿袭而来的，由此可知。但是我们现在除对商代武丁以后的典礼由考古的发现略有所知外，对于夏礼及武丁以前的殷礼毫无所知。因此欲明了古代邦国的起源不得不借镜于古代希腊罗马，孔子所谓"官失而求诸夷"，即此意也。

在未有邦国以前，宗族的组织早已存在。宗族在古代罗马名为演司（gens），这字与希腊文的 ɣ'εvos 同源同意。罗马的演司各有他的祭祀，不准同演司以外的人参加。他们各有他的独立行政，各有他的独有的土地，他们是独立自主的团体。如是的并存若干时代，而毫无联合的组织。到了某一个时期，或者因为对付共同的敌人的需要，或者因为共同生活比较容易，他们就联合组织成邦。邦是政治的，而演司或宗族皆是血缘的，两种性质完全不相同。这个结合的时期，各地方不同。因为演司或与他相类的团体，在邦组成以前早已存在，所以邦成立以后，对他们的内部仍没有权利干涉，他们仍旧半独立式的存在着。据布律达克（Plutarch）说，雅典左近，最古只有无数的宗族，而无所谓雅典邦。每一宗族各有他的祖先、祭台和首领。当公元第二世纪时，布沙尼亚斯（Pausanias）游历到这里时，在各小村中常听见村人讲述古代的传说，在远古时代，每一个宗族都有他的世袭首领，各有他的族有土地，时常互相有战争。后来有四个宗族，组合成一个小团体，这就是历史上所谓麦拉松（Marathon）平原的四小村。更后他又和其余相类似的小团体组合成一个大组织，所谓十二联邦，这时候大约是在纪元前十六世纪。后来所谓雅典邦，只是联邦中之一，其余的十一个联邦完全自主，各自有他敬奉的神、祭台和圣火，也有他的独立首领。又较后，统治雅典邦的西克娄庇德族（Cecrops）和其余联邦经过强烈的战争，渐渐的将其余十一联邦统一，成为后来的雅典。可见这种组织是由逐渐而成的。希腊的其余各邦的组成，大约也遵循着同样的轨路，不过，记载保存的不如雅典的完备，我们没有法子详细说明而已。

再看近代的初民社会，他们的每个部落是由若干团（Clans）所组成。团虽然属于部落，但是有他的独立性，并且部落是政治性的，也与邦国相同。而团是血缘的，与部落的性质不同。可见人类的这种组织，古今中外是一贯的。观察近代初民的部落组织和雅典的邦的组织，我们可以用来解释古代的邦国。

在没有组织成邦以前，只有宗族或演司的存在，已如上面所说。古代的宗族出自更古的图腾团，在那时，团员都是平等的，无所谓阶级的分别，但等到组成了邦以后，其中所包括的各族的地位不一定相等，有的势力强，征服旁的宗族，或者旁的宗族自动的拥戴他，这就造成最高团体——君团。下面的各族，也不一定全都是平等的，有的高，有的低，变成等差化的现象。但这些仍都属于贵族。在此以外的就变成小人阶级。这种现象在古代雅典组成邦的时候，最为明显。以前只有演司而没有等级，到现在，掌握政权的全是贵族，希腊人称为 Eupatrides，他们全都是最早就住在这区域的宗族，他们能推溯他们的祖先到很古，他们也最富有保守性，另外也产生了奴隶阶级。

在中国古代经过周人的削灭古国，颇使古代的邦国面貌难于寻找。但是我们要观察各国中都含有邦君的同姓和异姓，也可以证明他是沿自较古的组织，就是由多姓合成邦国，而邦国不是一姓所独有。由此我们可以反过来证明，更早的邦国的由来，与古代希腊仍旧走同样的路，并且由近代初民社会也可以证明这点。以下分说，封建是宗法的扩大，君权及贵族权力的前后不同。

二　宗统与君统

这一节用意在研究宗法和封建的关系，这种关系在西东周甚为明显，可以说封建只是宗法的政治化与扩充，所以《毛诗》中说，"君之宗之"，可见凡为政治首领的人，君或诸侯下至大夫，都是宗法首领的大宗或小宗的宗主。在威廉生所著《中部玻里尼西亚的社会及政治组织》（Robert W. Williamson：*The Social and Political Systems of Central Polynesia*）书中，列有一表（第三册第 138 页）：

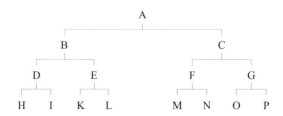

A 是始祖并兼大首领，他有两个儿子 B 和 C，照玻里尼西亚的习惯，继承权多半在于长子，以下所说根据这个为例。土人的习俗，有时传给少支，但这对于以下所讲的，只需稍微加以更改，并没有绝对的相反。A 的爵位将陆续的传给 B、D、H，他们的爵位和 A 相等；至于少支，比如 C、E、I，都不能继承 A 的爵位，他们只能得到一种较次级的爵位，他们同时也可能成为一个次级团体的首领。这里所谓首领是指着宗法的首领而言，爵位是指着政权的首领而言，而凡长支 B 的后人，地位照例高于少支 C 的后人。推论威廉生的意思，这个表可以代表君统和宗统的关系。A 是大宗的首领，同时，用周人的方法来说，他是天子，B、D、H 都是陆续继承 A 的天子地位，同是又是大宗的宗主。A 的少子 C 和 B 的少子 E，D 的少子 I，可以说是地位相等，照周人的说法，他们全都是诸侯，而同时他们是大宗分出来的小宗的宗主。K 和 F 的地位相等，照周人说，全都是大夫，同时是小宗再分出来的次级小宗的宗主。关于这一点，不只可以证明宗统和君统完全有关，并且在中国古代和现代的玻里尼西亚都是相同的。当然春秋有若干国家不一定与此相合，但那只是周人没有灭过的小国，后来变成姬姓国家的附庸，如邾等国就是。至于姬姓的封国中，君统和宗统是完全相符合的，观以下表对这点更可明了。

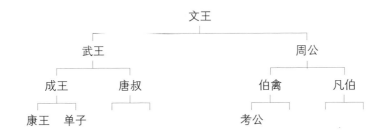

在以上表中文王、武王、成王、康王都是天子，并且是姬姓大宗的宗主；周公、唐叔、单子都是诸侯，地位低于天子，他们并且同时是姬姓分出来的小宗的宗主。周公的诸侯地位和他的宗主地位，陆续的传给伯禽、考公等，等于唐叔的地位也陆续的传给历代的晋侯，这和威廉生所画的表是完全相合的。商代是否有封建，现在史料无征，不过周人确实宗统和君统相连，也就是说封建只是宗法的扩充和政治化。

三　周代的长子继承与兄弟分权

周人君位的传承与商人不同。商人父子相传之中杂有兄弟的相继。至于周人则实行长子继承，至少在文王以后如此，至于文王以前是否已实行嫡长制，抑亦似商人之可以兄弟相承，现在所存的史料颇难证明。固然《逸周书·克殷解》："王烈祖太王、太伯、王季、虞公、文王、邑考以列升。"颇似商人之兄弟同等，但这或只是祭礼如此，而继承不一定必然。因为如果兄弟可继，太伯、仲雍则可以不必逃，继立者亦将属王季。反过来，文王以前的世系虽若历世父子相传，即将后稷不窋间次之确否阙而不论，这些世系是否不与商代后半之祭大示相似亦成问题。吾人知道商代后半曾有大示之祭，所祭一代只一帝，而将同代的余帝置而不祭。或者文王以前的世系只系大示，一代只举一王，事实上在位者不止此数。因为目前对此难下断语，所以只以文王以后的周人作长子集权阶段的代表。

文王以下，周人确系父传子，一世只立一君不再弟兄共权，其世系表见右（下）：

文王—武王—成王—康王—昭王—穆王┬共王—懿王—夷王—厉王—宣王┐
　　　　　　　　　　　　　　　└孝王

└幽王—平王—泄父—桓王—庄王—僖王—惠王—襄王—顷王┬匡王
　　　　　　　　　　　　　　　　　　　　　　　　└定王—简王┐

└灵王　景王┬悼王
　　　　　└敬王—元王—贞定王┬哀王
　　　　　　　　　　　　　　├思王
　　　　　　　　　　　　　　└考王—威烈王—安王—烈王
　　　　　　　　　　　　　　　　　　　　　　└显王—慎靓王┐

└赧王

文王至赧王共三十二世（泄父一世未立，不数），三十八王，父子相继者三十二王，非父子相继者只孝王、定王、敬王、思王、考王、显王六王。其中有三王已确知其即位非照常例，当时皆有乱争，即敬王、思王、考王是也。悼王卒时，周室方乱，子朝与悼、敬争立，悼王年幼，想必无子，故不得不立其母弟丐（《史记集解》引贾逵曰：敬王，猛母弟），否则无以敌子朝。其事载于《周本纪》及《左传》甚明。至于思、考两王，《周本纪》明说"弟叔袭杀哀王而自立，是为思王。思王立五月，少弟嵬攻杀思王而自立，是为考王"。则此三王之立皆由于乱时，而非常例也。懿王崩，不立其子，反由其叔父考王立，观孝王崩，诸侯复立懿王太子，是为夷王，其间想必有争立之事而史失载。以三十八王计，其中三十二王合于正轨，只六王例外，其比例数略等于百分之十五，况其内实有因乱而变例者，则文王以后之周人父子相继，几等于百分之百，事实与《礼经》所载，亦相同也。

周人虽立长，但西周之初，未尝无若干兄弟共权的遗痕。当文王时，他的兄弟虢仲、虢叔皆为卿士（《左传》僖公五年），而文王有事必咨询他们（《晋语》，谘于二虢）；当武王成王时，则武王的兄弟周公为太宰，康叔为司寇，聃季为司空（《左传》定公四年），弟虽无权继承兄的王位，但未尝不分他的一部分权力，参与国之大政。降至春秋，鲁之三桓，郑之七穆，最初莫不系公之弟兄。彼时之卿，权力实高过后世之相。虽然不皆若卫献公所说"政在宁民，祭则寡人"，但国之所有大政，不能不咨询他；立君亦必须征其同意。鲁庄公问后于叔牙，又于季友，皆其弟，子家羁亦言"若立君则有卿士大夫与守龟在……"君之与会、聘问等莫不以卿大夫为相。虽名为相礼，但事实上办外交，《左传》中君之言少而相之言多，想即因此。卿权即分君权之一部，卿权重则君权轻，两者互为消长。这些尚系兄弟共权的遗痕。

再进一步看，周初的封建虽系实施"以藩屏周"的政策，亦未尝不有分权的意义暗存。以前兄弟共一王位，现在则将王位化分出若干小者，诸侯，与弟兄共享。而诸侯同样分若干权位与他的弟兄，大夫。因为大夫的地位虽较低于诸侯，但他亦有土地（采邑）人民，事实上与天子诸侯仍属同类性质，这是弟兄分权的现象。

所以在有周一代，政权是等差化的，上有天子，次为诸侯，其中亦有大有小，再次为大夫，而卿只是大夫中的最掌权者，各有封邑以及封邑中的人民。每类人在他的封邑范围中各享有独立自主权，他的上一级人并不能绝对的干涉。

四　由君与贵族的分权到君的集权

　　周人虽然实行长子继承制,但是仍旧兼用兄弟分权的制度,已如上节所说,由于这种分权的形态,遂造成春秋后期邦君与贵族的争权。最初参加长兄政权的余子,除几个特殊者外,只限于当朝的邦君的弟兄,等到这一朝的邦君死后,他的弟兄就不再参加新君的政权,而让给新君的弟兄来参加,可以说君权君位是世袭的,君的弟兄参加国政,不是世袭的,因而造成君权重而卿权轻。因为君权君位是世袭的,君容易扩充政权,至少保持着政权;卿的政权不是世袭的,随朝代而更换,因此不容易造成根深蒂固的政权,更说不到扩充政权。最初的现象如此,所以邦君与贵族的争权也不太常发生。可是到了春秋中期,就渐渐的发生了变化,旧君的弟兄也想照邦君一样的世掌政权,不再将政权让给新君的弟兄。他们和邦君一样世掌政权,也就可以与邦君一样的扩充政权,于是邦君与贵族的争夺政权的现象发生。这时各国多半先发生了旧君的弟兄与新君的弟兄攘夺政权的事实,比如鲁国的东门氏与三桓的争夺,就是一个最显明的举例。三桓都是鲁桓公的后人,而东门氏是东门襄仲的后人,东门襄仲就是仲遂,或称公子遂,是鲁僖公之子,鲁文公的兄弟,若照以前旧君的弟兄将政权让给新君的弟兄的办法,到了鲁文公的时候,他的祖父鲁庄公的弟兄的后人,早已应当将政权让出,而由文公的兄弟东门襄仲掌握,但是由于三桓中季孙氏的始祖季友,对鲁僖公能作鲁君有极大的帮助,遂使季孙氏在鲁国站着很高的地位,又因为鲁僖公的弟兄公子般及闵公皆被弑,新君的弟兄大约甚少,这也是使三桓能够保持政权的另一种原因。所以在文公在位十六年中,三桓并未放弃政权,他只是和东门襄仲共同职掌。由文公元年到十六年，《春秋》或《左传》所记的帅兵或出国聘问共二十八条，其中由三桓者共十九次，而东门襄仲八次，另一次是叔孙氏与东门襄仲同行的，所以说他们是共掌政权。可是到了文公卒后，宣公即位，形式就甚有改变，文公十八年《左传》对此所记甚详：

> 文公二妃敬嬴生宣公，敬嬴嬖而私事襄仲，宣公长而属诸襄仲，襄仲欲立之，叔仲不可。仲见于齐侯而请之，齐侯新立而欲亲鲁，许之。冬十月，仲杀恶及视而立宣公。书曰子卒，讳之也。仲以君命召惠伯，其宰公冉务人止之曰：入必死。叔仲曰：死君命可也。公冉务人曰：若君命可死，非君命何听？弗听，乃入，杀而埋之马矢之中。公冉务人奉其帑以奔蔡，既而复叔仲氏。

公子恶及视，皆是文公的嫡子，襄仲杀他们而立文公的庶子宣公，于是他和他的儿子公孙归父，遂借着这种功劳在宣公之时能居高位，并想将三桓的政权夺掉，所以在宣公十八年的工夫，鲁国帅兵与楚国聘问，《左传》中共计有十四条，其中襄仲与其子公孙归父共占十条，三桓只占了四条，可见东门氏在这个争夺中得到上风，已经与文公时东门氏与三桓共掌政权的形式不同。据《左传》的记载，他这种争夺并不是完全为的东门氏，而是想将鲁君的政权由三桓手中夺回。所以《左传》说（宣公十八年）：

> 公孙归父以襄仲之立公也有宠，欲去三桓以张公室，与公谋而聘于晋，欲以晋人去之。

可见这种计划是得到鲁君的同意，三桓当然不甘心将多年掌握的政权让出，就等待机会将东门氏去掉。在公孙归父往晋国的时候恰巧宣公病死，三桓就借着这个机会将东门氏的政权完全拿掉。《左传》说：

> 公薨。季文子言于朝曰，使我杀适立庶以失卜援者，仲也夫。臧宣叔怒曰，当其时不能治也，后之人何罪？子欲去之，许请去之。遂逐东门氏。子家还及笙，坛帷复命于介。既复命，袒括发，即位，哭，三踊而出，遂奔齐。

驱逐东门氏以后，并且盟国人，使他们不要效法东门遂，《左传》襄公二十三年：

> 季孙召外史掌恶臣，而问盟首焉。对曰：盟东门氏也，曰：毋或如东门遂，不听公命，杀适立庶。

这是鲁国的贵族想帮助鲁君，将三桓夺去的政权拿回的第一次。

由宣公到他的孙子襄公，三桓的势力逐渐成长，于是，他们就想逐渐瓜分鲁公室，《左传》襄公十一年：

> 季武子将作三军，告叔孙穆子曰：请为三军，各征其事。穆子曰：政将及子，子必不能。武子固请之。穆子曰：然则盟诸。乃盟诸僖闳，诅诸五父之衢。正月作三军，三分公室而各有其一，三子各毁其乘，季氏其乘之人，以其役邑入者无征，不入者倍征。孟氏使半为臣，若子若弟，叔孙氏使尽为臣，不然不舍。

这是瓜分鲁公室的第一次，后至昭公五年，他们又舍中军，《左传》说：

> 五年，春王正月，舍中军，卑公室也。毁中军于施氏，成诸臧氏。初，作中军，三分公室而各有其一。季氏尽征

> 之，叔孙氏臣其子弟，孟氏取其半焉。及其舍之也，四分公
> 室，季氏择二，二子各一，皆尽征之而贡于公。

这可以证明这次较襄公十一年初作中军的时候，对鲁君的政权更有妨害。所以《左传》说："卑公室也。"并且这次季孙氏择四分之二，他的力量更超过其余二家。这次以后，鲁君的直属人众，全部丧失，只余留下三家给他的贡赋来维持他，这种的变动不为不小。并且他们在精神上也将鲁君的宗教权夺掉甚多，《论语》中孔子说：

> 孔子谓季氏八佾舞于庭，是可忍也，孰不可忍。三家者
> 以雍彻。子曰：相维辟公，天子穆穆。奚取于三家之堂？
>
> 季子旅于泰山。子谓冉有曰：女弗能救与？对曰：不
> 能。子曰：呜呼，曾谓泰山不如林放乎？

按《左传》隐公五年："考仲子之宫，将万焉。公问羽数于众仲。众仲对曰：天子用八，诸侯六，大夫四，士二。夫舞所以节八音而行八风，故自八以下。"鲁用天子礼乐，原用八佾。因为别为夫人仲子立庙，故隐公有这次的问，而《左传》同篇亦说："始献六羽，始用六佾。"亦足证鲁君原用八佾，季氏亦用之，至少是僭礼上侪于鲁君，故孔子叹之。至于三家雍彻一节，马融注《论语》说："雍，《周颂·臣工》篇名。天子祭于宗庙，歌之以彻祭。今三家亦作此乐。"按郑笺"辟为卿士，公谓诸侯"。《毛传》释"相为助也"。盖天子祭的时候，助祭者由王室卿士或诸侯担任。比若"郑武公庄公为平王卿士"（《左传》隐公三年），皆以诸侯而做王室卿士，又周襄"王享醴，命之（晋侯）宥"（《左传》僖公二十五年），皆是。鲁既用天子礼乐，所以也

以雍彻，今三家更以卿而上僭鲁君。林放是指的"林放问礼之本"的林放。孔子颇以他懂解礼的精意，所以认为季氏之僭祭山川，山神也不会降福给他的。《左传》昭公二十五年：

> 将褅于襄公，万者二人，其众万于季氏。

季氏这种掌揽政权，甚而夺到君的宗教权，当然不能为鲁君所能忍受，于是鲁君就联合若干帮助他的贵族想去三桓，这一次是在昭公二十五年。上一次只是公孙归父出面，而这一次就由昭公自己出面。后来鲁国若干大夫皆怨季平子，遂设法联合与鲁君共去季平子：

> 公若献弓于公为，且与之出射于外，而谋去季氏。公为告公果、公贲。公果、公贲使侍人僚柤告公。公寝，将以戈击之，乃走。又使言，公曰：非小人之所及也。公果自言，公以告臧孙，臧孙以难；告郈孙，郈孙以可劝。告子家懿伯，懿伯曰：谗人以君徼幸，事若不免，君受其名，不可为也。舍民数世以求克事，不可必也。且政在焉，其难图也。公退之。辞曰：臣与闻命矣，言若泄，臣不获死。乃馆于公。

子家懿伯所说的甚合理，固然君权的旁落是一件很伤心的事，但是这并不是一朝一夕之过，他的来源甚久，所以宋乐祁说：

> 鲁君必出，政在季氏三世矣，鲁君丧政四公矣。无民而能逞其志者，未之有也（昭公二十五年）。

所谓三世，是指的季文子、武子、平子。所谓四公，是指的鲁宣公、成公、襄公、昭公。宣公之殁，三桓将东门氏驱逐出国，可见鲁君的丧失政权是与三桓和东门氏之争有密切的关系。所以子家懿伯又说：

> 政自之出久矣，隐民多取食焉，为之徒者众矣。

政自之出久矣，就是乐祁所说的政在季氏三世。隐民多取食焉就是穷困的人多仰仗季氏的帮助，大约季氏也若齐国陈氏的施舍，很多的小人阶级全归在他势力范围里，所以他的徒众多，这就是乐祁所说的无民而能逞其志是不可能的事情，这也是鲁昭公虽然想夺回政权而终归失败的理由。并且三桓是合作的，至少对鲁君这件事是合作的。在鲁君的兵士已经攻进季氏以后：

> 公使郈孙逆孟懿子。叔孙氏之司马鬷戾，言于其众曰：若之何？莫对。又曰：我家臣也，不敢知国。凡有季氏与无，于我孰利？皆曰：三季氏，是无叔孙氏也。鬷戾曰：然则救诸。帅徒以往，陷西北隅以入，公徒释甲执冰而踞，遂逐之。孟氏使登西北隅以望，季氏见叔孙之旆以告，孟氏执郈昭伯，杀之于南门之西，遂伐公徒。子家子曰：诸臣伪劫君者而负罪以出，君止。意如之事君也，不敢不改。公曰：余不忍也。与臧孙如墓谋，遂行。己亥，公孙于齐。

这时叔孙昭子恰好不在鲁都城中，所以他的司马鬷戾就决定率领叔孙氏的甲兵帮助季氏，所谓"无季氏是无叔孙氏也"，这句话更能证明三桓的利害相连。

昭公出亡在外七年的时间，竟死于郓。在他在外的时候，季平子更无顾忌的总揽政权。昭公卒后，他就立昭公之弟定公。定公在位十五年，所有一切对内或对外皆由三桓主持，《春秋》中所述帅兵以及会盟都由三桓出面，足可以证明君权的微弱，以及旁的贵族都不能分三桓的权利。这大约是定公与三桓没有发生冲突的原因。但是到了定公死后，其子哀公立，君与贵族的争权又重新发生，至哀公二十六年又酿成哀公的奔越。在哀公二十四年，他曾经往越，《左传》说：

> 闰月，公如越，得大子适郢，将妻公，而多与之地。公孙有山使告于季孙，季孙惧，使因大宰嚭而纳赂焉，乃止。

适郢是越王的太子，所谓"得"是得到适郢的欢心，哀公遂欲联越而去三桓。但因季孙的纳赂而止。至哀公二十六年：

> 公患三桓之侈也，欲以诸侯去之；三桓亦患公之妄也，故君臣多间。公游于陵阪，遇孟武伯于孟氏之衢，曰：请有问于子，余及死乎？对曰：臣无由知之。三问，卒不对。公欲以越伐鲁而去三桓。
>
> 秋八月甲戌，公如公孙有陉氏，因孙于邾，乃遂如越。国人施公孙有山氏。

哀公同越太子连合，目的就在用越国的兵力去掉三桓，可是这一次同昭公那一次相似，仍旧失败了，原因就是因为三桓掌握政权过久，他们的力量超过君的力量。

晋齐两国贵族与邦君的争权虽然与鲁国的情形不同，但是性质并无相异之处。原自晋献排去桓叔庄伯的后人（《左传》庄公二十四年），及"骊姬之乱，诅无蓄群公子，自是晋无公族"。所以晋与鲁不同，贵族中并无公族。可是非公族的异姓代替晋国的公族掌握政权。

晋国的中军，在将兵时是元帅，在平时是首席执政者，揽军权政权于一手，他的地位的重要可以知道。据《左传》的记载由晋文公三年到晋厉公八年（鲁僖公二十七年到成公十八年）历任的中军如下：郤縠、原轸、先且居、赵盾、郤缺、荀林父、士会、郤克、栾书，共九人。除栾书外，都不是姬姓。栾书虽然是姬姓，但也不是公族。可是在晋厉公以前，没有一个公族掌握主要的政权。这种情形与鲁国完全不同，三桓是鲁桓公的后人，完全是公族。到晋悼公以后，政权更集中于六卿，六卿是韩氏、赵氏、魏氏、智氏、范氏、中行氏，《左传》对于由晋悼公元年一直到晋出公元年，担任晋国中军的人记载如下：韩厥、知䓨、苗偃、士匄、赵武、韩起、魏舒、范鞅、赵鞅、知瑶，共十人。士匄的士氏即范氏，就是献策去桓庄之族的士蒍的后人，荀偃的荀氏即中行氏，可见这十人未曾出于六家以外。晋国的政权完全把揽在六家的手中，他们并吞了其他的小贵族，一面夺取晋国的君权。但是贵族自相争权不会到六家均势而停止的，自然尚有进一步的争斗，结果是韩、赵、魏、智四家联合而驱逐范氏、中行氏。等到剩了四家以后，智氏又想联络韩氏、魏氏去消灭赵氏，但是反被韩、赵、魏的联合，而将他消灭了。从此晋国只有三家，也就是三家分晋的由来。晋君尚且没有鲁君的勇气，对于六卿或三家始终没有敢抵抗，原因大约由于两次晋君的被杀。一次是晋灵公派人去刺杀赵盾，结果没有成功，反而被赵盾的从弟赵穿所杀。另一次是晋厉公将郤氏弟兄杀死，目的也在争夺回失去的权利，可是另外的两个贵族栾书、中行偃，因此畏惧，反弑厉公。经过这两次弑君的变故，悼公以下的晋君再也不敢想收回政权了。对于这一层，晋国与鲁国不一样，而与齐国一样，姜齐君权的丧失，只由一个异姓贵族，就是由陈国来的田氏，也称为陈氏（古音田陈相同，故《左传》称为陈敬仲，《史记》则曰田敬仲）。初来到齐国的是田完即陈敬仲，当齐桓公的时候，他只做到工正，并没有掌握很大的政权。但是因为一方面在齐桓公死以后，五公子争立，连亘数十年之久，使齐国的公族衰弱。另一方面，田氏甚能施舍，使小民全听从他，《左传》昭君三年，晏婴说：

> 此季世也，吾弗知，齐其为陈氏矣。公弃其民而归于陈氏。齐旧四量：豆、区、釜、钟。四升为豆，各自其四以登于釜。釜十则钟。陈氏三量皆登一焉，钟乃大矣。以家量贷，而以公量收之，山木如市，弗加于山，鱼盐蜃蛤，弗加于海。民参其力，二入于公而衣食其一，公聚朽蠹而三老冻馁，国之诸市，屦贱踊贵。民人痛疾而或焕休之，其爱之如父母而归之如流水，欲无获民，将焉辟之！箕伯、直柄、虞遂、伯戏，其相胡公大姬，已在齐矣。

陈氏用这种收人心的方法而逐渐的将齐国的政权夺到手里，因而终于夺得了齐国的君位。

以上异姓与君争权同公族与君争权，方式虽然不尽相同，但是造成春秋末期君与贵族对政权的争斗是极普遍的现象。

另外尚有一点必须提到的，就是各国贵族间的勾结，他们的互相帮助。比如鲁昭公的出奔，卫国、宋国的君，都要求晋国帮助鲁君返国，晋君也赞成。所以昭公三十一年："晋侯将以师纳公"，可是晋国的政权并不在君的手中，而在贵族的手中，已于前说及。所以范献子等就想出了帮助季孙的办法：

> 范献子曰：若召季孙而不来，则信不臣矣，然后伐之，若何？晋人召季孙，献子使私焉，曰：子必来，我受其无咎。季孙意如会晋荀跞子适历。

等到荀跞表面上责备了季平子以后，劝他将昭公接回国，季平子马上答应了。但是等到荀跞告诉昭公以后，昭公坚持必须驱逐季平子，荀跞就掩耳而走，告诉季平子说："君怒未怠，子姑归祭。"这一幕助鲁君返国的事，就这样草率的了结，这就因为晋国的贵族与鲁的贵族是志同道合，互相帮助的，《论语·宪问篇》：

> 陈成子弑简公，孔子沐浴而朝，告于哀公曰："陈恒弑其君，请讨之。"公曰："告夫三子。"孔子曰："以吾从大夫之后，不敢不告也。君曰：告夫三子者。"之三子告，不可。孔子曰："以吾从大夫之后，不敢不告也。"

鲁国的三桓的把持君权，与齐国的陈氏相同，志同道合只有互相帮助，安肯帅兵往讨，所以孔子告诉他们，他们不答应。孔子明知道他们不肯答应，所以两次说"以吾从大夫之后，不敢不告也"，这也可以证明各国贵族的互相帮助。

这些现象的造成皆由于周代兄弟分权的制度。但是经过春秋后期君与贵族的争权，战国时的国君皆恍然于这种制度的不合理，多趋向于邦君的集权。并且庶人的能参与政治亦赞成君集权以裁减贵族，所以各国这时不再像春秋时传数世的贵族存在。比如孟子对齐宣王所说：

> 所谓故国者，非谓有乔木之谓也，有世臣之谓也。王无亲臣矣，昔者所进，今日不知其亡也（《孟子·梁惠王下》）。

又若《战国策》所记触詟与赵太后之言：

> 左师公曰："今三世以前，至于赵之为赵，赵王之子孙为侯者，其继有在者乎？"曰："无有。"曰："微独赵，诸侯有在者乎？"曰："老妇不闻也。"

盖战国诸君，除秦楚以外，皆由贵族取代君位而来，如三家之分晋，陈氏之代齐皆是。彼等既取君位，复深恐他人亦师其方法，更取而代之，于是不欲再使贵族历世在位而能造成根深蒂固的形势。此齐之所以无世臣，而诸侯不使王族历世在位掌权也。此春秋以前贵族之分享政权所以进至战国邦君之集权，两时代政治制度的不同。

［原载《中国政治思想与制度史论集》(三)，1954 年］

封建的解体

一　政治上的变化

（一）鲁君与三桓争权的暗斗

封建解体的原因是由于社会的变动，而社会变动的主要原因就是邦君与贵族的争权，以及贵族与贵族间的争权而引起君子小人阶级的混乱，甚而至于混合。它的内在原因是由西周之初君权的型态所造成。西周的制度虽然不像商代的兄终弟及，等于兄弟共权的情形，但是仍旧留着兄弟分权的痕迹。比如，以嫡长子接着做天子，另一方面，把其余的儿子做诸侯，但这些诸侯中，有的兼做王朝的卿士。可以说，他一方面在自己的国里做诸侯，一方面也参与王朝的政权。譬如，文王就常咨询他的两个弟弟虢仲、虢叔，《国语》说："咨于二虢。"到了武王的时候，他的弟兄们虽然分封于各国，但是《左传》定公四年，卫国的祝佗说：

> 周公为太宰，康叔为司寇，聃季为司空。①

可见他们也曾兼为王朝的卿士。在成王、康王之间，据《尚书·顾命》所举的各官：

乃同召太保奭，芮伯，彤伯，毕公，卫侯，毛公，师氏，虎臣，百尹，御事。②

到了东周的时候，王纲解组，其详细事迹别详周室东迁的一章中。我们知道东迁以后，"郑武公庄公为平王卿士"。既而"王贰于虢"，至平王崩逝以后，"周人将畀虢公政"，此隐公三年的事。但至隐公八年，遂有"夏，虢公忌父始作卿士于周"的记载。可见这种制度仍旧存在。并且在诸侯的国中也是如此。鲁隐公的时候有臧僖伯，桓公的时候有臧哀伯，臧氏是孝公的后人，他们除了各有采邑以外，同时也参加鲁君的政权。最初参加长兄的政权的余子，似乎只限于当朝邦君的弟兄，等到这代的邦君死后，他的弟兄似乎就不再参加新君的政权，而让给新君的弟兄来参加。可以说君权是世袭的；而卿的政权不是世袭的，随着朝代而更换，于是造成君权重而卿权轻的现象。因此，君很容易扩充权力，至少能够保持着权力；而卿很不容易造成根深蒂固的政权，更说不到扩充政权了。但是这种现象到了春秋中期就渐渐的发生了变化，旧君的弟兄也想照邦君一样，把他的政权不再让给新君的弟兄。各国多半发生了旧君的弟兄与新君的弟兄政权的攘夺，鲁国的东门氏与三桓的争夺就是一个最明显的例子。因为《春秋》同《左传》上记载得很详细，我们对它知道得甚清楚，所以举它为例。

三桓都是鲁桓公的后人，就是孟孙、叔孙、季孙，他们中间最重要的是季孙氏，他的始祖季友，对鲁僖公之成为鲁君有极大的功劳③，这是季孙氏能在鲁国占住地位的大原因。至于东门氏，则是东门襄仲的后人，襄仲就是仲遂，或称公子遂，他是鲁僖公的儿子，是文公的同父兄弟。当文公在位的时期，《左传》

记载三桓帅兵或出国聘问会盟共十九次，而公子遂八次，另有一次是叔孙得臣与公子遂同行的^④。由这二十八次的分配此例来看，我们可以说公子遂同三桓平等的共掌政权。可是，到了文公死后，公子遂杀了文公的两个儿子而立宣公，《左传》文公十八年说：

> 文公二妃敬嬴生宣公，敬嬴嬖而私事襄仲，宣公长而属诸襄仲。襄仲欲立之，叔仲不可。仲见于齐侯即请之，齐侯新立而欲亲鲁，许之。冬十月，仲杀恶及视而立宣公。书曰："子卒"，讳之也。仲以君命召惠伯，其宰公冉务人止之曰："入必死。"叔仲曰："死君命可也。"公冉务人曰："若君命可死，非君命何听？"弗听，乃入，杀而埋之马矢之中。公冉务人奉其帑以奔蔡，既而复叔仲氏。^⑤

因为这个缘故，宣公之立是由公子遂的力量，所以他的儿子公孙归父在宣公的时候，就想将三桓的政权夺掉。据《春秋》同《左传》的记载，在宣公十八年的工夫，鲁国帅兵同出国聘问的人，东门氏占了极大的多数。在十四次里面，仲遂及公孙归父共占了十次，三桓中仅季孙行父两次，仲孙蔑两次，只占了四次^⑥，可见，东门氏在与三桓的争夺中占了上风。可是据《左传》的记载，这种争夺并不是为了东门氏，而是想将鲁君的政权由三桓手中夺回。所以宣公十八年，《左传》上说：

> 公孙归父以襄仲之立公也，有宠。欲去三桓以张公室，与公谋而聘于晋，欲以晋人去之。^⑦

可见得这种计划是预先得到鲁宣公同意的。三桓对于这种争夺，当然也不甘心把多年掌握的政权，无端的让回去，也就等待机会以去掉东门氏。恰巧在公孙归父往聘晋国的时候，鲁宣公病死，这是三桓一个难得的机会，他们就将东门氏的政权完全夺掉，《左传》又说：

> 公薨，季文子言于朝曰："使我杀適立庶以失大援者，仲也夫。"臧宣叔怒曰："当其时不能治也，后之人何罪？子欲去之，许（臧宣叔之名）请去之。"遂逐东门氏。子家还及笙，坛帷复命于介。既复命，袒括发，即位哭，三踊而出，遂奔齐。⑧

东门氏被驱逐以后，三桓并且盟国人，使他们不要效法东门氏，《左传》襄公二十三年，因为欲逐臧孙，而联记到这件事：

> 季孙召外史掌恶臣而问盟首焉。对曰："盟东门氏也，曰毋或如东门遂，不听公命，杀適立庶。"⑨

这是鲁国贵族想帮助鲁君夺回政权的第一次，结果失败。

（二）鲁君与三桓的直接争斗

前面所讲的争斗，经过了几十年以后，遂发生了鲁君与三桓争权的公开。因为到了襄公十一年，初作中军，三桓便三分公室而各取其一，到了昭公五年，更四分公室。《左传》说：

> 舍中军，卑公室也。毁中军于施氏，成诸臧氏。初，作中军，三分公室而各有其一，季氏尽征之，叔孙氏臣其子弟，孟氏取其半焉。及其舍之也，四分公室，季氏择二，二子各一，皆尽征之而贡于公。⑩

以前三桓所有的人众，只是他们所封的采邑，虽然他们的采邑全是大都，但是鲁君仍旧保存若干土地和人民。经过这次变法以后，鲁国所有的土地和人民都分属于三桓，而鲁君已空无所有，只余下三桓对他的贡纳。所以《左传》说"卑公室也"，就是这个理由。鲁君当然心有所不平，于是到了昭公二十五年，昭公只好自己出面来想夺回已失的政权。他虽然隐忍了很久，恰巧遇到季孙的内哄，而另外也有旁的贵族因季孙氏的揽权而不满意。据《左传》昭公二十五年记载：

> 初，季公鸟娶妻于齐鲍文子，生申。公鸟死，季公亥与公思展与公鸟之臣申夜姑相其室。及季姒与饔人檀通而惧，乃使其妾抶己，以示秦遄之妻曰："公若欲使余，余不可而抶余。"又诉于公甫曰："展与夜姑将要余。"秦姬以告公之，公之与公甫告平子，平子拘展于卞，而执夜姑，将杀之。公若泣而哀之，曰："杀是，是杀余也。"将为之请，平子使竖勿内，日中不得请，有司逆命，公之使速杀之，故公若怨平子。⑪

这是季氏的内哄。另外，《左传》又记载季孙同郈孙两家不合的原因。

> 季郈之鸡斗，季氏介其鸡，郈氏为之金距，平子怒，益宫于郈氏，且让之，故郈昭伯亦怨平子。臧昭伯之从弟会为谗于臧氏而逃于季氏，臧氏执旃，平子怒，拘臧氏老。⑫

由于季孙氏的内哄，及季孙与郈孙的不合，所以引起鲁昭公的儿子们向他献计想去掉季平子。据《左传》记载说：

公若献弓于公为，且与之出射于外，而谋去季氏。公为告公果、公贲。公果、公贲使侍人僚柤告公。公寝，将以戈击之，乃走。又使言，公曰："非小人之所及也。"公果自言，公以告臧孙，臧孙以难；告郈孙，郈孙以可劝。告子家懿伯，懿伯曰："谗人以君徼幸，事若不免，君受其名，不可为也。舍民数世以求克事，不可必也。且政在焉，其难图也。"公退之，辞曰："臣与闻命矣，言若泄，臣不获死。"乃馆于公。⑬

因为郈孙与季孙不合，所以郈孙认为这种举动是可行的。至于子家懿伯所说的比较合理，是比较客观的。君权旁落固然是使人君很伤心的事，但这并不是一朝一夕造成的，而是逐渐慢慢而来的。所以宋国乐祁说：

鲁君必出，政在季氏三世矣，鲁君丧政四公矣。无民而能逞其志者，未之有也。⑭（注一四）

所谓季氏三世是指的季文子、武子、平子。所谓鲁君四公，是指鲁宣公、成公、襄公、昭公。宣公死后，三桓将东门氏驱逐出国，可见鲁君的逐渐丧失政权，是与上节所说的三桓与东门氏之争有极密切的关系，所以子家懿伯又说：

政之自出久矣，隐民多取食焉，为之徒者众矣。⑮

"政之自出久矣"就是乐祁所说的"政在季氏三世"。"隐民多取食焉"这句话，我们现在虽不知道详细的情形，但据杜预注，说隐民是指穷困的人，可能季孙氏当时也曾像齐田氏一样实行施舍，很多的穷困小民阶级归到他的势力范围，他的党徒众多，这是鲁昭公想夺回已失的政权，终究归于失败的最大理由。这也就是乐祁所说："无民而能逞其志者，未之有也。"并且，三桓对有些事件虽然不一定合作，但对于反对鲁君，他们是合作的。《左传》记载鲁昭公的军队已经攻进季氏以后，昭公命郈孙迎战孟懿子，这时叔孙氏的司马鬷戾帅众救季氏，大家都有"无季氏是无叔孙氏"的决心，而昭公的军队反而"释甲执冰而踞"，终于被逐退，昭公也只好逃奔到齐国。

昭公出亡在外七年，竟死于乾侯。当他在外的时候，季平子当然更无忌讳的总揽政权，并且不只政权，也逐渐侵入宗教权。《论语》中有若干孔子的话，就可以代表这件事。《八佾篇》记载三件事：

孔子谓"季氏八佾舞于庭，是可忍也，孰不可忍也"。三家者以雍彻。子曰："相维辟公，天子穆穆奚取于三家之堂？"

季氏旅于泰山。子谓冉有曰："女弗能救与？"对曰："不能。"子曰："呜呼！曾谓泰山不如林放乎？"⑯

八佾是天子所用的万舞的数目，鲁国因为周公的关系，所以也用八佾，现在季孙氏也僭用这种礼节，所以孔子加以叹息。至于三家用雍彻一事，据马融注，雍是天子祭于宗庙时所用以彻祭的音乐。鲁既用天子礼，所以祭祀时亦以雍彻，现在三家则以卿而上比于鲁君。林放曾问礼于孔子，孔子很以为他深懂礼的精义，因此也认为季孙擅祭山川，神也不会降福的。此外，《左传》昭公二十五年的记载：

将禘于襄公，万者二人，其众万于季氏。⑰

可见，不只在昭公被逐以后，季孙侵犯了政权及宗教权，就是在以前，他也已逐渐夺掉君的宗教权，这当然也是昭公不能忍受的一种理由。

在昭公以后，定公年间并没有鲁君与贵族争权的记载。我想有两种原因：一种是定公鉴于昭公的前辙，就不想收回已失的君权；另一种是三桓也慌忙于对付他们的家臣。"陪臣执国政"，三桓正自顾不暇，所以也就不再想更多夺鲁君的权力。其中最要紧的一件事是阳虎之乱，发生在定公八年。阳虎想要去掉三桓，冬天，他想借着享季桓子时而杀他。孟孙氏的成宰公敛处父知道了阳虎的阴谋，以为将会有乱，他就以成的军队与阳虎战于都城，结果阳虎失败，他遂进入阳关以叛。到了第二年，鲁国伐阳关，因为阳关离齐国很近，阳虎又失败，便逃奔到齐。像这类事情使三桓顾虑他们自己内部的不稳，大约也是使定公可以苟安于位的另一个原因。

但是，定公死后，其子哀公立，鲁君与贵族的争权又重新发生，在哀公二十四年，他曾经到越国，据《左传》说：

> 公如越，得大子適郢，将妻公而多与之地，公孙有山使告于季孙，季孙惧，使因大宰嚭而纳赂焉，乃止。⑱

哀公得到越太子適郢的欢心，遂欲以越人之力而去三桓，但因为季孙的纳贿赂而止。又隔了两年，哀公又想以诸侯之力去三桓，《左传》说：

> 公患三桓之侈也，欲以诸侯去之；三桓亦患公之妄也，故君臣多间。公游于陵阪，遇孟武伯于孟氏之衢，曰："请有问于子，余及死乎？"对曰："臣无由知之。"三问，卒不对。公欲以越伐鲁，而去三桓，秋八月甲戌，公如公孙有

陉氏，因孙子邾，乃遂如越。国人施公孙有山氏。[19]

这一次同上一次昭公想夺回政权约略相似，仍旧失败了。原因是三桓掌握政权过久，他们的力量远超过鲁君的力量，所以鲁君必然失败。

（三）晋君与异姓贵族的争权及齐君与田氏的争权

上面所说鲁君与贵族的争权，是指的同姓的贵族，这一节则是邦君同异姓贵族的争权，就以晋国与齐国为例。

晋国的同姓贵族，在晋献公时有计划的消灭。根据《左传》的记载，晋献公用士苏的计策，逐步的消灭晋的公族。第一步先去掉富子，然后，杀了游氏之二子，最后，尽杀群公子[20]。原来献公所属的曲沃一支是以小宗而代大宗。桓叔是献公的曾祖，庄伯是献公的祖父。献公深恐桓叔与庄伯的族人，也仿效小宗代大宗的方式，而不利于他，所以用了士苏的计划，杀了所有的公族，只余下献公自己的子孙。但是，后来又经过骊姬之乱，"诅无畜群公子，自是晋无公族"[21]。等到晋襄公死后，太子（灵公）年幼，晋人因为国家多难的缘故，想立年长的人为嗣君，当时的中军元帅赵盾，主张立文公的庶子公子雍，另一个卿贾季主张立公子乐。于是，赵盾使先蔑、士会如秦迎接公子雍；而贾季也使人迎接公子乐于陈国。可见在文公死后，襄公的异母弟兄或往秦国，或往陈国，皆不留在晋国。等到赵穿弑了灵公以后，赵盾往周去迎接晋文公的儿子，公子黑臀回来即位，是为成公。由这些情形都可见晋国的习惯，除了嗣位为君的人以外，他的弟兄全不留在国内，所以到了成公的时候，据《左传》宣公二年说：

及成公即位，乃宦卿之適，而为之田，以为公族。又宦其余子，亦为余子，其庶子为公行，晋于是有公族、余子、公行。赵盾请以括为公族，曰："君姬氏之爱子也，微君姬氏，则臣狄人也。"公许之。冬，赵盾为旄车之族，使屏季以其故族为公族大夫。[22]

公族、公行与公路也见于《毛诗·唐风》。《唐风》是晋国人所作的，由它们的名称可以看出，这类的官职本来应由公族的人担任。但是到了这时候，晋国已经没有公族，就使异姓的人来担任。赵氏是属于嬴姓，不只不是晋的公族，而且也不属于姬姓。当时属于姬姓而非公族的，只有栾氏，但不是属于曲沃的一支，所以也不是公族，并且，后来有些贵族因为互争政权而贬为小人[23]。当时仅存的公族羊舌氏不久也被消灭。所以到了晋悼公的时候，只余下了六卿，恰好可以分掌晋国的政权。据《左传》的记载，由晋文公三年到晋厉公八年（鲁僖公二十七年到成公十八年，634B. C.—573B. C.）历任的中军如下：郤縠、原轸、先且居、赵盾、郤缺、荀林父、士会、郤克、栾书，共九人，全不是公族。晋国的中军，在战争时是元帅，在平时是首席执政官，揽军权政权在一人手中，他的地位的重要于此可见，然而在晋厉公以前，没有一个公族掌握主要的政权，到了悼公以后，政权更集中在六卿的手中。据《左传》所记，由晋悼公元年一直到晋出公元年（鲁襄公元年至哀公二十一年，572B.C.—474B.C.）担任晋国中军的人是：韩厥、知䓨、荀偃、士匄、赵武、韩起、魏舒、范鞅、赵鞅、知瑶，共十人。这是六家轮流担任晋国的中军。他们一面消灭其他的小贵族，一面夺取晋国的君权。但是他们的相争，并不只到六家均势而停止。

结果是韩、赵、魏、知四家联合驱逐范氏及中行氏。等到只剩下四家以后，知氏又想联络韩氏、魏氏去消灭赵氏，但是反被赵襄子联合韩、魏将知伯消灭了。从此，晋国只剩下三家，这也是三家分晋的开始。

晋君为什么没有鲁君的勇气，对于六卿或三家始终不敢抵抗，原因可能是由于晋君两次被弑。第一次是晋灵公派人去刺杀赵盾，结果没成功，反而被赵盾的从弟赵穿所弑。另一次是晋厉公将郤氏弟兄杀死，目的可能是在夺回已经失去的政权，可是，另外两个贵族栾书及中行偃因此发生畏惧，而弑厉公。经过这两次政变，所以悼公以下的晋君就再也不想收回政权了。

另外一个例子是齐国的陈氏，也就是田氏。古音陈、田相同。所以《左传》称来到齐国的陈氏始祖为陈完，而《史记》称他为田敬仲。陈完到齐国是当齐桓公在位的时候，不过他并没有得到齐国的政权，他只做到一个工正的小官。但是，恰好在齐桓公死后，五个公子互相争立，连亘着有数十年之久，使齐国的公族逐渐衰弱，而陈氏乘这机会逐渐的掌握政权。并且，他又能够施舍，使小民全都听从他。《左传》昭公三年，齐国的晏婴说：

> 此季世也，吾弗知，齐其为陈氏矣。公弃其民而归于陈氏。齐旧四量：豆、区、釜、钟。四升为豆，各自其四以登于釜。釜十则钟。陈氏三量皆登一焉，钟乃大矣。以家量贷，而以公量收之。山木如市弗加于山；鱼盐蜃蛤弗加于海。民参其力，二入于公而衣食其一。公聚朽蠹，而三老冻馁，国之诸市，屦贱踊贵，民人痛疾而或燠休之。其爱之如父母而归之如流水，欲无获民，将焉辟之！箕伯、直柄、虞遂、伯戏，其相胡公、大姬已在齐矣。[24]

陈氏用这种收人心的方法而逐渐将齐国的政权夺到手里，因而终于夺得了齐国的君位。

另外尚有一点必须提到的，就是各国贵族间互相的勾结，互相的帮助。比如，鲁昭公的被迫出奔，卫国、宋国的君都要求晋君帮助鲁君返国，晋君也想派军队护送昭公回国。可是，晋国的政权并不在君的手中而在贵族的手中，于是范献子就想出了帮助季孙氏的办法。他的办法如下：

> 范献子曰："若召季孙而不来，则信不臣矣，然后伐之，若何？"晋人召季孙。献子使私焉，曰："子必来，我受其无咎。"季孙意如会晋荀跞于适历。㉕

荀跞在表面上责备了季平子以后，就劝他将昭公接回鲁国。季平子也就马上答应了。等到荀跞告诉昭公以后，子家子劝昭公答应，而其余的徒众劫持着昭公，坚持要驱逐季平子，荀跞就掩耳而走，告诉季平子说："君的愤怒尚没有平息，你姑且回去代君祭祀。"而这一幕助鲁君返国的故事就如笑戏一般的结束了。又如陈恒弑君的事，《论语·宪问篇》：

> 陈成子弑简公。孔子沐浴而朝，告于哀公曰："陈恒弑其君，请讨之。"公曰："告夫三子。"孔子曰："以吾从大夫之后，不敢不告也。"君曰："告夫三子者。"之三子告，不可。孔子曰："以吾从大夫之后，不敢不告也。"㉖

《左传》中亦有相似的记载，也证明鲁国的贵族与齐国的陈氏也不免有互相勾结。

总而言之，由春秋末期，就是鲁昭公以后，一直到战国，中国在政治上、社会上及学术上都发生了很大的变化。这种变化当然不是突然发生的，而是逐渐形成的，以上所说的就是政治上的变化，是封建解体的主要原因。

二 封建解体的其他原因

（一）人众地少

封建制度的解体，本身有一个原因，就是除了边疆左近的各国以外，有些国家，如鲁、卫、郑、宋等国，只能消灭它附近的小国，略为扩充国境，而不能大量的扩充。但是，照着封建及宗法的制度，大宗是国君（天子或诸侯），小宗是次一等的诸侯或大夫。照最初的制度，小宗经过若干年后就能分出次级的小宗，在春秋时代已经如此。比如以鲁国的三桓来说，孟孙氏自第五世起分出子服氏，见于《左传》的有孝伯、惠伯、昭伯、景伯；而孟孙氏之称子始于第四世孟献子[27]。叔孙氏由第三世分出叔仲氏，《左传》中所见的有惠伯、昭伯；而叔孙氏称子始于第四世叔孙穆子。季孙氏自第六世分出公父氏，见于《左传》的有穆伯、文伯；而季孙氏称子始于第三世季文子。我有一个假设：凡是称子者方是大宗，而以伯仲叔季称呼者皆是小宗。可见大宗分出小宗；小宗再分出次级小宗，越分越细密。固然分出小宗证明人口的逐渐增加，但是分出以后必须配合有采邑，所以人口的增加必须与土地的增加相配合，而境地小的国家，两种不能配合，土地少而封君众，使封建的原则无法再实行，这也是封建解体的一个原因。

（二）经济的新变化

封建与宗法所依靠的是在于自给自足。每一个小团体，不论是天子的王畿，诸侯的国，卿大夫的采邑皆能自给自足，不必仰仗旁人，而且也无须仰仗旁人。我的意思是说，在食一方面，由封邑里的农人耕种供给食粮；衣亦由小人为之织作，《诗经·豳风·七月篇》说"为公子裳"㉘，是当时普通的情形。至于《鲁语》中所说，公父文伯的母亲自己织布，据《国语·鲁语下》所记：

> 公父文伯谏其母绩，其母叹曰："鲁其亡乎！使僮子备官而未之闻耶？……王后亲织玄紞，公侯之夫人加之以纮綖，卿之内子为大带，命妇成祭服，列士之妻加之以朝服，自庶士以下皆衣其夫。……男女效绩，愆则有辟，古之制也。……今我寡也，尔又在下位，朝夕处事，犹恐忘先人之业。况有怠惰，其何以避辟？……以是承君之官，余惧穆伯之绝嗣也。"仲尼闻之曰："弟子志之！季氏之妇不淫矣。"㉙

可见依照古制贵族的夫人做祭服朝服，至于普通的衣服仍旧是由小人为他们做。居住的房子也由小人来为建筑，修筑道路及制造路上行走的车辆亦复如此。所以食衣住行都是由贵族以外的阶级所供给。当时的贵族各有恒产，也就不能把权力让给小人阶级，这是当封建未衰时的现象，也就因此上大夫才能保持他们的世禄。但是到了孔子的时代，这种情形就开始变化。这就是货币的流通，以及工商业发达的新现象。实在，关于货币发生的问题，一直到现在发掘出来的全都是战国时代的货币，如山东的即墨布、山西的平阳钱以及湖南的"呈币"皆是㉚。至今尚未见到春秋时代的货币。但据《国语·周语》下，景王二十一年，将铸大钱，当时单穆公谏净说：

> 民患轻，则为重币以行之，于是乎有母权子而行，民皆得焉；若不堪重则多作轻而行之，亦不废重，于是乎有子权母而行。（注三一）

这一段话可以证明在景王铸大钱以前，已经有大小币值不同的钱的行使。固然我们不敢下断语，说铜币的开始当在景王以前，这需待地下的发掘来证明。不过在春秋战国间，货币随着商业发达而逐渐流通。许倬云先生在他的《先秦社会史论》中，很讨论这一个问题（注三二），读者可以参阅。商业发达而货币流通以后，地主阶级不再是唯一的富人，以前的小人阶级现在不但可以有土地以外的财富（货币），并且可以用货币来换取逐渐贫困的贵族的土地（注三三），这也是对于以地主为基础的封建制度大有影响。因此，我们亦能明了《史记·货殖列传》所载的人物，如子贡及范蠡，他们的年代极清楚，皆在春秋末期，可以定商业发达的开始时代。固然在他们以前有绛商，见《国语·晋语》八：

> 叔向对韩宣子曰："夫绛之富商，韦藩木楗以过于朝，唯其功庸少也。而能金玉其车，交错其服，能行诸侯之贿，而无寻尺之禄，无大绩于民故也。"（注三四）

绛商的事迹是在鲁昭公元年，较子贡、范蠡为早，然亦在鲁昭公时代，可见鲁昭公时代是春秋到战国的变化的开始（参见《史官制度——附论对传统的尊重》）。

（三）农业的改良

战国初年农业的改良有两件事：一件是以铁耕，一件是以牛代人力耕田。因此，耕地的面积不只扩充，而且能够深耕。农业的生产必然较春秋的时候增加。关于用铁耕，根据《管子·海王篇》：

> 耕者必有一耒、一耜、一铫，若其事立。（注三五）

又《轻重乙篇》说：

> 一农之事必有一耜、一铫、一镰、一鐇、一椎、一铚，然后成为农。（注三六）

《管子》这部书很庞杂，所以宋朝的叶水心说《管子》非一人之笔，也非一人之书。当然不是春秋时管子所写的。因此，章鸿钊就根据《管子》这两篇，断定中国人用铁是始于战国之初（注三七）。因此，农人用铁器耕地，也必定是战国时候的事。

至于以牛代人耕地，大约始于战国初年，为春秋时代所未有。徐中舒在《耒耜考》第七章讲到牛耕的兴起。他列举五种证据证明牛耕当始于战国之初[38]。我现在另外给他加一个证据，就是哀公二年，"春，用田赋"，而前一年的《左传》杜预注说：

> 丘十六井出戎马一匹、牛三头，是赋之常法。[39]

另外，《国语·鲁语》下注中也有同样的记载：

> 贾侍中云：田一井也。周制十六井赋戎马一匹，牛三头。[40]

牛与戎马并列，大约是，打战时，用牛来做运输，而由此可证明一直到哀公年间，牛尚没有帮助耕田。战国时代因为用牛代人耕田，而且兼用铁器，于是耕地的面积逐渐广阔，所收的食粮也较以前增加，这与人口的增加互为因果。关于人口的增加，请读者参考第六节"战争型态的改变"所述，城濮之战与长平之战的比较，就可以知道用兵人数的增加，并且由于兵数增加则制造军械的人数亦同样增加，所以人口的增加可以此为实证。

（四）人口的集中及大城市的建立

春秋时代人口的分布相当的散漫，到了战国初年，因为工商业的发达，人口逐渐的集中，于是有大都市的建立，在春秋时代，普通的意见是反对大都市存在的。所谓"都城过百雉，国之害也"，如郑国之京就是一例。又说"大都偶国"㊶，因为那时一国只有一个都城，不愿有另外的大城市存在，以免难于统治，所以有这类的话。虽然大城市后来仍旧随着人口的集中而不断的生长。到了鲁定公年间，三桓皆有大城市。孔子是守旧的，所以他使子路设法使他们毁弃大城，可是终究没能彻底办到，只将季孙氏的费、叔孙氏的郈堕毁，而孟孙氏的成就不能毁㊷。可以证明到了春秋的末年大都市只肯兴建而不肯毁弃了。但是，到了战国时期，人口增加，当然不能不有国都以外的大城出现，如邯郸原本并非晋国的都城，到战国时却是三晋最有名的大都市了。而且，春秋时代政权是等差化的，所以不愿有可以与国君相等的城市存在，但是到了战国，人君是集权的，他不怕有大城市的存在。大城市必须听人君的指挥，加以法家尊君的思想，他也不怕他们不听指挥（所谓尊君是指着一国只尊一君，与春秋时代等差化的尊君不同）。这时大城愈多愈能增加这一国君的势力。大城多而不惧，就是因为战国初年人们的思想已经变化，这对封建制度的保持并不太有利。在春秋时代，大城是国之害，是国君所恐惧的；而到了战国时代，大城愈多，调动军队愈能集中，反倒为国君之利，这是春秋与战国不同的现象，而对封建的解体是有帮助的。

（五）小人中若干分子的上升

春秋时代社会上大体分为两种阶级，就是君子与小人。但是自从邦君与贵族的争权以及贵族与贵族的争权，他们彼此都要利用自己的阶级以外的人，便引起了小人中若干分子的上升。比如，哀公二年，晋国与齐国战于铁，赵鞅就誓于军中说：

> 克敌者……庶人工商遂，人臣隶圉免。

据杜预注，遂就是仕官。免就是免除做奴隶，可以成为自由人。所以齐思和在《战国制度考》一文中说，这是阶级的大破坏[43]。其实，社会阶级的变动，不始于这一次。在《左传》襄公二十三年记载了一段故事，它的重要性不亚于铁之战，《左传》说：

> 初，斐豹隶也，著于丹书。栾氏之力臣曰督戎，国人惧之。斐豹谓宣子曰："苟焚丹书，我杀督戎。"宣子喜曰："而杀之，所不请于君焚丹书者，有如日。"乃出豹而闭之，督戎从之，逾隐而待之。督戎逾入，豹自后击而杀之。[44]

丹书是奴隶的名册，焚丹书就等于取消他们的奴隶资格。这次大约解放了不少这阶级的人。阶级的破坏是封建制度解体的一个原因，而这种现象大约是春秋末年常见的。

（六）战争型态的改变

从春秋末年到战国，战争的型态发生了变化。这种变化，不只影响到战争本身，而且也影响到社会的全体。在春秋时代及春秋以前普遍用车战。车战是由贵族来指挥，来执行的。但是到了春秋末期及战国时期战争多半用骑兵代替车战，于是战争的型态变化了。第一，是战争的时间可以拖长。春秋时几个有名的战争，如晋楚城濮之战、邲之战、鄢陵之战，战役的时间都很短，两边用车队互相撞击，于是马伤轴断，或车上的甲士有了伤亡，于是就算胜负分明，不再续战，也从未见胜利者对失败者穷追不已。并且参加作战的人数也不太多，城濮之战时晋车七百乘，又齐、晋鞌之战，晋军有八百乘，这些情形全不像吴入郢之役，由州来舍舟登陆，直到攻下楚国的郢都，据《左传》所记的日期，居然有十天之久，楚师屡败屡退，而吴兵竟穷追不舍。这种现象，已逐渐的趋向于战国的型态。再以人数而论，《司马法》说每一乘有甲士三人，徒兵七十二人，共七十五人。那么七百乘就等于五万二千五百人，这是最大的估计，近来此说颇为人所批评。论者引用城濮之战以后，晋文公献楚俘于周王"驷介百乘，徒兵千"⑤，及其他材料，认为古代的战车中，每一乘有甲士三人（即主将一人，戎右一人，御者一人），另外跟随的徒兵十人，这样算起来，每一乘车只有十三人。如此，则城濮之役，晋军的七百乘共有九千一百人，这是最低的估计。这比起战国时的大战，长平之役，秦国将赵国的军队，"前后斩首虏四十五万"⑥，加上赵国留守邯郸的军队，则这次赵国的兵力至少在五十万左右。我们再看苏秦分析当时各国的兵力。他先说燕，"带甲数十万，车六百乘，骑六百匹"；

说韩"带甲数十万";说赵"当今之时，山东之建国，莫强于赵，赵地方二千余里，带甲数十万，车千乘，骑万匹";说魏，"今窃闻大王之卒，武士二十万，苍头二十万，奋击二十万，厮徒十万，车六百乘，骑五千匹";又说楚，"地方五千余里，带甲百万，车千乘，骑万匹"[47]。至于秦国的实力，张仪劝韩王脱离连横时说："秦带甲百余万，车千乘，骑万匹"[48]。齐思和在《战国制度考》一文中说张仪的话过于夸大[49]，我对于这个意见不完全同意，因为我们看见苏秦说楚国也是车千乘，骑万匹。秦、楚当时是两个大国，实力可能相差得不远，不一定苏秦说楚的对，而张仪说秦的就不对。并且，我认为战国时的国际形势，各国都使用间谍，所以这一国对那一国的情形，未见得知之不清，《信陵君列传》里的故事[50]，可以为间谍的活动作证明。所以，我们由上面所举战国时各国的兵力来看，可知兵数的增加，在于徒兵及骑兵人数的增加。

改车战为骑兵，古人兵车一乘用马四匹。那么，有千乘的力量就可以变成四千骑兵的力量。春秋末年，鲁国大蒐于红，自根牟至于商卫，革车千乘。鲁国比起当时的齐、晋，只能算是个二等的国家，那么这些大国的兵力必然大于鲁国。就以晋国来说，他的战车我们固然没有确实的数目，但是根据《左传》昭公五年，晋国嫁女于楚国，使韩起、叔向送去，楚灵王想羞辱他们，就建议以韩起为阍人，以杨肸为司宫，问他的大臣们意见怎样。旁人没有对答，只是薳启疆回答，其中有一段说到晋国的军力：

> 晋人若丧韩起、杨肸，五卿八大夫辅韩须杨石，因其十家九县，长毂九百，其余四十县遗守四千，奋其武怒，以报其大耻。[51]

根据这段话，我们可以推算当时晋国兵车的数目。据杜预注："长毂，戎车也，县百乘。"晋国当时共有四十九县，每一县一百辆兵车，全国共有四千九百乘，共有马将及两万匹。等到三家分晋以后，应该共有骑兵两万左右。所以上面所说赵国有一万匹，魏国有五千匹，数目是合理的。并且，车太笨重，作战时以防御为主；而骑兵轻便，周旋进退皆容易。所以改车战为骑兵及徒兵，这是战术上的大进步。并且春秋时代似乎是文武合一的，所以文人也必复学射御。到了战国，似乎武事与文人分开，我们看《汉书·艺文志》所讲的兵家诸书，除了伪托古人所作的以外，大半皆是战国人的作品，可见在战国时，战术也成了专门独立的学问。

再说，徒兵及骑兵能够增加的原因，在于小人阶级加入作战的人数很多。他们既然"能执干戈以卫社稷"，不能没有交换的代价。于是，同前面所说邦君同贵族的争权，或贵族与贵族争权所引起的现象相类，小人阶级中也有若干人逐渐的参加政治。小人加入政治以后，政治遂变质。我们在另一篇文章《史官制度》中说过，春秋时期，尤其是在鲁昭公以前，旧传统仍旧保持。传统的礼的保存与封建制度的保存是互相为因果的。孔子所说"民是以能尊其贵，贵是以能守其业"，是封建极盛时的现象。现在阶级混合了，小人所想的那一套根本与君子的不同，这好像是人的身体染了病菌，自己逐渐的衰弱而趋于变质，各种社会制度莫不皆然。封建制度也是社会制度之一，内中既混进了小人，自然就愈来愈变质，以致于解体。

车战变成骑兵的另一种后果是，春秋时期或春秋以前藏在深山中的所谓落后民族逐渐的被消灭。因为车的体积太大，用四匹马拉着，也不容易登山越岭，所以车战必于平原。自从徒兵发展以后，山间的落后民族也就逐渐被消灭或同化。顾炎武在《日知

录》中曾说到这一点。《日知录》卷二九,《骑》条说:

> 春秋之世,戎翟之杂居于中夏者,大抵皆在山谷之间,
> 兵车之所不至,齐桓、晋文仅攘而却之,不能深入其地者,
> 用车故也。中行穆子之败翟于大卤,得之毁车崇卒,而智伯
> 欲伐仇犹,遗之大钟,以开其道,其不利于车可知矣。势不
> 得不变而为骑,骑射所以便山谷也,胡服所以便骑射也,是
> 以公子成之徒,谏胡服而不谏骑射,意骑射之法,必有先武
> 灵而用之者矣。⑤

所谓春秋时代,戎翟杂居中夏。依赵铁寒先生的分析,将戎分为
七区:就是伊洛区、豫北区、济西区、渭洛区、晋南区、晋中
区、辽西区;将狄分为六区:就是上党区、济西区、伊洛区、
晋南区、西河区、冀中区⑤。这些春秋时代的戎狄,到了战国初
年,就已逐渐的为骑兵所消灭,所以到了战国以后,所谓落后民
族,只见于中国边疆以外,而不再在国内了。当然这些人的同
化,对于政治上未尝不无小影响,但是因为他们的人数不如诸夏
多,所以他们的影响不如小人阶级的上升那样马上发生使封建解
体的效果。

(七)战国仕官的流动性

战国时代仕官的流动性是与封建的解体互为因果的。我们
知道封建与宗法有关⑤,封建的解体也由于仕官的流动,顾炎武
所谓"士无定主"就是此义。但是,在春秋时代人有定主。例如,
晋怀公不许人随着晋文公流亡,狐偃的父亲狐突就对怀公说:

> 子之能仕，父教之忠，古之制也。策名委质，贰乃辟
> 也。今臣之子，名在重耳有年数矣，若又召之，教之贰也；
> 父教子贰，何以事君？刑之不滥，君之朋之，臣之愿也；淫
> 刑以逞，谁则无罪？臣闻命矣。⑤⑤

这是春秋晋文公时代的思想。所谓忠，不只是忠于君，而且是忠
于主人。但是这种思想，以后逐渐打破，它的来源，可能是因为
被逐到旁的国家，或因国内的斗争而逃亡到他国，这些人渐渐的
在留居的国家做官，这种事实，在春秋初期已见其端倪，而中期
以后更形普遍。其中尤以晋国的伯氏最可以做为一个明显的例
子。这便是《左传》所说"狐、续、庆、伯，降在皂隶"的伯氏。
当时伯宗在晋国被杀，他的儿子伯州犁逃到楚国，曾参加晋、楚
鄢陵之战，后来伯州犁也在楚国被杀，他的孙子伯嚭又逃到吴国
做官⑤⑥，可以说他们祖孙父子三代，每代各仕一国。到了战国时
代，这种例子更多了。比如，乐毅在燕国立了大功，后来骑劫代
他领兵，他就逃到赵国⑤⑦。又如廉颇本来是赵的良将，在长平之
役抵抗秦国的重兵，因赵王听信谗言，使赵括代他为将。后来赵
孝成王的儿子又使乐毅代廉颇，廉颇遂奔魏。后又为楚国所招，
卒于楚国⑤⑧。这种例子，在战国时尚有甚多，仕官的流动性于此可
见。不但如此，各国用人也是常常更换。所以孟子对齐宣王说：

> 所谓故国者非谓有乔木之谓也，有世臣之谓也。王无亲
> 臣矣，昔者所进，今日不知其亡也。⑤⑨

不再像以前所谓"贰乃辟也"，是犯法的行为，人君不专心用
人，与此亦互为因果。

春秋时，鲁、卫、宋各国大约重保守，不大用异邦来的人，
虽然有孔子仕卫一类事迹，实权实不在外邦臣子手中，而秦国正

与他们相反，因为人才不够，所以用人多半是外来的，李斯《谏逐客书》就说：

> 昔缪公求士，西取由余于戎，东得百里奚于宛，迎蹇叔于宋，求丕豹、公孙支于晋，此五子者，不产于秦而缪公用之。并国二十，遂霸西戎。孝文用商鞅之法，移风易俗，民以殷盛，国以富强，百姓乐用，诸侯亲服，获楚、魏之师，举地千里，至今治强。惠王用张仪之计，拔三川之地，西并巴蜀，北收上郡，南取汉中，包九夷，制鄢郢，东据成皋之险，割膏腴之壤，遂散六国之从，使之西面事秦，功施到今。昭王得范雎、废穰侯，逐华阳，强公室，杜私门，蚕食诸侯，使秦成帝业，此四君者皆以客之功。⑩

李斯自己也不是秦国人，而是上蔡人。他帮助秦始皇灭六国。可见秦国一向惯用外国的人才，虽然在楚国蔡声子说"虽楚有材，晋实用之"，这是蔡声子因伍举的回国而说的话，是别有用意的。楚国一直到战国时代，令尹不是王族，就是楚人，可见楚国也是保守的。中间只有用过吴起为令尹，因变法而被贵族所杀⑪。秦国多用外国人才而商君的变法成功，楚国不常用外国人才而吴起的变法又未成功，这也是使秦国能统一中国，而楚国不能的一大关键。

（八）思想的变化

思想的变化不利于封建的维持。封建制度里面是天下分成很多的国，每一国各有其君长，君长下面各有他的卿大夫；卿大夫在他的采邑里也等于独立的君长。不只如此，每个诸侯也同时干预天子的政权；大夫也干涉诸侯的政权。这种现象，我在前面已经说过，这可以说是君权有大有小，是君权的等差化。所以前面所引狐突所说："策名委质，贰乃辟也。"他的所谓委质，是指他的儿子狐毛、狐偃等于是重耳的臣。但是重耳这时候还只是流亡的公子，尚不是晋国的君，而他们已经看他等于一个君一样。这种观念是忠君观念的等差化。并且《左传》昭公十一年，楚国芈尹无宇也说过："王臣公，公臣大夫，大夫臣士……"⑫，也可证明等差化的现象是封建制度之一。尤其因君子与小人的分别甚严，而封建以亲亲为基础。但到了春秋、战国之间，百家争鸣，各有异说，这些说法多少皆对封建不利。其中最主要的是墨子之尚贤说。尚贤之事，自古有之，但加以强调及系统化的，则以墨子为首，尚贤与亲亲正相反，《墨子》中共有《尚贤》三篇，可能是墨分为三以后写定的。它的大意是说：现在凡是为政的人，皆想要使他的国家富强，人民众多，行政治理；然而，结果适得其反，不得富而得贫，不得众多而得寡少，不得治而得乱。所得的不是他所希望的，这是什么缘故？墨子的回答是：因为王公大人们在治理国家时，不能尚贤事能的缘故。底下墨子又说了一段理由，而他的结论是：

> 量功而分禄，故官无常贵，而民无终贱。有能者则举之，无能者则下之。⑬

既然官无常贵而民无终贱，这也是打破各种阶级的一句通论。这与亲亲的观念距离何等之远！并且，尚贤不只是一种学说，而且有人实行的。在战国初年魏文侯时。《说苑》卷七说：

> 魏文侯问于李悝曰："吾赏罚皆当而民不与，何也？"对

曰："国其有淫民乎？臣闻之曰：夺淫民之禄以来四方之士。其父有功而禄，其子无功而食之，出则乘车马，衣美裘以为荣华；入则修竽瑟钟石之声，而安其子女之乐，以乱乡曲之教，如此者，夺其禄以来四方之士，此之谓夺淫民也。"⑥⑩

《荀子·王制篇》也说：

虽王公士大夫之子孙，不能属于礼义，则归之庶人；虽庶人之子孙也，积文学，正身行，能属于礼义，则归之卿相士大夫。⑥⑤

荀子是战国末年的人，足证明战国时，阶级是随时变动的，与春秋封建时代的固定情形大不相同的。到了这时，封建制度可说整个解体了。

此外有尊君论。这种表现是以商鞅、吴起、申不害、韩非这一类法家为标准。在封建制度下并不是不尊君，而是等差化的尊君。可是到了这时，全国只尊一君，李斯就用这种学说来帮助秦始皇统一天下的。因为尊君的范围越缩越小，必定末了是定于一尊，所以秦之统一中国，不再行封建制度乃是势所必至的。就连最守旧的儒家的孟子，他固然一边想恢复古代的制度，但是等到梁襄王问他："天下恶乎定？"他也只好回答说："定于一。"⑥⑥并且商鞅变法的主要内容是：

宗室非有军功，论不得为属籍，明尊卑，爵秩等级各有差次，名田宅臣妾衣服以家次，有功者显荣，无功者虽富无所芬华。⑥⑦

至于吴起，楚悼王迎接他至楚国以后，就"明法审令，捐不急之官，废公族疏远者，以扶养战斗之士，要在强兵"⑥。《韩非子》中记吴起的变法更清楚。《和氏篇》云：

> 昔者吴起教楚悼王以楚国之俗曰："大臣太重，封君太众。若此则上逼主而下虐民，此贫国弱兵之道也。不如使封君之子孙，三世而收爵禄，绝灭百吏之禄秩，损不急之枝官，以奉选练之士。"⑥

可见他们两个人对于宗室贵族全是反对的。在楚悼王死后，《史记》说宗室大臣作乱而攻吴起，可见，在这个时候的思想，对于古代的封建是不利的。

（九）战国封君的性质与春秋不同

那么，新兴的各国，如三晋，如田齐为何不创立新的封建制度呢？为回答这个问题，我们可想到他们的出身。他们全是以卿大夫而夺取君权的，所以他们也不愿意旁人再用同样的方法来取而代之。固然他们偶然有分封子弟的现象，但全都为期甚短，比如《战国策》中触詟说赵太后的那一段话：

> "今三世以前至于赵之为赵，赵主之子孙侯者，有在者乎？"曰："无有。"曰："微独赵，诸侯有在者乎？"曰："老妇不闻也。""此其近者祸及身，远者及其子孙，岂人主之孙必不善哉？位尊而无功，奉厚而无劳，而挟重器多也。今媪尊长安君之位，而封之以膏腴之地，多予之重地，而不及今令有功于国，一旦山陵崩，长安君何以自托于赵？"⑦

如上所说，战国时期并不是绝对没有封建。我们在《史记》及《战国策》中也曾看到记载过少数。如齐国有靖郭君田婴，他的儿子为孟尝君田文，他们两个人的称号不同，而皆封于薛。这种封地相同而称号不同的现象也是只见于战国，而不见于春秋时代的。可是到了孟尝君死后，《史记》说"诸子争立而齐、魏共灭薛"⑦。可见他们的封邑亦未及三世，如赵太后所说的一样。孟尝君与赵的平原君、魏的信陵君、楚的春申君当时称为四公子。而田婴，据《史记》说是齐威王少子、齐宣王庶弟。平原君，据《史记》称为赵之诸公子，《集解》引徐广曰：赵惠文王弟⑫。信陵君，《史记》也说他是魏昭王少子，魏安釐王异母弟⑬。至于春申君，《史记》只说他是楚人⑭。可见，孟尝君等三公子之受封皆由于王的亲属，而与春申君之受封不同。但是这一点与秦国的泾阳君、高陵君皆是秦昭王的同母弟而得到封邑的情形相同⑮。齐国尚有安平君田单，只是田齐的疏族⑯。秦国另有商君、应侯范雎、文信侯吕不韦、穰侯魏冉⑰，皆是被封一世。战国时比较特殊的只有乐毅。乐毅的先祖乐羊，据《史记》说魏文侯封他于宁寿。后来乐毅为燕国大败齐国，攻下七十余城，于是燕昭王封乐毅为昌国君。后来因为燕唅王听信反间，罢乐毅，他遂西逃到赵，赵封他为望诸君。燕王后悔又封乐毅之子乐贤为昌国君⑱。像这样父子同一封号，继封一地，是战国时唯一的例子。

另外存于记载的还有一些小封君，如建信君、安陵君、新城君、成阳君、山阳君、意渠君、奉阳君、阳泉君、平阳君、春平侯、平都侯、长安君、卢陵君、高阳君、成安君、城侯邹忌、刚成君蔡泽、临武君、鄢陵君，又赵国封苏秦为武安君，封公子成为安平君⑲。以上所举共三十余人，当然并不能包括战国时期所有的小封君，但是想必数目不会太多，并且再加以赵太后的话，各国所有小封君传世者没有超过三代的。数目既不多，传代又甚短，这与春秋时代的封建社会不能够相比。到了战国的末年，秦始皇派王翦去伐楚国，王翦先不肯行，后来一定要求军队六十万方才成行。据《史记》说：

> 始皇自送至灞上。王翦行，请美田宅园池甚众。始皇曰："将军行矣，何忧贫乎？"王翦曰："为大王将有功终不得封侯，故及大王之向臣，臣亦及时以请园池，为子孙业耳。"始皇大笑。

足证，至少秦国对于有功者已不赏给封邑了⑧。

并且，战国的封邑还有一点与春秋时大不相同。赵国的马服君到平原君家里去收租的事，就是一个例证。据《史记》说：

> 赵奢者，赵之田部吏也。收租税而平原君家不肯出。赵奢以法治之，杀平原君用事者九人，平原君怒，将杀奢。奢因说曰："君于赵为贵公子，今纵君家而不奉公，则法削；法削则国弱；国弱则诸侯加兵，诸侯加兵是无赵也。君安得有此富乎？以君之贵奉公如法，则上下平，上下平则国强，国强则赵固。而君为贵戚，岂轻于天下邪？"平原君以为贤，言之于王，王用之治国赋，国赋大平，民富而府库实。⑧

因为春秋的采邑，赋税是被封的贵族所有，而战国的封邑，虽然为数少，但是赋税仍由该国的中央政府征收，所以封邑的主人要有绝对的权利是不可能的⑧。并且，战国时代的封邑收入不多，很难供给封君的花费。例如孟尝君派冯谖往薛去收债，结果冯谖只收了一部分，将无力还债的债券就焚烧了。孟尝君听了这件事，就把冯谖召来责备他说：

> 文食客三千人，故贷钱于薛，文奉邑少而民尚多不以时
> 与其息，食客恐不足，故请先生收责之。闻先生得钱即以多
> 具牛酒而烧券书何？[83]

这种情形与春秋时代的封君大不相同。春秋的封君可以对他的采邑取之不竭。衣食住行由采邑内的人民供给，已如前面所述，而战国的封君不然，可见封建的本质已经变化，新的封建制度不再能实行于战国。

此外，战国时的邦君性质也与春秋时不同。人君既然不信任新的贵族，当然也就与小人阶级更密切。并且春秋时代的贵族是与生俱来的，小人阶级则固然可以"布衣卿相"，但终究是布衣出身。所谓"赵孟之所贵，赵孟能贱之"[84]。所以国君与新起的阶级勾结越发厉害，互相为用，这也是造成战国时各邦君集权的原因。可见战国时代的邦君与封建时代的邦君，虽同是为君，但是性质已大大的改变。这也是战国时代不能够恢复封建的原因，而且也是春秋弑君多达三十六次，而少见于战国时代的理由，也是新阶级越发尊君的内幕。

总之，以上所论封建解体的各种原因，不一定是各国必须同时皆有的现象。不过各国常有其中的一种就可以使封建解体；何况有的国家不只是只有一种而且有多种，更使封建的解体加速。请读者万不可认为合各种原因而成封建解体的一种公式，我并有这么大的胆量认为已经找到这种公式。譬如在土地少而封君众的这一节，我所举各国"如鲁、卫、郑、宋等国"，都是为四围的同等武力国家所包围，因而不能大量的扩充。并且前面已经说过"除了边疆左近的各国以外"，原不指晋、齐等国，因为它们是属于边疆的国家。盖晋、齐等国封建之解体，由于君与异姓贵族

之争权，而非由于不能大量的扩充。其解体之结果则一，但原因与鲁、卫等国不同。再往远处讲，封建解体的总原因是在于封建制度本身已伏下病根，其详细当留在"周室东迁"一文中详论。这篇文章承劳贞一、陈槃庵两先生指出若干遗忘处，良朋益我，当然接受之不遑，仅此致谢。

附识：

1. 本文系《中国上古史稿》第五本第五章。审查人为陈槃、劳榦两位先生。

2. 本文版权属中国上古史编辑委员会所有。

引用书目

1.《左传》（艺文印书馆影印《十三经注疏》本）

2.《尚书》（艺文印书馆影印《十三经注疏》本）

3. 李宗侗，《中国古代社会史》（《现代国民知识基本丛书》第二辑）

4.《论语》（艺文印书馆影印《十三经注疏》木）

5.《诗经》（艺文印书馆影印《十三经注疏》本）

6.《国语》（《四部丛刊》本）

7. Cho-yun Hsu, *Ancient China in Transition*（Stanford University Press, Stanford California 1965）

8. 戴望，《管子校正》（世界书局《诸子集成》本）

9. 章鸿钊，《中国铜器铁器时代沿革考》（《石雅》，地质研究所专刊）

10. 徐中舒，《耒耜考》（中央研究院《历史语言研究所集刊》第二本第一分，1930）

11. 齐思和，《战国制度考》（《燕京学报》第24期，1949）

12.《史记》(艺文印书馆影印乾隆武英殿刊本)

13. 顾炎武,《日知录》(《国学基本丛书》本,商务印书馆)

14. 赵铁寒,《春秋时期的戎狄地理分布及其源流》(《大陆杂志》第 11 卷,第 2、3 期,1955)

15.《孟子》(艺文印书馆影印《十三经注疏》本)

16. 孙诒让,《墨子间诂》(世界书局《诸子集成》本)

17. 刘向,《说苑》(《四部丛刊》本)

18. 王先谦,《荀子集解》(世界书局《诸子集成》本)

19. 王先慎,《韩非子集解》(世界书局《诸子集成》本)

20.《战国策校注》(《四部丛刊》本)

注　释

① 《左传》(艺文印书馆影印《十三经注疏》本),LIV。

② 《尚书》(艺文印书馆影印《十三经注疏》本),XVIII。

按孔《疏》引王肃曰:“彤,姒姓之国。”又云:“其余五国姬姓。”(按姬,刊本误作妣,今据阮元《校勘记》改正)据劳榦先生指出:“彤字或为彬字之误,即冉字。冉本作[illegible],隶定作冄,与丹相似。冄本指须髯,故冉字可作髯,亦可作彬,若写作彬,前与彤字类似矣。冉季(即聃季)之后亦仕于周,故彤伯或者为冉伯。”此说是比较王肃所谓彤伯姒姓之说为优,且又合于定公四年聃季为司空之说。恐怕在成康时的彤伯或者就是聃季之后人。我对劳先生的意见,认为极合理,因此采用并致谢意。编辑部案:陈槃先生第二次审阅报告:“《夏本纪》,禹为姒姓,其后分封有彤城氏。《顾命正义》引王肃以彤为姒姓之国者,盖其说本此也。《索隐》亦曰:‘周有彤伯,盖彤城氏之后。’《元和姓纂》、《路史》并作彤。《姓纂·一冬》彤:‘《尚书·彤伯》,周同姓为氏,成王宗伯’;《路史·国名纪》戊肜：'伯爵，成王子。《唐韵》作肜，云成王支庶。'案《通志·氏族略》二《周同姓国》篇肜氏条云：'出于肜伯，周同姓之国，为成王宗伯'；又肜氏条云：'本肜氏，避仇改为肜氏。'是《唐韵》作肜与《尚书》合，而《姓纂》、《路史》作肜者，字形相近而讹也。此则肜伯姬姓之说也。肜伯究为姒姓？抑姬姓？抑或本为姒姓、周灭之以封同姓？今皆无以证之，则并参存焉可也。"

"肜伯为宗伯之说，亦见伪孔《传》。据《周礼·春官》，大宗伯职掌之一为'以饮食之礼亲宗族兄弟'；'以脤膰之礼亲兄弟之国'。盖大宗伯必以宗人任之。肜伯为宗伯，亦似可证其为姬姓之国矣。然伪孔此说未详所出，阙疑可也。"

"又案《汉书·古今人表》上之下肜伯作师伯。阎若璩曰：'此或出固见古文书，未可知。'（《尚书古文疏证》五下）梁玉绳曰：'宗伯掌邦礼，有作师之义，故谓之师伯云。'（《人表考》三）二氏之说，未详孰是。"

③ 庆父季友之争，据《左传》所记载，至少始于庄公三十二年。《左传》说："公疾，问后于叔牙，对曰：'庆父材。'问于季友，对曰：'臣以死奉般。'公曰：'乡者牙曰庆父材。'成季使以君命命僖叔待于鍼巫氏，使鍼季鸩之，曰：'饮此则有后于鲁国，不然死且无后。'饮之归，及逵泉而卒。立叔孙氏。"但是后来子般又被庆父使人所弑。于是又立了闵公。到了闵公二年，庆父又使人弑杀闵公。后来季友立僖公，故《左传》又说："以赂求共仲于莒，莒人归之，及密，使公子鱼请，不许，哭而往。共仲曰：'奚斯之声也。'乃缢。"于是季友与庆父之争，季氏乃得到绝对的胜利（以上引文见《左传》，X 及 XI）。

④ 李宗侗，《中国古代社会史》（《现代国民知识基本丛书》第二辑），页 233—235 详细列出有关的二十八条。

⑤ 《左传》，XX。

⑥ 李宗侗，前引书，页 235—236。

⑦ 《左传》，XXIV。

⑧　同上。

⑨　同上，XXXV。

⑩　同上，XLⅢ。

⑪　同上，LI。编辑部案：陈槃先生第一次审阅报告："三桓三分公室，盖取乡遂之征而三分之，四分公室则四分之，而都鄙之公邑仍为公有。非谓鲁国尽为三桓所分，而鲁君既无复尺土一民之有也。说详崔述《考古续说》卷上《东周大事摘考》条。"

⑫　《左传》，LI。

⑬　同上。

⑭　同上。

⑮　同上。另外，《论语·季氏篇》，孔子曰："禄之去公室五世矣；政逮于大夫四世矣；故夫三桓之子孙微矣！"（《十三经注疏》本，卷XVI）据郑注说："言此之时，鲁定公之初。鲁自东门襄仲杀文公之子赤而立宣公，于是政在大夫，爵禄不从君出，至定公为五世矣。"这意见与《左传》所言相近，大概是春秋末年的普遍观念。

⑯　《论语》（艺文印书馆影印《十三经注疏》本），Ⅲ，《八佾》。

⑰　《左传》，LI。

⑱　同上，LX。

⑲　同上。

⑳　见《左传》，X，庄公二十三年，二十四年，二十五年。

㉑　《左传》，XXI，宣公二年。

㉒　同上。

㉓　同上，XLⅡ，昭公三年，"栾、郤、胥、原、狐、续、庆、伯降在皂隶"。

㉔　同上。

㉕　同上，LⅢ，昭公三十一年。

㉖　《论语》，XIV，《宪问》。

㉗ 编辑部案：陈槃先生第一次审阅报告，"《鲁语》有孟文子即《左传》之文伯（文七年），公孙敖之子，孟献子之父也（《春秋世族谱》、《春秋释例》八，岱南阁）。此先于孟献子之称。又案《周语》，定王八年有叔孙宣子，即《左传》叔孙宣伯（成六年），叔孙得臣之子、叔孙穆子之兄也（同上，《世族谱》）。此先于叔孙穆子之称子。又案闵公元年《经》书'季子'，此公子季友，季孙氏第一世也。《日知录》四'大夫称子'条元注，以此为'《春秋》特笔'，未见其然，黄汝成《集释》引杨名宁说，以为'据旧史文耳，《公羊传》自见'，是也（以上孟孙、叔孙、季孙称子三事，亦可参同上引《日知录集释》）。是以此说可疑。如季孙氏一世季友，在生即称子，孟孙、叔孙则或三世而称子、或二世而称子，而其人同时复有伯仲叔季之称，又叔孙氏分出叔仲氏有叔仲惠伯，而惠伯之孙叔仲昭伯亦称叔仲昭子，昭子之子称叔仲穆子，亦称叔仲子（同上本《世族谱》叶十上），如此之类，则大宗小宗，何以别乎？《日知录》：'周制，公侯伯子男为五等之爵，而大夫虽贵，不敢称子。春秋自僖公以前，大夫并以伯仲叔季为称（《集释》：'阎若璩曰：案《春秋》自庄十二年，卫大夫已称子，石祁子是也'）。槃案隐四年《左传》已有石子，即石碏，此其称子，又早于石祁子'（同上篇）。僭称之说殆是也。"

㉘ 《诗经》（《十三经注疏》本），Ⅷ，《豳风·七月》。

㉙ 《国语》（《四部丛刊》本），Ⅴ，《鲁语》下。

㉚ 呈币是在抗战前湖南出土的楚国金币。蒙蔡季襄先生在上海以此见示，也是战国的产品。

㉛ 《国语》，Ⅲ，《周语》下。铸大钱并不即是铸钱的开始，而是货币通行以后，更铸以一当数之钱。乃货币通行后之结果，而非其原因。此条承劳榦先生指出，特此致谢。又陈槃先生对于铸大钱也有意见，以为"铸大钱、废小钱，以单公之言证之，则病'民'实甚。单公再三再四以'民'为言，所谓民庶民也。限用大钱而不用小钱，不唯不便，物价亦势必因之提高，升斗小民，首先蒙其损失矣。若旧所行小钱，官府不加收回销毁而

但曰不得使用，则病民更甚，或有为之破产者矣。单公之谏，诚利国便民，故史氏著之，所以垂诚将来耳。脱离物物交换而代以钱币流通，此无疑是经济史上一大进步。然钱币通行，固在景王以前，上引《周语》可知矣。若据《管子》与《货殖传》，则《管子》时既有'轻重九府'（《货殖传》正义：'管子云：轻重，谓钱也'）。轻重即小钱大钱之谓矣（作者下文尝引用《货殖传》，故槃辄亦及之）。又西周时代已有金属货币，见《毛公鼎》（《金文丛考毛公鼎》篇有说）。齐为鱼盐之国，其有轻重钱府，似不为异。据是，则作者以景王之铸大钱，一若为划时代之创举者，殆亦未可知"。

㉜　Cho-yun Hsu, *Ancient China in Transition*（Stanford University Press, Stanford, California, 1965）pp. 122—126.

㉝　关于小人用钱买土地，固然我们未曾看见古人的契约，但是事实上是必定发生的。因为古书中并没有记载小人暴动夺取贵族的土地，那么土地的转手必是由于买卖。小人对于贵族的买卖可以由两种方式。一种是用谷物来换取土地，但在小人没有田地以前，他无从得到属于他自己的谷类，所以这种假设是不可能的。只有他用手工艺品或贩卖的货物来得到金钱，然后以金钱购买贵族的土地。这虽然是假设，但是势必如此，可以证明去事实必不太远。

㉞　《国语》，X，《晋语》八，此条承陈槃先生指出，特此致谢。

㉟　戴望，《管子校正》（世界书局《诸子集成》本），页 358—359。

㊱　同上，页 404，又《国语·齐语》，管子对桓公曰："今夫农……耒、耜、枷、芟（韦《解》：芟，大镰）……及耕，深耕而疾耰之。"又："美金以铸剑戟，试诸狗马。恶金以铸钼夷斤劚，试诸壤土。"这一段可以与管子所说互相参证。此条承陈槃先生指出，特此致谢。

㊲　章鸿钊，《中国铜器铁器时代沿革考》（《石雅》，《地质研究所专刊》），页 428。编辑部案：陈槃先生第一次审阅报告："章氏谓中国人用铁是始于战国之初，殆属武断。昭二十九年《左传》：'遂赋晋国一鼓铁，以铸刑鼎，著范宣子所为刑书。'此非用铁乎？以铁铸字，是必其技术已有甚

进步之程度并长期之经验。此时下距春秋之末（哀公十四年），尚有三十三年，何谓始于战国乎？"又案陈槃先生第二次审阅报告："再复案唐兰曰'春秋末年，齐灵公（槃案灵公元年，当简王九年。薨于二九年，当灵王十八年。577B.C.—554B.C.）时的《叔夷镈》，记载灵公赏给叔夷'陶、铁徒四千'，可见冶铁工业在这时已十分发展了。"（《春秋战国是封建割据时代》，《中华文史论丛》三辑叶二一）此与拙辨，可云殊途同归，槃第一次审查书已有辨。今复案前引唐兰文称，郭某云："牛耕殷代已开始。然郭某文今无可考，故亦未详所据。"

㊳ 徐中舒，《耒耜考》（中央研究院《历史语言研究所集刊》第二本第一分，1930），页55—58。

㊴ 《左传》，LVIII。

㊵ 《国语》，V，《鲁语》下。编缉部案：陈槃先生第一次审阅报告："孔子弟子司马耕（一名犁）字子牛，冉耕字伯牛；及邹（邾）穆公言'百姓饱牛而耕，暴背而耕'，此三事，向来成为牛耕起原争论不决之一问题，而王引之《春秋名字解诂》与洪恩波之《圣门名字纂诂》，一反一正，尤为旗鼓相当。周法高先生以为洪说是（详所编撰《周秦名字解诂汇释》页162—164）。徐中舒则极力引申王说，槃以为双方并有其相当理由，遽作结论尚嫌太早。即如徐氏指出之'犁馆形圆'，以为牛耕之器，其时代可推至战国初期。然则安知地下遂绝无战国以前遗物乎？且战国初期之与春秋晚季，断限并无绝对标准，何以知前者是而后者非欤？阙疑可矣。贾后之所谓周制十六井赋戎马一匹、牛三头者，不知其为西周制欤？抑东周制欤？（据哀十一年《左传》正义，则《司马法》也。《司马法》战国间人所作。然其间倘亦有古制遗存，未可知也）即使其为东周制而哀公行之矣，然而其法当是准戎马一匹、牛三头之值而赋敛之，公家自举办所需，非直接取牛、马于民间之谓，王夫之、顾栋高二氏之说，不可易也（详《春秋稗疏》卷下哀十一年以田赋条，《春秋大事表》十四《丘甲田赋论》）。马可驾车；牛可耕地，亦可驾车。公家之备牛马，自供军用。民间牛马，自可照

常工作，不相妨也。若谓备牛以供军用，则知民间之牛尚不耕地；岂谓备马以供军用，则知民间之马尚不驾车耶？‘《鲁语》下也有同样的记载’，‘载’下脱‘注’字或‘解’字。否则‘贾侍中云’四字，不当提行。”

㊶ 《左传》，Ⅱ，隐公元年，祭仲所说。编辑部案：陈槃先生第二次审阅报告：“案即使我国情势大都市仍有构成威胁之时，《史记·范雎传》，说秦昭王曰：‘大其都者危其国，尊其臣者卑其王。’（《秦策》同）盖同一政制，而国君权力亦因人而异，不可以一概论。”

㊷ 孔子使仲由堕三都之事，三传并见，承陈槃先生指出，特此致谢。

㊸ 齐思和，《战国制度考》(《燕京学报》第二十四期，1949)，页179。

㊹ 《左传》，XXXV。

㊺ 同上，XVI，僖公二十八年。

㊻ 《史记》（艺文印书馆影印乾隆武英殿刊本），LXXIII，《白起王翦列传》。

㊼ 同上，LXIX，《苏秦列传》。

㊽ 同上，LXX，《张仪列传》。

㊾ 齐思和，前引书，页192。

㊿ 《史记》，LXXVII，《信陵君列传》云：公子与魏王博，而北境传举烽，言赵寇至，且入界。魏王释博，欲召大臣谋’，公子止王曰：“赵王田猎耳，非为寇也。”复博如故。王恐，心不在博。居顷，复从北方来传言曰：“赵王猎耳，非为寇也。”魏王大惊曰：“公子何以知之？”公子曰：“臣之客有能探得赵王阴事者，赵王之所为，客辄以报臣，臣以此知之。”

(51) 《左传》，XLIII。

(52) 顾炎武，《日知录》（商务印书馆《国学基本丛书》本）第五册上，页79。

(53) 赵铁寒，《春秋时期的戎狄地理分布及其源流》(《大陆杂志》第11卷第2、3期，1955)，页8、21。

(54) 参见李宗侗，前引书，第十章第二节《大宗与小宗》，页191—196。

(55) 《左传》，XV，僖公二十三年。

(56) 见《左传》，XXVII，成公十五年；XXVIII，成公十六年，及XLI，昭公元年；LIV，定公四年。

(57) 《史记》，LXXX，《乐毅列传》。

(58) 同上，LXXXI，《廉颇蔺相如列传》。

(59) 《孟子》(《十三经注疏》本)，II，下，《梁惠王下》。编辑部案：陈槃先生第一次审阅报告："去本国仕异国此一风气，春秋初期既习见；陈公子完违难适齐，桓公使为工正，在庄公二十二年。事具《左传》。井伯、百里奚并虞臣；虞亡仕秦。虞亡于僖公五年。事俱《左传》及《秦本纪》。《史记·李斯传·谏逐客书》云：'来丕豹、公孙枝于晋。'丕豹由晋奔秦，见僖十年《左传》。公孙枝之奔，其事无可考，而其为秦大夫则见于僖九年《左传》，是其奔年或更在前矣。卫开方去千乘之太子而事齐桓公。桓公之立在庄公八年，卒于僖公十七年。开方仕齐之年未详。然管仲尝谏桓公勿用开方。管仲之卒在僖公十五年，是桓公之用开方，僖十五年前事也，是亦不出春秋初期也。"又案：陈槃先生第二次审阅报告："案士不一主，从来有之。《吕氏春秋·先识览》：'夏桀迷惑，暴乱愈甚。太史令终古乃出奔如商。……殷内史向挚，见纣之愈乱迷惑也，于是载其图法，出亡之周'；《孟子·告子》下：'五就汤，五就桀者，伊尹也'；《孙子·用间》：'周之兴也，吕牙在殷'；《鬼谷子·忤合》：'吕向三就文王、三入殷……然后合于文王'；《周本纪》：'西伯曰文王……礼下贤者……士以此多归之：伯夷、叔齐在孤竹，闻西伯善养老，盍往归之；太颠、闳夭、散宜生、鬻子、辛甲大夫之徒，皆往归之。'《集解》：'刘向《别录》曰……辛甲，故殷之臣，事纣……去至周。'又周宣王杀杜伯，其子隰叔之晋，幽王时赵叔带去周事晋，别详于后。"

"案宋国无可考。若鲁，成十一年《左传》：声伯之母生声伯后，'嫁于齐管于奚，生二子而寡，以归声伯，声伯以其外弟为大夫'（杜《解》：为鲁大夫）。孔子弟子言偃吴人，仕鲁为武城宰；高柴卫人，为费、郈宰

（《史记·仲尼弟子列传》。‘费、郈宰’，一本无费字）；子路亦卫人，孔子使为季氏宰（《孔子世家》）。若卫，成十六年《左传》：鲁叔孙侨如奔齐，‘齐声子通侨如，使立于高、国之间（杜《解》：位比二卿）。侨如曰：不可以再罪。奔卫，亦间于卿’。《孔子世家》：遂适卫。……卫灵公问孔子：居鲁，得禄几何？对曰：奉粟六万。卫人亦致粟六万（正义：六万，小斗，计当今二千石也。周之斗升斤两，皆用小也）。居顷之，或谮孔子于卫灵公……孔子恐获罪焉，居十月，去卫。《论语·子路》第十三：‘子路曰：卫君待子而为政，子将奚先？’（疏：孔子弟子多仕于卫，卫君欲得孔子为政，故子路问之）案鲁叔孙侨如奔卫，位在卿列。孔子适卫，灵公欲待之为政，为政者，执政之类，是殆正卿之类矣。虽厥后孔子竟以忧谗去卫，然卫灵之初意盖欲大用孔子，亦可知矣。由此论之，是鲁固不完全保守，而推卫侯之初心，则可谓甚开明矣。”

(60) 《史记》，LXXXVII，《李斯列传》。

(61) 《左传》，XXXVII，襄公二十六年。编辑部案：陈槃先生第二次审阅报告：“襄二十六年《左传》，蔡声子语楚令尹子木曰：‘子仪之乱，析公奔晋，晋人寘诸戎车之殿，以为谋主。……雍子之父兄谮雍子，君与大夫不善是也。雍子奔晋，晋人与之鄐（杜《解》：鄐，晋邑），以为谋主。……子反与子灵争夏姬，而雍害其事，子灵奔晋，晋人与之邢（《解》：邢，晋邑。槃案成二年《左传》：“晋人使为邢大夫”），以为谋主。……若敖之乱，伯贲之子贲皇奔晋，晋人与之苗（《解》：苗，晋邑），以为谋主。……子木曰：是皆然矣。’案李先生文谓晋国保守，不用外才，而以上引蔡声子举似楚材晋用之说为诬，为‘别有用意’。槃反覆声子之辞，如云封某于某邑、为某官，并是具体事实；苗贲皇为晋谋主，事详成十六年《左传》。则声子之言，不为无据；即楚子木亦以为‘皆然’。子木，楚令尹中之能者，非聋瞽之辈。楚材晋用，楚能令尹以为然，今李先生以为不然，何也？”

“复次晋国传统，用人固相当开放，故楚材以外如正卿范宣子之上世，本杜伯之后祁姓。宣王杀杜伯，杜伯之子隰叔因远难仕晋，遂为范氏（详

《晋语》八、襄二十四年《左传》)；正卿赵盾之上世本出嬴姓。赵叔带之时，周幽王无道，因去周事晋（《赵世家》），此则西周末年事也。”

“案僖二十六年《左传》，‘（齐）桓公之子七人，为七大夫于楚’；襄十五年，齐崔氏之乱，申鲜虞奔鲁，楚人召之，遂如楚，为右尹；定五年《左传》：吴夫槩王奔楚，为棠谿氏（《汉书·地理志》汝南郡吴房县注引孟康、《史记·伍子胥传》集解引徐广、应劭说并云：楚封吴夫槩王于房，为棠谿氏）；晋伯州犁之子仕楚，则李先生前文言之矣。然伯州犁即已仕楚，为太宰（成十六年《左传》），楚太宰虽职权之重不及令尹、司马，然亦尊卿，是则楚国政治亦不可谓保守。”

(62) 同上，XLV。

(63) 孙诒让，《墨子间诂》(世界书局《诸子集成》本)，II，《尚贤》上，页27。虽然尚贤说不始于墨子，春秋时代也不是绝对没有用外来的贤才，但是，所用的并不多，而仍然以亲亲为主。以尚贤为主要的议论，当推墨子，并不是说墨子以前没有举贤才的事实。

(64) 刘向，《说苑》(《四部丛刊》本)，VII，页31。

(65) 王先谦，《荀子集解》(世界书局《诸子集成》本)，V，94。编辑部案：陈槃先生第二次审阅报告：“案春秋时代之阶级，未尝无所变动。‘三后之姓，于今为庶’（昭三十二年《左传》。杜《解》：三后，虞、夏、商）；晋‘栾、郤、胥、原、狐、续、庆、伯降在皂隶’（又昭三年《传》），铁之战，赵简子誓言：‘克敌者……庶人工商遂’（又哀三年《传》，杜《解》：得遂仕进）。此等处可以见之矣。”

“又春秋时已盛行尊贤尚贤之说（详第一次审阅报告书），故起自庶人匹夫、而一旦骤登卿相士大夫之列者多有之，如齐桓用管仲、宁戚、鲍叔牙等，固学者所习闻。若楚庄王‘举处士五人’（《韩非子·喻老篇》）、晋赵武所荐白屋之士四十六人（同上《外储说左》下。参陈启天《校释》本页606）之等，亦其类也。”

“春秋时代阶级亦未尝无所变动，即以上列二端证之，足有余矣。”

⑥⑥ 　《孟子》，Ⅱ，下，《梁惠王下》。

⑥⑦ 　《史记》，LXVIII，《商君列传》。

⑥⑧ 　同上，LXV，《孙子吴起列传》。

⑥⑨ 　王先慎，《韩非子集解》（世界书局《诸子集成》本），Ⅳ，67。

⑦⓪ 　《战国策校注》（《四部丛刊》本），Ⅵ；亦见《史记》，XLⅢ，《赵世家》，《史记》作触龙。编辑部案：陈槃先生第二次审阅报告："案战国时封君，子弟无功，必不能及三世；如有功，则未必不能及三世。触詟之言可验。孟尝死后，子弟争立，亦可见其三世非不可及。徒以争立之故，故尔为齐、魏所灭。此固意外事由，非本因，不可为例。"

⑦① 　《史记》，LXXV，《孟尝君列传》。编辑部案：陈槃先生第二次审阅报告："《孟尝君列传》：'婴卒，谥为靖郭君'。《索隐》：'靖郭或封邑号，故汉齐王舅父驷钧封靖郭侯是也。'又《传》：'文卒，谥为孟尝君。'《集解》：'《诗》云：居常与许。郑玄曰：常或作尝，在薛之南，孟尝邑于薛城也。'（《索隐》说同）会注：'中井积德曰：靖郭地名而为封号，是生时之号，非死后之谥。下文孟尝君可并考。崔适曰：谥犹号也。谥为靖郭君、谥为孟尝君，犹号为纲成君、号为马服君之比。'"

"案靖郭与尝并近薛地名。父子封地不同，故氏族、称号亦异。如春秋时，晋穆侯嗣国居晋曰晋侯，其子成师封曲沃曰曲沃伯（桓二年《左传》）；吴寿梦嗣国居吴自为吴子、吴王，公子季札食延陵则曰延陵季子，继食州来则曰延州来季子（又襄三十一年《传》）；晋大夫魏犨食魏为魏氏，其子骑改食吕，氏吕，称吕骑（又宣十二年《传》），骑子为吕相（参《春秋释例》九。岱南阁本叶二六下）。此类甚众，自古皆然，不惟战国时代始有之也。"

⑦② 　同上，LXXVI，《平原君列传》。

⑦③ 　同上，LXXVII，《信陵君列传》。

⑦④ 　同上，LXXVIII，《春申君列传》。

⑦⑤ 　同上，LXXIX，《范睢蔡泽列传》。

⑦⑥ 　同上，LXXXII，《田单列传》。

⑦　商君见《史记》，LXVIII，《商君列传》；应侯见同书，LXXIX，《范雎蔡泽列传》；文信侯见同书，LXXXV，《吕不韦传》；穰侯见同书，LXXII。

⑧　《史记》，LXXX，《乐毅列传》。

⑨　建信君见《战国策校注》，VI，《赵策》；安陵君见同书，VII，《魏策》；新城君见同书，VIII，《韩策》；成阳君见同书，VIII，《韩策》；山阳君见同书，VIII，《韩策》；意渠君、阳泉君皆见同书，III，《秦策》；奉阳君、平阳君以下至高阳君皆见同书，VI，《赵策》；成安君见《史记》，XLIII，《赵世家》；城侯见同书，LXXV，《孟尝君列传》；刚成君见同书，LXXIX，《范雎蔡泽列传》，亦见《战国策》，III，《秦策》；临武君见《荀子·议兵篇》，X；鄢陵君见《说苑》，XII；苏秦受封见《史记》，LXIX，《苏秦列传》；安平君见《史记》，XLIII，《赵世家》。

⑩　《史记》，LXXIII，《白起王翦列传》。又《史记》，VI，《秦始皇本纪》，始皇二十八年，泰山刻石曰："列侯武城侯王离，列侯通武侯王贲，伦侯建成侯赵亥，伦侯昌武侯成，伦侯武信侯冯毋择。"分为列侯及伦侯两级，是秦非不封侯，乃甚少封侯耳。此条承劳榦先生指出，特此致谢。编辑部案：陈槃先生第二次审阅报告："《王翦传》：'王翦既至关，使使还请善田者五辈。或曰将军之乞贷，亦已甚矣。王翦曰：不然。夫秦王怚而不信人。今空秦国甲士而专委于我，我不多请田宅为子孙业以自坚，顾令秦王疑我邪？'《会注考证》：'黄震曰：王翦为始皇伐楚而请美田宅……后有劝萧何田宅自污者，其计无乃出于此欤？'黄说是也。此王翦之苦心所在，其志固不在美田宅，即王氏亦已自道之矣。"

"复次，就王翦此请，亦不足以反证其时秦国即不以封邑赏给功臣也。《会注考证》：'凌氏《评林》引《宛委余编》云：王翦曰，为大王将，有功终不得封侯。考始皇二十六《琅邪台铭》，列侯武成侯王离、列侯通武侯王贲、伦侯建成侯赵亥、伦侯昌武侯成、伦侯武信侯冯毋择。以位次差之，王离在季父贲前，则离乃翦家孙袭翦爵者也。贲盖翦之次子，自以功封侯者也。所谓有功不封，其时未定天下云尔。及剖符，而翦之一子一孙，为功臣之首。又当时列侯二人、伦侯三人，凡封侯者仅五人，而李斯与蒙恬、李信不与焉，可谓严矣。'案王翦之请封，时为始皇十九年。而其二十六年刻石有列侯、伦侯五人，王翦之子若孙并在其间，是始皇时固未尝不封侯。若疑此等侯称并系嘉号、不系邑名，殆是空建嘉号而不食采邑者，此亦不然。《吕不韦列传》：为文信侯，'食河南、雒阳十万户'（《索隐》："《战国策》曰：食蓝田十二县")；《始皇本纪》：八年，嫪毐封为长信侯，予之山阳地，令居之。列侯但有嘉号而不系邑者，亦未尝不食采地，此其证也。"

"复次，《始皇本纪》：'二十六年……秦初并天下……丞相绾等言：诸侯初破，燕、齐、荆地远，不为置王，毋以填之。请立诸子。……始皇曰：天下若战斗不休，以有侯王。赖宗庙，天下初定，又复立国，是树兵也。……廷尉议是。分天下以为三十六郡，郡置守、尉、监。'盖封建食邑制度，始皇二十六年以前，犹若隐若现；二十六年以后，改郡县，置守、尉、监，此一制度，自是始绝迹尔。"

⑧ 同上，LXXXI，《廉颇蔺相如列传》。

⑧ 《国语》，X，《晋语》四云："公食贡，大夫食邑，士食田，庶人食力，工商食官，皂隶食职，官宰食加，政平民阜，财用不匮。"可见邦君只食大夫采邑的贡献，而食邑本身是归大夫自己了。编辑部案：陈槃先生第二次审阅报告："春秋时卿大夫采邑之赋税，一部分是归卿大夫私有，一部分亦归诸公室。襄二十二年《左传》：'臧武仲如晋，雨过御叔，御叔在其邑，将饮酒（杜《解》：御叔，鲁御邑大夫），曰：焉用圣人？我将饮酒而已。雨行，何以圣为？穆叔闻之，曰：不可使也而傲使人，国之蠹也。令倍其赋。'杜《解》：'古者家有国邑（家，一本作其），故以重赋为罚。'《正义》：'《周礼·大司徒》云：凡建邦国，诸公之地，方五百里，其食者半；诸侯之地，方四百里，其食者三之一；诸伯之地，方三百里，其食三之一；诸子之地，方二百里；诸男之地，方百里，其食四之一。郑玄云：其食者半、三之一、四之一者，土均均邦国地、贡轻重之等，必足其国礼俗、丧纪、祭

祀之用，乃贡其余。大国贡重，正之也。小国贡轻，字之也。此是诸侯之国贡王之差也。《司勋》职云：凡颁赏地，三之一食。郑玄云：赏地之税，三分计税，王食其一，二全入于臣。此采邑贡王之数也。然则诸侯之臣受其采邑者，亦当三分之一而归于公，故云古者家其国邑，言以国邑为己之家。有贡于公者，是灭己而贡之，故以重赋为罚。言倍其赋，当以三分而二入公也。'案周制，诸侯于天子有贡，故昭十三年《左传》曰：'昔天子班贡，轻重以列。列尊贡重，周之制也。卑而贡重者，甸服也。郑伯，男也，而使从公侯之贡，惧弗给也。'卿大夫于其国亦有贡，御叔其一例也。诸侯贡于天子，卿大夫贡于诸侯，其义一也。《正义》引《周礼》之说，可备参考，盖出旧典也。"

"复次，春秋时采邑对国家有纳税之义务，战国时平原君家须以租税奉公，由政制言之，意义初无不同。"

"上引李先生原文附注82又云：'可见邦君只食大夫采邑的贡赋，而食邑本身是归大夫自己了。'案谓邦君食大夫采邑之贡赋，此是也（然前文又云："春秋的采邑，赋税是被封的贵族所有。"不免矛盾）。又云'而食邑本身是归大夫自己'。而平原君食邑平原，须以租税奉公，则谓平原君之食邑不归平原君自己，'要有绝对的权利是不可能的'。换言之，则春秋时卿大夫于其食邑，虽亦有奉公之义务，然而自有其'绝对的权利'。此义，榘所未闻。榘愚以为，收租税之吏，不特战国时赵国有之，春秋列国亦必有之。盖食邑之家，租税不依时依法献纳者，未始无之，租税之吏之设置，不得不然也。古今人情性，宜不甚相远，何但战国？据《周礼·地官·载师》职：天子京都附近方千里之地，分赐公卿大夫以为采邑，而征其田税；税率四分，而天子征其一。又民居之区、致仕之家所受田、士田、贾田、庶人在官者其家所受田、牛田、赏田，畜牧者之家所受田等，亦皆有税。其不事力作者则有罚税。是天子有征租税之吏矣。租税以外又有军赋，《夏官·家司马》：'各使其臣以正于公司马。'郑注：'家，卿大夫采地。正，犹听也。公司马，国司马也。卿大夫之采地，王不特置司马，各

自使其家臣为司马，主其地之军赋，往听政于王之司马。其以王命来则曰
国司马。'家司马须听政于国司马，是天子又有征军赋之吏矣。侯国亦有征
军赋之吏，《论语·公冶长》第五'由也，千乘之国，司使治其赋也'（集
解：孔曰，赋，兵赋）是矣。上引《左传》云：臧武仲罚御叔，'令倍其
赋'，是卿大夫家军赋之征须听政于侯国公室之例矣。若赵奢向平原君家所
收之租税，则田租、军赋兼而有之（观赵奢之言可知），此种侯国不直接向
民户征收而间接向卿大夫家征收之法，至少亦是春秋以来之旧章、旧典，
不必独生异义可矣。"

⑧ 同上，LXXV，《孟尝君列传》。编辑部案：陈槃先生第二次审阅报
告："卿大夫受邑，三分计税，已食其二，一归公家（参上引《周礼·司
勋》职及郑注），是税收制度当有一定，不可云'取之不竭'。若云'地大
物博'，可尽取所需，则晋文公元年之'弃责薄敛，施舍分寡，救乏振滞，
隆困资无，轻关易道，通商宽农，懋穑劝分，省用足财'（《晋语》四）；
楚子重之'大户（杜《解》：阅民户口也）已责（《解》：弃逋责也），逮
鳏寡（《解》：施及老鳏也），救乏'（成二年《左传》），此等当作何解？
（当时民生疾苦之反映，类此者多，殆不可枚举）岂有所谓'取之不竭'
之日乎？至于战国时封君之邑，或大或小，宜有不等（春秋时亦当然）。然
前引郑玄注《大司徒》职所谓'必足其国礼俗、丧纪、祭祀之用'者，无
论春秋、战国时代，宜无例外，若孟尝君者，'封万户于薛'，此汉人羡
称之'万户侯'，不可谓小矣。然而食客三千，又'招致天下任侠、奸人入
薛中，盖六万余家'（本传），此其入不敷出，理所当然。战国时代封邑收
入之多少，此岂足以为例乎？"

⑧ 《孟子》，XI，下，《告子》上。

（原载《文史哲学报》第15期，1966年8月）

春秋时代社会的变动

一　古代的阶级制度

（一）远在古代就有阶级的分别

中国古代社会，就有贵贱阶级的分别，因为甲骨文里面已经说到有赏给臣仆的记载，可见在商朝已经有了阶级的分别。到了春秋时代各国全都有君子小人的分别，所以《左氏春秋》昭公七年楚国芋尹无宇所说的话可以证明这一点，他说："天有十日，人有十等，下所以事上，上所以共神也。故王臣公，公臣大夫，大夫臣士，士臣皂，皂臣舆，舆臣隶，隶臣僚，僚臣仆，仆臣台；马有圉，牛有牧。"这十等中，前四等就是王、公、大夫、士，都属于君子阶级；后面的六等，皂、舆、隶、僚、仆、台，外加圉和牧两种，都属于小人阶级。所以在《左氏春秋》中这些名称也常常混用，有皂隶连用的，比如隐公五年"皂隶之事"，襄公九年"商、工、皂、隶，不知迁业"，昭公三年"栾、郤、胥、原、狐、续、庆、伯降在皂隶"；也有时隶圉连用的，如哀二年"人臣、隶、圉免"；也有时皂牧连用的，如襄二十一年"其次皂牧舆焉"；也有时皂隶牧圉连用的，如襄十四年"庶人、工、商、皂、隶、牧、圉，皆有亲昵"。并且我们根据以上的史料来看他分布的地域，昭七年是楚人所说的话，襄九年是楚人指着晋人而说的话，襄十四年的、昭三年的、哀二年的都是晋人说的话，隐五年的和襄二十一年的都是鲁国人说的话。《左氏春秋》所记载的虽然只有鲁晋楚三国的事，但是这三国正是春秋各支文化的代表，楚原来是祝融八姓的后人，在诸夏人看起来，他仍旧是荆蛮；至于晋，他虽是姬姓的嫡系，但在初封的时候，就受了戎的影响，所以《左传》定公四年说唐叔封在晋的时候，就"疆以戎索"；而鲁一直到春秋时期"犹秉周礼"，韩宣子亦说，"周礼尽在鲁矣"。可见鲁比周更富有保守性。以上三国可以说代表三种文化，可是他们竟全都有奴隶，也就是说全都有君子和小人的分别，这种分别必定是春秋时的普通现象。

（二）宗统与君统

这一节的用意，是在研究宗法与封建制度的关系。可以说封建只是宗法社会的政治化，所以《毛诗》中说："君之宗之。"可见凡是为政治首领的，君或诸侯下至大夫，都是宗法首领的大宗或小宗的宗主。在威廉生所著《中部玻里尼西亚的社会及政治组织》（Robert W. Williamson The Social and Political Systems of Central Polynesia）书中，列有一表（VOl. 3，p. 138）：

A 是始祖并兼大首领，他有两个儿子 B 和 C，照玻里尼西亚的习惯，继承权多半在于长支，以下所说根据这个为例。土人的习俗，有时传给少支，但这对于以下所讲的，只需稍微加以更改，并没有绝对的相反，A 的爵位将陆续传给 B、D、H，他们爵位和 A 相等，至于少支，比如 C、E、I，都不能继承 A 的爵位，他们只能得到一种较次级的爵位，他们同时也可能成为一个次级团体的首领，这里所谓首领是指着宗法的首领而言，爵位是指着政权的首领而言，而凡长支 B 的后人，地位照例高于少支 C 的后人。推论威廉生的意思，这个表可以代表君统和宗统的关系。A 是大宗的首领，同时，用周人的方法说，他是天子，B、D、H 都是陆续继承 A 的天子地位，同时又是大宗的宗主。A 的少子 C 和 B 的少子 E、D 的少子 I，可以说地位相等，照周人的说法，他们全都是诸侯，而同时他们是大宗分出来的小宗的宗主。K 和 F 的地位相等，照周人说，全都是大夫，同时，是小宗再分出来的次级小宗的宗主。关于这一点，不只可以证明宗统和君统完全有关，并且中国古代和现代的玻里尼西亚都是相同的。当然春秋有若干国家不一定与此相合，但都只是周人没有灭过的小国，后来变成姬姓国家的附庸，如邾等国就是。至于姬姓的封国中，君统和宗统是完全相符合的。

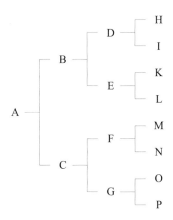

在以下表中文王、武王、成王、康王，都是天子，并且是姬姓大宗的宗主；周公、唐叔、单子都是诸侯，地位低于天子，他们并且同时是姬姓分出来的小宗的宗主。周公的诸侯地位和他的

宗主地位,陆续的传给伯禽考公等,等于唐叔的地位也陆续的传给晋侯,这和威廉生所书的表是完全相合的。商代是否有封建,现在史料无征,不过周人确实宗统和君统相连,也就是说封建只是宗法的扩充和政治化。

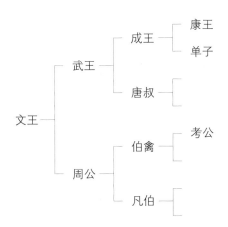

在春秋末期以前士跟庶人永远不能相提并论,并且《论语·季氏篇》孔子说:"天下有道,则庶人不议。"可见士可以参与政治,而庶人参加政治在孔子尚以为不合制度。在《孟子》书中,士庶人方连称并论,这只是春秋末期社会已变化的现象,不是春秋时代的。至于庶人的来源,现在可以说文献无征,但是我可以有二条大胆的假设。一种是殷朝的遗民,比如《左传》定公四年所说封伯禽于鲁的时候,派去殷民六族,封康叔于卫的时候,派去殷民七族。这种殷民既不是姬姓或姬姓的亲戚,就不能列入贵族;但他们也不是极卑下的人,所以又不能列入奴隶,他们就变了庶人。《尚书·大诰》说"庶殷丕作",就是殷人寄于庶人,故曰庶殷。另外一种是来自周初所灭的各国的人民。姬姓或他的亲戚成为当地的统治者,就将当地的旧贵族降成庶人,这仍旧同对付商人的办法一样。这虽是我的假设，但我想距情理亦不过远。

二 邦君与贵族争权的暗斗

（一）邦君舆贵族争权的来源

邦君与贵族的争权，其内在原因由于西周之初，君权的形态所造成，周人虽然实行长子集权制，但是由于以前的兄弟共权，到这时还保存着若干余威，所以周人在长子集权制之中，仍旧留有兄弟分权的办法。这种分权的办法，就是长子做天子，一面分余子做诸侯，同时若干余子参加长兄的政权，作王室的卿士。对于诸侯也是如此，长子作诸侯，余子作卿大夫，封有采邑，但同时也参加诸侯国的政治。这种参加长兄的政治的余子，最初除几个特殊者外，只限于当朝的邦君的弟兄，等到这一朝的邦君死后，他的弟兄就不再参加新君的政治，让给新君的弟兄来参加。可以说君权君位是世袭的，君的弟兄参加国政不是世袭的。因此造成君权重而卿权轻，因为君权君位是世袭的，君容易扩充权利，至少保持权利；卿的政权不是世袭的，随朝代而更换，不容易造成根深蒂固的政权，更说不到扩充政权。但是这种现象到了春秋中期就渐渐的发生了变化，旧君的弟兄也想照邦君一样把他的政权不再让给新君的弟兄，将他变成同邦君一样的世袭。各国多半发生了旧君的弟兄与新君的弟兄政权的攘夺，比如鲁国的东门氏与三桓的争夺，就是一个最显明的举例。三桓都是鲁桓公的后人，他们中间最重要的是季孙氏，他的始祖季友，对鲁僖公之能做邦君有极大的功劳。这是季孙氏能在鲁国站住地位的大原因。至于东门氏是东门襄仲的后人，东门襄仲就是仲遂，或称公子遂，是鲁僖公之子，与文公是同父的弟兄。在文公十六年里面，他与三桓互掌政权，由《春秋》上所记载的以下各条，就可以看出：

（1）文公元年，叔孙得臣如京师。

（2）秋，公孙敖会晋侯于戚。

（3）公孙敖如齐。

（4）文公二年，夏六月，公孙敖会宋公、陈侯、郑伯、晋士縠盟于垂陇。

（5）公子遂如齐纳币。

（6）文公三年春王正月，叔孙得臣会晋人、宋人、陈人、卫人、郑人伐沈，沈溃。

（7）文公五年，夏，公孙敖如晋。

（8）文公六年，夏，季孙行父如陈。

（9）秋，季孙行父如晋。

（10）冬十月，公子遂如晋，葬晋襄公。

（11）文公七年，公孙敖如莒莅盟。

（12）文公八年，冬十月壬午，公子遂会晋赵盾盟于衡雍。

（13）乙酉，公子遂会雒戎盟于暴。

（14）公孙敖如京师，不至而复，丙戌，奔莒。

（15）文公九年，二月，叔孙得臣如京师。

（16）公子遂会晋人、宋人、卫人、许人救郑。

（17）文公十一年，夏叔彭生会晋郤缺于承筐。

（18）公子遂如宋。

（19）冬十月甲午，叔孙得臣败狄于咸。

（20）文公十二年，季孙行父帅师城诸及郓。

（21）文公十四年，叔彭生帅师伐邾。

（22）文公十五年，春，季孙行父如晋。

（23）季孙行父如晋。

（24）文公十六年，春，季孙行父会齐侯于阳谷，齐侯弗及盟。

（25）六月戊辰，公子遂及齐侯盟于郪丘。

（26）文公十七年，冬，公子遂如齐。

（27）文公十八年，秋，公子遂、叔孙得臣如齐。

（28）季孙行父如齐。

以上共廿八条，其中公孙敖是孟孙氏，叔孙得臣及叔彭生是叔孙氏。季孙行父是季孙氏，皆属三桓。他们率兵或者出国聘问会盟，共十九次；而公子遂八次，另有一次是叔孙得臣与公子遂同行的，所以说，公子遂同三桓互掌政权，也可以说平等的共掌政权。可是到了文公死后，宣公即位，形势就大有改变。《左传》说（文公十八年）：

> 文公二妃敬嬴生宣公，敬嬴嬖而私事襄仲，宣公长而属诸襄仲，襄仲欲立之，叔仲不可。仲见于齐侯即请之，齐侯新立而欲亲鲁，许之。冬十月，仲杀恶及视而立宣公。书曰子卒，讳之也。仲以君命召惠伯，其宰公冉务人止之曰：入必死。叔仲曰：死君命可也。公冉务人曰：若君命可死，非君命何听？弗听，乃入，杀而埋之马矢之中。公冉务人奉其帑以奔蔡，既而复叔仲氏。

恶及视都是文公的嫡子，公子遂杀他们而立文公的庶子宣公，因此遂立有大功，他和他的儿子公孙归父在宣公之世，遂欲将三桓的政权夺掉，所以宣公十八年的工夫，鲁国率兵同出国聘问的人，东门氏就占多数。《左传》所记载的如下：

（1）宣公元年，公子遂如齐逆女。

（2）夏，季孙行父如齐。

（3）公子遂如齐。

（4）宣公八年，夏六月，公子遂如齐，至黄乃复。

（5）宣公九年，夏，仲孙蔑如京师。

（6）宣公十年，公孙归父如齐，葬齐惠公。

（7）公孙归父帅师伐邾，取绎。

（8）季孙行父如齐。

（9）公孙归父如齐。

（10）宣公十一年，公孙归父会齐人伐莒。

（11）宣公十四年，冬，公孙归父会齐侯于毂。

（12）宣公十五年，春，公孙归父会楚子于宋。

（13）仲孙蔑会齐高固于无娄。

（14）宣公十八年，公孙归父如晋。

以上十四条中，仲遂与其子公孙归父共占十条，三桓只占了四条，可见东门氏在这个争夺中得到上风，据《左传》的记载，他这种争夺并不是完全为的东门氏，而是想将君的政权由三桓手夺回。所以《左传》说（宣公十八年）：

> 公孙归父以襄仲之立公也有宠，欲去三桓以张公室，与公谋而聘于晋，欲以晋人去之。

可见这种计划是得到鲁君的同意，三桓当然不甘心将多年掌握的政权让出，就等待机会将东门氏去掉。在公孙归父往晋国的时候恰巧宣公病死，三桓就借着这个机会将东门氏的政权完全拿掉。《左传》说：

> 公薨。季文子言于朝曰，使我杀適立庶以失大援者，仲
> 也夫。臧宣叔怒曰，当其时不能治也，后之人何罪？子欲去
> 之，许请去之。遂逐东门氏。子家还及笙，坛帷复命于介。
> 既复命，袒括发，即位，哭，三踊而出，遂奔齐。

驱逐东门氏以后，并且盟国人，使他们不要效法东门遂，《左传》襄公二十三年：

> 季孙召外史掌恶臣，而问盟首焉。对曰：盟东门氏也。
> 曰：毋或如东门遂，不听公命，杀適立庶。

这是鲁国的贵族想帮助鲁君，将三桓夺去的政权拿回的第一次。

（二）邦君与贵族争权的暴动

自从前节所讲的争斗经过几十年的酝酿以后，遂发生鲁君与三桓的公开争权，失败以后，鲁君的政权完全到了三桓的手中，不只是政权，就是政权所自出的宗教权也被三桓夺走。《论语》中孔子所说的若干段话，就代表若干人对于三桓掌权的不满意：

> 孔子谓季氏八佾舞于庭，是可忍也，孰不可忍也。
> 三家者以雍彻。子曰：相维辟公，天子穆穆。奚取于三
> 家之堂？
> 季氏旅于泰山。子谓冉有曰：女弗能救与？对曰：不
> 能。子曰：呜呼曾谓泰山不如林放乎？

按《左传》隐公五年："考仲子之宫，将万焉。公问羽数于众仲。众仲对曰：天子用八，诸侯六，大夫四，士二。夫舞所以节

八音而行八风，故自八以下。"鲁用天子礼乐，原用八佾。因为别为夫人仲子立庙，故隐公有这次的问，而《左传》同篇亦说："始献六羽，始用六佾。"亦足证鲁君原用八佾，季氏亦用之，至少是僭礼上侪于鲁君，故孔子叹之。至于三家雍彻一节，马融注《论语》说："雍，《周颂·臣工》篇名。天子祭于宗庙，歌之以彻祭。今三家亦作此乐。"按郑笺辟为卿士，公谓诸侯。《毛传》释相为助也。盖天子祭的时候，助祭者由王室卿士或诸侯。比若"郑武公庄公为平王卿士"（《左传》隐公三年），皆以诸侯而做王室卿士，又周襄王"享醴，命晋侯宥"（《左传》僖公二十五年），皆是。鲁既用天子礼乐，所以也以雍彻，今三家更以卿而上僭鲁君。林放是指的"林放问礼之本"。孔子颇以他懂解礼的精意，所以认为季氏之僭祭山川，山神也不会降福给他的。《左传》昭公二十五年：

> 将禘于襄公，万者二人，其众万于季氏。

季氏这种掌揽政权，甚而夺到君的宗教权，当然不能为鲁君所能忍受，于是鲁君就联合若干帮助他的贵族想去三桓，这一次是在昭公二十五年。上一次只是公孙归父出面，而这一次就由昭公自己出面：

> 初，季公鸟娶妻于齐鲍文子，生甲。公鸟死，季公亥与公思展与公鸟之臣申夜姑相其室。及季姒与饔人檀通而惧，乃使其妾抶己，以示秦遄之妻曰：公若欲使余，余不可而抶余。又诉于公甫曰：展与夜姑将要余。秦姬以告公之，公之与公甫告平子。平子拘展于卞，而执夜姑，将杀之。公若泣而哀之曰：杀是，是杀余也。将为之请。平子使竖勿内，日中不得请，有司逆命，公之使速杀之，故公若怨平子。

这是季孙氏的内讧，而引到政权的问题，另外又有旁的贵族也因为季孙氏的揽权而不满意，《左传》同一段说：

> 季郈之鸡斗，季氏介其鸡，郈氏为之金距。平子怒。益宫于郈氏，且让之，故郈昭伯亦怒平子。臧昭伯之从弟会，为谗于臧氏而逃于季氏，臧氏执游。平子怒，拘臧氏老。

至此若干个大夫全怨季平子，遂设法与鲁君联合以去掉季孙：

> 公若献弓于公为，且与之出射于外，而谋去季氏。公为告公果公贲。公果公贲使侍人僚柤告公，公寝，将以戈击之，乃走。又使言，公曰：非小人之所及也。公果自言，公以告臧孙，臧孙以难；告郈孙，郈孙以可劝。告子家懿伯，懿伯曰：谗人以君徼幸，事若不免，君受其名，不可为也。舍民数世以求克事，不可必也。且政在焉，其难图也。公退之。辞曰：臣与闻命矣，言若泄，臣不获死。乃馆于公。

子家懿伯所说的甚合理，固然君权的旁落是一件很伤心的事，但是这并不是一朝一夕之过，他的来源甚久，所以宋乐祁说：

> 鲁君必出，政在季氏三世矣。鲁君丧政四公矣。无民而能逞其志者，未之有也。（昭公二十五年）

所谓三世，是指的季文子、武子、平子。所谓四公，是指的鲁宣公、成公、襄公、昭公。宣公之殁，三桓将东门氏驱逐出国，可见鲁君的丧失政权是与三桓和东门氏之争有密切的关系，所以子家懿伯又说：

> 政之自出久矣，隐民多取食矣，为之徒者众矣。

政之自出久矣，就是乐祁所说的政在季氏三世，隐民多取食焉就是穷困的人多仰仗季氏的帮助，大约季氏也若齐国陈氏的施舍，很多的小人阶级全归在他势力范围里，所以他的徒众多，这就是乐祁所说的无民而能逞其志是不可能的事情，这也是鲁昭公虽然想夺回政权而终归失败的理由。并且三桓是合作的，至少反对鲁君这件事是合作的。在鲁君的兵士已经攻进季氏以后：

> 公使郈孙逆孟懿子。叔孙氏之司马鬷戾，言于其众曰：若之何？莫对。又曰：我家臣也，不敢知国。凡有季氏与无，于我孰利？皆曰：无季氏，是无叔孙氏也。鬷戾曰：然则救诸。帅徒以往，陷西北隅以入，公徒释甲执冰而踞，遂逐之。孟氏使登西北隅以望，季氏见叔孙之旌以告，孟氏执郈昭伯，杀之于南门之西，遂伐公徒。子家子曰：诸臣伪劫君者而负罪以出，君止。意如之事君也，不敢不攻。公曰：余不忍也。与臧孙如墓谋，遂行。己亥，公孙于齐。

这时叔孙昭子恰好不在都城中，所以他的司马鬷戾就决定率领叔孙氏的甲兵帮助季氏，所谓"无季氏是无叔孙氏也"，这句话更能证明三桓的利害相连。

昭公出亡在外七年的时候，竟死于乾侯。在他在外的时候，季平子更无顾忌的总揽政权。昭公卒后，他就立昭公之弟定公。定公在位十五年，所有一切对内或对外皆由三桓主持，《春秋》中所述帅兵以及会盟都由三桓出面，可以证明君权的微弱，以及旁的贵族都不能分三桓的权利。这大约是定公与三桓没有发生冲突原因之一。另一个原因，就是三桓所用的家臣，其中当然有许多原来是庶人，他们也想仿照贵族的夺君权去夺贵族的权利。其中重要的一件事发生在定公八年，季孙的家臣阳虎，想去掉三桓，用季桓子之弟季寤替代季桓子、叔孙氏的庶子叔孙辄替代叔孙武叔，阳虎自己替代孟懿子，在鲁都城里打了一仗而事情没有成功。这些都使三桓顾虑他们自己的内部的不稳，而不敢十分向外发展，这大约是使定公可以苟安于位的另一个原因。但是到了定公死后，其子哀公立，君与贵族的争权又重新发生，至哀公二十六年又酿成哀公的奔越。在哀公二十四年，他曾经往越，《左传》说：

> 闰月，公如越，得大子適郢，将妻公而多与之地。公孙
> 有山使告于季孙，季孙惧，使因大宰嚭而纳赂焉，乃止。

適郢是越王的太子，所谓"得"是得到適郢的欢心，哀公遂欲联越而去三桓。但因季孙的纳赂而止。至哀公二十六年：

> 公患三桓之侈也，欲以诸侯去之；三桓亦患公之妄也，
> 故君臣多间。公游于陵阪，遇孟武伯于孟氏之衢，曰：请有
> 问于子，余及死乎？对曰：臣无由知之。三问，卒不对。公
> 欲以越伐鲁而去三桓。秋八月甲戌，公如公孙有陉氏，因孙
> 子邾，乃遂如越。国人施公孙有山氏。

哀公同越太子连合，目的就在用越国的兵力去掉三桓。可是这一次同昭公那一次相似，仍旧失败了，原因就是因为三桓掌握政权过久，他们的力量超过君的力量，并且在昭公五年，三桓将鲁君所有的人众全都给瓜分了，《左传》说：

> 五年，春王正月，舍中军，卑公室也。毁中军于施氏，
> 成诸臧氏。初，作中军，三分公室而各有其一。季氏尽征
> 之，叔孙氏臣其子弟，孟氏取其半焉。及其舍之也，四分公
> 室，季氏择二，二子各一，皆尽征之而贡于公。

这足可证明这次的变法较襄公十一年初做中军的时候,对鲁君更有妨害,所以《左传》说他卑公室也。以前三桓所有的人众只是他们所封的采邑的。虽然他们的采邑全都是大都,但是鲁君仍旧保持着若干土地和人民,经过这次变法,鲁国所有的土地人民都分属于三桓,而鲁君空然所有,所以他要想抵抗夺回丧失的政权是一件极难的事情,这种现象也不是鲁国所独有,是各国所同有的,比如与鲁国政治极相近的卫国,也有同样的经过,举鲁国的可以代表其余。

（三）邦君与异姓贵族争权的举例

鲁君和贵族的争权是和同姓的贵族。邦君和异姓贵族的争权最显著的是晋齐两国,现在举晋国的为例。

> 晋桓、庄之族逼,献公患之。士蒍曰:去富子,则群公子可谋也已。公曰:尔试其事。士蒍与群公子谋,谮富子而去之。（《左传》庄公廿三年）

> 晋士蒍使群公子尽杀游氏之族,乃城聚而处之。冬,晋侯围聚,尽杀群公子。（庄公廿五年）

桓、庄之族是曲沃桓叔及庄伯的后人,桓叔是曲沃的始封者,是献公的曾祖;庄伯是献公的祖父。用士蒍的计划以后,除了献公的子孙以外,晋的公族全都没有了。但是后来又经过骊姬之乱,"诅无畜群公子,自是晋无公族",可见除继位为君的人以外,全都不能留居国内。所以到了成公的时候:

> 乃宦卿之适而为之田,以为公族。又宦其余子亦为余子,其庶子为公行。晋于是有公族、余子、公行。赵盾请以括为

> 公族，曰：君姬氏之爱子也。微君姬氏，则臣狄人也。公许
> 之。冬，赵盾为旄车之族，使屏季以其故族为公族大夫。

公族、公行与公路，同见于《毛诗·唐风》。这类官职本来应当由公族的人担任，从他们的名称就可以看出来。但是到这时候，晋国已经没有公族，就使异姓的人担任公族的官。赵氏属于嬴姓，不止不是晋的公族，并且也不属于姬姓。当时属于姬姓而非公族的有栾氏，但不属于曲沃这一支，所以他也不是公族，并且后来若干个贵族全都因为互相争政权而变成了庶人，所以昭公三年说："栾、郤、胥、原、狐、续、庆、伯降在皂隶。"而当时仅存的公族羊舌氏不久也被消灭。所以到了晋悼公的时候，只余下六卿掌政权。

晋国的中军，在将兵时的元帅，在平时是首席执政者，揽军权政权于一手，他的地位的重要可以知道。据《左传》的记载由晋文公三年到晋厉公八年（鲁僖公二十七年到成公十年）历任的中军如下：郤縠、原轸、先且居、赵盾、郤缺、荀林父、士会、郤克、栾书，共九人。除栾书外，都不是姬姓。栾书虽然是姬姓，但也不是公族。可见在晋厉公以前，没有一个公族掌握主要的政权。这种情形与鲁国完全不同，三桓是鲁桓公的后人，完全是公族。到晋悼公以后，政权更集中于六卿，六卿是韩氏、赵氏、魏氏、智氏、范氏、中行氏，《左传》对于由晋悼公元年一直到晋出公元年，担任晋国中军的人所记如下：韩厥、知罃、荀偃、士匄、赵武、韩起、魏舒、范鞅、赵鞅、知瑶，共十人。士匄的士氏即范氏，就是献策去桓、庄之族的士蒍的后人，荀偃的荀氏即中行氏，可见这十人未曾出于六家以外。晋国的政权完全把揽在六家的手中，他们并吞了其他的小贵族，一面夺取晋国

的君权。但是贵族自相争权不会到六家均势而停止的，自然尚有进一步的争斗，结果是韩、赵、魏、智，四家联合而驱逐范氏、中行氏。等到剩了四家以后，智氏又想联络韩氏、魏氏去消灭赵氏，但是反被韩、赵、魏的联合，而将他消灭了。从此晋国只有三家，也就是三家分晋的由来。晋君尚且没有鲁君的勇气，对于六卿或三家始终没有敢抵抗，原因大约由于两次晋君的被弑。一次是晋灵公派人去刺杀赵盾，结果没有成功，反而被赵盾的从弟赵穿所弑。另一次是晋厉公将郤氏弟兄杀死，目的也在争夺回失去的权利，可是另外的两个贵族栾书、中行偃，因此畏惧，反弑厉公。经过这两次弑君的变故，悼公以下的晋君再也不敢想收回政权了。对于这一层，晋国与鲁国不一样而与齐国一样。姜齐君权的丧失，只由一个异姓贵族，就是由陈国来的田氏，也称为陈氏（古音田陈相同，故《左传》称陈敬仲，《史记》则曰田敬仲）。来到齐国的是田完，当齐桓公的时候，他只做到工正，并没有掌握很大的政权。但是因为一方面在齐桓公死以后，五公子争立，连亘数十年之久，使齐国的公族衰弱；另一方面，田氏甚能施舍，使小民全听从他，《左传》昭公三年，晏婴说：

> 此季世也，吾弗知，齐其为陈氏矣。公弃其民而归于陈氏。齐旧四量：豆、区、釜、钟。四升为豆，各自其四以登于釜。釜十则钟。陈氏三量皆登一焉，钟乃大矣。以家量贷，而以公量收之，山木如市，弗加于山，鱼盐蜃蛤，弗加于海。民参其力，二入于公而衣食其一，公聚朽蠹而三老冻馁，国之诸市，屦贱踊贵。民人痛疾而或燠休之，其爱之如父母而归之如流水，欲无获民将焉辟之！箕伯、直柄、虞遂、伯戏其相胡公大姬。已在齐矣。

陈氏用这种收人心的方法而逐渐的将齐国的政权夺到手里,而终于夺得了齐国的君位。

以上异姓与君争权同公族与君争权,方式虽然不尽相同,但是造成春秋末期君与贵族对政权的争斗是极普遍的现象。

另外尚有一点必须提到的,就是各国贵族间的勾结,他们的互相帮助。比如鲁昭公的出奔,魏国、宋国的君,都要求晋国帮助鲁君返国,晋君也赞成。所以昭公三十一年,"晋侯将以师约公",可是晋国的政权并不在君的手中,而在贵族的手中,已于前说及。所以范献子等就想出了帮助季孙的办法:

> 范献子曰:君召季孙而不来,则信不臣矣,然后伐之,若何?晋人召季孙,献子使私焉,曰:子必来,我受其无咎。季孙意如会晋荀跞于适历。

等到荀跞表面上责备了季平子以后,劝他将昭公接回国。季平子马上就答应了。但是等到荀跞告诉昭公以后,昭公坚持必须驱逐季平子,荀跞就掩耳而走,告诉季平子说:"君怒未怠,子姑归祭。"这一幕助鲁君返国的事,就这样草率的了结,这就因为晋国的贵族与鲁的贵族是志同道合,互相帮助的。《论语·宪问》篇:

> 陈成子弑简公,孔子沐浴而朝,告于哀公曰:陈恒弑其君,请讨之。公曰:告夫三子。孔子曰:以吾从大夫以后,不敢不告也。君曰:告夫三子者。之三子告,不可。孔子曰:以吾从大夫之后,不敢不告也。

鲁国的三桓的把持君权,与齐国的陈氏相同,志同道合只有互相帮助,安肯帅兵往讨,所以孔子告诉他们,他们不答应。孔子明知道他们不肯答应，所以两次说"以吾从大夫之后，不敢不告也"。这也可以证明各国贵族的互相帮助。

（四）小人阶级若干优秀分子的上升

在这以前，已经讲过古代各国中多有君子与小人两种阶级的区分，这种状态到春秋末期而发生了变化，这种变化与罗马的平民革命情形不一样，古代罗马的平民阶级的首领，为他们整个阶级争权利，结果用立法的方式使贵族与平民变成平等。至于春秋末期，只有庶人中，甚而奴隶中，若干有能力的人物，上升与贵族一同参加政治，他们这些人并没有为他们整个阶级争利益，而只是为他们几个人自己争地位，他们虽然因此获得地位，但是其余的小人阶级的卑下状况，并没有因此提高，这是东西两方古代的不同处。

小人中的若干优秀分子的上升，由种种的原因，其中君与贵族的争权或贵族与贵族的争权，影响更大，君想抵制贵族以收回政权，及贵族抵制君以维持他们获得的政权，或贵族与贵族的争政权，都需要求另外的人帮助，而这另外的人常常属于小人阶级。求小人阶级的帮助不能不有交换条件，这当然使若干个小人的地位得以改善。比如前面所说的哀公二年，赵鞅伐齐誓于军中：

> 庶人、工、商遂，人臣、隶、围免。

这一次虽然是与外人交战，但是原因起于赵氏、范氏、中行氏的争权，齐与郑两国帮助范氏、中行氏，而造成铁之战。推源说起，仍旧是贵族间的争权，因此赵简子必须求助于小人阶级，大约因为他们的人数众多可以出力，庶人与工商作战有功的就可以随仕宦参加政治，人臣、隶、圉就可以免除做奴隶，变为自由人了，这次晋国的小人阶级中，恐怕上升了不少。另外的一个例子也是晋国的，栾盈被范氏驱逐出奔，到鲁昭公二十年，齐人暗中帮助他返回他的封邑——曲沃，后来他又"帅曲沃之甲，因魏献子以书入绛"。其余的晋国贵族韩氏、赵氏、范氏、中行氏、智氏，都反对栾盈，于是守着公宫，在都城中与栾氏的军队交战。在这经过中有一段故事：

> 初，斐豹隶也，著于丹书。栾氏之力臣曰督戎，国人惧之。斐豹谓宣子曰：苟焚丹书，我杀督戎。宣子喜曰：而杀之，所不请于君焚丹书者，有如日。乃出豹而闭之。督戎从之，逾隐而待之。督戎逾入，豹自后击而杀之。(《左传》襄公二十三年)

丹书是用硃字写成的奴隶名册，焚丹书就等于取消他的奴隶资格，可见经过这一次，若干个奴隶也成自由了。这种例子在春秋后期想必甚多，所以孔子叹息说：

> 天下有道，则政不在大夫。天下有道，则庶人不议。
> (《论语·季氏篇》)

盖当孔子的时候，政权不自君出而由大夫，庶人又可以参加政治，与已往不同，所以孔子认为不合正轨。但是到了孔子卒后一百年的时间，《孟子》书中就屡次将士、庶人同提并论，就是因为贵族的士与小人的庶人，到了这个时候已经渐渐混合，使人不感觉他们有何种的异处。

前面已经说过，子家懿伯说季孙氏"隐氏多取食焉"，而鲁君则"舍民数世"(《左传》昭公二十五年)。所谓隐民，杜预释隐为穷困，这必定属于小人阶级。齐田氏也用施舍的政策，使小民"爱之如父母，而归之如流水"，这些也足以证明贵族为把揽君权不放而拉拢小人的手段。

小人上升的另外一种原因，就是学术的开放。古人所谓学术莫不与宗教有关，在"邦史与邦礼"一章中已经讲到，所谓学术，事实上不出于礼，而古人的礼只有贵族能够知道，能够传袭，讲授者是贵族，学习者也是贵族，并且只有贵族能够讲授，小人根本不懂这一套，就是想讲授，也无从讲起；只有贵族能学习，"礼不下庶人"，贵族认为小人并不需要懂礼，也无需学习，也不肯传授给他们。所以春秋末期以前的学术只限于贵族，有时某种学术且限于某一宗族，比如《左传》宣公二年：

> 太史书曰："赵盾弑其君。"以示于朝。宣子曰："不然。"对曰："子为正卿，亡不越竟，反不讨贼，非子而谁？"宣子曰："呜呼？我之怀矣，自诒伊戚！其我之谓矣。"孔子曰："董狐古之良史也，书法不隐。赵宣子古之良大夫也，为法受恶。惜也，越竟乃免！"

杜预说董狐是董史的后人，大约不错。因为《左传》昭公十五年有周景王的话：

> 及辛有之二子董之，晋于是乎有董史。

足证明董史在晋国经历过几百年，国史都由他们掌管。又比如《左传》襄公二十五年：

> 太史书曰："崔杼弑其君。"崔子杀之。其弟嗣书而死者二人，其弟又书，乃舍之。

兄弟四个人都做太史，所以古代的学术有时是宗族性的，至少是贵族性的。但自从小人阶级参加政权，他们也获得学术的权利，两者相互为因果，他们越有了知识，越有参加政权的能力，并且有些贵族坐享他们的农田收获，渐渐的怠惰而"不悦学"，失掉他们旧有的学术，由此小人阶级中的优秀分子与贵族中的残余分子，都成为新的士的阶级。固然无从断定小人中之渐获得知识起自何时，但这似乎与孔子的弟子们虽不能确定他们的出身，但是其中必定有数人或者是没落的贵族，另有若干人出自庶人阶级，他们有若干人并且参加了各国的政治。

另外一种原因是经济的变化，在最初邦君有土地人民，卿大夫也有土地人民，农民种田供给贵族的饮食，纺织供给贵族的衣服，并劳役以供给贵族的建筑住宅，每一个贵族在他的范围里，衣食住都能自给自足，无须到旁处去索求，所以春秋初期的商业，不必须发达。但是贵族后来渐渐的奢侈，渐渐喜欢技巧的作品，可以说在日常的自给自足的物品外，需要更精美更奢华的，这种当然不是每个贵族手下的小人所能做到的。因为精美奢华的作品，必须有专门的技士，就因为如此，到春秋末期，工艺技巧较以前发达，而专门的工人也能因此致富。工艺发达以后，作品必须流通，遂发生商业的进步，于是商人也得以致富。春秋后期以前，财富只在于土地，而土地是贵族阶级所专有，小人阶级是无份的，但到能以工商致富后，土地以外有了另外一种财富，而这种财富不是贵族所能垄断的，小人阶级也能享有。有了财富，更能有获得知识的机会，由此而能参加政权，所以经济形态的变化也有助于小人阶级中若干优秀分子的上升不浅。

以上所说平民上升的几种原因都是内部的，另外有一种外部的原因在。我们要细研究夏商周三代邦国的数目，虽然文献不能使我们满意，但是由多而变少，大国并吞小国，这是必然的现象。武王伐纣，不期而会者八百诸侯，这句话固然待考，而《左传》中所记的春秋时代的国名，总在两百左右，这是当时最少的数目。可是经过兼并以后，到战国之初，只剩余七强及泗上十二小诸侯，总共不过二十国，由东周之初的两百余国，变到这时的二十余国是十个变一个。若拿这个比例算起来，武王伐纣的前后，或者还不止八百诸侯，但是愈古对于"兴灭国，继绝世"这种思想愈浓厚，也就是灭国的机会比较更少。春秋后期灭国的风气逐渐发展，所以越大越强的国家，越能保持国家的存在。为使国家富强起见，必须使人民增多，并且使富人增加。贵族的人数是有限制的，想要增加能力，只能利用平民，甚而招来外国的人。这种利用不是无条件的，相连的是使平民若干人的上升，我所说的外来原因就是指这些。这在古代的罗马非常的明显，在中国想必也是如此。

综合起来说，①君与贵族的争权及贵族间的争权，②对外的竞争必须增加军队的数量，③学术的开放，④经济形态的变化，都平行的或联合的帮助小人优秀分子的上升，造成春秋社会与春秋以后的战国社会的两种面貌。

小人的上升并不是完全变成了君子，这种由君子及小人所混合而成的新的士阶级，固然一方面接受了甚多的贵族的学术知识，但是另一方面，他们也受到以前的小人阶级习俗的影响。春秋的贵族宴会时要赋诗，到战国时候的宴会中，绝没有这种礼俗。春秋时候的人，没有一件事不遵照着礼节，比如《左传》昭公十六年所记载晋韩起聘于郑这件事，中间讲到孔张在郑伯享韩起的时候种种的失礼，引起客人的讥笑，都能证明春秋人对于礼的重视。相反的战国人不重视礼，关于这层，顾炎武在《日知录》中曾经指出过，顾氏只说这是一百年的变化，但是他没有讲出原因。因为小人阶级原不懂贵族之所谓礼，他们一向将他看作清淡，所以等到他们混入新的士阶级里，对礼的重视自然无意的减轻，所以战国的士虽然与春秋的士同名称，但是实质早已改变，思想也颇不相同。

（五）古代希腊罗马的阶级及其演变的比较

古代希腊意大利都曾经有过非政治性的组织，已于前面说过。这种组织，拉丁文称为"演司"，实在就是中国所谓同姓。演司在邦没有组成以前久已存在，邦是政治的组织，是由若干演司组织成的，因为演司中已经有阶级的分别，他们已经有不平等的原则存在，所以等到邦组织成以后，阶级自然仍旧保存。比如以罗马而论，贵族及平民的阶级甚为明显，贵族所居住的地方是由罗莫鲁斯（Romulus）用宗教的仪式建筑的城，平民住在城以外，贵族以为他们没有祖先，没有宗教，没有父，就是往上推溯到无论多远，永远碰不到一位宗族长（父 Pater），他们没有家，就是他们没有真正的宗教性的演司，他们也不知道贵族婚礼的礼节，所以贵族常说平民："像畜牲一般生活着。"他们当然没有产业，因为产业皆属于各演司，这些种情形全都与春秋时候所谓小人阶级极相似。他们的地位也同春秋末期小人阶级的地位演变有不少相同之点，但是也有若干点不相似，这节的目的在将他们做一个比较，使我们更能明白春秋或春秋以前的阶级状态与它的演变。

因为邦是由演司所组成，所以在邦成立以后，邦的首领，就是王，并不能将政权完全集中。比如雅典，每个演司，每个部落

（Tribes）都有首领，在邦王以外，尚有部落王，每个人在他的或大或小不同的区域中，有同等的职权，有同样不可侵犯的性质。罗马很古的习惯，称演司长有时也叫做王。邦的王可见不能将他的职权对全体人民行使，他至多只能指挥部落的首领或者演司的首领。这些个部落首领或者演司首领，每个人在他的范围里必与王一样的有力量，但是他们的联合的力量就不止超过王的，并且超过若干倍，所以王很难使他们服从他。王是邦火的主持者，所以这些首领不能不对他尊敬；但是王的力量不大，所以他们只是尊敬而不是服从。经过若干时间之后，两方面就发现对于服从的观念程度不同；凡王都想有威权，使演司或部落首领服从；凡是演司或部落的首领都不愿意王有威权，于是在各邦里面，贵族和王都发生斗争。这一段与春秋各国君与贵族的争权极相似。

各邦争权的结果，也与春秋各国争权的结果一样，王全都失败了，贵族得胜。因为古代的政权最初全都带有神的性质。主持政权的王不论古代的希腊意大利，或在古代中国都是主持祭祀的人，他有历代传下来请神降福于全邦的能力，所以王的政权，可以夺掉，而王的教权必须仍旧保留，在现在有历史传下来的希腊意大利各邦，最初都只去掉王的政权，而不敢侵犯他的教权。阿里士多德说："最古的时候，王有宣战媾和的全权，到后来有的自行让出他的权利，有的为他人强力所夺。留给王的，只是祭祀的职务。"（Politique Sll 9.8）不律达克也曾经有过相类的话："王的号令既然表现出骄傲、严酷，大部分希腊人削去他的政权，只留给他宗教职务。"（Quest. rom. 63）

罗马七个王的历史，就是这种长期的斗争史，第一位王想要扩充政权，脱离参议院的权利，他联络平民，但是各演司长甚怨望他，就在参议院开会时被暗杀了。第二位王是奴马（Numa），他按着贵族的思想做王，不同贵族争权，所以他能善终。据古朗士的说法：

> 大概在奴马的时代，王权也正和希腊所经过的一样，减缩而为教职。现在至少知道王的教权和政权分立，彼此不一定相关属。两种分别的选举，就是明证。由第一种选举，王只是宗教的首领，假如想兼有政权的话，便必须由邦另行任命，由西测鲁所设的古代组织内，这一层可以显明的看出来。于是教职判别于政权，假如想兼任二者，必须两次会议，两次选举。（李译本，页206）

第三位王，他一定兼掌政权和教权，他分祭田给平民，贵族说他违背旧章，结果他被电打死。第四王安古斯（Ancus）专注重教权，所以贵族很喜欢他，他也得到了好死。第五位王和第六位王，全都是联络平民阶级，但是两个人全都被暗杀了。于是王与贵族的争执变为贵族与平民的阶级斗争，王联络平民以对付组织强盛的贵族，第七位王，用欺骗贵族的方法得到了王位，他尽力毁坏贵族，杀了很多。对于国家的政治，不再咨询贵族，但是终久仍归失败。

关于罗马平民的上升，我们知道得比较清楚，所以不厌烦的多细讲些，现在所能确知的一件事，就是在共和初年，军队中已经包括一部分平民在内，以前军队中只有贵族，少数的平民加入军队必定在王政的末期。几位罗马史家常说：军队中包括着很多的平民，在杜立玉斯（ServiusTullius）时代已经完成。这就是历史上所说的公元前五百零九年的革命，但是据近人的考察，事实上并不完全如此。平民开始加入军队大约总在罗马第六王杜立玉斯的时期，但他的完成并不是这个时候而是在较晚。所谓五百零九年的革命，只完全由贵族领导，由军队的拥护，对于国王的革命，这两个阶级联合起来对付国王。新的组织是贵族政治的共和政体，几乎经过一个世纪，由公元前六世纪至四世纪，贵族掌握着政权，这虽然比雅典的贵族政治时间短，但对于平民阶级的上升也不无关系。因为他们的胜利最初是由于军队的拥护，因此对于军队不能漠视，可是军队中也另外发生了一种现象，就是以前完全由贵族组成的，到现在不能不逐渐的允许平民的加入增多，我们知道罗马的演司组织包括真正的贵族与分属于各演司的客人（Clients），在共和初年，罗马的演司逐渐减少，以前见于记载的演司名称共有六十一个。另外的各种记载，在公元前五世纪与四世纪的上半期，其中有三十七个已经没有踪迹。在公元前三百六十七年，罗马的演司见于记载者只有二十四个。这种的现象有几种原因，第一是贵族不与平民结婚，由于血缘过近的关系，日久遂使人口生产率减低。这时期罗马方与他的四邻国家为敌，战争频繁，贵族的军队消耗日甚，这也是演司减少的第二原因。以前常有罗马以外的新贵族来加入罗马，这时因为四邻都属敌国，罗马贵族闭关自守，外人无法加入，这是罗马贵族减少原因之三。又由于演司的消灭，客人失去统属他们的贵族，他们也散居变成了平民，因此，贵族的人数减少，平民的人数反而更增加。但是这一个多世纪中，罗马不只是威望发生动摇，他的本身的存在也发生了问题，于是贵族不得不设法保持军队的数目众多。增加军队的方法，假若想取自贵族，因为演司的数目减少事实上已经变成不可能，于是只好求之于平民。平民在军队中人数增加，对于罗马国家的威望，虽然有极大的帮助，但是对于贵族是极不利的。这时贵族不只向平民要兵士，并且向他们要钱以备作战的用途。这两件事，平民都不能无条件的担负，他们有相对的条件，就是要贵族与平民在法律上有完全同等的地位，这是罗马平民阶级上升的一种原因。他们要求第一是关于社会方面的：债务减轻，土地问题的解决。第二是关于法律方面的：公同写出法典及两阶级的通婚。第三是关于政治方面的：参加政治并承认平民法的有效。第四是关于宗教方面的：平民与贵族有参加宗教的同等权利。在各种记载中，对于事实常常有含混和变相的地方，但是由于若干首领的名字，我们可以知道由四百二十九年起，中间经过四百六十一年及四百四十五年的两次变法，到三百六十七年，平民遂得到与贵族同有做执政官的权利。

自从五〇九年贵族革命推翻王政以后，就创立短期选任的执政官（拉丁文 Consules），又恐怕一个人专权，就同时选任两个人共掌政权。但是王权虽然被夺，可是王位仍旧存在，他的职权只在于宗教仪式，这也是较后所称教王之前身（教王：拉丁文是 rex Sacrorum），这是与春秋时卫君所说："政在宁氏，祭则寡人"相同的现象，不过罗马立有教王的名称而已。罗马另外与中国不同处，有好几种议会，一种是参议院，只有贵族的演司长可以做议员。另外是居里会，这两种全是贵族主持的。另外一种是百人队会议，是由贵族及平民的军队混合组成，前两种既由贵族主持，平民不能参加，所以最先贵族不怕平民的作乱，只想利用他们的人力物力而堵塞住他们参加政治的门户。到后来，百人队会议中间的平民分子，逐渐增加，另一方面，百人队会议的势力逐渐超过前两种，贵族与平民之间的情形也就发生了变化。于是平民渐渐的获得了胜利，参议院就派三个专使去研究意大利南部希腊人所建城邦的立法，等到他们回来以后，在西元前四百五十一年，派出十个立法委员，这就是历史上所说的十二铜标的起草。一部分的法典，字句被后人改成了新式的留传到现在。这是至少在名义上，贵族与平民共有的平等法典，自从这次立法以后，中间曾经过屡次修改，以达到公元前三百六十七年的犁西尼乌斯法典，这次的修改比十二铜标更为前进。

由犁西尼乌斯法典，到三世纪的中叶，罗马的史料非常缺乏，但是变化甚多。以前存在的两个因素就是内部两种阶级的争夺与外患的交侵，仍旧异常的活动，因为这时候已经没有君，只剩下贵族与平民两个阶级的交斗。这种阶级有两种不同的现象，一种是贵族的衰落，另一种是平民的增加进展。

先说贵族的衰落，在王政的末期已经开始。这种衰落在两阶级斗争中第渐加速，而到犁西尼乌斯法典成立以后就急转直下。这种现象的原因，可以分成两方面来说，在事实方面，演司的数目减退，所余下来的演司的内部又日渐分裂。最初的演司在记载上，曾经有七十三个，到犁西尼乌斯法典成立的时候只余下二十四个。在这个以后到公元前二百十年之间，又渐渐的减少，只剩二十个。前面已经说过演司的减少使旧演司中的客人解放后，加入到平民阶级里面去。另一方面，所余下的演司，内部逐渐分裂，变成若干独立的小族，使以前演司长的权利逐渐减少，也就是演司对外的力量减少。在精神方面，贵族的衰落，使旧制无存，因此贵族失掉他们旧有的信仰。这也使他们对外减低力量。

贵族的衰落和他们对于政权影响的减退，可以在参议院的组织变化中看出来。在公元四百年以前，参议员只有贵族能够担任。到四世纪，他们仍旧保有多数，但是到公元前二百十六年，他们开始失去多数。这种变化经过三世纪与二世纪之初，逐渐增加。到公元前一百七十九年，贵族在参议院的数目只剩了八十八位，而属于平民的席次倒有二百十三个。

至于平民阶级的进展，和贵族的衰落是平行的现象，对此也可以用两方面来解释。对于事实的方面，平民的人数逐渐增加，由四世纪到三世纪之初，正是罗马先统一拉丁区域，更进而统一全意大利的时代，结果是公民人数增加，而这般公民大多数是平民。又因为罗马变成了一个重要的首都，商业因此发达，平民又得到了新来的分子，贵族的产业的性质，比较硬性，不如平民的商业有活动性，这也是贵族不如平民的一端。全意大利的征服，增加了军队的威力，由于贵族人口的衰退，军队中平民渐行增加，这也是平民得势的另一种原因。由于事实的成功，奠定了平民的自信心，这影响到他们的愈求发展。从公元前三百六十六年一直到一百七十二年，陆续的立法，使罗马的两种阶级改变面貌。在公元前一百七十二年，平民不只可以做执政官，并且两执政官可以都由平民担任。

贵族的衰落和平民的发展，发生一种双层的结果，一种是消极的，就是旧阶级的崩溃。另一种是积极的，就是造成一种贵族与平民混合的阶级，代表了旧贵族执掌政权。在这以前，两个阶级是采取敌对的状态，在犁西尼乌斯法典成立以后，这两个阶级，虽然一个是战胜者，一个是战败者，都发生同样的现象，就是内部都起分裂作用，各分成左右两派。贵族的右派，保持着强硬态度，不肯承认他们的失败，和平民由他们手中夺去的权利。另一个是贵族的左派，思想比较前进，顾虑已成的事实，愿意和平民中的富人携手。

平民中也有同样的分裂作用，他们的右派就是想同贵族携手的富人，认为已经获得政权的平等，不必再有什么要求。另外一种是平民的左派，他们觉得获得参政以后，应该更有社会的革命，在犁西尼乌斯法典成立以后，平民的左派不断的要求关于社会方面的改革，如分有土地和废除欠债，虽然平民右派的温和分子，有时与左派合作，但是他们与贵族左派的联络仍旧不断，可以说是造成一种贵族与平民混合的阶级，这恰好等于春秋到战国中间的混合贵族庶人而成的新的士阶级。这种罗马的贵族平民混合阶级的执政，中间虽曾有克娄第乌斯（Appius Claudius）以贵族右派的身份，联络平民的左派企图革命，但终究没有被推翻，他们的掌握政权，经过一百五十年之久。

这种贵族左派与平民的右派富人联合的现象，在一个传说中，可以看出。据说当时很有名的贵族，法庇亚有二个女儿，一个嫁给贵族，她的丈夫后来担任武护民官，另一个女儿，嫁给斯斗蓝，他虽然很有名，但是系平民。有一天，次女在长女的家中时，恰好长女的丈夫归来，侍卫随从极多，前面有人拿着积木斧引导，这是罗马贵族官吏的仪仗之一。到达家中时，先用积木斧敲门，次女嫁给平民，不懂这种习俗，很觉得惊慌。由于他的姐姐对她嘲笑的回答，使她明白和平民结婚以致地位降低，从此，她属于不能享受尊荣的人家。她的父亲看出了她的忧虑，安慰她说：终久有一天，她可以和她的姐姐有同等的地位。并且与次女的丈夫相约，共同努力，以求达到这种目的。这个传说在节目上是不大合理的，不过，这可以证明有些贵族和平民携手合作。

贵族的强硬分子，尽力的想救他们的威权，等到他们感觉执政官有被平民得到的危险，他们就将一部分宗教职务分出来，创立掌籍，专管理公民袚洗礼。后来又感觉抵抗平民的困难，就以武护民官代替执政官，可是到了最后贵族的宗教职务，也为平民所共享。平民对于教职的羡慕，就是因为古代政权原出自神权，政治和宗教本来是不可分离的。以上所说的贵族与平民的混合阶级，实在是富人阶级，这种现象不只在罗马如此，在雅典也如此，自从克德鲁斯（Codrus）死后，直至梭伦（Solon）亦就是从纪元前十一世纪直至纪元前七世纪，政权皆掌握在贵族手中。雅典邦经过四个世纪，不是一个国家，而只是一个强大的演司长的集团。

斯巴达的现象对于平民的上升甚为明显。在表里平民极不满意贵族，因此拥护王。亚里士多德说过，斯巴达王为能够反抗贵族及参议院，常变成民众的指导人，这句话可以证明当时的现象。

古代希腊意大利的平民阶级以为王有高度的政权是反抗贵族的唯一方法，在王政时代，各层的平民阶级全都尽力拥护王，鼓励他扩充权利，这种现象与中国战国初年非贵族的庶人都主张君权集中，因而产生法家的思想颇相似。等到各处贵族持政以后，古代希腊意大利各邦的人民，不只怀念从前的王政，并且想法将他复活。希腊在六世纪，各邦都有了首领。以前不论是王或旁的名称，国家的首领只是宗教的首领，政权出自神权，王为全邦祭祀祷告，并且发号施令，服从王就等于服从宗教的纪律，那时候的人只懂得服从神，从没有服从一个人的思想。这次平民阶级脱离贵族的羁绊，而建立新式政府时，方才想到给一个人以威权，而大家服从这个人。

在纪元前六世纪的时候，希腊和意大利发现新的致富的方法，以前只有田地可以致富，但是现在不再够人类的需要，人类需要美丽和奢侈，艺术开始进步，于是工业及商业成为必需的。在田地以外，另有流动的财富，并且这时候货币也渐渐出现，这也使财富变更性质。平民阶级也有了各种职业，工商也获得财富，以前只有演司的首领可以做富人，现在平民中也有了富人，奢侈如果一面可以使平民致富，另一方面则可以使贵族贫穷。在财富流动的社会，阶级是不容易完全存在。在前几节中已经讲过在中国古代工商发达以后，财富也因此变成另一种形态。并且《国语》讲到周景王铸大钱，可见货币的流通也在春秋中期以后，这种现象在古代的中外两方面都是相同的。

平民阶级的革命从纪元前七世纪到五世纪，充满着希腊与意大利各邦的历史，平民到处获得了胜利，但是所用的方法各处不同，有的用暴动，有的较和平，有的是很慢才成功的。以罗马来说，有一点和中国古代不同，罗马是为全平民阶级而争斗，中国则只是平民中的若干聪明才智之士为他们个人而奋斗。结果是罗马创立为平民阶级的法律，使整个的平民阶级变成公民，而中国在春秋时，还没有为小人制定的法律，只是小人中有能力的一个一个的上升，进入了贵族阶级，也就是新的士阶级。这样的经过战国的长时间，两种人方才混合。除了奴隶以外，只有士、农、工、商四种人，不再有君子和小人阶级的分别。

中国古代与希腊意大利古代，君与贵族的争权，都是由于古代邦的组织的本身而来。中国的宗族或罗马的演司，都存在于邦的组织以前，而邦只是他们的联合体，也就因此种下王与贵族的争斗。

以上古代希腊罗马各邦的演变，与春秋到战国的现象完全是平行的，虽然有小异之处，但是大体相同，看西方的可以对于中国古代更感觉明了了。这其中尤以罗马与中国最相近，王政末期，为反对贵族，王不惜利用平民，以至使人民获到上升的机会。共和初期，平民与贵族的争斗，颇与战国小人拥护王而裁制贵族相似。而结果在罗马成立了贵族平民混合的阶级，使罗马的社会在此以后的与以前的大不相同。在中国，君子阶级的衰落，与小人阶级中若干聪明才智分子的上升，造成新的士阶级，这新的士阶级与各国的王联合，操纵战国的政治，并且由于这种平民的加入，战国社会未尝不受到影响，比如顾亭林说：春秋人讲礼重信，而战国人则没有，也就是因为两种社会的不同。

三 礼

（一）命名礼

古人所谓礼，他的目的并不是一种形式，最初是带有作用的。前面已经讲过图腾，并且图腾的团员各含有他的图腾本质，为使得他的图腾本质不至于涣散，必须常常按时举行各种仪式，这就是中国所谓的礼。而近代民俗学家所谓禁忌，只是礼的一部分，是消极的那一部分。《左传》成公十三年：

> 刘子曰：吾闻之，民受天地之中以生，所谓命也。是以有动作礼义威仪之则，以定命也。能者养之以福，不能者败以取祸。是故君勤礼，小人尽力。

这节说得很明白，所有的礼仪，是以定命；而命就是受天地之中以生的，也就是他的图腾本质。所以我说：礼是为得保持图腾本质的不涣散。

为达到这种目的，古人从生到死，没有一天离开礼，比如小儿生下以后就有命名礼，《左传》桓公六年：

> 子同生，以太子生之礼举之；接以太牢，卜士负之，士妻食之，公与文姜宗妇命之。

《内则》：

> 国君世子生，告于君，接以太牢，宰掌具。三日，卜士
> 负之。

古代希腊罗马印度小儿出生后若干天，都须去参拜家神，由人抱着绕圣火行走三周，由他的父亲宣布是他的儿子。在近代初民社会中，也常有命名礼，比如非洲的阿山第人就是如此。不过阿山第人的命名，是由外祖父，因为他们还没有完全脱离母系社会。古代希腊罗马须同时由小孩的父亲承认是他的儿子，这种现象就是母系社会变到父系社会所发生的，因为以前子女都属于母族，现在必须有这个特别宣布。

（二）冠礼

冠礼就是初民社会所谓成年礼，在没有行礼以前，这人的图腾本质没有达到充沛，等到行过礼以后，他的图腾本质，也就是初民所谓 Mana，方能发挥到充沛的程度，这人也就叫做成人。这种礼节在各地方的初民社会都曾有过，原是巫术性质的，不过中国仪礼中，所说的士冠礼，早已变成仪式性的。在春秋的时候，由君以至于士，都须举行这种礼，有三加的仪式，《士冠礼》中保存着加冠祝辞如下：

> 始加祝曰：令月吉日，始加元服，弃尔幼志，顺尔成
> 德，寿考惟祺，介尔景福。再加曰：吉月令辰，乃申尔服，
> 敬尔威仪，淑慎尔德，眉寿万年，永受胡福。三加曰：以岁
> 之正，以月之令，咸加尔服，兄弟具在，以成厥德，黄耇无
> 疆，受天之庆。

在这一段文字中，最足使人注意的，就是在每次加冠的祝词中，都讲到"德"，始加说："顺尔成德"，再加说："淑慎尔德"，三加说："以成厥德"。我在讲图腾本质的那一段中，已经详细说明，德的最初意就是性，而性就是图腾本质，由祈词可以证明冠礼的用意是在使它的本质达到充沛的程度。罗马古代有一种Toga礼，Toga是一种没有袖子的长袍，罗马人不戴冠，所以不能有冠礼，而成年人方能穿袍，所以这也是成年礼的一种，和中国的冠礼相类。

中国古代的冠礼必定在庙中，因为这是与祖先也可以说与图腾有关的一个典礼。至于冠者的年龄，郑康成注年二十而冠。这大约是根据《曲礼》所说"男子二十冠而字"及《内则》所说"二十而冠，始学礼"而言。但《左传》襄公九年：

> 公送晋侯，晋侯以公宴于河上，问公年，季武子对曰：会于沙随之岁，寡君以生。晋侯曰：十二年矣。是谓一终，一星终也。国君十五而生子，冠而生子，礼也。君可以冠矣。大夫盍为冠具。武子曰：君冠必以裸享之礼行之，以金石之乐节之。以先君之祧处之。今寡君在行，未可具也，请及兄弟之国而假备焉。晋侯曰：诺。公还，及卫，冠于成公之庙，假钟磬焉，礼也。

这节可以证明鲁襄公在十三岁时行冠礼。又可证明国君的冠礼也必须在庙中举行。可见二十而冠是正常的，但有时也可能较早。又冠于卫成公之庙，而并未尝冠于卫康叔之庙，就是因为卫成公与鲁襄公同昭穆，由此可以更知道冠礼举行的庙是要同昭穆的。《曲礼》所说"男子二十冠而字"，《士冠礼》也有字辞，这可以说它本质充沛以后，方才能有它的个人图腾，关于个人图腾可参阅前章。

（三）婚礼

这节所说的婚礼是指着宗法社会的。以前母系社会的时代，婚礼的主体是以女子为主，夫从妻居，与宗法社会的当然不同。可惜经过宗法社会以后，以前的记载现在已经不存在了，现在只有留下痕迹。就是虽然在宗法社会里，也未尝没有一点以前的遗痕。如《仪礼·士婚礼》中，在纳采以后，有问名一节。因为古时候，女子名不出闺，所以问的名，绝不是女子的名字。有人解释为问她父亲的氏。其实古时候的男子称氏，他的父亲的氏当与他的姓已为女家所知，又何必问呢？孔颖达解释为问女子的母姓，这话似乎合理。观《左传》齐侯的夫人，有颜懿姬及鬷声姬，杜预说：颜、鬷都是母亲的姓（襄公十九年）。可以证明孔说的合理。而春秋时至少女子仍旧保持一部分母系的痕迹，也由此足见。此外致辞中有一句话："合二姓之好"，不是合二人之好，而是合二姓。就是因为至少到春秋时候，婚姻仍旧保持着以前的整体性。就是这种的契约是两姓间的，所以有娣媵，也是因为整体连带性的缘故。

婚礼的细节分为几段，第一是纳采，纳采时用雁为挚，行礼在女家的庙中。纳采以后，就是前面所说的问名。然后第三段的礼是纳吉，在问名以后，男子回到家中，在庙中占卜，得吉兆，然后到女家行纳吉礼。在女家庙中行礼用雁，这一段等于是订婚。第四个礼是纳征，仍旧到女家庙中行礼，用玄纁、束帛、俪皮。郑康成注说征当作成讲。在这以后的第五个礼是请期，是请问结婚的日期，礼中纳采和纳征两种，可以说是象征性的货财。因为以前夫从妻居，到父系时代，渐渐变为妻从夫居，于是不得不以物质或劳力赔偿女家的损失。近代初民社会中，有的男子到女家服役几年之后，方能将妻子搬出她的母家，到男子家中同居。有的以礼物为代替品，中国这种类似的办法，已经变成象征性了。

再下一节，就是正式的结婚，其中以亲迎为主体。《士婚礼》说："主人爵弁、纁裳、缁袘，从者毕玄端，乘墨车，从车二乘，执烛前马。"这是由男家到女家的亲迎礼节。到女家以后，仍在庙中行礼，然后"婿御妇车，授绥，姆辞不受。妇乘以几，姆加景，乃驱。御者代"。最早当是婿亲自御车，后才改为御者代，大约是为的婿乘其车，先俟于门外。门外是男的家门外。以上两大段颇合于古代希腊和罗马的礼节，他们的礼节分为三大段，就是第一是在女家的庙中，女家声明这婚姻的成立。声明必须在庙中，就是因为古人认为婚姻是宗教性的，是与祖先有关系的。这一大段颇像《士婚礼》所说的请期和约征。第二大段是亲迎，在西方古代也是由男子亲自御车，并且车前有婚烛，这与《士婚礼》的执烛前马完全相似，西方古代并且沿途歌唱着自远古传下来的圣曲。至于西方的第三大段，是在男家的庙中，拜见男家的祖先，男女共分享祭肉，这一段不见于《士婚礼》中，只有妇至成礼，在寝中共食。这约等于西方的共食祭肉，但是没有明讲拜见宗庙。我对于《士婚礼》中第三段的记载疑心它有遗漏，因为一直到清末，结婚后先需庙见祖先，古人不应当相反；也许《士婚礼》只是代表春秋战国间某一国的习俗，而并不是各国都如此。

（四）殉与用人祭

在图腾社会的时代，每个人全是图腾的化身，生自图腾，死后仍回到图腾，所以没有保存尸体的必要，并且为求速朽起见，常将死人挂在树上，被鸟吃掉，或者抛弃在旷野里供猛兽的吞食。在各种民族调查书中，这类的现象也屡见不鲜。但等到个人化以后，思想也连着改变，每个人各有他的灵魂，为得他的魂灵不灭起见，最好能将尸体保存得愈久愈好，中国古代的葬礼以及埃及古代的修建金字塔的来源都由此。因为"事死如事生"，所以必须供给他在地下用的一切器用，这就是殉葬的由来。殉葬可以分为两种，一种是器物，一种是人，器物比如各种铜制的明器，以及衣服、车马，这是活人的日用品，也是死人的日用品。至于用人殉葬，因为活人需人侍奉，死人自然有同样的需要，这一章中所谓殉，专指用人殉葬而言。

在殷墟的墓葬中，曾经发现很多的尸体，内中大约有一部分是用来殉葬的，一直到春秋时，此风不改。在《左传》中至少我们可以看到两件关于殉葬的记载，《左传》文公六年：

> 秦伯任好卒，以子车氏之三子奄息、仲行、鍼虎为殉，皆秦之良也，国人哀之，为之赋《黄鸟》。

又成公十一年：

> 六月丙午，晋侯欲麦，使甸人献麦，馈人卒之。召桑田巫，示而杀之，将食，张如厕，陷而卒。小臣有晨梦负公以登天，及日中，负晋侯出诸厕，遂以为殉。

这两件证明在秦和晋国，都有用人殉葬的习俗，恐怕他国也有，不过书上没有记载而已。中国用人殉葬的风气，不只古代社会如此，就是秦始皇也曾经行过，见《史记·秦始皇本纪》。北齐（见《太平御览·再生类》）、明以及清初也曾有过这种习俗。明朝英宗时候才加以废止，见《明史·英宗本纪》，清太祖太宗都曾有用人殉葬，见于《清实录》。由这些看起来，用人殉葬是初民社会遗留下来的痕迹。

现在初民社会仍实行殉葬，记载甚多。现在只举几个例。在美拉尼西亚斐治余岛（Fiji Islands）中，男子死后，他的众妻常被扼死，或者活埋，这种现象在欧美人来到以后，仍旧常常看见。据说有时这种行为，也不是自动的，如果有人拒绝被用着殉葬，她的家族必努力鼓励她去死（Frazer: *Believe in lmmortality*, Vol. 1, p. 424）。假若有一个人打仗阵亡了，他的妻必须殉葬，有一次一个人坠海，他的十七个妻子都殉葬了。又有一次，一个人打仗死了，殉葬者共有八十人（*The Williams*, *Fiji and Fijians*, Vol. p. 200）。这种死的人有这么多殉葬者，就是因为他是贵族，贵族死的时候，殉葬者不只是他的众妻，并且他的臣仆也需殉丧。在通加群岛（Tonga Islands）也有妻殉夫葬的习俗，这种现象在玻里尼西亚各处全是常见的。

另外一种与殉葬相近，是用人祭。殉葬是用他的亲属或臣仆，生时常侍奉他的人，至于用人祭所用的都是外人，这可以说是更古食人的遗痕。在发掘中，可看出商人仍旧保存这种习俗，可是到春秋时候，《左传》中所记载的只有三条，僖公十九年：

> 夏，宋公使邾文公用鄫子于次睢之社，欲以属东夷。司马子鱼曰：古者六畜不相为用，小事不用大牲，而况敢用人乎？祭祀以为人也，民神之主也，用人其谁飨之。齐桓公存

> 三亡国以属诸侯，义士犹曰薄德，今一会而虐二国之君，又
> 用诸淫昏之鬼，将以求霸，子亦难乎？得死为幸。

又昭公十年：

> 秋七月，平子伐莒取郠，献俘，始用人于亳社。臧武仲
> 在齐，闻之曰：周公其不飨鲁祭乎？周公飨义，鲁无义，诗
> 曰：德音孔昭，视民不佻，佻之谓甚矣，而壹用之，将谁福
> 哉！

昭公十一年：

> 冬十一月，楚子灭蔡。用隐大子于冈山，申无宇曰：不
> 祥，五牲不相为用，况用诸侯乎？王必悔之。

春秋时，这种用人祭祀必定不太多，所以每次都有人说反对的
话。大约这时距离广泛的用人祭的时代，已经很远了。

现在初民用人祭，在非州与波里尼西亚全都很普遍，据威廉
生所说，在基督教没有传入以前，用人祭在波里尼西亚所占的区
域甚广，这是一种极重要的典礼，但是并不常举行，比别种祭祀
要少些。虽然现在有些岛民，根本否认有过，但是不能由此证明
以前素来就没有。有时候多到用十几个人。至于所用哪一类人，
据威廉生也说，大约可分为三类，一类是战俘，一类是最低级的
人，一类是中等阶级的人而有反对政府行为者，由大教士提出人
选，然后由首领批准，这个例是采自社会群岛（Society Islands）
的。在通加群岛所用的人，多出自某一个部落，祭祀的时候，在
社会群岛，将被用的人安置在神庙前面地上，或者挂在树上，假
如是俘虏，祭后就将他焚烧，有时他的肉被教士们吃掉。据吉勒

（Gill）的调查，在各岛中用法不同，有的将整个的身体用来祭祀，有的只用头来祭祀，而将身体吃掉。前面已经说过用人祭是一种很重要的典礼，有时为的战争，有时首领有病，或者是教士有病，皆用人祭以求福，在曼加亚（Mangaia）岛，王即位的时候，必举行用人祭，有的地方王太子出生的时候也举行。

在非洲用人祭也常举行，比如西部海岸的阿山第人，在祭祖先的典礼中，常常的用人祭。又如印度北部的加西人，也常有用人祭（Gurdon：*The Khasis*，p. 98—104）。按前一代社会所日常用的事，到较后的社会里，常变成典礼，比如用人祭就是因为在以前曾经有吃人的习惯，而到较后，则变成偶然举行的用人祭典礼，虽然这时已经不再吃人。又如最早的时候，只有陶器，而没有铜器，陶器是当时人的日用品，可是到了使用铜器的时代，在重要的典礼中，比如郊礼及婚礼中，《礼记》中都说明"器用陶匏"，这可以证明陶器到用铜器的时代，变成典礼中的器物，这种现象是古代社会中常有的。举这两个例子以概括其余的。

（五）禘祭

春秋时，在周王各种典礼中，禘礼是极重要的。但是后儒对于禘的说法，始终没有能够明晰。据《礼记·大传》说：

> 礼不王不禘。王者禘其祖之所自出，而以其祖配之。

郑康成解释这一段说：

> 凡大祭曰禘，自、由也，大祭其先祖所由生，谓郊祀天也。王者之先祖，皆感太微五帝之精以生，皆用正岁之正月祭

之，盖特尊焉。《孝经》曰：郊祀后稷以配天。配灵威仰也。

现在先将《孝经》所谓郊祀后稷之配天，置之不论。因为《孝经》这本书写定得很晚，若非汉人所著，至少必定是战国末期的作品，他所说的是否合于春秋或西周的实况，现在尚难断定。后人对于禘其祖之所自出这句话，颇多异解。其实我们假若用图腾的观念来看，这句话就很容易明白，假设祖之所自出与其祖是同类的人物，那就禘祭祖先，不必再谈禘其祖之所自出，更以其祖配之的这样复杂的话了。《大传》的这种说法，正是因为祖之所自出与祖不完全相同，祖之所自出是图腾，因为他不是一个真正的人，所以要与其正是一个人的始祖分着来说。如此解释，不只能得到《大传》作者的真意，并且与郑康成注释的也不违反。郑康成以为祖之所自出是天，所以说禘祭就是郊祀天。我们要想到一团的图腾不只生历代的团员，并且能够创造宇宙万物。初民的创世论多半如此。后人说天生万物，比如《礼记·郊特牲》谓："万物本乎天。"于是天与图腾也合而为一。所以郑康成说是天也不错，不过这只是后来的说法。较前的说法仍是图腾。在周时，禘祭只有周、鲁举行，所谓不王不禘，王是指周而言，鲁因为周公有大功劳，特别准许他用天子礼乐，禘祭是其中之一，所以鲁国也常举行。至于宋，他也是王者之后，所以《商颂·长发》的《毛诗序》也说为大禘所用的歌曲。大约宋国也有这种礼，但是商周禘礼的目的虽同，他的细微的礼节不必定一样，这是各图腾团的团部性所造成。我们现在只知道这礼的名目，细节毫无所知。《论语》有记载："或问禘之说，子曰：不知也。知其说者，其于天下事，其如视诸斯乎。指其掌。"由此看来，禘祭是很重要的典礼，能懂得它就可以通天人之际了。其中大约还有若干神秘的部分，所以孔子又说："禘自既灌而往者，吾不欲观之矣。"

（六）古人相信灵魂不灭的另一举例

古人相信灵魂不灭已如前面所说。但是宗族出自图腾团也仍旧保持以前传下来的整体性，所以一个团的团员，或者一个宗族的族人，都相信活着聚在一起，死后仍在一处，所以古人要聚族而居，聚族而葬。每一族各有他的共有的墓田，等于共有的居处一样；不过也有例外，就是古人和近代初民都相信被杀者不与善终者同聚在一起，所以不葬在一起。这类观念在近代初民社会中常常遇到，台湾高山族太耶鲁族也有同类的思想，据一位杨村长所说，凡是不善终的人，死后另在一个地方居住，与善终的人所住的地方不同。中国古代也说："兵者不入兆域"，此处所谓兵者，只指着因犯罪而被杀的人，不只指打仗被杀的人。《礼记·檀弓篇》记载有鲁国的一个童子，名叫汪锜，在某次与齐国的战争中，战死了。孔子说："能持干戈以卫社稷，可毋殇也。"童子战死，还行有郑重的葬礼，成年的人安能不入兆域？所谓兵者确是指的有罪被杀的人。《左传》哀公二年，赵鞅伐郑，誓辞中说：

> 志父无罪，君实图之。若其有罪，绞缢以戮，桐棺三寸，不设属辟，素车朴马，无入于兆，下卿之罚也。

这誓辞里所表现的是若战败就有罪，要被处刑，所以下葬于兆域，并不是战死而不入兆域。相反的解释是和汪锜那条不合的。

因为这种思想到春秋时仍旧存在，所以当时的贵族所逼迫的时候，都是自缢，而不肯用兵器自杀。《左传》中这种例子甚多，现在举楚成王的一条以代表诸侯，文公元年《左传》：

> 初，楚子将以商臣为大子，访诸令尹子上，子上曰：君之齿未也，而又多爱，黜乃乱也。楚国之举，恒在少者，且是人也，蜂目而豺声，忍人也，不可立也。弗听。既又欲立王子职而黜大子商臣，商臣闻之而未察，告其师潘崇曰：若之何而察之？潘崇曰：享江芈而勿敬也。从之。江芈怒曰：呼！役夫，宜君王之欲杀女而立职也。告潘崇曰：信矣。潘崇曰：能事诸乎？曰：不能。能行乎？曰：不能。能行大事乎？曰：能。冬十月，以宫甲围成王，王请食熊蹯而死。弗听。丁未，王缢，谥之曰灵，不瞑。曰成，乃瞑。

另有大夫的一个例子，《左传》庄公十四年：

> （郑厉公）使谓原繁曰：传瑕贰，周有常刑，既伏其罪矣。纳我而无二心者，吾皆许之上大夫之事，吾愿与伯父图之。且寡人出，伯父无里言，入又不念寡人，寡人憾焉。对曰：先君桓公命我先人典司宗祏，社稷有主而外其心，其何贰如之。苟主社稷，国内之民其谁不为臣，臣无二心，天之制也。子仪在位十四年矣，而谋召君者，庸非贰乎？庄公之子犹有八人，若皆以官爵行赂劝贰，而可以济事，君其若之何？臣闻命矣。乃缢而死。

在《左传》有几十处被逼迫而死的人，只有二处是说明因兵器的，一个是在僖公十年的晋惠公之杀里克：

> 晋侯杀里克以说。将杀里克，公使谓之曰：微子则不及此，虽然，子弑二君与一大夫，为子君者不亦难乎？对曰：

> 不有废也，君何以兴？欲加之罪，其无辞乎？臣闻命矣。伏
> 剑而死。

另一条是吴王夫差强迫伍子胥的死。《左传》哀公十一年：

> 反役，王闻之。使赐之属镂以死。

其余全都用的是自缢的方法。里克与伍子胥没有能够自缢，大约是因为当时压迫得很紧，他们没有机会自缢的缘故。罗马贵族也是不准用兵刃来杀，据说是避免流血。我疑心罗马人的思想与中国古代相同。中国这种思想不只在古代如此，并且影响到后来的刑律，一直到清末改用新刑律以前，绞刑比大辟为轻，就是因为大辟的人是兵者，而绞刑是保存尸体的完整。

这种观念是与初民相信一个人所受的伤痕不只存在在尸体上，并且存在在灵魂上相似。佛莱则（Frazer）专有一篇论文研究这个问题。据说一个人生前被箭射死的，他的灵魂便永远带着箭。另有初民，将敌人的尸体残毁，为的是使他的灵魂永远保存着这个痕迹。在中国民间故事中，常常讲到被射死的大将，身上带着箭，脸上染着血。这种思想是和兵者不入兆域的观念相连的。

以上所说的仍然与礼有关，可以说与图腾禁忌有关，所以在这章里论列。

四　结论

中国古代就有贵贱的分别，因为甲骨文里面已经说到有赏给臣仆的记载，可见在商朝已经有了阶级的分别。到了春秋时

代各国全都有君子小人的分别，所以《左氏春秋》昭公七年楚国芊尹无宇所说的话可以证明这一点，他说："天有十日，人有十等，下所以事上，上所以共神也。故王臣公，公臣大夫，大夫臣士，士臣皂，皂臣舆，舆臣隶，隶臣僚，僚臣仆，仆臣台；马有圉，牛有牧。"这十等中，前四等就是王、公、大夫、士，都属于君子阶级；后面的六等，皂、舆、隶、僚、仆、台，外加圉和牧两种，都属于小人阶级。所以在《左氏春秋》中这些名称也常常混用，有皂隶连用的，比如隐公五年"皂隶之事"，襄公九年"商、工、皂、隶，不知迁业"，昭公三年"栾、郤、胥、原、狐、续、庆、伯，降在皂隶"；也有时隶圉连用的，如哀二年"人臣、隶、圉免"；也有时皂牧连用的，如襄二十一年"其次皂牧舆马"；也有时皂隶牧圉连用的，如襄十四年"庶人、工、商、皂、隶、牧、圉，皆有亲昵"。并且我们根据以上的史料来看他分布的地域，昭七年是楚人所说的话；襄九年是楚人指着晋人而说的话；襄十四年的，昭三年的，哀二年的都是晋人说的话；隐五年的和襄二十一年的都是鲁国人说的话，《左氏春秋》所记载的虽然只有鲁晋楚三国的事，但是这三国正是春秋各支文化的代表，楚原来是祝融八姓的后人，在诸夏人看起来，他仍旧是荆蛮；至于晋，他虽是姬姓的嫡系，但在初封的时候，就受了戎的影响，所以《左传》定公四年说唐叔封在晋的时候，就"疆以戎索"，而鲁一直到春秋时期"犹秉周礼"，韩宣子亦说，"周礼尽在鲁矣"。可见鲁比周更富有保守性。以上三国可以说代表三种文化，可是他们竟全部有奴隶，也就是说全都有君子和小人的分别，这种分别必定是春秋时的普通现象。春秋末期小人优秀分子的上升有四种原因：①贵族与贵族的争权，其中分两项：同姓的贵族争权，比如鲁国；君与异姓贵族的争权，比如晋国。②学术的开放，这大约始于孔子的"有教无类"。③货币的流通。
④技艺的发展，这一种只有小人有能力的能够制造艺术品，而
卖给贵族以致富，这就是小人阶级优秀分子逐渐变成了与贵族
相等的原因。

（原载《文史哲学报》第 22 期，1973 年 6 月）

中国古代社会与近代初民社会

——中国古代之图腾社会与外婚制

人类进化是同人类思想相似，有他一定的范畴。路线的曲折虽有时使人迷惘，但其方向总是相同。各种族进化只有时间上阶段之不同，而无范畴之异。现代初民方在行走的途程，亦即我较进化种族的先民昔曾经历的阶段。中国古代对未开化与较进步的人有"夷"与"夏"之分，近人亦每有"文明人"、"野蛮人"之别，殊不知夷者夏之前身，而野蛮者文明之初阶也。近代欧美学者对澳美非洲诸初民民族有极丰富研究，若以之与中国古代社会相较，则初民社会各种典章轨物时能重见其遗痕于中国古代，由是以上推，中国古代社会必有一时大体与近代初民社会相似。由此更能说明人类进化之有一定范畴。

另一方面，中国西东周之宗法组织与古代希腊意大利诸邦之家族相似，周代之宗法社会既出自更前的古代初民社会，则希腊意大利之与相似，其更前亦有过与初民相类的社会，亦无疑义。这种比较方法不只对中国古史能有所发明，且于欧西古史的研究能有裨益，于斯可见，则其重要愈显矣。本篇之意即在提醒这种方法，用之以使人类全史获得若干说明。

为简明方便起见，兹分研究为五节，即（1）图腾即姓；（2）两部，昭穆与外婚；（3）祀火；（4）政权之逐渐集中；（5）古代婚姻的几种特殊现象。其间互为因果之处甚多，盖古代社会乃是一个整个而不可分的现象，其分节不过为文章便利而已。

一 图腾（totem）即姓

近代初民常以为人各出自一种生物，动物或植物，称这种生物为其图腾。我以为图腾即中国所谓姓。

"姓，人所生也"（《说文解字》）。"姓者：生也，人所禀天气所以生者也"（《白虎通·姓名篇》）。"天子建德，因生以赐姓"（《左传》隐公八年）。此并非说姓只是名义的，且为实质的。"天命玄鸟，降而生商"（《诗·商颂》），及后稷之生由于履大人迹（《史记·周本纪》）足证。昔人相信人之生实由于其图腾（生），至少由于其图腾之接触，这与现代初民的思想完全相同。埃及古代王须扮成"拉"（Râ）神状以与后交，而中国古代（玄鸟）"至之日，以太牢祠于高禖，天子亲往，后妃帅九嫔御。乃礼天子所御，带以弓韣，授以弓矢，于高禖之前"（《礼记·月令》）。其意义即在于是。姓古只作生，人皆有姓，即人皆有生，生亦即《礼记》所谓"其祖所自出"。人既出自其生，则生非图腾而何（生由于图腾的一部分化身，不必是现代人所谓生）？

揆厥本身，图腾同时是物质的，亦是无质的；既是单位，亦是全体。图腾是物质的，因为他可以生一族历代之人，且能分化出宇宙万物；但视之而似不见，听之而似不闻，且无时不明明在上，赫赫在旁，又能分化出宇宙万物，则似无质的。由是吾人能悟及"无质"仍系"物质"的而非理想的这种思想的由来。他是单位，因为他自成一体，但他能创造万物，宇宙事物莫非他之分化，所以他亦是全体。宇宙事物虽皆出自他，而仍不损其本体，在这一点，后来宗教皆与之相似，亦可说他真是宗教的原始形态。总之他是物质的兼非质的，单位兼全体，真是"民无能名焉"。而老子"无名天地之始"、"名可名，非常名"，这类思想未尝不出自他。若非与一名称不可，则即中国古代所谓"性"，"性者生之质也"（《庄子·庚桑楚》）。性之义与美拉内西亚（Melanesia）土人所谓"马那"（Mana）相似。

不只此也，凡同图腾的人则为同团（clan），中国古人亦谓之同姓（此称《诗》、《礼》、《左传》中屡见）。团中常分出支团（Sub-Clan）。宗族的组织既以姓氏为别，足征姓在宗法社会中之重要。另一方面，姓即图腾，亦为图腾社会之干体。由姓相沿，则宗法社会之出自图腾社会无疑。近代初民有图腾社会而尚未进至宗法社会；希罗虽曾有宗法社会，而欧西经基督教之涤洗，几并宗法社会遗痕而无之，更难上溯其图腾社会而加以窥探。有图腾社会遗痕而宗法社会且局部保存至现世，中国乃世界唯一之现象，因此中国古代社会之研讨足以有益于全人类史。

宗法社会之大小宗亦即图腾社会之团与支团，《大传》所谓"别子为祖，继别为宗"，别子即支团之始祖。

二　两部昭穆与外婚

初民社会一个部落常为两个"图腾团"所组成，这即民俗学家所谓两部（phatry or moities）。一部中包括至少一个或多至数个图腾团（totemic clans）。两部是半独立的。中国古代亦曾有之。《史记·五帝本纪》谓黄帝"置左右大监，监于万国"。彼时思想中的天下即指部落，而将之分为两半，以统属万国，万国即各图腾团。顾命之"太保率西方诸侯入应门左，毕公率东方诸侯入应门右"；《史记·燕召公世家》之"自陕以西召公主之，自陕以东周公主之"，皆足证两部遗痕之尚存于周代。春秋时宋之左师右师（《左传》），或亦殷礼足征也。与中国近邻的匈奴至汉时此风未泯，《史》、《汉》匈奴传所谓"诸左方王将居东方，直上谷。……右方王将居西方，直上郡"是也。对此吾人不可忘记"匈奴其先夏后氏之苗裔"（《汉书·匈奴传》），与诸夏为近。匈奴之与夏，其亦姜戎之与姜齐乎，不过较进化与次进化而已。

因为一部落中有两部，两部历世为婚姻，有不断的交流，有不可分离的密切组织，发生了另一种思想，即道家所谓两仪，阴与阳。《淮南子》亦说："泰古二皇，得道之柄，立于中央。"（《原道训》）中国哲学上之阴阳二元说当发源于此。因为组织的最初就有两部，故曰泰古，曰二皇。

（一）外婚（exogamy）

两部的组织是与图腾社会另一种现象有关，即外婚。外婚者，甲部的男子只能娶乙部的女子，而乙部的男子亦只能娶甲部的女子；若甲乙两部在本部中自为婚姻，则谓之乱伦。这是典型式的外婚。其遗痕在中国则"同姓不婚"。《左传》僖公二十三年："男女同姓，其生不蕃。"《晋语》："……娶妻避其同姓，畏乱灾也。"《曲礼》："娶妻不娶同姓。"这习俗直保存至中国现在。按同姓不婚不过外婚的演进，因为各部落交往愈晚愈频，非以前之一部落闭关自守者同，遂将两部的互婚扩充至与任何异团通婚，而仍禁同团（同姓）婚姻。选择范围虽然扩大，其性质则仍旧保存。

外婚遗痕尚有另一种存于周代，即姬姜的互婚。姬姜最初实是一部落中的两部，所以姬部文、武之兴有赖于姜部之师尚父。鲁自桓公以下皆娶自齐（《左传》哀公廿四年），而卫庄公夫人庄姜，宣公夫人宣姜；齐桓之夫人有王姬蔡姬，皆留有姬姜最初典型式外婚之迹。

外婚与图腾社会是不可分离的。何以初民只许外婚？东周人对此有解答。子产对叔向说同姓若婚，则"美先尽矣，则相生疾"（《左传》昭元年），并且"黩则生怨，怨乱毓灾，灾毓灭姓。是故娶妻避其同姓，畏乱灾也"（《晋语》）。同姓相交的禁止，是与图腾团团员不食其图腾物的禁忌（taboo）相似，同图腾的接触，不论其系同图腾团员间，或团员与物间，皆能使其图腾性（即子产所谓美）涣散，亦即《郑语》史伯所谓"若以同裨同，尽乃弃矣"。因此而引起灭姓（生）。所谓灭姓，不只团消灭，即其图腾亦不复存在，因图腾之质曰生，其存在亦在于生生也。只有外婚能维系图腾社会，只有图腾社会需要外婚，其密切关系尚未为并世民俗学家所指出，特为进此一解。

（二）昭穆与分级

图腾社会团及部以外，澳洲尚有分级。每团中人皆分为两级，比若分为甲乙两级。凡一人属甲级者则其子属乙级，至其孙仍属甲级，曾孙仍属乙级，周而复始。结婚方法，不只同部各团间不得通婚，即异团异级者亦不得通婚。假若部落中分为左右二部，每部分甲乙两级，则左部各团甲级人只能与右部各团甲级人通婚，而不得与右部乙级人通婚。

我以为分级即中国周代的昭穆。《周书·酒诰》："乃穆考文王肇国在西土。"《诗·载见》："率见昭考，以孝以享。"《毛传》："昭考，武王也。"《诗·访落》："访予落止，率时昭考。"《左传》僖五年："宫之奇谏曰：太伯虞仲，太王之昭也。太伯不从，是以不嗣。虢仲虢叔，王季之穆也。"《左传》僖廿四年："管蔡郕霍鲁卫毛聃郜雍曹滕毕原丰郇，文之昭也，邗晋应韩，武之穆也。"足征西东周人对昭穆皆有固定的指示，而父昭子穆又与初民之父子异级相同。且《曲礼》"子不可为父尸，孙可以为王父尸"。其原因即父子异级而祖孙同级也。何惟特（Howitt）在所著《东南部澳洲土人部落》（*The Native Tribes of the Southestern Australia*，P.104 etc.）书中对分级有详表。兹以加美拉娄（Kamilaroi）人为代表。其右部各团分为莫丽（Muri 男）及马达（Matha 女），克壁（Kubi 男）及克波达（Kubitha 女）两级；左部各团分为肯保（Kum-bo 男）及布达（Butha 女），义派（Ipai 男）及义巴达（Ipatha 女）两级。其习俗为：义派与义巴达，莫丽与马达，克壁与克波达，肯保与布达，皆互视若弟兄姊妹。兹若以昭穆译之，则（1）：

右	莫丽	══ 右穆男	马 达	══ 右穆女
	克壁	══ 右昭男	克波达	══ 右昭女
左	肯保	══ 左穆男	布 达	══ 左穆女
	义派	══ 左昭男	义巴达	══ 左昭女

表中每行的昭穆相同，部的左右相同，以初民之从父兄弟，再从父兄弟，以至于族兄弟，皆与胞兄弟相同，则同部同昭穆者自当视若弟兄姊妹。并且（2）

    义派只能与克波达结婚　　肯保只能与马达结婚　　莫丽只能与布达结婚　　克壁只能与义巴达结婚

译成昭穆即：

    左昭男只能与右昭女结婚　　左穆男只能与右穆女结婚　　右穆男只能与左穆女结婚　　右昭男只能与左昭女结婚

因为外婚，所以左部各团只能与右部各团通婚，因为分级，所以左部之昭只能与右部之昭通婚，左部之穆亦只能与右部之穆通婚。原表与译表仍旧相似。

至于上下两级的关系：义派与克波达结婚生莫丽及马达，义派及克波达同属昭，昭生穆，莫丽及马达果属穆级。

观以上各节译成昭穆仍未失其原性质，初民的分级即中国的昭穆，更由此而愈明显矣。

（三）亲属称谓

穆尔根（Morgan）在北美易洛魁人（Iroquois）的细尼加（Seneca）部落中首次看出亲属称谓，这种称谓与现代欧美人习用的称谓不同，而系外婚习俗的结果。由其使用亦可反证外婚之曾存在。

穆尔根曾列举特性十种若后：

（1a）男子称其弟兄的子女为子为女。

（1b）男子称其姊妹的子女为甥。（细尼加语：ha-ya'-wan-da，ka-ya'-wan-da）

（2a）女子称其弟兄的子女为侄。（细尼加语：ha-soh'-neh，ka-soh-neh）

（2b）女子称其姊妹的子女亦为子为女。

（3）称父的弟兄亦曰父。

（4）称父的弟兄的子女曰兄，曰弟，或曰姊，曰妹。

（5）称父的姊妹为姑。

（6）称母的弟兄为舅。

（7）称母的姊妹曰母。

（8）称母的姊妹的子女曰兄，曰弟，或曰姊，曰妹。

（9）祖父的弟兄亦曰祖父，他亦称我为孙。

（10）对弟与兄，姊与妹，称谓各不相同，非若近代欧美人之用概括字样。

现再看我国古代称谓恰与相似。

（1a）与（3）是一件事的两面。《汉书·疏广传》：“与其兄子受，父子并为师傅。”《晋书·谢安传》：“安与兄子玄，父子皆著大勋。”则汉晋人仍称叔侄为父子。且《颜氏家训·风操篇》说：“晋世以来，始呼叔侄。”则晋以前与现代初民之称叔侄为父子同。

（1b）与（6）亦是同事的两面，《尔雅·释亲》：“母之晜弟为舅。”“谓我舅者，吾谓之甥也。”

（4）《颜氏家训·风操篇》江南风俗“同昭穆者虽百世犹称兄弟”。固不只对父的弟兄的子女也。

（2a）与（5）亦系一事之两面。《左传》僖公十五年：“侄其从姑。”子圉为侄，秦穆公夫人为姑。襄公十九年《传》：“齐侯娶于鲁曰颜懿姬，无子，其侄鬷声姬生光。”侄为男女所通称。

（2b）与（7）亦相同。《尔雅·释亲》：“母之姊妹为从母。”曰从母仍旧系母。

（8）《释亲》称为“从母兄弟”，仍未去兄弟称也。

（9）卜辞中祖父之弟兄亦曰祖。

（10）《尔雅·释亲》："男子先生者为昆，后生者为弟。""女子先生者为姊，后生者为妹。"称兄与称弟不同，称姊与称妹不同，这习俗直保存至现代中国。

总观以上各条，中国古代的亲属称谓与近代初民者同，其中尤以称父之弟兄与称母之弟兄不同，称父之姊妹与称母之姊妹不同，非若现代欧美人之相同也。

三　祀火

在远古时代，希腊意大利及印度皆曾有火的崇祀。每家各有圣火。这种火多用炭或煤燃烧，早晚祭祀，在饭前亦必祭告。即每区每邦亦莫不有其圣火。其燃火祭祀等典，则与我国古代习俗颇多类似，兹章所研究者即此。

中国习俗用以代表祖先而受享祀者，为木制的牌位"主"。但《说文解字》丶部："主，灯中火炷也。"既是灯中火炷，何以用以名木制的牌位？即因中国古代亦有与希腊意大利印度相同的习俗，用火以代表祖先。因为是火焰，故名为主，后用木制主以代火，但主这名称已习用不知若干万年，因仍而不改，木质的牌位亦名为主矣。

不只由文字上观察，中国曾有过祀火，即希腊意大利等处祀火的典则，亦与中国古代相类。希罗每家圣火每年须止息一次，重燃新火。此即中国所谓改火（《论语》）及更火（《逸周书·月令》）。并且燃火的方法亦同，希腊各邦只准用太阳火或两木相摩而生之火。太阳火即《周礼·司烜氏》"掌以夫遂取明火于日"

的明火。木相摩即《论语》所谓"钻燧"，盖取一种木为钻，另一种木为盘，盘中凿眼，相摩则生火也。这种方法近代初民尚用之。因为祀火始创时的初民，亦若近代初民之用钻燧取火，其习俗遂变为典礼的一部分，相因而不改。亦如郊礼在东周尚"器用陶匏"（《郊特牲》），而罗马共和以后祭祀尚用陶器，在民间已使用更进步的器皿以后，典礼中仍保存其旧型。

在罗马祀火者常由火巫（vesdals），以少女充之。在近代非洲初民中的黑利罗人（Hereno），则以首领之未嫁女充任。《汉书·地理志》说齐国"民间长女不得嫁，名曰巫儿，为家主祠。嫁者不利其家，民至今为俗"。观黑利罗的习俗，则《汉书》所谓齐襄下令实属附会，当即若罗马火巫之以少女充任。《诗·采蘋》"谁其尸之，有齐季女"，疑亦指火巫也。

罗马祀火渐衰后，火变成一座独立的惟士达神（Vesda），在印度则名为阿耆尼（Agni），罗马人祭他神以前必先祭惟士达，而《梨俱吠陀》曲（Rig-Ve-das）亦说在祭其他各神以前，须先祝告阿耆尼，将其尊名列于不死者之先。这不与《周礼·司爟》所谓"凡祭祀先祭爟"相似么？希腊罗马人谓祷告皆由惟士达携带着上达于神而还报上天之赐于请求者，而中国民间至今尚传灶王能将一家之善恶事报告上天，其信仰仍与相似也。

至于祀火者变为王，祀火处在于太室或中霤，罗马与中国亦皆相同也。

四　政权之逐渐集中

由中国古代研究，政权亦系逐渐集中，与近代初民社会同。其经过约分为四阶段。

（一）无首领时代

这是原始的图腾社会。《吕览·恃君篇》："昔太古尝无君矣，其民聚生群处，知母不知父，无亲戚兄弟夫妻男女之别，无上下长幼之道，无进退揖让之礼，无衣服履带宫室畜积之便，无器械舟车城郭险阻之备。"即代表这阶段。直至汉朝，姜姓落后支派的羌人尚"不立君臣，无相统一"（《后汉书·西羌传》），尚在这阶段中。

（二）选举首领时代

尧不传其子丹朱而传舜，舜不传商均而传禹，这传说至少使人想及中国古代曾有一时君位由选举而来，而《尧典》之咨四岳十二牧，颇似古代选举王位的暗示。而现代北美克利克（Creek）人各城皆有一位首领，选任，任期终其身，他召集议会并充任主席。凡一切公益事项皆须会议讨论。他虽极受人尊敬，但他的衣服亦与常人无殊，他与其家族同狩猎，并执斧及锄自在田间耕作（弗莱则《图腾制度及外婚制》第三册，159页，J. G. Frzer, Totemism & Exogamy T. Ⅲ）。而《孟子·滕文公篇》"有为神农之言者许行"亦说"贤者与民并耕而食，饔飧而治"。足见中国最初之首领亦与常人无殊若克利克人者。

（三）弟兄共权时代

兄弟相传当以商代为例证。商代共十七代，卅一帝。其间父子相传者十六次，兄弟相传者十四次，足证成汤以后的商人政权尚未完全集中在长子身上，而仍为弟兄所共有。对此我们且引近代初民社会的一例。斯宾塞著《澳洲北部土人部落》（Spencer：*Native Tribes of the Northern Territery of Australia*）198 页："图腾团体的首领名为总公尼（Tjungunni）。他故后则由其最长的兄弟继位，若是以遍及诸弟兄，并包括其父的弟兄的诸子于内。若这些弟兄皆已不存在，那么，就由最长之子继位。比若有弟兄三人，而其长者卒，总公尼之位并不由长者之子承继，而归由生存弟兄之最长者。但若其两弟兄皆已前卒，则将由其兄之长子继立。"

此外斯宾塞更谓"所谓一代的长子并不一定最年长者，凡弟兄中长支之长子，虽其年龄较次支之长子为幼，其继立亦将居先"。观商朝祖辛之崩，其弟沃甲继立，此兄弟相继也；沃甲之崩，立者非沃甲之子而系其兄祖辛之子祖丁，此长支优先权也；祖丁崩，立者为沃甲之子南庚，此显然从父兄弟继立也；南庚崩，立者不为其子，而由祖丁之子阳甲，此又长支之有优先权也。史公对此数世所记特详，当非出自臆造。这不与斯宾塞所举相同么？

更重要者，商季由武乙至武庚，五传皆由父以传子，更不弟兄相继，已与周代之传长子阶段为近。而商人一朝使吾人能观察弟兄共权及长子集权两阶段之蜕变，尤为人类史上不可多得的材料也。

（四）长子集权时代

商人由弟兄共权以趋向长子集权既若上所述，而周代实代表长子集权阶段。文王至赧王共三十二世，三十八王。其间父子相继者三十二王，非父子相继者只六王。其中悼王时，王子朝方与争立，悼王卒时甚幼，想必无子，不得不立其弟敬王，否则无以敌王子朝，其事载在《左传》及《史记·周本纪》甚明。至于思王考王之继其兄哀王，《周本纪》明说："弟叔袭杀哀王而自立，是为思王。思王立五月，少弟嵬攻杀思王而自立，是为考王。"则亦由于乱弑而非常例也。懿王崩，继立者为其叔父孝王。孝王崩，诸侯复立懿王之子夷王。其间恐亦有争立之事而史失载。周王之以弟继兄而现失其原因者，只余两代：即定王之继其兄匡王，显王之继其兄烈王，以周代三十八王较之，说文王以后，长子集权几等于百分之百，史实与《礼经》所载立嫡长说似无异也。

周人自文王以后虽行长子集权，然《周书·克殷解》："王烈祖太王，太伯，王季，虞公，文王，邑考，以列升。"似仍留有以前弟兄共权痕迹。况且当文王时，其兄弟虢仲虢叔皆"为王卿士"（《左传》僖公五年），文王有事必诺于他们（《晋语》）。当武王成王时，则武王的兄弟"周公为太宰，康叔为司寇，聃季为司空"（《左传》定公四年）。宣王之弟郑桓公友亦于幽王时为司徒（《国语》）。而鲁庄公亦问后于其弟叔牙季友（《左传》庄公三十二年），季友且于僖公时握政权，其后季氏当政直至鲁国之末。鲁文公之弟仲遂亦于文宣时为卿。旁至宋楚卫郑，其卿相莫不为国君之旁支。弟虽已无权继其兄位，然尚能分其一部分权力，参与国之大政。且周之封建政策，虽以屏藩，亦未尝不有分权之意，分国中为若干小国，予君之弟兄各以小国的君权，亦可说变以前之弟兄前后共享一王位为同时分享。这仍系弟兄共权保留的遗痕。足见殷周两朝只代表政权集中的两个阶段，并非两种法度也。由是而将全国政权总集于一身，再无所分，盖至秦始皇而极矣。

五　中国古代婚姻的几种特殊现象

初民有姊妹共夫（sororate）的习俗，其遗痕存在于中国古代者则曰娣。

《易·归妹》："其君之袂不如其娣之袂良。"《诗·大雅·韩奕》："诸娣从之，祁祁如云。"韩侯西周人，归妹言帝乙，故事当为商代，则娣之行已在商周之际矣。

东周世族尚行娣。（1）《左传》隐三年：卫庄公"娶于陈曰厉妫，生孝伯，早死。其娣戴妫，生桓公，庄姜以为己子。"（2）庄廿八年："晋伐骊戎。骊戎男，女以骊姬。归，生奚齐，其娣生卓子。"（3）闵二年："闵公，哀姜之娣叔姜之子也。"（4）文七年："穆伯娶于莒曰戴己，生文伯；其娣声己生惠叔。"（5）襄三十一年："立敬归之娣齐归之子公子裯。"（6）哀公十一年：卫太叔"疾娶于宋子朝，其娣嬖。"又若（7）隐二年《经》："伯姬归于纪。"隐七年《经》："叔姬归于纪。"杜预、范宁皆以为"叔姬，伯姬之娣。"（8）《左传》僖廿三年："秦伯纳女五人，怀嬴与焉。"虽未明言娣，然同嫁晋文公，则亦姊妹共夫也。

由以上各事观之，东周娣至少曾通行于鲁（3，4，5，7）卫（1，6）晋（2，8）骊戎（2，以上姬姓）；齐（3）纪（7，以上姜姓）；陈（1，妫姓）；宋（6，子姓）；莒（4，己姓）；胡（5，归姓）；秦（8，嬴姓）。真可谓遍及诸姓与诸国。以等级论，则上至邦君，下及大夫，亦可谓普遍矣。

这种婚姻是连带的，一次适用于几个姊妹。若已达相当年龄则偕行，否则幼者待年于国。何休注《公羊·隐七年传》："叔姬者，伯姬之媵也。至是乃归者，待年父母国也。妇人八岁备数，十五从嫡，二十承事君子。"

不止往嫁是连带的，即离婚亦系连带的。《左传》文十二年："杞桓公来朝，始朝公也。且请绝叔姬而勿绝昏。公许之。"杜注："不绝昏，立其娣以为夫人。"盖若不特别声请，则绝叔姬即同时绝其娣矣。

生子亦系连带的。文公十八年穀梁传说："姪娣者不孤子之意也，一人有子，三人缓带。"范宁以为"一人有子则共养"是也。

东周时娣以外尚有姪。比若襄十九年："齐侯娶于鲁曰颜懿姬，无子；其姪鬷声姬生光，以为太子。"襄廿三年《传》："臧宣叔娶于铸，生贾及为而死。继室以其姪。"则又娣之变态也。

东周婚姻另一种特殊现象，即烝与报。见于《左传》者共五处：

（1）卫宣公烝于夷姜，生急子，属诸右公子。为之娶于齐而美，公取之，生寿及朔，属寿于左公子。夷姜缢。宣姜与公子朔构急子。公使诸齐，使盗待诸莘，将杀之。寿子告之，使行，不可，曰："弃父之命，恶用子矣！有无父之国则可也。"及行，饮以酒，寿子载其旌以先。盗杀之。急子至曰："我之求也，此何罪？请杀我乎！"又杀之。杜注：夷姜，宣公之庶母也。（桓公十六年）

（2）晋献公娶于贾，无子。烝于齐姜，生秦穆夫人及太子申生。又娶二女于戎，大戎狐姬生重耳，小戎子生夷吾。晋伐骊戎，骊戎男，女以骊姬。归，生奚齐，其娣生卓子。杜注：齐姜，武公妾。（庄公廿八年）

（3）初，惠公之即位也少，齐人使昭伯烝于宣姜。不可，强之。生齐子，戴公，文公，宋桓夫人，许穆夫人。（闵公二年）

（4）晋侯（惠公）烝于贾君。杜注：贾君，晋献公次妃，贾女也。（僖公十五年）

（5）（郑）文公报郑子之妃曰陈妫。（宣公三年）

由以上各节，可以看出若下情形，即纳父妾与其他夫人地位相同。所生之子亦与嫡夫人所生之子地位相同，可以为太子。晋献公立申生为世子；《史记·卫世家》谓立急子为太子；昭伯之子戴公文公且为卫人所拥戴；皆足为证。

以年代观之，卫宣公烝夷姜当在其兄桓公之世，烝父妾不必须是邦君的特权，卿大夫亦可。且昭伯亦非邦君，而楚连尹襄老之子黑肩烝夏姬，亦系大夫阶级也。

烝报是一种合礼的婚姻，若一读斯宾塞的《澳洲北部土人部落》（47—52页），则其理益显。

加加都（Kakadu）部落中有一家，帝朗歌歌（Tjilongogo）与昂加拉（Un-gara）系族弟兄。昂加拉有妻曰甘班巴（Kumbainba），在昂加拉卒后，甘班巴遂归帝朗歌歌之子蒙莫那（Monmuna）。初民对族父与父同等看视，蒙莫那之娶甘班巴，即烝报也。甘班巴初嫁昂加拉由其父主持，及其改归蒙莫那，则由其舅，此节恰能说明齐人能强昭伯之理由。

烝报系较娶嫠嫂（levirate）更进的习俗。娶嫠嫂制是兄弟共妇制的演进。方政权集中之时，家族内发生的现象之一即子与弟的争权，最初弟兄共权的时候，产业以及妻皆为弟兄所共有。后政权既集中于长兄一身，生前固无问题，但俟长兄卒后，将传弟乎？传子乎？君位上我们会看见商人之由传弟而传子。以前弟所享之各种权利，现皆有改归子之趋向，烝报亦其一也。娶嫠嫂则其权归弟，烝报则其权归子，然两者固无异也。

娣是将兄弟的婚姻权，至少一部分的婚姻权，集中于长兄之身，而相成的有娶嫠嫂；这等于将兄弟的政权集中于长兄之身，而相成的有传位于弟。同样父所有的政权亦恰是将来子所当有者，长兄不只集中兄弟的政权，且集中了长兄之子的将来政权。与集中兄弟的婚姻权相似，他亦集中了子的婚姻权，这即姪从媵的由来。在行外婚制时，两团团员既按行辈而历世互婚，子所娶妇恰是父所娶妇之姪。父既集子权，所以姪亦从姑嫁。父权父位既于父卒后传子，婚姻权亦还于子，这即烝报的由来，所以说姪从嫁是烝报的反面。特劳布莱因（Trobriands）人对此尤为明显，他的首领所辖下的各团须各纳女一人与他为妻，有缺则由那一团纳另一女为补，但有时不再纳女与首领而纳女与首领的继承人，因为首领卒后，其众妻皆归其继承人也。这能说明姪从嫁与烝报的密切（参阅马里欧斯基著《美拉内几亚西北部土人的性生活》Malinowski, *Sexuel life of Savages in North-Western Melanesia*，112页）。

说到古代婚姻，我因想及社会学家若魏斯特马克（E. Westermarek）、穆拉赖尔（F. Müller-Lyer）等对最初婚姻有买卖婚掠夺婚之说，而中国近代学者若梁启超等亦引《易·屯》之"乘马班如，泣血涟如"，及《贲》之"匪寇婚媾"为证。观古代婚姻既甚有规律，即烝报亦系遵守法则，除偶然者外，买卖与掠夺似并不能成规律。我以为最早男子婚后往居女家，后社会渐男系化，女子婚后反居男家，过渡时间不得不有一种形式。或用掠夺形式以示女子之受迫，或用"纳币"（《士婚礼》）的买卖形式，并不必假设更古曾实行买卖婚或掠夺婚也。这亦同生子之必以仪式名之（《内则》），亦因子女最初属于母姓而现属父姓，不得不有一种形式也。特附记于此，以作对古代婚姻研究的新建议。

以上不详尽的叙述，虽有待于补充研究之处甚多，但我相信以近代初民与古代社会对照探索的方法至少不谬，敢以此发其端，望世界同志学者共努力以趋，或能有获得人类社会进化全貌之一天。

（原载《国立中央图书馆馆刊》复刊第 2 号，1947 年）

士的演变

（李宗侗教授讲，何锜章笔记）

记得上学期我们研究《诗经》的时代背景时，我曾请求李辰冬老师，为我们代请当今中国古代史学权威李宗侗先生，到校作一次学术讲演，我们等了半学期，终于很高兴地听到了他的演讲，讲题是《士的演变》，以春秋前段至春秋战国之交，士的演变为重点，使我们获得了许多新的概念和认识，这份笔录稿曾蒙二位李先生修正，并此道谢。

锜章附注

今天很惶恐，我以前没来师大兼过课，而李先生一定要我来献丑，关于中国古代社会史，我在台大开过这门课，但是这样一本大书要缩成短短一两个钟头讲完，恐怕很难讲得好，所以今天只是随便说说，谈谈"士"的演变，从春秋前段至春秋战国之交士的演变，主要的注重这点。至于《诗经》中"士"的问题，我曾看到过李先生发表的好多篇文章，而且都讲得很详细，现在我就接着李先生再说说士的演变情形。

"士"，一般人的观念，以为士就专指读书人，实在在较古的时候，士并非就是读书人，而是指的贵族，士就是贵族，而古代贵族的儿子一生下来就是士，我想诸位对经书一定很熟，《仪礼》中有一篇《士冠礼》，有人奇怪何以只有士冠礼？而没有诸

231

侯、卿、大夫冠礼？前人曾注解说，诸侯、卿、大夫全是士，以士来概括一切贵族。因此可以证明，士就是贵族，贵族是世袭的，贵族生下来就是士了。

大约在春秋前期以前，当时的社会有两大阶级，一是君子，一是小人；所谓君子，这类人的祖先必有为君者，如果一代代往上推，他的祖先或是君王，或是诸侯卿大夫，这类人是君的后人子孙，所以叫做"君子"，而小人则无论他的祖先怎样往上推，也推不出一个君或贵族来，所以叫做"小人"，这二种阶级中，君子就是贵族，贵族的最末一级是"士"，这种情形直到春秋前期仍然如此，所以"君子"、"小人"在古代是指贵族与平民之分，至孔子时代乃渐混用，是照学问道德来分了，"君子"、"小人"的意义遂渐变成如今日我们一般人的观念，君子指有道德学问的人，小人指没有道德学问的人，这是一种自然的演变的结果。

为什么说这是自然演变呢？原来古人的学问是世传的，贵族子弟生下来就有享受教育及品格训练的权利和机会，贵族出身必定是有学问道德的人，是君子，而小人则无，所以就逐渐演变到后来，凡是有学问道德的人，一概称为君子，否则为小人，一如今天是拿学问、道德做区分标准的。

举个例子，《左传》上有"赵盾弑其君"的记载，据说晋灵公时，赵盾为卿，他的族弟赵穿杀了灵公，那时赵盾尚未逃出国境就回来了，回来后又没讨伐赵穿，于是晋史官董狐就拿起竹简写上"赵盾弑其君"，赵盾虽不承认，但他和赵穿是亲属关系，事先串通等他逃亡时把灵公杀了也未可知，这位太史董狐，据《左传》另外的记载，董氏祖先本在周室中央做官，后来到了晋，便世代相传都做晋国史官，几乎晋国几百年的历史就靠董史所保存，当然或许还有其他史官，再如齐鲁等其他诸侯国也有类似情形，史官是世袭的，古代的"史"是指史官这"人"而言，由"人"而变为指史官作的"书"乃是后来的事，从这些史实中，证明了古代的学问一如贵族的官位是世传的，贵族有学问技艺，小人要学非找贵族不可，贵族盛时是不屑于教小人的，等到后来有些没落的贵族开始教起平民来，于是认为有学问的就是君子，渐渐以道德学问为标准，不再以出身为标准了。

我刚说贵族之最低级者为士，但仍比当时的小人高一等，小人之最高级者是庶人，然庶人仍然是小人，无法和士平等，在孔子时代，士与庶人之区别是分明的，故孔子说："天下有道，则庶人不议。"在孔子心目中，天下走上常轨之时，庶人是不应该议政的，但到孟子时代，士与庶人的阶级乃渐相混，故《孟子》中，"士庶人"常常连用。我再引一段《左传》，哀公二年铁之战，这是晋齐的战争，由赵鞅（简子）带兵，他当时宣示军中，能克敌者有赏赐："士，田十万，庶人、工、商，遂。"遂：杜预注，遂仕宦也。这田十万的单位固无从考释，但很明显士本已有官位，故赏田十万，而庶人，本无官位，所以赏他官做，可见哀公初年即春秋末期，士与庶人之分仍极明显，到战国初年就不同了。

然而《孟子》将"士庶人"连用，自鲁昭公以后起，那和孔子时代即鲁哀公时相距并不远，何以就有士庶混乱和士庶分明的差别呢？这原因很复杂，但主要的有下面几个原因：

第一，孔子的有教无类，不分阶级，使平民求学问的机会大提高，影响所及，风气大开，虽然我不敢说，孔子之前是否就已如此，因为任何一件事的发展都是渐进的，但至少可以说，在孔子时平民教育确已如此，平民有了学问，小人可以做官了，小人的优秀分子也就可以称为君子了，渐渐的贵族的最低一级

"士"与平民的最高一级"庶人"的距离，越来越小而竟混而为一，士庶人也就不分了。

第二，是由于贵族与贵族相争，双方拉拢平民以为己助，于是引出新兴的平民势力，古代的所谓君，广泛的说，周天子是君，诸侯、卿大夫也可称为君，君与君相争，这一集团贵族与那一集团贵族相争，君是一单位，集团贵族又是另一单位，他们相争一定要找助手，一定要找既非君又非贵族的第三种人，而数目又很众多的，那只有找平民即当时所谓的小人了，大家都竞相拉用小人，但平民人多也不是好利用的，当然帮助贵族要索代价，就是要给他官做，于是渐渐的平民的势力抬头了，庶人也可做官了，士庶人的阶级就混乱了，里面有其历史的自然趋势，要了解这种情形，又得从当时的社会政治的制度和情况来研究。

再举例说吧！《左传》上记载，鲁君（公）与三桓之争，三桓即是桓公之后人，孟孙氏、叔孙氏、季孙氏三家，而以季孙氏势力为最大，自从鲁宣公以后，三桓的势力越来越大，可说是由当时的历史背景所造成，因为，当时的政治是封建的，社会是宗法的，然封建与宗法同属一体，实际上封建只是宗法的推广，宗法的政治化，由上而下，和欧西由许多小国聚成一大国的封建绝然不同，譬如《左传》僖公二十四年："封建亲戚，以屏藩周。"中国封建二字，始见于此。而宗法，分大宗小宗，大宗势力最大，也即长支，是由嫡长子继承，其他的弟兄为小宗，但小宗下又可分出更小的小宗，我把他叫作"次级小宗"，而且，小宗到了某一定程度一定时间，自己慢慢又可变作大宗的地位，它底下的次级小宗也跟着可变为小宗，然后再分出若干小宗，譬如：文、武、成、康为大宗，武王弟兄周公为小宗，等到周公封国传子孙后，这一直系伯禽的后人变成大宗，而伯禽的弟兄凡、蒋……又变为小宗。再以鲁国的来说，鲁桓公传庄公是为大宗（最初为小宗），庄公弟兄孟孙、叔孙、季孙为小宗（最初为次级小宗），而叔仲氏是次级小宗（本三级小宗），说起来似乎非常简单，事实上当时的宗法与封建的情形是十分复杂的，许多的诸侯，在他自己的国家内，有土地，人民，对土地有稽征权，对人民有生杀予夺大权，诸侯的政权形态，完全等于天子，可以说诸侯国就是独立的国家，诸侯之下的大夫也是如此，像半独立的国家，在自己采邑里又有他独立的权力，这很像一个大圈子（周王室）内套上了许多小圈子（诸侯国），小圈子里又套有许多更小的圈子（大夫采邑），这就构成周代与宗法有极密切关系的封建制度的特殊现象。

这种封建制度到战国逐渐崩溃，到秦代乃行废除，不过到汉代时又复活了一部分，汉代所分封的王侯可以用自己的年号纪年，而不用中央皇室的来纪年，如鲁王几年，见于《史记》、《汉书》，可以说这就是春秋封建的变相，譬如春秋当时，鲁隐公哀公，纪年就不用周室纪年，晋、魏也莫不如是，这在王国维先生的《竹书纪年辑校》中有详细记述。所以不用中央纪年，就表示了当时诸侯的独立性。

不但如此，除了有独立权外，诸侯王还要参预中央的政事，据《国语》记载，文王有事，必问虢仲、虢叔，这两人都是文王弟兄，又据《左传》记载，武王成王时代，周公为太宰，聃季为司空，康叔为司寇，这三人全是武王弟弟，官位做到最高的卿士，除封国外也仍参预中央政事，这我管它叫做"弟兄分权制"，再如"鲁庄公临终，问后于叔牙，又问后于季友"，这两人是庄公弟弟，庄公临死，要将继承大事向两位弟弟商量，可见他们对于中央政事是有大权参预的，这种现象自周王开国一直维持到春秋末期，不过这只限于国君弟兄或上代国君弟兄，不能够世袭，新君即位，就要让新君的弟兄来参预中央政事，换言之，人君政权是世袭的，人君之弟兄的政权不是世袭的，譬如鲁文公时公子遂到了下一代宣公时就放弃参预中央政权，但三桓欲维持原状，于是有公子遂与三桓之争，结果三桓胜利，仍旧把持中央政权，鲁自文公、宣公、成公、襄公至昭公，到了昭公，便不满人君弟兄参预中央之政权的世袭，派兵围攻季氏，三桓后人是相连相助的，结果昭公又失败，逃入齐国，鲁国政权遂仍旧落入季孙手中，等于摄政，我们考其失败之原因，正如当时鲁国大夫子家羁说的季孙氏已数代掌权，根深蒂固，并且隐民多取食焉。这里所说的隐民，据杜预注，即是贫困的平民，也即小人，由于季孙氏善于拉拢平民，所以势力更大。在齐国也是如此，据《左传》载，田氏在未篡齐前好几代就开始作拉拢平民的工作，据说田氏常以大斗出、小斗入贷粮给平民，不惜以种种手段收买平民欢心，无怪到他篡齐时机一来便易如反掌，这就是《论语》上说的"陈恒弑其君"的史实，所以在当时的社会中，贵族和君争权而拉拢平民的结果，平民要求官做，渐渐的，平民即小人的优秀分子上升了，他们以个人为单位的，逐渐争得了一些参政的权，却和古罗马的平民集体代表要求参政的性质又完全不同。

而且，当时贵族有"不悦学"的现象，故有些贵族下降，而部分小人上升，小人做了官，打破士与庶人的界限，就逐渐形成新的士的阶级，这个"士"，才是我们现在所谓"士、农、工、商"的"士"，就不再代表贵族的身份，而是代表"读书人"的身份了，这就是孟子何以将"士庶人"连用的历史根据。

前面已经说过，封建至汉复活了一部分，纵然一般的贵族阶级是破坏了，但在东汉时，又新兴了一种新的贵族阶级——知识分子的士，朝中的经学博士制度，又逐渐造成了把持朝政的新型门阀式的贵族，一直经过南北朝而至唐，到武则天想打破这种阶级，终在玄宗时成功了。自玄宗以后直到明清，可说全由科举制取消了这种新兴的阶级，农人子弟登科立刻可为宰相，所以可以说，我国自唐以后就无阶级可言。

"士"既然由代表贵族的意义，渐变而为代表读书人的意义，上面所说的大多偏重于春秋战国间的演变，现在再往古一点的时代推溯。王国维先生的《观堂集林·释史篇》中说，士与事，与史，只是同一语根所产生出来的文字，认为士就是史，另方面史和吏相通，这说法是不错的。《论语》中记载孔子有一次问冉有何以迟归，冉有说"有政"。孔子向来讲正名分，所以就郑重其事地告诉他："其事也。"古来在孔子之前，士所作的事为事，君所作的事为政，故孔子特别要强调说明。又如齐国差的铜器上面有"立事"的话，就证明了士所做的叫事。而士就是史官，《尚书·洪范篇》有"卿士"的话，而周铜器"番生敦"有"卿史"的话，足见士就是史。史本来是人，到后来才慢慢代表这类人所述作的史书。上古的"士"，"史"，必要能通天人之道，譬如《左传》中可看出，史官除了记史外，还要占卜，大概古代学术和迷信鬼神有密切关系，这就是所谓"通天人"，据我推想，董作宾先生所称的在甲骨中常见的"贞人"，恐怕就是商代当时的史官，也就是士，所以"士"的含义，在最初是代表通天人的贵族，到战国以后变成读书人的代称，其中演变的时间，总有上千年的历史。

中国有史以来最大的变乱，就是春秋战国，一如今日我国所处旧时代与新时代的剧烈大变一样，顾亭林先生在他的《日知录》上说，春秋与战国有若干主要的不同点，其中之一端是春秋人知道姓氏之区分，而战国人则不知道。当时姓不能同，而氏可以同，譬如那时的孔氏，子姓的宋，姬姓的郑卫都有孔氏，同氏不同姓。现在人说"天下无二孔"，大家以为所有姓孔的都是孔子后代，引以为荣，其实未必尽然。在春秋时姓氏的区分很严，到战国便相混乱，及至汉代根本就弄不清了，人笑那样有史才的司马迁写《高祖本纪》"高祖姓刘氏"，又姓又氏，简直不通，其实这也难怪，汉代对此已经不分了。

顾亭林还说另有一种现象，是春秋人常赋诗，而战国却全没看见有赋诗的可靠记载，关于诗，记得法国有位汉学家葛兰言（M. Granet）有专书著述，认为中国的《诗经》，完全是民间的歌谣，民国初年，我国国学人士都很信他，民国十二年，我在北大教书，当时北大设立研究所有国学门，设在北大第三院三楼办公，像顾颉刚、董作宾诸先生，成立了歌谣采集委员会，很搜罗了一些民间歌谣，并且出版了《古史辨》，他们也都承认现存《诗经》就是当时民间的歌谣，这和历史有关，那时候士和庶人，即君子和小人、贵族和平民间的界线很明，《论语》"不学《诗》无以言"，贵族又把《诗》看作是"必修科"，宴会时要唱，交际时要赋，甚至还伴着要舞，如果说全是民间歌谣，贵族绝不会拿小人的歌谣而在日常生活中来赋、唱、舞，譬如唐诗宋词在当时全是可以唱的，但并非民间歌谣，因此拿历史的眼光看，我这很有理由可以打破葛氏的说法，不过，贵族喜欢民歌最优美的曲子拿来谱，同时贵族模仿民间歌谣的形式作歌词，即后来存留的诗，这倒十分可能，我当然承认，若说现存《诗经》全是当时民间歌谣，那和史实就不符了。

（原载《人生》第 21 卷第 1 期，1960 年 11 月）

孔学中的"仁"及由是而生的教育平等观念

　　世称孔子曰"至圣先师",这尊号他实在当之而无愧。吾人若比较《论语》中所记的孔子若干思想及对教育的观念与其他古书中所记者,就能明了孔子以前及孔子以后的思想与教育颇有不同,孔子真是划时代的大师。

　　孔子虽然道大学博,对弟子指导各因人而施,然他以"仁"为中心思想并由此而发生孔子对教育的观念。因此请先言何为仁。孔子以为仁就是人的本性,包括众德而言,与孟子之将仁与义、礼、智并列为四德不同。孟子这种思想恐怕是儒家各派中孟氏之儒的见解。孔子以仁为中心,所以《中庸》说:"仁者人也。"《礼记·表记》亦说:"仁者人也。"仁就是人的本性。因为他是中心,所以各种德皆是仁的表现。《礼记·儒行》说:"温良者仁之本也,敬慎者仁之地也,宽裕者仁之作也,孙接者仁之能也,礼节者仁之貌也,言谈者仁之文也,歌乐者仁之和也,分散者仁之施也。"这仍是孔子的原意。

　　阮文达元以为虞夏时有"德"字,"仁"即包括于内,周人始造"仁"字(《论语论仁论》)。其实这是阮氏未明了上古情形而引出的议论。上古部落林立,各有表现其思想的语言,较后各有文字。对同一事物,有形的或无形的,部落不同则名称不同。因此对人的本性或称为"性",或称为"德",或称为

"仁"，名称虽不同，表示人的本性则同。较古"人"与"仁"只是一个字，等于"生"与"性"亦是一个字。经书及诸子中仍常有以性为生者，而《论语》"井有仁焉"，明明是"井有人焉"，可见人是人体，仁是人性，只是较后的分别。并且人与夷亦是一个字，徐锴引《山海经》"非人羿莫能上"，今本《山海经》则作"非仁羿莫能上"。徐锴宋初人，则宋或更早的抄写本有作"人羿"者，亦有作"仁羿"者，"人"、"仁"固不必分，诸家注者认为这皆是古代善射的"夷羿"，则"人"、"仁"、"夷"皆出自一个语根。不只书中若是，就是甲骨文中"人方"亦与"夷方"通用。方就是邦，商代每称邻居的国家或部落为方，如人方、吕方、土方、羌方等皆是。人方当在中国的东部，因此习俗上每称东方落后的民族曰"夷"。《论语》"子欲居九夷"，亦指山东沿海的各处；《禹贡》中有"莱夷作牧"，亦指山东登莱一带。因为夷在东方，所以《尔雅·释地》说："太平之人仁。"据《淮南子·坠（地）形训》说："东方木德仁，故有君子之国。"两者相较，是知太平指东方。最初仁只是东部人方人的本性，等于"性"、"德"等各是另一方人的本性相似。后来夏商周等文化逐渐混合，于是东方人方人的本性"仁"就变为所有人的本性。吾人固不敢说孔子是第一个人有这种思想，但是敢说孔子是第一个人将"仁"为人的本性中心化、普遍化，并推而至于他的教育观念。

《论语》是研究孔子最可靠的书，其中论及仁者不在少数，今举数条以作仁是人的本性的证据。因为他是本性，所以只要努力就能回复本性（仁）。子曰："仁远乎哉？我欲仁斯仁至矣！"（《述而篇》）他本是固有的，所以说他不远，用力他就能回来。《里仁篇》所记："有能一日用其力于仁矣乎？吾未见力不足者。"亦是同意。孔子更明显的说过:"君子无终食之间违仁,造次必于是,颠沛必于是。"(《里仁篇》)仁是永远努力的目的,苟不努力,少纵即逝。所以孔子说:"回也其心三月不违仁,其余则日月至焉而已矣。"(《雍也篇》)颜回的功力高,努力大,所以他能保持本性时间最多。后人常因《论语》中有曾子所说:"夫子之道,忠恕而已矣。"遂疑心孔子之道是忠恕,不知忠恕仍是仁的发挥。"夫仁者,己欲立而立人,己欲达而达人。"(《雍也篇》)这不是恕吗?《泰伯篇》中另记有曾子的一段话:"士不可以弘毅,任重而道远。仁以为己任,不亦重乎?死而后已,不亦远乎?"仁以为己任,可见曾子亦以仁为中心思想。

人的本性用何种方法可以回复,《颜渊篇》亦记有几句话:"颜渊问仁,子曰:克己复礼为仁。一日克己复礼,天下归仁焉。为人由己,而由人乎哉?"回复人的本性是由礼,这是自古传下的方法。《左传》成公十三年:刘子曰:"吾闻之,民受天地之中以生,所谓命也。是以有动作礼义威仪之则,以定命也。"命仍旧是性,礼所以使本性固定而不涣散,亦就是孔子所谓"克己复礼",所谓"不违仁",致力于礼就能达到回复本性的目标。

克己复礼,可以说是消极的仁,只是将人的本性回复,自然能成为君子(君子指有学识有道德的人),自然不会做恶事,所以说:"苟志于仁矣,无恶也。"(《论语·里仁篇》)不过孔子的理想仍高过于此,他尚欲扩充做积极的行为。小一点就是"己欲立而立人,己欲达而达人";更进一步就是"博施而能济众"。虽然孔子答子贡的问话,认为这种行为是超过仁,"必也圣乎!尧舜其犹病诸!"(皆见《雍也篇》)但这不失仁者行为的扩充。吾人要明白春秋时代的思想与背景与宋明时代皆不同。春秋时代的人不会专讨论"明心见性"（吾人不可忘记仁的初义与性相类）而忘记事功的。所以"穷则独善其身"，只是无可奈何的办法，而"达则兼善天下"方是当时士大夫的抱负。孔子惶惶然席不暇暖，周游天下，又曰："如有用我者，吾其为东周乎！"皆足证明孔子是想推扩人的本性而达到援救天下的功用。

孔子既认为"仁"是人的本性，并且除下愚的人以外，皆能回复他的人性，于是产生孔子的"有教无类"的教育观念。以前是"人有十等"（《左传》昭公七年楚芊尹无宇的话）的世界，只有君子能教人，亦只有君子能学；小人（平民）是不数在内的。孔子既认为人的本性相同，应受的教育又有甚么不同？他所以说："自行束脩以上，吾未尝无诲焉！"（《述而篇》）凡欲求学及有能力求学的人皆可受到以前只有君子能受的教育，于是君子及小人的分别逐渐打破。这在《论语》中亦可看出，就是"君子"与"小人"这两个字的意义渐有改变：以前君子是贵族，小人是平民；而现在则君子表示有道德有学问的人，小人是无道德无知识的人，不管他属于任何种人。这是孔子新教育观念所造成。从此有一种新的"士"出现。以前士是最低级的贵族，而现在则是有知识的人，不论他以前原属于贵族，或原属于平民。孔子以六艺教弟子，这仍是古方法，但教育的观念就从此大变。由上所论孔子以仁为诸德之本并由是而产生平等教育的观念，就能明了孔子诚为划时代的大师，至圣先师，他与人类历史同永同久。

（原裁《教育与文化》第 194 期，1958 年 10 月）

上古的大学教育

秦以前的大学教育约可分为两个时期,即孔子以前与孔子以后,孔子可以说是,在教育上等于在若干其他事物上,划时代的伟大人物。

一 孔子以前的大学教育

孔子以前的教育有两种特殊现象,这与孔子以后的正相反,就是:(1)官师合一;(2)只贵族能受教育,平民不必受教育,亦无受教育的机会。至少他们不能受大学教育。

(1)官师合一据《学记》说:"能为师,然后能为长;能为长,然后能为君。师也者,所以学为君也。"这即是官师合一。官各有所守,所守的是古代典籍册府,欲学的人舍其处无由;亦只掌典籍的官能习知典籍方能教人。所以韩宣子观于鲁太史氏而说"周礼尽在鲁矣"(昭公二年《左传》)。盖占人所习以礼为最要,这些典籍皆为太史所掌,可以说太史是官兼师,合官师为一之中的一个人。他所教的是当时大学生所应习者,所以《内则》说:"二十而冠始学礼,可以衣裘帛,舞大夏。"男子冠后始为成年,所以始学礼,以别于小学之"学书计","学乐、诵诗、舞勺"，"舞象，学射御"（皆《内则》语）。为何大学教育注重学礼呢？因为礼是天人性命之学，《左传》刘康公所说可证："刘子曰：吾闻之，民受天地之中以生，所谓命也。是以有动作礼义威仪之则，以定命也。能者养之以福，不能者败以取祸。是故君子勤礼，小人尽力。"（《左传》成公十三年）孟僖子亦说："礼，人之干也。不学礼无以立。"（昭公七年《左传》）后一句与《论语》所载孔子对伯鱼所说的相同，这当是古代贵族普遍的见解。孟僖子并嘱其二子师事孔子，学礼"以定其位"，这与刘文公所说"君子勤礼，小人尽力"的意思相似。

官师合一直至秦仍旧存在，《史记·秦始皇本纪》说："欲学法令者以吏为师"，即仍遵守古制度也。另外《汉书·艺文志》论诸子九流，谓"儒家者流盖出于司徒之官"。"道家者流盖出于史官"。"阴阳家者流盖出于羲和之官"。"法家者流盖出于理官"。"名家者流盖出于礼官"。"墨家者流盖出于清庙之守"。"从横家者流盖出于行人之官"。"杂家者流盖出于议官"。"农家者流盖出于农稷之官"。《艺文志》所记本于刘歆《七略》，当出自更古的传说。所谓某家出自某官固不能定其必然，但春秋战国各家学说皆出自王官则不误，这是古代官师合一教学的必然结果。并且汉代的博士仍旧是官。《汉书·百官公卿表序》："博士：秦官，掌通古今，员多至数十人。"盖博士起自战国，《宋书·百官志》："六国时往往有博士。"且为设弟子若干员，《汉书·贾山传》："祖袪，故魏王时博士弟子也。"足证汉之博士除授业及课试以外，或奉使，（《汉武帝纪》，《成帝纪》等）或议政（废昌邑王时，"遂召丞相御史将军列侯中二千石大夫博士会议未央宫"见《霍光传》，即其例），博士不专以教授为业而兼其他的事务，就因为更古官师原是合一，至汉虽变为两职，但仍未能完全划分清楚。这亦可以证明秦以前在教育上，官师的合一。

（2）受教育者只有贵族而无平民：因为大学教育所习是天人性命之学——礼——及治民之学，平民在一方面习学他毫无用处，而在另一方面"庶人力于农穑"（襄公九年），亦无余闲去习学他。在贵族方面则必须学，比如《左传》昭公十六年记有下列故事，足证对贵族的重要：

> 晋韩起聘于郑，郑伯享之。子产戒曰："苟有位于朝，无有不恭恪。"孔张后至，立于客间。执政御之，适客后；又御之，适县间。客从而笑之。事毕，富子谏曰："……孔张失位，吾子之耻也。"子产怒曰"……孔张，君之昆孙，子孔之后也，执政之嗣也。为嗣大夫，承命以使，周于诸侯，国人所尊，诸侯所知，立于朝而祀于家，有禄于国，有赋于军；丧祭有职，受脤归脤，其祭在庙，已有著位。在位数世，世守其业，而忘其所，侨焉得耻之！"

"孔张失位"之"位"就是孟僖子使其二子从孔子学礼"以定其位"之"位"，亦即昭公二十九年《左传》仲尼所说的"民是以能尊其贵，贵是以能守其业。贵贱不愆，所谓度也"。并且这句中的"业"，亦就是"世守其业"的"业"。小人（平民）既无位又无业可守，所以不必学天人性命及治民之学，而君子（贵族）必须世守其业，不可忘其所，就必须学了。这是孔子以前的大学教育。

二 孔子以后的大学教育

孔子以后与孔子以前大学教育的实质并无大不同处,只是官师既不必合一而平民的优秀分子亦可求学,与贵族同。因为事务日繁,社会的环境日渐复杂,官不能再有暇以兼师,于是在官以外,亦有私人的讲学,至晚孔子是创始者。这与平民的优秀分子亦可求学两事互相循环。《论语》记载孔子"学不厌而教不倦",孔子又说:"自行束脩以上,吾未尝无诲焉。"可见孔子对任何阶级,无论他是君子,是小人,只要来请益,皆可教以所欲学,所谓"有教无类"。这种精神与孔子以前大不相同,开后来官学与私学并立的风气。比如以两汉说,既有官立的博士,亦有民间的传习(《春秋公羊传》有颜、严两家博士,《左传》在西汉时皆传习于民间)。其来源皆始于东周,此风历各朝而不改,是中国大学史的主流。历代虽略有损益,然百变仍不离其宗,此孔子之所以称先师也。

为何说实质并无不同呢?孔子讲学首重仁,《论语》中处处可见。"颜渊问仁,子曰:'克己复礼为仁。'"可见孔子的大学教育仍以礼为要,与以前的教育实质相同。并且孔子所谓礼指礼的深义而不只揖让进退之节,盖欲通天人而以之立身立国。"子曰:礼云,礼云,玉帛云乎哉?"(《论语·阳货》)这与昭公二十五年《左传》所记郑国子太叔(游吉)的话相类。游吉述子产所说曰"夫礼,天之经也,地之义也,民之行也。天地之经而民实则之"(礼是天人性命之学)。又曰:"礼,上下之纪,天地之经纬也,民之所以生也,是以先王尚之。"(礼又是治民安邦之学)再加以孔子说"不学礼,无以立"。立身立国皆在于此,所以说大学教育的实质与昔相同,不过若干平民亦可以学,学者不只贵族而已。从此以后，学过大学的成为"士"，一种新的士，混合贵族平民的士，亦即后所称"士、农、工、商"的"士"，这与以前贵族最低阶级的"士"（卿大夫士之"士"）名同而含量不同。因为他们亦学懂贵族所知的礼，从此他们亦就能仕宦了。

三　古代大学的组织

古代大学的组织，其官师合一处虽为后世太学、国子监组织所从出，但其地位在表面上则与太学、国子监不尽相同。何以知其如此呢？在秦以前，西周只有文化的统一，尚无政治的统一，此亦人所共知。既无政治的统一，则诸侯各邦林立，邦各有大学，亦自然之理。诸侯邦中之学与天子之学大小或异，其性质则相同，并非天子之学在各学之上也。若以现代大学相比拟，则中央大学纵然学生人数有时不妨超越其他大学，然所授课程及其性质仍与各省大学无少差异，这与两汉太学之高于郡国学及明清国子监之高于府县学不同。可以说古代的大学是多数的，无等差的，各国各有他的大学。虽然如此，周同姓各国最早的官师不妨为周所派遣，譬若伯禽封鲁及康叔封卫时皆由周派去"祝、宗、卜、史"，并给他们"备物典策"。前者皆是能教学的官师，后者皆教学所必需用者（皆见《左传》）。但这些人以后就在鲁、卫世传其业，以教授鲁卫的贵族，就不必由周再派遣了。

至于大学的名称，亦约略能知道。譬若周王之学曰辟廱，《毛诗·大雅·灵台》云："于论鼓钟，于乐辟廱。"即是。又若《鲁颂·泮水》云："在泮饮酒"，注以为是泮宫，鲁侯之学。在这里亦可"养老"（行敬老之礼），可见大学与礼关系的密切。

《孟子》曰："夏曰校，殷曰序，周曰庠，学则三代共之。"这皆是贵族的学校。《左传》记有郑人游于乡校，讥议国政。按孔子曰："天下有道，则庶人不议。"议国政者必是君子，则乡校仍旧是贵族（君子）的学校而非庶民的。

《周礼》一书，"其真伪亦纷如聚讼，不可缕举"（《四库全书提要》语）。谈上古大学者不敢轻于引用。兹只引其有关教育者二条，以免读者讥其遗漏。"师氏，掌以以媺王，以三德教国子"。郑注："国子，公卿大夫之子弟。"又"掌国中失之事以教国子弟，凡国之贵游子弟学焉"。杜子春以"中"当为"得"，以得失之事教国子，即以历史教贵族子弟；以德教国子，即以礼教国子也。后一官保氏"养国子以道，乃教之六艺，……乃教之六仪……"。这两官所教皆国子，皆是贵族。这与此文最初所说官师合一及只贵族能受大学教育者亦合，这仍是孔子以前的大学教育。《周礼》所保存有较古的记载，有较晚的增加，这两条尚是较早而非晚至战国的。

总之，上古大学教育最初只有官学，至孔子以后始官私并立，定中国历代大学教育的基础。

（摘自《中国古代社会新研　历史的剖面》，中华书局，2010 年）

中国史学之特点

第一节　中国有累世不断之史籍及专掌记注之史官

东周以前，史书虽已发达，但现存者多属东周以后作品。即以《春秋》及《左传》而论，其记载开始时期约略近于周平王东迁，而与希腊之第一次奥林匹亚节及罗马建城年代相近，亦不可谓为不古。然欧西史籍断断续续，绝无如我国记载之长者；司马迁作《史记》以后，历代皆有史学著作，绵亘不绝；故语其古则我国史不亚于希腊、罗马，语其长则非它国所能望，此一特点也。

第一特点之造成，亦由于汉代以后，下至于清，皆有专负记注之史官。史官之由来甚古，已在第一章详细论之。汉以后虽著作郎、起居郎、专修国史等名称随代不同，然其职责则或掌记注，或专撰述，皆所以使当代国史能继续维持不坠也。历史虽然长久，若无此种不断之组织，亦无法使前史传之于今；则累世皆有专掌记注之史官，此第二特点也。

第二节　正统的观念

统之观念，在现存史料中至少西周初人已有之。在《尚书》"多士"、"多方"各篇中，皆极言夏不遵天命，天乃使成汤代夏，纣又不遵天命，天乃眷顾有周；在《毛诗》若干篇中亦有同类见解；则商之代夏，周之代商，皆承天之统也。故王孙满在春秋时对楚王说："周德虽衰，天命未改。"则天命改时必将有人以代周之统也。然至此时尚未杂有五德之观念。五德之观念盖盛于东方，故为五德论者亦为齐人邹衍，《史记·孟子荀卿列传》所谓"称引天地剖判以来，五德转移，治各有宜，而符应若兹"是也。至秦始皇始从其言："推终始五德之传，以为周得火德，秦代周，德从所不胜，方今水德之始。"于是统之观念遂限于五。汉代此说大盛；南北朝纷争，各自认为正统；宋代因受夷狄交侵，故正统之论尤严，其略可于司马光《答郭纯长官书》中见之：

> 夫正闰之论，诚为难晓。近世欧阳公作《正统论》七篇以断之，自谓无以易矣；有章表明者，作《明统论》三篇以难之，则欧阳公之论似或有所未尽也。欧阳公谓正统不必常相继，有时而绝，斯则善矣；然谓秦得天下无异禹、汤，又谓始皇如桀、纣不废夏、商之统，又以魏居汉、晋之间，推其本末，进而正之，此则有以来章子之疑矣。章子补欧阳公思虑之所未至，谓秦、晋、隋不得与二帝三王并为正统，魏不能兼天下当为无统，斯则善矣；然五代亦不能兼天下与魏同，乃独不绝而进之使与秦、晋、隋皆为霸统，亦误矣。足下离之，更为异等，斯又善矣。然则正闰之论虽为

难知，经三君子尽心以求之，愈论而愈精，庶几或可以臻其极乎？……光辱足下之厚意，岂可逆自鄙薄，不倾胸腹之所有，以尽布于左右而求采择乎？孔子曰："名不正则言不顺。"先儒谓秦为闰者，以其居二代之间而非正统，如余居两月之间而非正月也。夫霸之为言伯也，古者天子立二伯，分治天下诸侯。周衰，方伯之职废，齐桓、晋文能帅诸侯以尊周室，故天子册命使续方伯之职，谓之霸主。而后世学者，乃更以皇帝王霸为德业之差，谓其所行各异道，此乃儒家之末失也。今章子以霸易闰，以失为得，恐不足遵也。夫统者，合于一之谓也。今自余以下皆谓之统，亦恐名之未正也。又蜀先主自言中山靖王之后，而不能举其世系。后唐出于沙陀，姓朱邪氏，唐赐之姓，明宗复非庄宗之族，清泰又非明宗之子。李昇起于厮役，莫知其姓，或云湖州潘氏子，李神福俘之以为僮仆，徐温丐之以为子。及称帝，慕唐之盛，始自言姓李，初欲祖吴王恪，嫌其诛死；又欲祖郑王元懿，命有司检讨二王苗裔。有司请为恪十世孙，昇曰："历十九帝，十世何以尽之？"有司请以三十年为一世，议后始定。足下云：蒙先世之烈者谓之余，今三家皆谓之余，可乎？且余者岂非谓承正统之余也。今刘知远谓之闰，而刘崇谓之余，可乎？又凡不能壹天下者，或在中国，或在方隅，所处虽不同，要之不得为真天子。今以曹魏、刘石二赵、苻姚两秦、元魏、高齐、宇文周、朱梁、石晋、刘汉、郭周为闰，孙吴、刘宋、二萧齐梁、陈、慕容燕、赫连夏为偏，李蜀、吕李秃发沮渠西凉、乞伏秦、冯燕、杨吴、王孟两蜀、广南汉王闽为僭，三者如不相远，然愿更详之。彼苻氏、姚氏与慕容氏，赫连氏与拓跋氏，一据关西，一据山东，与高

齐、宇文周何以异乎？又凡天禄之不终者，传世不传世等
耳。王莽虽篡窃，天下尝尽为之臣者十八年，与秦颇相类，
非四夷群盗之比也。则天乃唐之母后，临朝称制，与吕后无
殊，但不当革命称周耳。其后子孙相继有天下，不得谓之不
终其身，今与王莽同谓之伪，亦似未安也。

足见宋代正统争论之繁，且正统论之难求其完备，纵有司马光之
史识，亦难为评断矣。

第三节　书法

赵穿弑君而董狐书曰："赵盾弑其君。"孔子称之为书法不
隐，则书法之用，由来已古。盖中国古史既严于天命之统，则
违反此原则者必须加以惩惧；而合于此原则者加以褒扬，亦甚
合理。后代史官多遵守此义，认为史书含有惩劝作用，有时史
事之考证不必求其极详，然书法则不可不求精密，此论至宋代
尤重视。欧阳修之撰《新五代史》，其所重视者书法而已。朱熹
之修《资治通鉴纲目》，亦认为司马光之《资治通鉴》，书法不
够精密，故其《凡例》一卷，所论者皆限于书法。此种见解历
明、清而不改，故清圣祖有《御批资治通鉴纲目》，清高宗更有
《御批通鉴纲目辑览》，皆以帝王而提倡此义者。盖书法虽对古
人而施，然其影响则及于今人。以记载陈迹之历史为惩劝作用
者，此中国史学之特点，因此而影响及于史迹之失真，亦中国
史学之弊也。

第四节　尊王与攘夷

　　武王伐纣，成王、周公践奄以后，周人大封同姓及亲戚于东方，从此商、周文化渐合成一体。于是蛮夷以外，诸夏之观念发生。诸夏者，以姬姓及其亲戚为主干，而以商人为外围之集团也。春秋以前，周王以诸夏首领地位而攘夷狄。东迁以后，王室衰微，霸主出现，遂一面尊王，一面攘夷，两种固同一主义之两面也。此种主义亦显露于古代史书中。战国以后，文化逐渐统一，至秦而政治统一，于是以前所谓蛮夷有若干已融合于诸夏，诸夏之定义及范围更趋广阔。然四境之外，夷狄仍然存在，而攘夷之思想亦仍旧存在。以后历代史书中，此观念时隐时显。大抵中国国势强盛之时，则此类观念较不为人注意；至夷狄交侵之候，则此种观念转趋强烈。清人虽以异族而入主中国，但为汉族所同化，而亦自侪于诸夏，对其他民族反以夷狄视之，故清末攘夷论又对欧西诸国而发生，此种绵亘不绝之观念，亦中国史学之另一特点也。

（摘自《中国史学史》，中华书局，2010 年）

第二篇　史家与史书

上古的史书

第一节　《尚书》

现存史书之最古者，首推《尚书》。《尚书》自西汉之初，已分为今文、古文两本。今文传自伏生：

> 伏生者，济南人也，故为秦博士。孝文帝时，欲求能治《尚书》者，天下无有；乃闻伏生能治，欲召之。是时伏生年九十余，老不能行。于是乃诏太常，使掌故朝错往受之。秦时焚书，伏生壁藏之，其后兵大起，流亡。汉定，伏生求其书，亡数十篇；独得二十九篇，即以教于齐、鲁之间。学者由是颇能言《尚书》。"诸山东大师"，无不涉《尚书》以教矣。（《史记·儒林列传》，同见《汉书·儒林传》）

《古文尚书》出自孔壁：

> 《古文尚书》者，出自孔壁中。武帝末，鲁共王坏孔子宅，欲以广其宫，而得《古文尚书》及《礼记》《论语》《孝经》，凡数十篇，皆古字也。共王往入其宅，闻鼓琴瑟钟磬之音，于是惧，乃止不坏。孔安国者，孔子后也，悉得其书，以考二十九篇，得多十六篇。安国献之，遭巫蛊事，

未列于学官。刘向以中古文校欧阳、大小夏侯三家经文，《酒诰》脱简一，《召诰》脱简二，率简二十五字者，脱亦二十五字；简二十二字者，脱亦二十二字；文字异者七百有余，脱字数十。(《汉书·艺文志》)

终汉之世，《今文尚书》共二十九篇，《古文尚书》除二十九篇大略与《今文尚书》相同外，另多十六篇，多加序一篇，共分为四十六卷，《汉书·艺文志》所谓："《尚书古文经》，四十六卷"是也。今文立于学官，有博士以传授，有弟子以受业；古文则传习于民间，至元帝末，始立博士，未几即废。及西晋惠帝末，五胡乱华，中原板荡，学官各经皆多失传，伏生之今文尚书，遂亡于是时；而《古文尚书》十六篇，亦经乱无传者。

及东晋元帝时，"豫章内史梅赜奏上孔传《古文尚书》"(《经典释文》)。及南齐建武中，姚方兴更奏上《舜典》首所缺二十八字。梅赜本较《今文尚书》多二十五篇，其篇目与孔壁《古文尚书》颇有同异。至唐太宗贞观中，撰《五经正义》，专用梅本，即今通行本《尚书》是也。然其二十五篇，皆杂采古书而成。南宋吴棫始疑之，至清初阎若璩更遍举其作讹之证，于是二十五篇梅本《古文尚书》之伪始定。(《史通·正史篇》："《古文尚书》者，即孔惠之所藏，科斗之文字也。鲁恭王坏孔子旧宅始得之于壁中。博士孔安国以校伏生所诵，增多二十五篇，更以隶古字写之，编为四十六卷。"按：二十五篇为梅本伪《古文尚书》，而四十六卷则《汉书·艺文志》所谓孔壁《古文尚书》也。刘知几处唐代伪《古文尚书》盛行之时，合二者为一，故有此误。)

故述《尚书》只能就二十八篇(《泰誓》先亡，故现存只二十八篇)，论之如下：

（一）记广泛的历史：

《尧典》 （除今本《舜典》首之二十八字外，余合于《尧典》，今文及汉真古文皆统称《尧典》。）记载尧、舜两朝的故事。

（二）记某一件事的历史：

《禹贡》 记禹治水后任土作贡之事。

《金縢》 记周公祈天求代武王之事。

《顾命》 内兼康王之诰，记成王将崩命康王继位及康王即位之事。

（三）誓师辞：

《甘誓》 伐有扈誓师辞。

《汤誓》 汤伐桀誓师辞。

《牧誓》 武王伐纣誓师辞。

《费誓》 伯禽伐徐戎誓师辞。

《秦誓》 秦穆公殽役败后誓师辞。

（四）诰天下辞：

《汤诰》 汤灭夏后诰天下之辞。

《盘庚》 盘庚迁都诰人民之辞。（《史记·殷本纪》谓为后史官所记，此从《书序》。）

《大诰》 周公灭武庚践奄前诰天下之辞。

《多士》 建成周后，周公诰殷遗民之辞。

《多方》 成王归自奄诰天下之辞。

（五）封命辞：

《康诰》《酒诰》《梓材》 皆封康叔所作。

《文侯之命》 锡晋文侯命所作。

（六）记某一事的言辞及事：

《召诰》 记召公相度洛邑的言及事。

《洛诰》 记周公往营成周的言及事。

（七）记一人或数人之言：

《皋陶谟》 内兼今本益稷，记禹、皋陶之言。

《洪范》 记箕子答武王访问之言。

《高宗肜日》 记祖己训商王之言。

《西伯戡黎》 记祖伊恐周告纣之言。

《微子》 记微子告父师、少师之言。

《无逸》 记周公戒成王之言。

《君奭》 记周公对召公之言。

《立政》 记周公告成王之言。

由以上所说观之，《尚书》系合若干篇记事记言的文字而成，有者一篇之内兼记事记言，则知《汉书·艺文志》："左史记言，言为《尚书》；右史记事，事为《春秋》。"分记言记事为两书之说，非也。章学诚谓后来记事本末一体，实出于《尚书》（《文史通义·书教篇》），其言颇为合理。《尚书》中若干篇，如《尧典》《金縢》《顾命》皆具一朝或一事之本末，实有记事史的性质，另有若干篇则只能曰史料而已。由于此，《尚书》犹不能算中国史学之正宗；现存真正最早的史书为《春秋》，今本虽为孔子所约删，但尚留有一部分鲁史本来面目。

第二节 《春秋》与《竹书纪年》

真正有系统的古史，现存者当以《春秋》为首。记事之法，以事系日，以日系月，以月系时，以时系年。如：隐公"三年，春王二月，己巳，日有食之"。日食，所谓事也。其日当己巳，所谓以事系日也。论月，属于二月，所谓以日系月也。而时当春，所谓以月系时也。又曰三年，所谓以时系年也。不独鲁史《春秋》如此，各国史书本体皆如是，盖编年体为中国史最古之体裁矣。现存之《春秋》，出自鲁史，鲁史原由鲁国史官所记；晋代出土之《竹书纪年》，由晋、魏史官写成，两书体例略相似，是以知鲁、晋史之皆若此。而《汲冢璅语》记太丁时事，目为"夏殷春秋"，"《璅语》又有《晋春秋》，记献公十七年事"（皆《史通·六家篇》文）；《墨子》书中言周之《春秋》，燕之《春秋》，宋之《春秋》，齐之《春秋》，且以之通称各国之史书；而《孟子》谓："晋之《乘》，楚之《梼杌》，鲁之《春秋》"，是各国史书常有专名，不尽相同；书之曰《春秋》者，盖通称则同，专称或异也。后孔子据鲁史旧文，"约其辞文，去其烦重"（《史记·十二诸侯年表》），以成今书，而仍其旧称；论其事则"仲尼因鲁史策书成文"（杜预《春秋左氏传序》），然有去取，"笔则笔，削则削"（《史记·孔子世家》），故谓孔子修《春秋》，若孟子所云可也，谓不修亦可也。

孔子因鲁史旧文而作《春秋》，信矣！太史公谓"故西观周室，论史记旧文"（《十二诸侯年表》），其意以为周代各国史皆聚于王朝，故修史必须西适周，方能得各国史料，以为底本。或更有扩大其辞，若《公羊传疏》所引者，"昔孔子受端门之命，制《春秋》之义，使子夏等求周史记，得百二十国宝书"，皆昧于当时形势也。前章已言古代国史多由其国之世族历代典守，周之史记或较列国之史记包括较广，然并非包括当代各国史事而无遗；各国史既保存于其国中，而不必上于周王，则适周所能见者，亦不过周史而已，各国之史记仍不能遍览也。观《春秋》所记周事极少，即极重要之事，如周王之崩葬亦多缺而不载，则孔子所据者，只鲁史而非兼据周史，更未遍据诸国史记，明矣！

孔子据鲁史旧文，至少说极大部分据鲁史旧文，更有其内在的证据。若鲁隐公明明被弑，而鲁史书之曰薨，孔子沿之而不改；假设鲁史原文书弑，而孔子反改曰薨，则非使乱臣贼子惧之原意矣。刘知几《史通·惑经篇》，且举"十二未谕"、"五虚美"以问孔子，比如在其一"未谕"中：

> 奚为齐、郑及楚，国有弑君，各以疾赴，遂皆书卒？（原注：襄七年，郑子驷弑其君僖公；昭元年，楚公子围弑其君夹敖；哀公十年，齐人弑其君悼公。而《春秋》但书云："郑伯髡顽卒；楚子麇卒，齐侯阳生卒。"）夫臣弑其君，子弑其父，凡在含识，皆知耻惧。苟欺而可免，则谁不愿？然且官为正卿，反不讨贼；地居冢嫡，药不亲尝；遂皆被以恶名，播诸来叶。（按：《宣二年传》："赵穿攻灵公于桃园，宣子未出山而复。太史书曰：'赵盾弑其君。'以示于朝。宣子曰：'不然。'对曰：'子为正卿，亡不越竟，反不讨贼，非子而谁？'"又《昭十九年传》："许悼公疟。五月，戊辰，饮太子止之药卒。太子奔晋。书曰：'弑其君。'"）

刘氏所谓皆鲁史之旧文，以之责难孔子，孔子不受也。刘氏又谓：

> 加以史策有阙文，时月有失次，皆存而不正，无所用心，斯又不可殚说矣。

史笔之有阙文，时月之有失次，皆鲁史之原有状况，孔子纵欲补其阙文，正其时月，无他种史料以相助，又焉可得也。并非无所用心，而反足为孔子所修《春秋》因于鲁史旧文多增明证。

至于孔子作《春秋》之原意，则孟子以为可以使乱臣贼子惧，后之人多沿其意而推广之。故司马迁说："后有王者，举而开之，《春秋》之义行，则天下乱臣贼子惧焉。"（《孔子世家》）即其例也。此虽后人所传述，然细按春秋之世，史书实含有此类作用，如：

> 卫宁惠子疾，召悼子曰："吾得罪于君，悔而无及也。名藏在诸侯之策，曰'孙林父、宁殖出其君'；君入则掩之。若能掩之，则吾子也。"（《襄公二十年传》）

恶名在诸侯之策，当时人必有以为耻者。崔杼因书弑君而杀太史，亦恐诸侯皆知其罪恶也。则孔子删鲁史旧文以传弟子，使后之人惧焉，未始非孔子作《春秋》之一动机也。然孔子对史学之贡献，依现在眼光观之，不在此而在使当时一部分历史得以保存，而传之后世。因为这部分历史原系编年，遂能年月有条而不紊，不只能保存由鲁隐公至鲁哀公二百四十二年的事实，且能获知事实发生的真实年月，有时且有确实的日期，为中国第一部有年月的史书，这真是极可宝贵的。孔子对国家之功，可说不在禹下。

因为《春秋》之作，有使乱臣贼子惧之意，遂发生褒贬书法的问题。据《汉书·艺文志》，解释《春秋》者共五家，其中除《左氏春秋》，下节另讨论外，其余四家为《公羊传》《穀梁传》《邹氏传》《夹氏传》。邹、夹两氏，汉代已无传者。《公羊》《穀梁》两传，皆以解释《春秋》书法为目的。书法为中国史学所独有，其影响于后世作史者甚大。此节当于另章中讨论及之。

《竹书纪年》出自晋代。

初，太康（晋武帝）二年，汲郡人不準（按：不準，人名；不，古与丕字同。）盗发魏襄王墓或言安釐王冢，得竹书数十车。其《纪年》十三篇，记夏以来，至周幽王为犬戎所灭，以事接之。三家分（晋），仍述魏事，至安釐王之二十年。盖魏国之史书，大略与《春秋》皆多相应。（《晋书·束晳传》）

会汲郡汲县有发其界内旧冢者，大得古书，皆简编科斗文字，发冢者不以为意，往往散乱。科斗书久废，推寻不能尽通。……其《纪年》篇起自夏、殷、周，皆三代王事，无诸国别也。惟特记晋国，起自殇叔，次文侯、昭侯，以至曲沃庄伯。庄伯之十一年十一月，鲁隐公之元年正月也，皆用夏正建寅之月为岁首，编年相次。晋国灭，独记魏事，下至魏哀王之二十年，盖魏国之史记也。……上去孔丘卒，百八十一岁。……哀王二十三年乃卒，故特不称谥，谓之今王。其著书文意，大似《春秋经》，推此足见古者国史策书之常也。（杜预《左传后序》）

《竹书纪年》原本，今已遗失，现有之本，当为明代人杂采各书所补成；但由宋以前各书所引，尚能窥见古本原面目。王国维有《古本竹书纪年辑校》，将各书中所引原文集成一篇。古本与今本不同之处有数点：（一）卷数不同：古本据《晋书·束晳传》，为十三篇；据《隋书·经籍志》为十二卷；而今本只二卷。（二）古本在周幽王以前，用周纪年；以后用晋纪年；三家分晋后，用魏纪年；《晋书·束晳传》及杜预《左传后序》所言甚明。今本则始终以周纪年。（三）古本自夏开始，而今本始于黄帝。（四）古本若干条，引见于古书中者，不见于今本。（五）

今本所记夏代年数，与古本不合。古本纪年之由周而晋而魏，即因原系魏史官所集，其体例属于编年，杜预所谓大似《春秋经》者。可见中国古史最早即属编年体。所可惜者，今本纪年已非原书，新辑古本又系辑补而非完全；否则，其所包括史料，历夏、商、周三代，几近二千年之久，价值当在《春秋》之上。出土以后，因系竹简所书，故名曰《竹书》；因系编年体，故名曰《纪年》。是《竹书纪年》之名为晋人所定，而非其原名也。

第三节　《左传》与《国语》

《左传》与《国语》所记，皆属东周史料（《国语》中有西周史料，但极少），昔人谓皆属左丘明所作，但此颇有问题。现先讨论《左传》，据《汉书·艺文志》：

> 周室既微，载籍残缺，仲尼思存前圣之业，乃称曰："夏礼吾能言之，杞不足征也；殷礼吾能言之，宋不足征也。文献不足故也，足则吾能征之矣。"以鲁周公之国，礼文备物，史官有法，故与左丘明观其史记，据行事，仍人道；因兴以立功，败以成罚，假日月以定历数，借朝聘以正礼乐，有所褒讳贬损，不可书见，口授弟子，弟子退而异言。丘明恐弟子各安其意，以失其真，故论本事而作传，明夫子不以空言说经也。

《史记·十二诸侯年表》亦谓：

> 故西观周室，论史记旧闻，兴于鲁而次《春秋》，上记

隐，下至哀之获麟，约其辞文，去其烦重，以制义法，王道备，人事浃。七十子之徒口受其传指，为有所刺讥褒讳挹损之文辞，不可以书见也。鲁君子左丘明惧弟子人人异端，各安其意，失其真，故因孔子史记，具论其语，成《左氏春秋》。

据司马迁、班固所言，是两汉人皆以为《左传》为左丘明作，且谓为解释《春秋》而作。但《左传》与《春秋》颇有不同。即《春秋》之文字极简，而《左传》之记事较为繁杂；且所记事每条与《春秋》不相等。比如隐公元年，《春秋》所记共七条，而《左传》则十三条，其中有《春秋》有而《左传》无者，亦有《左传》有而《春秋》无者。于是西汉末年，遂有人以《左传》非解释《春秋》者。后至郑樵等更以《左传》为刘歆所伪作。但考之西汉初年，"北平侯张苍及梁太傅贾谊、京兆尹张敞、大中大夫刘公子皆修《春秋左氏传》"（《汉书·儒林传》）。而许慎《说文解字·叙》亦说："北平侯张苍献《春秋左氏传》。"按：张苍、贾谊皆与汉文帝同时，远在西汉初年，而刘歆则属西汉末年人，则《左氏传》之开始传布，不由于刘歆。亘西汉之世，《左传》虽未立于学官，然民间不少传习之者，则刘歆又安从伪造？各国各有其史书，已如前章所述。观《春秋》与《左传》皆始自鲁隐公；而《竹书纪年》，以晋事而论，亦始于晋文侯；则此种史料，似皆开始于西、东周之交，此亦无足怪者。观《诗经》中，"雅"多作于西周，彼时东方之列国尚无"国风"，"国风"之开始在东迁以后；而现出土之铜器，东周时代者多属列国所作，与西周铜器多属周王室者不同。是则平王东迁以后，文化中心亦随之而向东转移，列国史书之开始更加发达，亦在此时，皆环境使然也。《左传》一书，系有人逐渐搜集各国史书以成者。所谓逐渐，谓其集成非由一人，亦非一次，而其原史料亦非一人一地所写者。此类材料最初或由口传，然后方才写定，故一事之记载或有异同，比较《左传》与《国语》即可知也。《汉书·艺文志》尚载有"《公羊外传》五十篇，《公羊杂记》八十三篇，《穀梁外传》二十篇"，其书内容现已不可知，想亦如《左传》所记相类诸事也。孔子修《春秋》时，对此类材料想必亦曾参考；否则孔子对鲁史旧文，焉能笔则笔，削则削哉？且战国时，诸子颇有引用与《左传》相同的史料者，如《韩非子》"储说下六微"，《庄子》"胠箧"，《韩非子》"难三""储说上七术""察微篇""报更篇""外储说上"及"鲁连子"是也（见刘师培《左盦集·周季诸子述左传考》）。且《韩非子·外储说》，述高渠弥弑郑昭公事，复有"君子曰：昭公知所恶"，与《左传》相同。更可证明《左传》之"君子曰"非刘歆所增加。由《周季诸子》观之，与《左传》相类的史料，在战国时已经存在。刘师培谓诸子所引出自《左传》，固不敢谓其必确；但诸子所引与左氏所载出自同源，则事实也。至于《左传》为何人所集，目前为不能解决之问题。司马迁及班固、桓谭等皆谓为左丘明所作，有人且以为即《论语·公冶长篇》之左丘明。然左、丘双姓，而《左传》诸编辑者中，或有一人姓左，后因称为《左氏传》。但左丘与左绝非一姓也。且《左传》之开始于隐公元年，最末所记有"悼之四年"语，且晚于哀公，足见《左传》之最后编辑者，至早必与鲁悼公同时。编辑者既非一时一人，则对于《左传》为何人所作，已成为不能解决的问题。故吾人亦不必讨论之。最初《春秋》与《左传》为两部书，《汉书·艺文志》所载《春秋经》十二篇，又《左氏传》三十卷，为其明证。合《左传》与《春秋》始自杜预，已至魏晋之交矣。苟只有《春秋》而无《左传》，则二百四十二年间事，只能知其年月及大略而已；其详情细节多待《左传》所记以说明，《左传》实我国史学中一部最重要著作也。

《国语》二十一篇，《汉书·艺文志》谓为左丘明著。而司马迁《自序》，亦有"左丘失明，厥有《国语》"之句。是东、西汉人皆以为《左传》与《国语》同属左丘明所著；但所记同一事，实有异同。如《周语》："周文公诗曰：'兄弟阋于墙，外御其侮。'"而《左传·僖公二十四年》则谓为召穆公诗。又《楚语》谓："鄢陵之役，……雍子之所为。"而《左传·襄公二十六年》则谓为苗贲皇之为也。又《越语》："越败于吴，至越灭吴共十年。"而据《左传》共二十二年，其不同处若此。若一人所编辑决不至如此矛盾。足证两书所采材料相类似，而绝非同源。有人说刘歆采列《国语》而造《左氏传》，以其所列剩余者为《国语》。若果如此，刘歆何必留下不同的材料，以使后人怀疑他作《左氏传》乎？《国语》系集各国记载而成，其中共分周、鲁、齐、晋、郑、楚、吴、越八国语。以时间论之，《周语》最早，上至穆王；《越语》最晚，下至句践；其所记时代，除《周语》以外，约略与《左传》相同。

《国语》与《左传》不同处，尤在于《左传》每事至少有年，有时甚而有月日，《国语》则无年月者多；且一事之始末，常不完备。刘知几《史通》所举史学六家，属于上古史者有四，即尚书家、春秋家、左传家、国语家。《春秋》与《左传》同属编年，具有编年体之各种条件；《国语》则零星片断，只能谓之曰史料，不能与《春秋》及《左传》等量齐观也。

第四节　其余上古史书

除上述诸书外，现存者尚有《世本》《逸周书》《战国策》，皆司马迁撰《史记》时所常采用者。《汉书·艺文志》著录《世本》十五篇，原注："古史官记黄帝以来讫春秋时诸侯大夫。"盖谱牒之最古者。刘知几《史通·正史篇》云："楚、汉之际，有好事者，录自古帝王公侯卿大夫之世，终乎秦末，号曰《世本》十五篇。"古之谱牒等于后之家谱，家谱既常续修，谱牒当亦如此，故《世本》中有后续修部分并不影响原有者之为极古作品。自唐以后，其书已亡，现有辑本系采自各书所引者，其中有《居篇》，记载古国的都邑；有《作篇》，记载制器之事；有《氏姓篇》，记载各姓之来源；有《帝系篇》，记载古代帝王之姓名及故事；有《王侯大夫谱》，记载各国贵族世系；其大略如此。

《汉书·艺文志》著录《战国策》三十三篇，系汉人集各国短长书而成者，故亦称为短长书。以严格论，《战国策》不能认为真正的史书。因战国正游说盛行之时，盖有人收集游说文章，以备研究者，其目的不在写成历史，故书中有时对年份不太分明，而事迹亦难免有重复之处。以之作史料而加以考证则可，谓为纯粹的史书，似有未尽善也。

《汉书·艺文志》："《周书》七十一篇，周史记。"颜师古引刘向云："周时诰誓号令也，盖孔子所论百篇之余也，今之存者四十五篇矣。"后人为别于《尚书》之《周书》，故称曰《逸周书》。许慎《说文解字》，马融注《论语》，郑康成注《周礼》，皆引用《周书》，司马迁亦曾引之。是《周书》之存在于两汉时，明矣。故《隋书·经籍志》谓为汲冢所出，实误。颜师古注《汉书》，谓唐时只存四十五篇，而今本存五十九篇，较之反多十四篇，又与唐本不同。清代谢墉以为"此后人妄分，以符七十之数，实只四十五篇，未尝亡耳"。其中有若干文字甚古，或系较早的文字，其余则颇似战国人所作。且每篇皆以解名篇，如《克殷解》、《度邑解》等，疑当时原有若干篇史料，解者盖以解释同名之史料也。观《管子》有《牧民》等五篇，又有《牧民解》等五篇，皆申明同篇名之义。《管子》系战国时作品，故《逸周书》亦有同类体裁也。

此外《穆天子传》，常列入史部起居注内，但其书近于小说。盖根据《左传·昭公十二年》"昔穆王欲肆其心，周行天下，将皆必有车辙马迹焉"之语，而扩大其辞以成书，不足作史料观也，故不列入上古史书类。《山海经》多记地理，亦不宜于史学史中讨论及之。

（摘自《中国史学史》，中华书局，2010 年）

二十五史中最重要的两部书及其作者

一 《史记》与《汉书》

二十五史中虽不乏精心的作品，但最重要者当推《史记》与《汉书》。《史记》是纪传体创始的一部书，而《汉书》是断代史第一部作品，两书各有其千秋在。刘知几在《史通·六家篇》中分列为史记家及汉书家，就是由于此。后世论史学者，或赞成司马迁而非班固，若宋之郑樵，清之章学诚皆是；或赞成班固而非司马迁，若唐之刘知几即是。实在说起，各有其长处，不能用一端而论其高下也。

二 司马迁父子与《史记》

司马迁字子长，汉代左冯翊夏阳人。据王国维《太史公行年考》（载《观堂集林》中）所证，他生于汉景帝中元五年（公元前一四五年），而卒于昭帝时（据施之勉先生所考）。他的上世自周代为天官，古时的天官不只掌记载史事，并且能明历象日月阴阳度数，所以司马迁亦说："文史星历，近乎卜祝之间。"
（《汉书·司马迁传》）亦就因为这是他的世业，作《史记》"欲
以究天人之际，通古今之变"，目的不只写成一家之言而已。究
天人之际就是要明了天人之间的关系，这仍是古代史官的旧职。

《史记》原称《太史公书》，至魏晋之间方称为《史记》，盖
太史公记的简称。按《自序》则创始并不始于司马迁，至少创意
于其父司马谈。谈原任太史令。及病于洛阳，对迁说：

> 今汉兴，海内一统，明主贤君忠臣死义之士，余为太史
> 而弗论载，废天下之史文，余甚惧焉，汝其念哉！

于是迁就"请悉论先人所次旧闻，弗敢阙"。可见谈原有所
论次而迁完成其书。

迁为太史令，乃细翻阅"金匮石室之书"。金匮石室是指汉
皇家图书馆藏书的地方，其中皆是外面无有的国史珍贵材料。及
汉武帝太初元年（公元前一〇四年），武帝诏讨论改历法。汉自
高祖仍沿用秦历，以十月为岁的开始。至是经过辩论以后，认为
汉应当以正月为岁的开始。司马迁亦是参加讨论的一人，并且赞
成这一说。这亦是他生平的一件大事。并且自汉武帝改用正月以
后，历代相沿以至于清朝，就是现在所用的旧历。

太史公世为天官，有欲究天人之际的传统观念，所以对于太
初改正朔，认为是一个新时代的开始，等于西狩获麟，皆是重要
的纪念时代。孔子因西狩获麟而削改鲁国史记作《春秋》，他亦
因太初改正朔而创始作《史记》。恰巧两件事正相距五百年，他
认为意义重大，就说：

> 先人有言：自周公卒五百岁而有孔子，孔子卒后至于今

五百岁，有能诏明世，正易传，继春秋，本诗礼乐之际，意在斯乎！意在斯乎！小子何敢让焉。（《史记·自序》）

由这节可以看出太史公之欲上接孔子，何等的勇气，何等的胸襟！所以能创作出不朽的第一部正史。

三　班氏父子兄妹与《汉书》

《汉书》的创作始自班彪，大部成于班固，而完成于班昭。彪字叔皮，才高而喜爱著作，遂专心史籍。以为太史公所著《史记》，自武帝太初以后事皆阙而不录，其后尝有人缀集当时的史事，以续其书，但鄙俗不足以踵比太史公，于是彪乃搜集太初以后事，作成后传数十篇，《后汉书·班彪传》称为"后传"，是他所写的只有列传。及彪卒，其子固乃细心研究，想完成其业。恰有人上书东汉明帝，告班固私改写国史。就将固下于京兆狱中，并将他写的书进呈。他的弟弟班超，就是后来在西域建立大勋的那个人，这时方在少年，亦亲往京都上书明帝。恰巧班固写的国史亦进呈至都，明帝读其书，深以为奇，就令他与陈宗共撰东汉光武朝的国史。后明帝更令他完成以前所写的《汉书》。固以为《汉书》当起始于高祖，终于孝平王莽之诛，综汉一代的断代史。

但至和帝永元四年（公元九十二年）固卒时，《汉书》的八表及天文志尚未写全，就诏其妹班昭至东观藏书阁将他写完。班昭是汉代第一位有学问的女子，一门学问的盛况，当时真无与伦比了。

四 《史记》《汉书》的写作时间及其异同

司马谈比次旧史的时间，现在无法考证，至于司马迁之撰《史记》经过的时间，据赵翼及王国维两家所论参合言之，多则十六年，即由武帝元封二年至太始四年；少则十二年，即由太初元年至太始四年也。

《汉书》著作的时间较长。《后汉书·班彪传》说："今此后篇，慎核其事，整齐其文，不为世家，唯纪传而已。"其下接言"彪复辟司徒玉况府"。按玉况为司徒在汉光武建武二十三年，彪之撰史必更在前。兹假定为建武二十年左右。班昭之卒，传中虽无年月可据，但以他曾授书邓太后及他事来推测，大约卒于永初四年以后。盖《汉书》之修经七十余年之久。在二十五史中，仅次于清修《明史》，《明史》则经过九十余年的撰修工作。

至于两史的异同，则高祖至武帝朝事迹，《汉书》仍取材于《史记》，因经过王莽之乱，西京旧史料存在者不能超过太史公所录者。文字则司马氏诡奇而奔放，班氏则较谨严，此其异也。

（《中国一周》1955 年 8 月 15 日）

刘知几与《史通》

对史学为批评讨论者，始于唐之刘知几。知几字子玄，徐州彭城人。父藏器。知几幼时，即喜读史书，据其《自叙》言：

> 予幼奉庭训，早游文学，年在纨绮，便受《古文尚书》，每苦其辞艰琐，难为讽读，虽屡逢捶挞，而其业不成。尝闻家君为诸兄讲《春秋左氏传》，每废书而听。逮讲毕，即为诸兄说之，因窃叹曰："若使书皆如此，吾不复怠矣！"先君奇其意，于是始授以《左氏》，期年而讲诵都毕，予时年甫十有二矣。所讲虽未能深解，而大义略举。父兄欲令博观义疏，精此一经，辞以获麟已后，未见其事，乞且观余部，以广异闻，次又读《史》、《汉》、《三国志》。既欲知古今沿革，历数相承，于是触类而观，不假师训。自汉中兴已降，迄乎皇家实录，年十有七，而窥览略周。其所读书，多因假赁，虽部帙残缺，篇第有遗，至于叙事之纪纲，立言之梗概，亦粗知之矣。

遂与兄知柔俱有名，中进士，后累迁至凤阁舍人，兼修国史。与徐坚、吴兢同修实录，又与吴兢同修国史。中宗时擢太子率更令，仍兼修史。知几欲修改《武后实录》，与监修武三思意见不同，"自以为见用于时而志不遂，乃著《史通》内外四十九篇，讥评今古"。(《新唐书》本传)至其书名，则知几在序中曾言及之：

> 昔汉世诸儒，集论经传，定之于白虎观，因名曰《白虎通》；予既在史馆而成此书，故便以《史通》为目。且汉求司马迁后，封为史通子。是知史之称通，其来自久，博采众议，爰定兹名。

《史通》序末署景龙四年，盖其书成之时，其开始著作之日必在与武三思不睦之后，本传所谓或言子玄身史臣而私著述，所著述者当即《史通》也。

《史通》共二十卷，《内篇》三十六，《外篇》十三。《内篇》中最重要者为六家、二体，《外篇》中为《史官建置》及《古今正史》。关于史之体裁，刘氏以为：

> 古往今来，质文递变，诸史之作，不恒厥体。榷而为论，其流有六：一曰尚书家，二曰春秋家，三曰左传家，四曰国语家，五曰史记家，六曰汉书家。

以古史而论，虽有六家，但《春秋》与《左传》同属编年，而《史记》与《汉书》同属纪传，故综而论之，只有二体，此刘氏之所以六家篇以后继以二体也。丘明传《春秋》，编年之始也；子长著《史记》，纪传之祖也。刘氏以为载笔之体，于斯备矣，后世作者，两体互为消长。然在纪传之中，刘氏仍取断代史之《汉书》，不取通史之《史记》。此种意见与后来之司马光、郑樵恰相反，亦与清代史学批评家章学诚相反，诸氏皆赞成通史之作者也。刘氏以此对于班固备极推崇：

> 如《汉书》者，究西都之首末，穷刘氏之废兴，包举一代，撰成一书，言皆精练，事甚该密，故学者寻讨，易为其功。自尔迄今，无改斯道。(《六家篇》)

因此刘氏对断限极注意：

> 《宋史》则上括魏朝，《隋书》则仰苞梁代，求其所书之事，得十一于千百，一成其例，莫之敢移。永言其理，可为叹息。(《断限篇》)

此外刘氏更举有数例，皆为"明彼断限，定其折中"；不必"滥引它事，丰其部帙"，然后方合于史体。

至于纪传体史各部门，则赞成本纪、列传，而不满意于表、志。对于表，则以为：

> 天子有本纪，诸侯有世家，公卿以下有列传。至于祖孙昭穆，年月职官，各在其篇，具有其说，用相考核，居然可知。而重列之以表，成其烦费，岂非谬乎？且表决在篇第，编诸卷轴，得之不为益，失之不为损；用使读者莫不先看本纪，越至世家，表在其间，缄而不视。语其无用，可胜道哉！(《表历篇》)

对于志，则以为天文、五行、艺文等各史所有，多不适用，而另有三种可以为志者，曰部邑、方物、氏族。"宫阙制度，朝廷轨仪，前王所为，后王取则。"故宜立都邑志。"金石草木、缟纻丝枲之流，鸟兽虫鱼、齿革羽毛之类，或百蛮攸税，或万国是供，《夏书》则编于《禹贡》，《周书》则托于《王会》。"故宜立方物志。"帝王苗裔，公侯子孙，余庆所钟，百世无绝。能言吾祖，郯子见师于孔公；不识其先，籍谈取诮于姬后。故周撰《世本》，式办诸宗；楚置三闾，实掌王族。逮乎晚叶，谱学尤烦，用之于官，可以品藻士庶；施之于国，可以甄别华夷。"故宜立氏族志。（以上皆《书志篇》）刘氏生于六朝至唐谱学极盛之时，欲志氏族，亦当时环境影响所及也。

关于文字，刘氏以为"国史之美者，以叙事为工；而叙事之工者，以简要为主：简之时义大矣哉"。（《叙事篇》）因此必删去浮词，书中有《浮词》一篇，专论此事。其主要之意，则"词寡者，出一言而已周；才芜者，资数句而方浃"。为文不止于简而且须真，故又有《直笔》、《曲笔》两篇，专论其事。事必直述，不只文字求其真，事实亦须求真，故在《载文篇》中，论事迹之不真，其失有五。一曰虚设：比如曹魏以下，名为禅让，而其事不同于尧舜，徒有其文，竟无其事。二曰厚颜：两国争雄，自相称述，饰辞矫说，各掩其弊。三曰假手：政治虽有败德，但作诏令者所用文字，使人读之如处升平之世，而不能明悉当时之真实史迹。四曰自戾：凡有褒崇，则谓其善无可加；旋有贬黜，则比诸罪不容责；一人之行为，一君之言论，贤愚是非，变化之速如此。五曰一概：国家时有盛衰，事迹常有变化，而作者所用文字，皆一概而论，人君皆圣明而宰辅皆英伟，不随时随事而更易其文字。凡此五者，皆史官不宜采用而反常笔于史书中者。（见《载文篇》）

因文字须求真，刘氏以为著史应用当时文字，不宜用古语写近事。"是以好丘明者，则偏模《左传》；爱子长者，则全学史公。用使周秦言辞，见于魏晋之代；楚汉应对，行乎宋齐之日。而伪修混沌，失彼天然，今古以之不纯，真伪由其相乱。"（《言语篇》）并且不宜将胡夷之语改成中国文言，否则"遂使沮渠、乞伏，儒雅比于元封；拓跋、宇文，德音同于正始。华而失实，过莫大焉"。（同上）故刘氏极反对史官所修北朝各史，以其所用文字不尚质朴，化夷言为华语也。文字应当仍其质朴，此与述事之不重浮词，实同一观念也。

至于记事则：

> 昔荀悦有云，立典有五志焉：一曰达道义，二曰彰法式，三曰通古今，四曰著功勋，五曰表贤能。干宝之释五志也，体国经野之言则书之，用兵征伐之权则书之，忠臣烈士孝子贞妇之节则书之，文诰专对之辞则书之，才力技艺殊异则书之。于是采二家之所议，征五志之所取，盖记言之所网罗，书事之所总括，粗得于兹矣。然必谓故无遗恨，犹恐未尽者乎。今更广以三科，用增前目：一曰叙沿革，二曰明罪恶，三曰旌怪异。何者？礼仪用舍节文升降则书之，君臣邪僻国家丧乱则书之，幽明感应祸福萌兆则书之。于是以此三科，参诸五志，则史氏所载，庶几无阙，求诸笔削，何莫由斯。（《书事篇》）

刘氏又极反对隋唐盛行之官修史书，在《忤时篇》中，谓有五不可。（一）古之国史皆出自一家，故能立言不朽；东汉用群儒著述，条章难立，故时常受人批评。现在史馆人数更多，以致写成无日。（二）前汉郡国计书先上太史，史官所用材料容易博取，而今代作史者，只能自己采访史料，因此记事不能尽善尽美。（三）以前董狐之载史，可以公开宣示于朝，而近代史官对人若有所贬，又恐见仇于贵族，因此写史乃不求真实，以避免得祸。（四）古者刊定一史，各有其意义，而现在史官注记，多请示监修。监修者非一人，意见常不相同，使写史者无所是从。

（五）监修之原职责，在定体例，分配职务；而今监修者既不能尽以上两种职务，遂使史官争学苟且，徒延岁月，而史难修成。总之，以上五项，皆由于聚众多史官而修一书，监修者又不能尽其力，此隋唐设立史馆之弊，而不如古代一家修史之善也。

唐以后修史者，外采取刘氏议论，然评者常反对《疑古》《惑经》两篇，因两篇中对于古史不只有疑惑，且对孔子之《春秋》有甚多批评，而认为《左氏》在三传中皆合周典。在清代以前，人固可以评史，而不可以论经，刘氏之受反对固其当然。然现在观之，六经皆史，则以批评史书为目标之《史通》，自然可论及《春秋》以及其他古史。刘氏之弊不在此，而在于信古胜于今，所以谓《春秋》及《史记》远超过后世所修各史，且古代史官之独立自由远胜于后代者。凡此皆非极有根据而纯属刘氏之推测。其实，古代史官并无所想象之自由，观鲁史之不书其君被弑，即明证也。一代有一代之环境，史书之记载亦视环境而不同，古既与今异，史书之有改变，亦在情理之中，故不能谓古史之成法即永久不变也。唐末柳灿著《史通析微》十卷，批评刘氏，见于《唐书》本传，其书今不传。

《史通》刻本始于明代，传世者有陆深及王惟俭两刻本，文字互有多寡异同，至清代有黄叔琳刻本及浦起龙《史通通释》本，《四部丛刊》则影印明万历本也。

《四库全书》列《史通》于史评类，诸家书目多有同之者。若榷论其实，则史评类应分为二：一部分仍可名为史评，如《史通》及《文史通义》等书属之；另一部分可名为史论，如胡寅《读史管见》等书属之。前一类所论，多属于史之体裁及作史之方法，所批评者史书而非人与事。后一类侧重于史事与人之批评，故已超出史学史之范围。《四库全书总目提要》谓《读史管见》："其论人也，人人责以孔颜思孟；其论事也，事事绳以虞夏商周。名为存天理遏人欲，崇王道贱霸功，而不近人情，不揆事势，卒至窒碍而难行。"可见其书之目标与《史通》甚不相同。以数量言之，史论多而史评少，盖议论容易而客观对史书批评，诚属难事也。

后代史书既随时演变，与隋唐以前者不尽相似，故作史评者亦不必专门沿袭刘知几之旧规模，完全遵照其分门别类。苟有作者，似宜新辟门径，方可合于史学之新发展。

刘氏意见有不能实行者，如取消各史之表及志，而代以都邑、氏族、方物三志是也。五行志属于迷信，废止可也。天文不限于一朝，各断代史不必皆有之，只隔数百年修一次可也。然食货志记载一代之经济，地理志记载一代郡县之沿革，若废止则后人何所稽考？且地理以志全国县郡，较都邑为大，而其中包括都邑，何以反欲废之，而详细记载千门万户之都邑而不厌其繁琐耶？至于艺文志，刘氏诸若必不能去，当变其体，所列书名唯取当代撰者，则已为修《明史》者所采用。至于表，可以补本纪、列传之不足，刘氏谓："且表决在篇第，编诸卷轴，得之不为益，失之不为损；用使读者莫不先看本纪，越至世家，表在其间，缄而不视。语其无用，可胜道哉！"（《表历篇》）表之用意，原备参查，不必皆首尾精读。本纪、列传所载既不如表之完备，苟无之，则需要时又何从索考？且表由于其体裁，较本纪、列传亦容易检查，故后世史家无从之者，而补史表者反屡出不穷也。

（摘自《中国史学史》，中华书局，2010 年）

《资治通鉴》及其同类书

第一节 《资治通鉴》

司马迁《史记》以后，历代修撰多采用断代，而罕作通史，只李延寿以南北朝历代年祚短少，地域隔绝，始混合而成南北朝史。其后上继司马迁者，为司马光。司马光字君实，陕州夏县人。仁宗时中进士，神宗时仕至翰林学士，后以论新法，与王安石不合，求出外，居洛阳。哲宗时，召为门下侍郎，元祐元年卒。其所著《资治通鉴》，凡二百九十四卷，起周威烈王二十三年三家受命为诸侯，下至五代之末，共十六朝，一千三百六十二年。其与《史记》不同之处，则《史记》为纪传体，而《资治通鉴》为编年体也。司马光之意，盖欲上接《春秋》：

> 初，光患历代史繁重，学者不能综，况于人主。欲上自战国，下迄五季，正史之外，旁采他书，关国家兴衰，系生民休戚，善可为法，恶可为戒者，依左氏传体为编年一书，名曰《通志》。遂约战国至秦二世，为八卷以进。英宗悦之，命续其书，置局秘阁，以刘恕、赵君锡同修。四年十月己酉初御迩英，甲寅初进读，赐名《资治通鉴》。（《治平资治通鉴事略》）

是光初撰之书，原名《通志》，其《进通志表》亦言：

> 臣少好史学，病其烦冗，常欲删取其要，为编年一书，力薄道悠，久而未就。今兹伏遇皇帝陛下丕承基绪，留意艺文，开延儒臣，讲求古训。臣有先所述《通志》八卷，起周威烈二十三年，尽秦二世三年，《史记》之外，参以它书，于七国兴亡之迹，大略可见。文理迂疏，无足观采，不敢自匿，谨缮写随表上进。（《温国文正司马公文集》）

光上《通志》及受命续修皆在英宗时，至治平四年进讲时，则英宗已卒，神宗已即位，赐名《资治通鉴》及为作序，皆神宗时事也。光之嗜好史学，盖出于天性：

> 生七岁，凛然如成人，闻讲《左氏春秋》，爱之。退为家人讲，即了其大指，自是手不释书，至不知饥渴寒暑。（《宋史·司马光传》）

自谓："好史学，多编辑旧事。"（《上始平公述不受知制诰启》）其编《资治通鉴》也，盖先为丛目而后更创为长编，李焘《进续资治通鉴长编表》中谓：

> 司马光之作《资治通鉴》也，先使其寮采摭异闻，以年月日为丛目，丛目既成，乃修《长编》。唐三百年范祖禹实掌之，光谓祖禹，《长编》宁失于繁，无失于略，今《唐纪》取祖禹之六百卷，删为八十卷是也。（《文献通考·经籍考》引）

而高似孙《纬略》亦谓：

公与宋次道书曰：某自到洛以来，专以修《资治通鉴》
为事，于今八年，仅了得晋、宋、齐、梁、陈、隋六代以来
奏御。唐文字尤多，托范梦得将诸书依年月编次为草卷，每
四丈截为一卷，自课三日删一卷，有事故妨废则追补；而前
秋始删到今，已二百余卷，至大历末年耳。向后卷数又须倍
此，共计不减六七百卷，更须三年方可粗成编；又须细删，
所存不过数十卷而已，其费工如此。

盖先为丛目，而后删成长编，再加以删节，方成本书；以唐代而
论，所取不过十之一也。所以张新叟言："洛阳有《资治通鉴》草
稿盈两屋，黄鲁直阅数百卷，讫无一字草书。"（《文献通考·经
籍考》）即长编之稿也。

编纂时期，司马光先在开封，后居洛阳，由今本《资治通
鉴》每卷所题官衔推测之，约可知各纪完成之年份。李攸《宋朝
事实》："自治平三年置局，每修一代史毕，上之。"因进书时间
各不同，故所题官衔亦相异。周、秦两纪各题权御史中丞，此治
平四年事也。《前汉纪》题翰林学士，《后汉纪》《魏纪》皆题翰
林学士兼侍读学士，以上皆神宗熙宁三年以前居开封时所修。
《晋纪》卷一至卷三十二题判西京御史台，卷三十三以至书末皆
题提举嵩山崇福宫，又据《与宋次道书》："某自到洛以来，专
以修《资治通鉴》为事，于今八年，仅了得晋、宋、齐、梁、
陈、隋六代以来奏御。"则《隋纪》以上，皆由熙宁三年至元丰
元年所作；而《唐纪》以后，皆元丰元年至七年所作，居洛阳以
书局自随时也。

《通鉴》之作，盖上继《春秋》，胡三省谓："左丘明传《春
秋》止哀之二十七年，赵襄子惎智伯事；《通鉴》则书赵兴智灭

以先事。以此见孔子定《书》而作《春秋》，《通鉴》之作，实接《春秋左氏》后也。"（《胡注序》）其言是也。至于助光修书者，皆一时史才之选。据邵伯温《闻见录》称："《通鉴》以《史记》、前后《汉》属刘攽，以唐逮五代属范祖禹，以三国历九朝至隋属恕（刘恕）。"《文献通考·经籍考》谓："公子康公休告其友晁说之曰：此书成盖得人焉。《史记》、前后汉则刘贡父（攽），三国历九朝而隋则刘道原（恕），唐迄五代则范纯甫（祖禹）。"其说与邵相同，惟全祖望对此颇有异说，在其《通鉴分修诸子考》中言：

> 胡梅磵曰：温公修《通鉴》，汉则刘攽，三国迄于南北朝则刘恕，唐则范祖禹。此言不知其何所据，然历五百年以来，无不信以为然者。予读温公《与醇夫帖子》，始知梅磵之言不然。帖曰："从唐高祖初起兵修《长编》，至哀帝禅位止。其起兵以前，禅位以后事，于今来所看书中见者，亦请令书吏别用草纸录出，每一事中闲空一行许，以备翦黏。隋以前与贡父，梁以后与道原，令合修入《长编》中，盖缘二君更不看此书；若足下止修武德以后天祐以前，则此等事迹，尽成遗弃也。"观于是言，则贡父所修，盖自汉至隋，而道原任五代明矣。盖贡父兄弟尝著《汉释》，而道原有《十国纪年》，故温公即其平日所长而用之，而梅磵未之考也。（《鲒埼亭外编》）

今考刘恕之子刘羲仲所著《通鉴问疑》，专记载刘恕与司马光在史局中讨论修《通鉴》各事。其中所论多三国至南北朝史，似邵伯温、司马康及胡三省所言未尝无据。刘恕为英宗治平三年司马光奏请同修《资治通鉴》之一人，另一人赵君锡未来，故最初佐修者只刘恕一人。司马光对其史学深为推服，尝曰："前世史自太史公所记，下至周显德之末，简策极博，而于科举非所意，故近岁学者多不读，鲜有能道之者。独道原笃好之。为人强记，纪传之外，闾里所录，私记杂说，无所不览；坐听其谈，衮衮不穷，上下数千载间，细大之事如指掌，皆有稽据可考验，令人不觉心服。"及温公罢相，刘恕亦告归南康，虽职仍属于书局，而身未在洛阳，只熙宁九年曾往洛阳与司马光商议修史事，后旋于元丰元年病卒。则熙宁四年以后，虽曾参与修书，而并未与司马光朝夕相对。但刘恕除五代史外，并曾研究南北朝史，在《司马温公文集》中亦有其明证：

> 若与将沈约、萧子显、魏收三志，依《隋志》篇目删次补葺，别为一书，与《南》、《北史》、《隋志》并行，则虽正史遗逸不足患矣。不知道原肯有意否？其符瑞等皆无用，可删。后魏《释老志》取其要用者，附于《崔浩传》后；《官氏志》中氏族附于宗室及代初功臣传后，如此则《南史》更无遗事矣。今国家虽校定摹印正史，天下人家共能有几本，久远必不传于世。又校得绝不精，只如沈约《叙传》，差却数板亦不寤，其它可知也。以此欲告道原，存录其律历、礼乐、职官、地理、食货、刑法之大要耳，不知可否，如何如何？（《与刘道原书》）

至于刘攽，在司马光居洛时，曾知曹州等处并为京东转运使，史称其知曹州，治尚宽平，盗亦衰息，必不能常居书局中。盖二刘皆参与纂修魏晋南北朝长编事，特其时间先后不同，故司马康、胡三省所言与温公致范醇夫帖子，遂有歧异之处。至于五代，刘恕尝著《十国纪年》，故最初以五代长编归之；等于刘攽曾有

《两汉刊误》之作，故以两汉属之。至元丰元年，刘恕卒时，修得部分只隋以前，《五代纪》尚未进呈，故又嘱范祖禹加以整理。此司马康所以谓唐迄五代则范纯甫，而帖子又谓梁以后与道原，皆有其原因在也。总而论之，第一段战国至东汉刘攽；第四段五代，先由刘恕，后由范祖禹；此种情形虽属推论，然去真象当不过远。至于全祖望谓："温公平日服膺道原，其通部义例，多从道原商榷。"（同上文）则笃论也。

其撰书也，以书局自随，至神宗元丰七年，凡十九年始奏上；其所采用之书，"正史之外，杂史至三百二十二种"。《进资治通鉴表》）可谓博而得要矣。

《资治通鉴》优长之点，在其能贯穿一千余年之事，成为有系统的编年通史；并且其文字前后一致，虽杂取各书，然皆由司马光削修，故其文字等于一手所作。

在本书以外，光更撰有《资治通鉴目录》三十卷、《资治通鉴考异》三十卷，皆属本书之附录。《目录》等于表，"盖《通鉴》一书，包括宏富而篇帙浩繁。光恐读者倦于披寻，故于编纂之时，提纲挈要，并成斯编，使相辅而行，端绪易于循览。其体全仿《年表》，用《史记》、《汉书》旧例，其标明卷数，使知某事在某年，某年在某卷，兼用《目录》之体；则光之创例，《通鉴》为纪志传之总会，此书又《通鉴》之总会矣。"（《四库全书总目提要》）

唐以前史家多注意文字，而疏于考证，至刘知几提倡以后，历史考证学至宋而大兴，如吴缜之批评《新唐书》、《新五代史》是也。自著成一书，而加以考证以说明去取之原因，此种方法自《资治通鉴考异》始。"其间传闻异词，稗官既喜造虚言，正史亦不皆实录；光既择可信者从之，复参考同异，别为此书，辨正谬误，以祛将来之惑。"（《四库全书总目提要》）其书本单行，至胡三省始将之分入于注中。此外光又以《资治通鉴》全书浩大，而目录无首尾，另著《通鉴举要历》八十卷，即《通鉴》之节本也。此书今已不存。

胡三省，宋末人，注解《通鉴》，历三十年之久。初依《经典释文》例作《广注》九十七卷，后失其书，中经寇乱，屡失屡注，后始写成定本，名为《资治通鉴音注》，始以《考异》及所注者散入《通鉴》各文之下。《通鉴》文字繁而含义博，贯串颇难，胡氏于礼乐、天文、地理、历法诸大端，尤致其详审；对于温公著书之用意，尤能明其重要处，世称为《通鉴》之功臣，亦若颜师古之于《汉书》。胡氏为宋遗民，入元不仕，隐居而殁，故注中尤注意夷夏之防。在胡氏以前，宋人已有注《通鉴》者，司马光门人刘安世有《音义》十卷，久已不传。南宋时通行者有史炤《资治通鉴释文》三十卷，书极简陋，胡氏识为只知用《广韵》以注释是也。为辨此书，胡氏另有《资治通鉴释文辨误》十二卷，其中有与《音注》互相发明处，亦有能互相补充处，皆足为读史者启发之助。

司马公以为《春秋》之文不可删改，故《资治通鉴》开始于战国初年；刘恕于是更采以前古文，成《通鉴记》十卷，《目录》五卷。

第二节　《续资治通鉴长编》等书

温公修成《资治通鉴》以后，编年体史书重振，后人多有仿为之者，大体可分为四类：即（一）《续资治通鉴长编》一类，搜集宋代各种史料成为一书，以备修续《通鉴》者之采择。（二）用温公体例而续原书，如各家《续通鉴》是也。（三）变更温公体例而改编原书，如《资治通鉴纲目》是也。（四）改编年为兼记事，如《通鉴记事本末》是也。兹逐节述之。

（一）《续资治通鉴长编》一千零六十三卷，李焘所撰。"焘博极群书，尤究心掌故，以当时学士大夫各信所传，不考诸实录正史自为说，因踵司马光《通鉴》之例，备采一祖八宗事迹，荟粹讨论，作为此书。"（《四库全书总目提要》）李氏自谓："所纂集义例悉用光所创立，错综铨次，皆有依凭。顾臣此书，讵可便谓《续资治通鉴》，姑谓《续资治通鉴长编》可也。"（《文献通考·经籍考》引李焘《进书表》）李氏对此书，用力极勤，按周密《癸辛杂识》称："焘为《长编》，以木厨十枚，每厨抽替匣二十枚，每替以甲子志之；凡本年之事，有所闻必归此匣，分日月先后次第之，井然有条。"及进上，凡分四次：第一次所进者，起太祖建隆至开宝凡十七卷；第二次由太祖建隆至英宗治平末共一百零八卷；第三次治平以后至高宗建炎总二百八十卷；第四次所上，将以前所写者重新写尽，共九百八十卷。更以文字繁多，为易检寻起见，另并为《举要》一书，共六十八卷。盖其著作垂四十年方始成书。其所采用除实录正史以外，史料多至数百种。

其书卷数，诸书所记各不相同，《宋史·艺文志》作一百六十八卷。《文献通考·经籍考》亦同。但据李氏《进书表》则九百八十卷，《总目》十卷；加以《举要》六十八卷，《总目》五卷；四种通计一千零六十三卷，以上两书所记不相符合。《四库全书总目提要》则以为中有子卷，一千零六十三卷乃统子卷而计之，此可备一说。或者《宋史》及《文献通考》

之一百六十八卷，实系一千零六十三卷之误，未可知也。因其卷帙最多，当时艰于传写，书坊所刻本及蜀中旧本，已有详略之不同；又神、哲、徽、钦四朝之书，乾道中，只降秘书省依《通鉴》纸样，缮写一部，未经镂版，流播日稀。自元以来，世鲜传本。清徐乾学始获其书于泰兴季氏，只一百七十五卷，仅至英宗治平而止。后四库馆更据《永乐大典》中所载，抄录神、哲两朝，总分为五百二十卷；徽、钦两朝尚阙，即现行刻本也。（据《四库全书总目提要》）李氏意原在成长编，以待将来之修史，其进书时所称"宁失于繁，勿失于略"是也。北宋史料之详赡，盖无逾于此书矣。

（二）《中兴小纪》四十卷，熊克撰。排比南宋高宗朝事迹，按年月为次，名曰小纪，以别于官书之日历也。其书虽不如李心传《建炎以来系年要录》之详备，然所原引朝章典故、草野私记，贯穿颇有条理。《宋史·艺文志》尚载有所著《九朝通略》一百六十八卷，今已失佚。

（三）《建炎以来系年要录》二百卷，李心传撰。述高宗朝三十六年事，盖以上接续《资治通鉴长编》。其书"以国史日历为主，而参之以稗官野史、家乘志状、案牍奏议、百司题名，无不胪采异同，以待后来论定，故文虽繁而不病其冗，论虽歧而不病其杂"。（《四库全书总目提要》）其书至元修《宋史》时已不可见，惟《永乐大典》中载录，四库馆仍以原第析为二百卷。其书名《文献通考》作《系年要记》，《宋史·艺文志》作《要录》，四库馆遂据《永乐大典》所题，称为《要录》。

（四）《三朝北盟会编》二百五十卷，徐梦莘撰。"梦莘嗜学博闻，每念生靖康之乱，思究见颠末，乃网罗旧闻，荟粹同异，为《三朝北盟会编》。自政和七年海上之盟迄绍兴三十一年，上下四十五年，凡敕制诰诏国书、书疏奏议、记序碑志，登载靡遗，帝闻而嘉之，擢直秘省云云。今其书抄本尚存，凡分上中下帙，上为政宣（徽宗政和、宣和）二十五卷，中为靖康（钦宗）七十五卷，下为炎兴（高宗建炎、绍兴）一百五十卷，其起迄年月与史所言合；所引书一百二种，杂考私书八十四种，全国诸录十种，共一百九十六种，而文集之类尚不数焉。"（《四库全书总目提要》）其书所引见，原文无所去取，亦无论断，盖是非同异互存，以备后人之采择，其法至善也。考金宋之关系及南北宋之交之政治措施，史料之丰富，盖无逾于此书也。凡所记载以年月为次，属于编年体；因只记宋与金之交涉战争等，又近于纪事本末，可谓介于二种体裁之间者。

第三节　诸家续《资治通鉴》

续《资治通鉴》之作，明、清两代共有四书：即薛应旂《宋元资治通鉴》一百五十七卷，王宗沐《宋元资治通鉴》六十四卷，徐乾学《资治通鉴后编》一百八十四卷，毕沅《续资治通鉴》二百二十卷。薛、王两书皆不为人所重视，章学诚代毕沅与钱辛楣论续鉴书："陈、王、薛三家续宋、元事，乃于辽、金正史束而不观，仅据宋人纪事之书，略及辽、金继世年月，其为荒陋，不待言矣。"徐、毕两书亦以续鉴方式记载宋、元史者，徐书且附有考异。然因熊克、李心传诸史尚未由《永乐大典》辑出，而《续资治通鉴长编》流传者又非全书，故对北宋事迹援引未备；然徐乾学方掌大清一统治局，所见宋、元旧方志甚多，又得当时名儒万斯同、阎若璩等人为助，故其体裁颇有可观，远胜于前两书。毕沅遂根据其书增加乾隆时新流传诸史料而更加详备，然对元代记载则其贫乏与徐书相同。书虽由毕沅署名，而其实则多他人所作，其中以邵晋涵为主，邵氏亦乾隆年间有名史学家也。然章学诚对此有异说，谓今刻本系毕沅门客所定，摒弃邵稿而未用，见《文史通义·邵与桐别传》。

至清代陈鹤撰《明纪》六十卷，夏燮《明通鉴》九十卷、《附记》六卷，皆用《资治通鉴》体裁续修明代事。《明纪》尚有《考异》十三卷，但未刊。陈氏去取谨严，乾嘉时人考证方法固如是也，但有时嫌其过于简单；夏氏《附记》专为记明福王等事。

第四节 《通鉴纲目》

（一）《通鉴纲目》五十九卷，朱熹撰。据其序例，对撰书之用意，语焉甚详："温公《通鉴》既成，又撮其精要之语，别为《目录》三十卷，并上之。晚病本书太详，目录太简，更作《举要历》八十卷以适厥中，而未成也。绍兴初，故侍读南阳胡文定公始复因公遗稿，修成《举要历补遗》若干卷，则其文愈约而事愈备矣。……今辄与同志，因两公四书，别为义例，增损隐括，以就此篇。盖表岁以首年，而因年以著统；大书以提要，而分注以备言。使夫岁月之久近，国统之离合，辞事之详略，议论之同异，通贯晓析，如指诸掌，名曰《资治通鉴纲目》。"盖《资治通鉴》仿《左传》而作，《通鉴纲目》则仿《春秋》，所谓纲等于《春秋》，所谓目等于《春秋》三传。此书虽名为朱熹所作，但只《凡例》一卷出于手定。其纲皆门人依《凡例》而修，其目则全以付赵师渊。据陈景云《纲目订误》，谓赵师渊一人独任其采节，岂能悉审；况又非身侍讲堂，随事讨论，每纂成若干卷寄呈，而朱子复书，往往云未暇观也，则分注未必尽经朱子之目矣。由此可知，纲目所述未见尽合朱熹之意，其书主要意旨，在于书法以示褒贬，而尤注意正统之观念。比如《资治通鉴》，汉以后为魏，而纲目则改帝蜀，以示不与魏正统。盖宋时为《春秋》研究极盛之际，各家著述斐然，尊王攘夷之说亦因此而兴起。故前有欧阳修之《新五代史》，而后有《纲目》，其思想盖一贯也。

（二）《宋九朝编年备要》三十卷，陈均撰。按：《文献通考·经籍考》列有《皇朝编年举要》三十卷、《备要》三十卷，另有《中兴编年举要》十四卷、《备要》十四卷。据《直斋书录解题》：其书大抵亦仿《通鉴纲目》，举要者，纲也；备要者，目也。与《通鉴》所不同者，据事直书，不加褒贬。现所存者只《备要》一书，朱彝尊谓较王宗沐、薛应旂诸续《通鉴》为善。另有《两朝纲目备要》十六卷，不著撰人姓氏，记光宗、宁宗两朝事，即续陈均书者。陈书材料取自《续资治通鉴长编》，此书则本于两朝实录。虽不皆名纲目，然两书皆属于纲目一类也。

后人续《通鉴纲目》者亦有之，如《续编》二十七卷记宋元事，为明商辂等撰；《通鉴纲目三编》记明事，为清乾隆朝官修，皆是也。

第五节　《通鉴纪事本末》

宋以前史家所用不过纪传、编年二体，考刘知几《史通》虽称六家，但仍总归二体。但纪传一体，时有一事而重见于数篇之弊；而编年之法，则一事首尾常隔越数卷，或难于寻考；因此袁枢乃自出新意，始创纪事本末一体。枢，南宋孝宗时人，因司马光《资治通鉴》区别门类，每事各详首尾，始于三家分晋，终于五代周世宗之征淮南，共二百三十九目，合成四十二卷。孝宗淳熙三年，诏严州刻版，朱熹亦称其书，门目离合之间，皆有微意。由袁书起，纪事本末一体遂并纪传、编年而鼎立。后人仿者颇多，如明陈邦瞻《宋史纪事本末》等是也。列表于次：

书　名	卷　数	撰著人
《宋史纪事本末》	二六卷	明冯琦原编,陈邦瞻纂补
《元史纪事本末》	四卷	明陈邦瞻撰
《西夏纪事本末》	三六卷	明张鉴撰
《左传纪事本末》	五三卷	清高士奇撰
《辽史纪事本末》	四〇卷	清李有棠撰
《金史纪事本末》	五二卷	同上
《明史纪事本末》	八〇卷	清谷应泰撰
《续明史纪事本末》	一八卷	清倪在田撰
《明朝纪事本末补编》	一五卷	清彭孙贻撰
《三藩纪事本末》	四卷	清杨陆荣撰
《皇宋通鉴长编纪事本末》	一五〇卷	宋杨仲良撰
《通鉴前编纪事本末》	一〇〇卷	沈朝阳撰
《续资治通鉴纪事本末》	一一〇卷	清李铭模撰

（摘自《中国史学史》，中华书局，2010 年）

通史与郑樵

在史部各种体裁之中，虽有纪传、编年、纪事本末之三种旧分类方法；但另一方面亦可分为两大类，即通史与断代史是也。《史记》囊括两千余年之事，《资治通鉴》囊括一千三百余年之事，皆不以朝代为目标。两书虽一为纪传体，一为编年体，然其为通史则相类。其余多以朝代为段落，如《汉书》以下各史是也。其间亦有撰通史者，然较断代史为少。如李延寿之《南》、《北史》，各包括四代，亦属通史性质。在李氏以前，梁武帝曾撰通史，由吴均主持，起自上古，下至南朝之齐，分为本纪、世家、列传，共六百卷，列传未修毕而均卒（《梁书·吴均传》）。其稿后亦焚于江陵。盖事体过大，非一人所能成也。至宋郑樵，始试重修通史。

郑樵字渔仲，生于北宋之末，著述甚多，对于史学则极力主张通史，故对班固力加批评，《通志》序中言之甚详：

> 自《春秋》之后，惟《史记》擅制作之规模，不幸班固非其人，遂失会通之旨，司马氏之门户，自此衰矣。班固者，浮华之士也。全无学术，专事剽窃。……由其断汉为书，是致周秦不相因，古今成间隔。自高祖至武帝，凡六世之前，尽窃迁书，不以为惭；自昭帝至平帝凡六世，资于贾

逊、刘歆，复不以为耻；况又有曹大家终篇，则固之自为书也几希！往往出固之胸中者，《古今人表》耳，他人无此谬也。后世众手修书，道傍筑室，掠人之文，窃钟掩耳，皆固之作俑也。

又曰：

孔子曰："殷因于夏礼，所损益可知也；周因于殷礼，所损益可知也。"此言相因也。自班固以断代为史，无复相因之义，虽有仲尼之圣，亦莫知其损益，会通之道，自此失矣。语其同也，则纪而复纪，一帝而有数纪；传而复传，一人而有数传。天文者千古不易之象，而世世作《天文志》；《洪范五行》者一家之书，而世世序《五行传》。如此之类，岂胜繁文。语其异也，则前王不列于后王，后事不接于前事。郡县各为区域，而昧迁革之源；礼乐自为更张，遂成殊俗之政。如此之类，岂胜断缫。

郑氏此论，反对班固而极力表扬司马迁，与刘知几之见解恰相反，刘氏虽不反对司马迁，但极赞成断代史。此外郑樵对史表亦与刘知几意见不同。刘氏不赞成史表，而郑氏则谓："《史记》一书，功在十表，犹衣裳之有冠冕，木水之有本原。"故《通志》中之谱即等于《史记》之表；而郑氏尤致意于志，其二十略即志也。其最自喜者亦为二十略，对各种事物皆依详密之分析，明其内列，注意于实际之观察，而不轻信传注。谓书中所言者，关于人情事理，可以用自己意见以推求；至于天文、地理、器物、草木、鸟兽、虫鱼，若不实际调查，则无由确知其名，所以学问必须从实际观察入手，且须注重图谱之学。郑氏更以史书之注意褒贬为非，以为后人之误在于模仿《春秋》，而专注意褒贬，殊不知后代史策较《春秋》为详，则美恶因文已能自见，不必待作史者之褒贬。作史者只需文字详细，记载完备足矣。因此对各史论赞正事，亦主张删削，因论赞多属褒贬性质也。

后世对《通志》，有赞同反对两派，赞同者当推章学诚为首，《文史通义》中有《释通》《申郑》两篇，皆赞成通史而反对断代史，与郑樵之意见相类。章氏以为通史体裁大都不离以下四种书范围：即（一）郑樵《通志》，综古今之学术，而本纪、列传皆以《史记》为规矩。（二）司马光《资治通鉴》，综合各史本纪、列传之文而改为编年体。（三）杜佑《通典》，荟粹各史之志而成。（四）裴潾《太和通选》，汇各代之文章以保存史料。以后作者皆难超越以上各体。而通史之修，其便有六："一曰免重复，二曰均类例，三曰便铨配，四曰平是非，五曰去牴牾，六曰详邻事。"其长有二："一曰具剪裁，二曰立家法。"若断代为史，则易代之际，人物事实前后两史常重出并见；若修通史，则可免此类重复。且各史志表，不只立名常常不同，即内容亦每互易；通史则可统一类例。通历代为史，即可将不同朝代之子孙，附于祖父传中；时代不同而性质相同之人物，亦可同一列传，如《史记》之屈原、贾生是也；此所谓便诠配也。断代为史，距当时过近，是非曲直颇难论定；若通史则是非得其平。前后两代之史所记同一事迹，每有歧意，通史则可免此弊。四夷或邻国，常不与本国一朝代同终始，若断代为史，只能录其一段，而不得其全貌。以上即章氏所谓六便。至于二长，则通合诸史，即可统一凡例，并可免有缺略，则剪裁可具。且有独见别裁，虽事实与旧史不殊，亦能自标新意，所谓家法也。（见《释通篇》）在通史之中，章学诚尤推重《通志》，谓郑樵生千载之后而能见古人著述之源，且知其著述之宗旨；又能独出心裁，自成一家之言，非马端临可比。（见《申郑篇》）但章氏亦知通史之弊有三：一曰无短长，二曰仍原题，三曰忘标目。修通史者常用各史原标题，既无所更改，而又以通史所包括时间过长，读者亦不明传中个人之朝代，然此三者皆极易改正，故通史之便仍多于弊也。（见《释通篇》）

（摘自《中国史学史》，中华书局，2010 年）

隋唐以后的史官及史馆

　　隋唐以后之史官，已脱离古代天人观念，而专门撰写史籍，于是太史令与史官分为二，前者专司天象，而后者注重记人事。唐代史馆分为两种：一种修前代史，属于临时性质，其书修成，其职即罢，太宗、高宗间，所修晋、梁、陈、齐、周、隋各朝史之史馆，即属此类。另一种为国史馆，所修为实录及国史，其性质较前一类为永久，有兼修官多以宰相充之，有史官专任执笔撰写。有时史官外任，仍以修史自随，如开元年间张说及吴兢，长庆间沈传师皆是。（见《唐会要》卷六十三）至于史馆所收材料，《唐会要》载有诸司应送史馆事例甚详：

　　　祥瑞；天文祥异；蕃国朝贡；蕃夷入寇及来降；变改音律及新造曲调；州县废置及孝义旌表；法令变改；断狱新议；有年及饥，并水旱虫霜风雹及地震，流水泛滥；诸色封建；京诸司长官及刺史都督护行军大总管副总管除授；刺史县令善政异迹；硕学异能高人逸士义夫节妇；京诸司长官薨卒；刺史都督都护及行军副大总管以下薨；公主百官定谥；诸王来朝。以上事并依本条所由，有即勘报史馆，修入国史。

五代所行史馆条例，略如唐代者，亦见《五代会要》。宋代以史馆为三馆之一。南宋实录、国史最早皆由史馆修撰，后罢史馆，欲修实录则设实录院，欲修国史则设国史院。元朝则以翰林国史院职掌修撰国史；明代则由翰林院官掌修国史；清代则设有国史馆；此皆专掌修撰国史之责者。自唐代设立史馆以后，国史遂成集体之作品，与司马迁、班固之一家修成者不同。两种方式各有赞成反对之者，然社会既已改变，史书之含义亦愈后愈广，而史料亦愈后愈多，如用一人之力撰成包括数十年或数百年之史书者，势不可能，则合众人之力成之，亦必然之理也。

国史馆以外，唐亦设记注之官，盖沿自汉、晋，徐一夔对此所述甚详：

> 近世论史者，莫过于日历，日历者史之根柢也。自唐长寿中，史官姚璹奏请撰时政记；元和中，韦执谊又奏撰日历。日历者以事系日，以日系月，以月系时，以时系年，犹有《春秋》遗意。至于起居注之说，亦专以甲子起例，盖纪事之法无逾此也。往宋极重史事，日历之修，诸司必关白：如诏诰则三省必书，兵机边务则枢司必报，百官之进退，刑赏之予夺，台谏之论列，给舍之缴驳，经筵之问答，臣僚之转对，侍从之直前启事，中外之囊封匦奏；下至钱谷、甲兵、狱讼、造作，凡有关政体者，无不随日以录。犹患其出于吏牍，或有讹失，故欧阳修奏请宰相监修者，于岁终检点修撰官日所录事，有失职者罚之。如此则日历不至讹失，他时会要之修取于此，实录之修取于此，百年之后纪、志、列传取于此，此宋氏之史所以为精确也。（《明史·文苑传》，朱彝尊《曝书亭集·徐一夔传》文字有小异。）

记注虽不能谓为撰成之史籍，然其为史官所掌则同。下逮清末，起居注官仍存不废。盖中国史官之职权随时有更改，或扩大或缩小，然绵亘不绝者历四五千年之久，可谓专且长矣；非世界其余各国所能有也。

（摘自《中国史学史》，中华书局，2010 年）

章学诚的史学

章学诚字实斋，浙江会稽人，生于清乾隆三年（1738），卒于嘉庆六年（1801）。其幼时，对史部书若有特别嗜好，其《家书》云：

> 二十岁以前，性绝骏滞，诸书日不过三二百言，犹不能久识。二十一二岁，骎骎向长，纵览群书，于经训未尝领会；而史部之书，乍接于目，便似夙所攻习者然，其中利病得失，随口能举，举而辄当。人皆谓吾得力于《史通》，其实吾见《史通》已二十八岁矣。二十三四时，所笔记者，今虽亡失，然论诸史于纪、表、志、传之外，更当立图；列传于儒林、文苑外，更当立史官传，此皆当日之旧论也。……至吾十五六岁，性情已近于史学，塾课余暇，私取《左》《国》诸书，分为纪、传、表、志，作《东周书》几及百卷，则儿戏之事，亦近来童子所鲜有者。（《章氏遗书》第九卷《家书》六）

章氏后受知于朱筠，其文章及思想颇受朱氏之影响。朱筠字笥河，为乾隆朝大师，由《永乐大典》中辑佚书，即其所建议；对后进之士尤喜奖劝。章氏所著书最重要者为《文史通义》及《校雠通义》。《文史通义》者贯文与史而言之，其意以为《文心雕

龙专》注重言文，而《史通》专注重言史；世之能文者对史学不
必精，而善于史者常不能文，故疏通之而成是书。创始于乾隆
三十七年，二十五年后始刊刻一部分；至其各种著作于民国九年
方合刊为《章氏遗书》。

其所主张有一部分渊源于刘知几，余则其所自创，今分别
述之。

（一）六经皆史　六经皆史之说，实非章实斋所独自发明，
刘恕《通鉴外纪序》曾及之，而王应麟《困学纪闻》卷八引《文
中子·王道篇》及陆鲁望《复友生论文书》，亦有此说，二人皆
生于唐代，则宋以前早已有之矣。此意至明代更推广之，王守仁
《传习录》卷一云："以事言曰史，以道言曰经；事即道，道即
事。《春秋》亦经，五经亦史；《易》是庖牺之史，《书》是尧舜
以下史，《礼》、《乐》即三代史，五经亦即史。史以明善恶，示
训戒，存其迹以示法。"王世贞《艺苑卮言》卷一云："天地无非
史而已；六经，史之言理者也。"胡应麟《少室山房笔丛》卷二
云："夏商以前，经即史也；周秦之际，子即集也。"顾炎武《日
知录》卷三云："孟子曰：其文则史。不独《春秋》也，六经皆
然。"凡此皆远在章氏以前，特至章氏而畅斯意耳，其言曰：

> 六经皆史也；古人不著书，古人未尝离事而言理，六经
> 皆先王之政典也。或曰：《诗》、《书》、《礼》、《乐》、《春
> 秋》，则既闻命矣；《易》以道阴阳，愿闻所以为政典而与
> 史同科之义焉。曰：闻诸夫子之言矣。夫《易》开物成务，
> 冒天下之道，知来藏往，吉凶与民同患，其道盖包政教典章
> 之所不及矣。象天法地，是兴神物以前，民用其教，盖出政
> 教典章之先矣。（《易教上》）

又谓：

> 愚之所见，以为盈天地间凡涉著作之林，皆是史学。六
> 经，特圣人取此六种之史以垂训者耳。子、集诸家，其源皆
> 出于史。末流忘所自出，自生分别，故于天地之间别为一种
> 不可收拾、不可部次之物，不得不分四种门户矣。（《报孙
> 渊如书》）

另外章氏又谓天下之书皆官礼（《礼教篇》），其言或与六经皆
史之说表面相违反，按其内容仍系同意，盖六经皆古之政典，政
典仍即礼也。政典皆掌于史官，而史又与卜祝相近，又不出于礼
之范围，故两说仍旧相同。

（二）记注与撰述　章氏分记注与撰述为二，其意仍沿自刘
知几，《书教上》论之如下：

> 盖官礼制密而后记注有成法，记注有成法而后撰述可
> 以无定名。以谓纤悉委备，有司具有成书，而吾特举其重且
> 大者，笔而著之，以示帝王经世之大略；而典、谟、训、
> 诰、贡、范、官、刑之属，详略去取，惟意所命，不必著为
> 一定之例焉，斯《尚书》之所以经世也。至官礼废而注记不
> 足备其全，《春秋》比事以属辞，而左氏不能不取百司之掌
> 故，与夫百国之宝书，以备其事之始末，其势有然也。马、
> 班以下，演左氏而益畅其支焉，所谓记注无成法而撰述不能
> 不有定名也。

又论记注与撰述之性质，《书教下》：

> 撰述欲其圆而神，记注欲其方以智也。夫智以藏往，

> 神以知来。记注欲往事之不忘，撰述欲来者之兴起。故记
> 注藏往似智，而撰述知来拟神也。藏往欲其赅备无遗，故
> 体有一定而其德为方；知来欲其决择去取，故例不拘常而
> 其德为圆。

在另一篇中，有相类之议论可以比对，使人更能明了章氏之用意。《报黄大俞先生书》：

> 古人一事必具数家之学，著述与比类两家其大要也。
> 班氏撰《汉书》，为一家著述矣；刘歆、贾护之《汉记》，
> 其比类也。司马撰《通鉴》，为一家著述矣；二刘、范氏之
> 《长编》，其比类也。两家本自相因而不相妨害。拙刻《书
> 教篇》中所谓圆神方智，亦此意也。但为比类之业者必知著
> 述之意，而所次比之材，可使著述者出，得所凭借，有以恣
> 其纵横变化；又必知己之比类与著述者各有渊源，而不可以
> 比类之密而笑著述之或有所疏，比类之整齐而笑著述之有
> 所畸轻略重，则善矣。盖著述譬之韩信用兵，而比类譬之萧
> 何转饷，二者固缺一而不可，而其人之才固易地而不可为良
> 者也。

此段与前二段所指虽不同，但其用意则相似。记注为当场人所写，比如起居注，照例应由起居官在阶旁随事记录；而比类之属，如《资治通鉴长编》，即为著作所预备之冗长稿本。两种之由来虽不同，然皆需要赅备，并遵守固定之格式而写成，故可包括于一类之中，而与著述不相似。著述者根据记注或比类之书而加以笔削。窥章氏之意似以正史属于著述，而其余为记注。但记注与著述，有时甚易辨明，有时甚难确定。如史料之为记注当无

疑问，然历朝之实录，有人以记注视之，有人又以著述视之，则其间亦颇难确定。章氏似偏重于前说。其实实录对史事之记载有去取，则仍属于撰述类也。记注与撰述之区别，应较章氏所论更为详细。

（三）史德　刘知几《史通》以为史家应具三长，即才、学、识是也。非识无以定其义，而史之义即书法；非才无以善其文，史才可谓为写史之技术；非学不能搜集史事。至章学诚更加以史德，"史德者何谓？著书者之心术也。夫秽史者所以自秽，谤书者所以自谤，素行为人所羞，文辞何足取重？魏收之矫诬，沈约之阴恶，读其书者先不信其人，其患未至于甚也；所患夫心术者，谓其有君子之心而所养未底于粹也。"（《史德篇》）此篇之意，有与《文德篇》相同者，"凡为古文辞者，必敬以恕。临文必敬，非修德之谓也；论古必恕，非宽容之谓也。敬非修德之谓者，气慑而不纵，纵必不能中节也；恕非宽容之谓者，能为古人设身而处地也。"修辞必敬，在《史德篇》中亦有类似之说："夫史所载者事也，事必借文而传，故良史莫不工文，而不知文又患于为事役也。盖事不能无得失是非，一有得失是非，则出入予夺相奋摩矣；奋摩不已而气积焉。事不能无盛衰消息，一有盛衰消息，则往复凭吊生流连矣；流连不已而情深焉。凡文不足以动人，所以动人者气也；凡文不足以入人，所以入人者情也。气积而文昌，情深而文挚，气昌而情挚，天下之至文也；然而其中有天有人，不可不辨也。"窥刘知几、章学诚二人之意，修史者必须有学，方能广集史料；持笔时必须文章尔雅，方能传之久远。但史料众多，必须有所去取，否则不成撰述而成记注之文。所以定去取标准者，在于识，识可谓为史观。但刘氏与章氏不同者，前者认为史识已足，而后者则认为更须加以史德，方能使史观不至于不公正；而刘氏则以为既称为史识，自无不公正之理，此其稍异处也。章氏又以为必须主敬，敬然后能与天相合，虽文有气有情，所述之史事必然合于公正。

（四）史学别录　纪传体之创，盖分编年体之事实而以类相从；后之编年史又合纪传之类而按年编定。荀悦《汉纪》材料大部分取自班固《汉书》，将本纪、志、表、列传中所有事迹按年编定，其明显之例也。然两者皆有其弊：编年体则事之首尾甚难寻觅；而纪传体则同一事或分入于纪、表、志、传中，或甚而互相重复。于是章氏提议有史学别录之作。其议曰：

> 今为编年而作别录，则如每帝纪年之首，著其后妃皇子、公主宗室、勋戚将相、节镇卿尹、台谏侍从、郡县守令之属，区别其名，注其见于某年为始，某年为终，是亦编年之中可寻列传之规模也。其大制作、大典礼、大刑狱、大经营，亦可因事定名，区分品目，注其终始年月，是又编年之中可寻书志之矩则也。至于两国聘盟，两国争战，亦可约举年月，系事隶名，是又于编年之中可寻表历之大端也。如有其事其人不以一帝为终始者，则于其始见也注其终详某帝，于其终也注其始详某帝可也。（《史学别录例议》）

章氏且拟于所撰《续资治通鉴》中用此体裁，更欲依此法注司马光原书。对于纪传体史则用自注，意与编年之用别录相互为用。

（五）章氏屡拟改作正史，"今仍纪传之体，而参本末之法，增图谱之例，而删书志之名"。（《与邵二云论修宋史书》）又曾修《续资治通鉴》，记载宋、元两代之事，但其书亦不传。此外又著《史籍考》，然非其一人所作，现只存其目录：除制书以外，共分十一部，即纪传、编年、史学、稗史、星历、谱牒、地理、故事、目录、传记、小说，共三百二十五卷。（见《遗书补编》）因其修史未能成功，故转而修方志，如《天门县志》《湖北通志》及《永平府志》等，皆其所著也。其论方志部分已见于地方史章中。此外章氏极主张通史，而反对断代史，故极誉郑樵，有《释通》《申郑》二篇，亦于第九章论及。

　　章氏生于清乾、嘉之时，然极反对方盛行之训诂名物之学，对戴震、汪中尤为攻击，故《文史通义》一书，议论每与当代人不同。但其中亦有可议者，即卫道与泥古是也。章学诚与刘知几相同，皆以为史学之标准在于最古之史书《尚书》与《春秋》，后世史书则每况愈下。章氏另著有《校雠通义》，盖所以上绍刘向《七略》而为目录分类之学，与《文史通义》用意相符。

（摘自《中国史学史》，中华书局，2010 年）

中国史学的绵长与二十五史

一 绵长不绝的记载

若欲明了二十五史之能够写成，必须先知道中国史学的绵长。即以现存者而论，《春秋》及《左传》皆开始于鲁隐公元年（公元前七二二年），这与希腊的第一次奥林匹亚节（公元前七七六年）时代相近，吾国史籍之古不亚于希腊。何况晋朝汲郡出土的《竹书纪年》，其编年体裁与鲁国旧史《春秋》相近，而年代则始自夏朝，由此更可知中国史学当上溯至千余年前。这虽不能比埃及史由近代考古学之研究，可上溯至距今七千年，但论其绵长则世上各国皆不可能与吾邦相较。第一，比如埃及史之古多由于考古学的研究，而非因有文字的记载传至现今；而我国则今本《竹书纪年》书虽残缺，其中仍有一部分确属古代史官所记。第二，欧西各国记载或古有而后绝，或绵长不绝而开始甚晚。前者如希腊各古邦史记，开始虽早，然自希腊中衰以后，记载中绝。后者如德法各国，现今虽有国立文献馆为保存史料之机关，有精密之方法为国史之研究，然皆不过近数百年事，其最古之史料而用本国文字写的不能超过千年。故以欧西论，绵长不绝的记载绝无；而我国则几千年来有绵长不绝的记载及屡朝皆置的史官，所以能有二十五史的写成。

二 起居注、实录与国史

起居注的起始当在汉代，《汉书·艺文志》著录："汉著记百九十卷。"唐朝颜师古的《注》说："若今之起居注。"可见汉人所谓著记（或作注记）就等于后代所谓起居注。并且《隋书·经籍志》有"汉献帝起居注五卷"，这是至南朝（梁）尚存的最早的起居注。汉朝虽有时称为著记（或注记），有时称为起居注，名称不一而性质则似。盖皆如刘知几《史通·史官篇》所说：

> 起居注者，论次甲子之书，至于策命、章奏、封拜、薨免，莫不随事记录，言惟详审。凡欲撰帝纪者，皆因之以成功，即今为载笔之别曹，立言之贰职。

起居注是按月日而记载史事的，因为他是当时人所记载，对于年月等项当极真实，可以说是直接的史料。唐朝并有起居郎及起居舍人专掌管这件事，所以《史通·史官篇》又说：

> 每天子临轩，侍立于玉阶之下，郎居其左，舍人居其右；人主有命，则遍阶延首而听之，退而编录，以为起居注。

临轩就是临朝，郎与舍人逼近朝堂的台阶去听天子与大臣们的问答，没有能比这种再直接的史料了。所以说他是原始史料。唐以前的起居注若何记载的方法，虽不可确知，但周因殷，殷因夏，想亦不过大同小异而已。并且这种方法直沿用至清朝。

刘氏所说"凡欲撰帝纪者，皆因之以成功"，就是说撰国史及实录者，皆须根据史料，而原始史料莫过起居注，利用他亦是自然的道理。

实录是后一帝为前一帝所修的史书，国史是本朝人所修的国史。实录始自《梁皇帝实录》，《隋书·经籍志》著录有两种：一为周兴嗣撰，三卷；一为谢昊所撰，五卷。以后唐宋元明清皆按朝撰修实录。至于国史，则东汉由明帝至献帝共修六次，唐由太宗至肃宗共修八次，宋由太宗至理宗共修六次，皆包括本纪，志，表，列传，与现存正史体裁相同。盖用起居注而修为实录，更由实录参以起居注，遂成国史，这是历朝修国史大体途径。

三　后代用前朝的国史改修为前朝史

第二朝或更晚的朝代根据以前的国史改修为前朝史，这是二十五史写成的普通途径。比如刘宋时的范晔所写的《后汉书》，即系大体根据东汉官修的国史，《东观汉记》而成。这有若干明证足征。比若《明八王传》有"本书"的话，本书即指《东观汉记》而言。又若《光武本纪》有"于赫有命，系隆我汉"的话，清儒钱大昕以为范氏是宋人，不应当有"我汉"之称，这必是沿袭自《东观汉记》的旧文，亦合于东汉官修国史。此外如《旧唐书》多用唐国史及实录旧文，现尚能寻出若干痕迹。赵翼《廿二史劄记》论及这些：

> 今按《唐绍传》："先天二年，今上讲武骊山，绍以仪注不合，坐斩。"今上指玄宗也，此《玄宗实录》原文也。《刘仁轨传》后引韦述论曰："仁轨好以甘言悦人，以收物望；戴至德正色拒下，推善于君；故身后毁誉各异。"此引韦述《国史》旧文也。

赵翼另列有元修宋史多用宋国史的证据，亦见《廿二史劄记》。又明洪武"诏发秘府所藏元十三朝实录"，以为纂修元史之用，（见朱彝尊《曝书亭集·赵壎传》）是元史亦大部根据元官修实录也。其余各史大都皆然，因前朝官修国史或实录以成功。

二十五史中有两书为例外：一为《史记》，一为《新元史》。西汉之初虽尚未有官修国史，然太史公所引用的仍多官藏书及史料，《史记·自序》所谓"天下遗文古事，靡不毕集太史公"是也。至于《新元史》则除明修《元史》沿自元实录部分外，颇采用西文史料，此其异也。

吾人可以总说一句，二十五史的撰写是由起居注进而为实录及官修国史，更由是进展而成的。

（《中国一周》1955 年 8 月 1 日）

廿五史通论

各代修史既于以前各章分别说明,所修各史多数已不存在,现所存者只廿五史,即普通所谓正史是也。

在未有廿五史名称以前,由三国以至民国,列入正史者前后可举出十一种统称,即三史、十史、十三史、十七史、十八史、十九史、廿一史、廿四史是也。兹列每种统称所包括各书若下:(一)三史 A:此三国及晋、南北朝人所常用之名词,指《史记》《汉书》及《东观汉记》。如《吴志·吕蒙传》注引《江表传》:"权谓吕蒙:孤统军以来,省三史、诸家兵书,大有益";《晋书·傅弈传》:"撰论三史故事,评断得失"皆是。(二)三史 B:唐以后所称三史,指《史记》、《汉书》及范蔚宗《后汉书》,尝以三史考试士子。《玉海》卷四十九引《两朝志》:"国初承唐旧,以《史记》、两《汉书》为三史,列于科举。"是宋与唐同以此试士也。(三)十史:指《三国志》《晋书》,南朝之宋、齐、梁、陈书,北朝之魏、齐、周、隋书而言。《宋史·艺文志》类事类有《十史事语》十卷及《十史事类》十二卷,盖唐宋人所著,十史之统称亦必用于彼时。(四)十三史:上举之十史再加三史 B 即合成十三史。《宋史·艺文志》文史类有吴武陵《十三史驳议》十二卷等,吴武陵唐时人,则十三史之称亦始于唐人也。(五)十七史 A:宋人所谓十七史似有两种:即一种由《史记》以至《隋书》之十三史，外加两《唐》及两《五代史》。因宋人所谓正史，皆不列《南》、《北史》于中，如《直斋书录解题》即列《南》、《北史》于史部别史类，而正史类所列为由《史记》至新旧《唐书》及新旧《五代史》。第二种为（六）十七史B：无《新唐书》及《新五代史》，而有《南》、《北史》，比如吕祖谦《十七史详节》所包括，计《史记》、两《汉书》、《三国志》、《晋书》、《南史》、《北史》、《隋书》、《唐书》、《五代史》是也。两种十七史盖皆盛行于南宋，因晁公武《郡斋读书志》言，虽自仁宗嘉祐已诏校宋、齐、梁、陈、魏、齐、周各史，然至徽宗政和中始颁发于学官，则北宋末各史刊本方全。且吕祖谦之书，盖摘抄令门人阅读之本，建阳书坊得而刊之，亦与《新唐书略》同类性质。此书即因"吕祖谦授徒，患《新》史难阅，摘要抹出而门人抄之"而成者（《直斋书录解题》），亦南宋间事也。明汲古阁所刊之十七史，有《南》、《北史》而无《旧唐书》《旧五代史》，可称为（七）十七史C。此外（八）十八史：则元人于十七史之外加宋朝事，如元曾先之撰《十八史略》即此意。（九）十九史：明初梁孟寅更加以元朝事，为《十九史略》。又《续资治通鉴长编》：真宗大中祥符八年七月，"上作读十九史诗，赐近臣和"。钱大昕以为或即十七史之讹，其说甚是。真宗时《新唐书》及《新五代史》皆尚未作，则所指者确系十七史B。（十）廿一史：明世宗嘉靖初，"上命将（国子）监中十七史旧板考对修补，仍取广东《宋史》板付监；《辽》、《金》二史无板者，购求善本翻刻。十一年七月成，祭酒林文俊等表进"（顾炎武《日知录》）。是为廿一史。（十一）廿四史：清乾隆间，《明史》修成，更加以《旧唐书》及《旧五代史》，为廿四史，最始刊本为武英殿官本。（十二）廿五史：民国初，又将《新元史》

列入正史，遂成廿五史。由三史以至廿五史之经过大略若此。

兹将"廿五史"各部分通论之，以备欲读史者先得其梗概。所谓部分者约分为六：即本纪、志、表、类传、自序、论赞是也。以下分节言之。

第一节　本纪

各史多以一帝为一纪，而始于开国之君，然亦有例外者，如《晋书》之开始并非以武帝而以宣帝。以史之体裁而论，此与各史既不同而实不合理。盖宣帝及其两子虽掌魏之政权，然并未能独自建国，始建国者由于武帝。此盖用陆机《晋纪》专记三祖之例，不欲将武帝以前事列入魏朝，故不得不加之于晋史之前耳。至于本非中国君长，其建国历有年代，自不能以入据中国之帝为始王，而必须详列其以上诸代。此种情形，比如北魏或元，然皆与晋之例不同。《史记》有世家，所载虽非天下之共主，但系一国世传之君长；《晋书》有载记，所载各国既非臣属，故不能入列传，又不肯视作平等之国家，另为修史，乃另立此种名目。然世家及载记之内容，事实上与本纪无殊，只其名称独异，故可附入本纪内。

第二节　志

志之体裁始于《史记》，然司马迁谓之曰书，以下各史多谓之志矣。志数最多者当推《宋史》，共十五种；而以《新五代史》

为最少，只有《司天》、《职方》二考。论其名称，大体则名同者内容相近，亦有名同而内容渐更改者。如《史记·天官书》多记星象，而宋以后之天文志则多记天文，前者较迷信，而后者渐趋于实验。《汉书·五行志》多记五行之相应，后代五行志虽记地震等灾异，然不一定详举天人之相应，此皆史学愈后愈脱离最初通天人之性质矣。北魏政治组织源于部落，故其氏族与官职有关，因并为官氏志。辽代兵制与各代不同，故在兵卫志以外，更立营卫志。兵卫志者，与各史兵志相近，而营卫志则辽代之特有者也。其余如礼、乐两志，或分或合；艺文一志，或有或无。而《明史》以后，始用刘知几之说，专载明人著作，非如以上各艺文志兼载以往各朝著作者，则因愈后书籍愈多，载不胜载，明史之改体例亦形势使然也。

第三节　表

表出自古代之谱牒，所以补本纪、列传之不足，比如列侯将相，传之将不胜传，载之于表最为简便。司马迁始作十表，班固因之亦作十表。但以《史记》中《三代世表》《十二诸侯年表》《六国表》皆与汉朝无干，只其余七表皆续《史记》为之，而另创《外戚恩泽侯表》《百官公卿表》《古今人表》。前两种对记述汉朝史事颇有益，但《古今人表》将上古至汉人物分为九等，既非定评，又将汉以前人物厕入，自乱其断代条例，因此甚为后人批评者所不满。由《后汉书》以至《南》、《北史》皆无表，《新唐书》有《宰相》《方镇》《宗室世系》三表；《新五代史》有《十国世家年谱》，亦等于十国表也。《旧五代史》则无之。

宋史有《宰相》《宗室》二表。契丹立国有其特性，故《辽史》之表特多，有《世表》《皇子表》《公主表》《皇族表》《外戚表》《游幸表》《部属表》《属国表》，共八种，《金史》有《宗室》《交聘》二表，《元史》有《后妃》《宗室》《世系》《诸王》《公主》《三公宰相》六表，《明史》有《诸王》《功臣》《外戚》《宰辅》《七卿》共五表。此诸史表之大概也。

第四节　类传

各史列传因时而异，因人而异，故不必讨论，兹所专讨论者为类传。类传者，集同性质之人物而为之传。《儒林列传》创自司马迁，"廿五史"中除少数史书外，各史皆有之。元修《宋史》欲推崇性理学者，遂在《儒林》之外，更立《道学传》。此节颇招来后人极多非议。朱彝尊所言可为代表：

> 传儒林者，自司马氏、班氏以来，史家循而不改。逮宋王称撰《东都事略》，更名儒学，而以周、张、二程子入之。元修《宋史》，始以《儒林》《道学》析而为两：言经术者入之《儒林》，言性理者别之为《道学》；又以同乎洛、闽者进之《道学》，异者置之《儒林》。其意若以经术为粗而性理为密，朱子为正学而杨陆为歧涂。……故《儒林》足以包《道学》，《道学》不可以统《儒林》。（《曝书亭集》卷三十二）

《循吏》《酷吏》《佞幸》皆创自《史记》，虽后史立名或不尽相同，但其宗旨则相似。《史记》类传共九种，沿用于后世者即《儒林列传》及此三种是也。南北朝重门第，凡寒门而致贵显者，多入《恩幸传》，恩幸之名称虽与佞幸相近，但其性质则不相同。

《外戚传》始于班固《汉书》，然与后史之称外戚传者，微有不同。《汉书》因吕后掌握政权，故立《高后纪》，除此以外，各后皆载入《外戚传》中，不更立纪。至《后汉书》特立《后纪》，故无《外戚列传》。《晋书》以后，常两种并列，既有《后妃列传》，又有《外戚列传》，所谓后史与班书之外戚传微有不同者此也。

《宦者列传》始自《后汉书》，因与当时政治相关极密。如唐、明之宦官权柄极为浩大，故多数史中均载有《宦者列传》。

《文苑列传》亦始自《后汉书》，以后各史有时称为文学或文艺者。

《后汉书》之《方术列传》，专记医卜之人，与《史记·日者列传》相近；但后史有以方技或方伎标明者，有以艺术标明者，其内容则相类。《北史》对于艺术所指范围甚详："夫阴阳所以正时日顺气序者也，卜筮所以决嫌疑定犹豫者也，医巫所以御妖邪养性命者也，音律所以和人神节哀乐者也，相术所以辨贵贱明分理者也，技巧所以利器用济艰难者也。"阴阳卜筮、医巫相术与天人有关，而音律类所引如师旷等，皆能以耳听辨吉凶，则仍与前四项相类，是则所谓工艺术之人，皆能通天人之变，又与最古史官职务之一端相通矣。

此外因各代社会环境不同，史官之所重轻者亦各异，比如滑稽盛于战国，刺客行于秦前，游侠见称于汉世；而货殖之兴由于春秋以后之阶级紊乱，平民可以财富取得地位，故太史公特创为类传。后世与之环境不同，故无仿为之者。此亦若后汉之党锢，五代之僭伪及伶官，唐之藩镇，明之流寇，以及各代之叛逆、奸臣，皆对当时政治有极大影响，而明代之土司亦为当时之特殊现象；故史书对此甚为注意，特立党锢、僭伪、伶官、藩镇、流寇、叛逆奸臣、土司各传。其他时代倘无同类现象者，当不必仿效为之，此自然之理也。

且各史类传似亦有不必立者，如《史记》之《滑稽列传》，后儒亦常有讥之者。后世虽亦有滑稽，而无人再仿效为列传者，亦由于此。又若《元史》之《释老》，特因元代重道教而立，然历代常有重释老者，无须为立专传也。若《梁书》止足传等，则为各史中独标新目之列传矣。

《新五代史》对于类传之结构，与《旧五代史》完全不同。《旧五代史》只有世袭与僭伪，然世袭等于世家，而僭伪等于《晋书》之载记，两类皆不属于各史之类传，故谓《旧五代史》无类传可也。至于《新五代史》，欧阳修独出心裁，有各种类传，如《一行传》包括五人：如郑遨、张荐则放身而自得，近于隐逸；如程福赟则获罪而不自明，又近乎忠义；然欧阳氏以为彼等各有一行可传，而总为《一行传》，盖远绍《后汉书》之《独行传》而与其他各史不同者也。后唐帝王多养子，常用以取天下，亦一时之风尚，故特立《义儿传》。晋庄宗之亡困于伶人，又为后晋之独特现象，故立《伶官传》。而五代承唐之习惯，宦官当政，故立《宦者传》。凡此皆欲特别标明一代兴亡之所关，故取其重点而类之。其组织有似《后汉书》各类传，然其眼光则可上继太史公，欧史之所以足重者在此。五代各朝，享国时间皆短，故常有一人而仕数朝者。《旧五代史》则列传于其人所终之朝，如冯道历仕数朝而终于周，则入于周代是也。《新五代史》则对尽忠于某代者，方入于某代史中；其历仕各代者，则于史末另立《杂传》一项，以传此类人物，此又欧阳修之独特见解也。

第五节　自序

自序始于司马迁，后代私人作史者多仿效之。官书集众力而成，自然不能有自序。自序为著者个人之家传。比如《太史公自序》，首述司马氏得姓之始，更历述去周以后，散居于各地之状况，以至其父司马谈，下逮司马迁个人之事迹。又如《班固叙传》述班氏之出自楚，历经秦汉以至于班彪、班固。廿五史中有自序者不过五史，即《史记》《汉书》《宋书》《魏书》以及《南》《北史》。《梁》《陈书》虽成于姚氏父子，《北齐书》虽成于李氏父子，然因受诏根据旧稿成之，仍半属于官书，故无自序。只姚思廉于《陈书·姚察传》末，略述己修史事而已。欧阳修《新五代史》虽系私人著作，因宋代自序之风已衰，故亦不立。此外修史者常有凡例，然今多不传，故对此已无法详细论之。

第六节　论赞

《史记》篇末常有太史公曰，后史因之有论，后更有赞，只《元史》纪传后无论赞，以为据事论人，善恶自见，是也。盖司马迁之为论，班固之为赞，原与后史之目的不同。刘知几曾论之曰：

> 史之有论也，盖欲事无重出，文省可知。如太史公曰：观张良貌，如美妇人；项羽重瞳，岂舜苗裔？此则别加他语以补书中，所谓事无重出者也。又如班固赞曰：石建之浣衣，君子非之；杨王孙裸葬，贤于秦始皇远矣。此则片言如约而诸义甚备，所谓文省可知者也。（《史通·论赞篇》）

后史多未能详用此意，论赞所述多与纪传原文重复，只显其为烦黩而已。且后更于论后加之以赞，如刘知几所讥：

> 夫每卷立论，其烦已多；而嗣论以赞，为黩弥甚。亦犹文士制碑，序终而续之以铭曰；释氏演法，义尽而宣以偈言。苟撰史若斯，难以议夫简要者矣。（同上）

刘氏所论极合理，因此宋以后所修各史多有论而无赞矣。

（摘自《中国史学史》，中华书局，2010 年）

查禁《清史稿》与修《清代通鉴长编》

　　为呈请事：窃查《清史稿》一书，自民元设馆以来，迟迟久未成书。而承袁世凯及北洋军阀之余荫，修史者悉用亡清遗老主持其事，已开修史之特例。且以遗老中最为不学无术之赵尔巽为之馆长。彼辈自诩忠于前朝，乃以诽谤民国为能事，并不顾其既食周粟之嫌，遂至乖谬百出，开千古未有之奇。且于前年北伐挺进之时，该赵尔巽等用吴佩孚张宗昌等捐款，删繁就简，仓卒成书。赵撰序文，盛称群帅之功，可谓明证。故其体例文字之错谬百出，尤属指不胜屈。此书若任其发行，实为民国之奇耻大辱。自由本院接收以来，某某迭经面商国府同人，佥认此事之重大；曾经由院集合院内诸君及一时史学专家，加以审查。兹举审查结果之荦荦大者，计反革命，反民国，藐视先烈，体例不合，简陋错误等共十有九项，列于左方：

　　一曰，反革命也。辛亥双十武汉革命，实中华民国建国之始。而《清史稿·本纪二十五》，竟书曰，宣统三年八月甲寅，革命党谋乱于武昌。又《瑞澂传》，亦书曰，越月，武昌变起。先是党人谋乱于武昌，瑞澂初闻报，惊慌失措，漫不为备。又《恒龄传》，恒龄抵宜昌，鄂乱作。夫赵尔巽等，受民国政府之令而修清史，竟谓建国为作乱，其反革命之意，莫此为甚。国民革命军北伐进展之速，凡系国民，皆深庆幸，而《王国维传》书曰，丁卯春夏间，时局益危，国维悲不自制，自沉于颐和园。于我军进至两湖之时，而曰，时局益危，诚何居心？

二曰，藐视先烈也。革命之成，先烈之功居多，凡系民国人民，宜何等钦仰？而《张曾扬传》，于徐烈士锡麟则书曰刺恩铭，而不标其革命之历史，意谓其非革命。于秋瑾烈士，则书曰阴谋乱。而尤奇者，彭烈士家珍之杀良弼也，路人皆知，而《良弼传》竟书曰，一日良弼议事归，及门，有人遽掷炸弹，三日而卒。曰有人而不指明彭烈士者，盖取《春秋》称人"贱之也"之意。其藐视先烈抑何其深！

三曰，不奉民国正朔也。《史稿》所记诸事，自入民国以后，只用干支，不用民国某年字样。如《世续传》，世续辛酉年卒。《伊克坦传》，癸亥年卒。《沈曾植传》，壬戌冬卒。或用越若干年字样，如《周馥传》，移督两广，三十三年请告归，越十四年卒。《冯煦传》，闻国变痛哭失声，越十有五年卒。夫《清史》为民国所修，而避用民国正朔，是修史诸人反对民国之一证。

四曰，例书伪谥也。溥仪退位以后，安能再颁谥典？溥仪行之，是反民国。诸人修史，大书之，亦是反民国。如《陆润庠传》，赠太傅，谥文端；《世续传》，赠太师，谥文端；《伊克坦传》，谥文直；《梁鼎芬传》，谥文忠；《周馥传》，谥悫慎；《锡良传》，谥文诚；王国维谥忠悫。赠也，谥也，莫不大书特书。

五曰，称扬诸遗老，鼓励复辟也。满清既亡，以前诸臣竟以遗老自居。殊不知在清为遗老，在民国则为叛徒。政府不事追求，已属宽大，安能再示奖励，是劝人复辟也。而《列传二百五十九》，论曰：陆润庠世续诸人，非济变才，而鞠躬尽瘁，惓惓不忘故君，靖共尔位，始终如一，亦为人所难者也。呜呼仅矣！《列传二百六十》，亦有论曰：虽皆侨居海滨，而平居故国之思，无得敢或忘者，卒至憔悴忧伤，赍志以殁，悲夫！句末，"赍志"二字，望复辟之殷，情见乎辞。

六曰，反对汉族也。太平天国立国十余年，实汉族之光荣，修史者当然不宜歧视。乃《曾国藩传》，则曰，粤寇破江宁，据为伪都，分党北犯。《洪秀全传》，则曰，僭号太平天国。又曰粤匪，曰贼，曰陷某地，曰伪某王，曰犯我军，皆否认我民族之反满清也。

七曰，为清讳也。本纪中于文字狱之惨酷，甚鲜记载；于汉族之革命则不表扬；于清政之暴虐则不详载，何足以宣昭百世也？

八曰，体例不合也。断代成书，以前诸史，莫不尽然。清旧臣卒于民国者，例不得入清史。乃盛宣怀、瑞澂、陆润庠、世续、伊克坦、梁鼎芬、徐坊、劳乃宣、沈曾植、周馥、张曾扬、冯煦、锡良、林纾、严复、辜汤生、王闿运、王先谦、梁济、简纯泽、王国维等皆卒于入民国以后，《清史稿》皆为立传。若谓彼等心怀满清，则黄宗羲、顾炎武、孙夏峰、王夫之、王余佑、王源等，又谁非明代遗民？又何列之入清史！至于梁济死于民七，简纯泽死于民六，王国维死于民十六，而列入《清史·忠义传》，尤有反对民国之意矣。

又《后妃传》，内有《宣统后妃》。溥仪结婚在入民国后，其人皆尚未死，为之立传，尤乖体例。

九曰，体例不一致也。尚侍以上大员任免，例俱书于本纪内，《清史稿》则不然。有书者，有不书者。如《雍正本纪》，元年九月，书以张廷玉为户部尚书，张伯行为礼部尚书，而不书以田从典为吏部尚书。

十曰，人名先后不一致也。一查克丹也，本纪作查克丹（《本纪十》，乾隆二年十二月甲申朔，漕运总督补熙免，以查克丹代），而《部院大臣年表四上》作查克旦，乾隆二年工部尚书查克旦，《部院大臣年表四下》，又作查克丹（乾隆四年左都御史查克丹）。一噶尔丹策零也，《本纪十》，乾隆元年二月甲戌，遣准噶尔来使归条作噶尔丹策零，而同月乙卯赐诏书条作噶尔策凌。二条相连，名字竟作两种写法。

十一曰，一人两传也。《烈（疑当作列）女传一》，既为王照圆立传矣，而《儒林三》之《郝懿行传》，又附入其妻王照圆。岂非一人两传乎？

十二曰，目录与书不合也。如《儒林传二》目录，朱骏声独立，而附其子孔彰。试验其书，则《儒林传卷二》末，朱骏声附入《钱大昭传》。

十三曰，纪表传志互相不合也。纪表传志，互有详略则可，若有冲突则不可。一，李永绍也，本纪作雍正二年六月以为工部尚书，而《部院大臣年表三》上作七月。其他如此者尚多，不堪列举。

十四曰，有日无月也。《本纪十》，乾隆二年五月乙卯，除湖南永州等处额外税，免安徽宿州水灾额赋，免浙江仁和等四州县水灾额赋，赈陕西商南等县电灾；甲戌以御门听政，澍雨优渥，赐执笔诸臣纱匹有差。按乙卯乃五月二十八日，甲戌系六月十七日，何以甲戌上不冠六月字样，致成有日无月？

十五曰，人名错误也。《本纪卷十》，乾隆三年二月壬子，以高其倬为工部尚书，张照为湖南巡抚。按张照应作张渠。至于张照，是时方在南书房，并未外任也。《本纪二十二》，同治十三年十二月甲戌，李经羲病免，以刘坤一为两江总督。按李经羲系李宗羲之误。至于李经羲此时不过十余岁，安有任总督之理？

十六曰，事迹之年月不详载也。考史之最要，在其事迹之年月。在满清所设之国史馆诸传内，对于其人升迁降补之年月大都详载不遗。而《清史稿》内，反大半删去之，使后之读史者，每不能因事考世，得其会通。试一比较《清史稿》及《满汉名臣传》，其详略即可见也。

十七曰，泥古不化也。前代得书不易，故作史者每附记与有间接关系之表册，今则不然。而《时宪志》十至十六，竟皆系八线表。以现在高级中学生皆晓之书，纳入其中，至五六卷之多，使章幅冗长，实无足取。

十八曰，简陋也。《清史稿》不为郎世宁、艾启蒙立传，仅于《艺术传》内附见，并谓不知为何国人。殊不知郎世意大利人，艾启蒙法人，钦天监档案具在也。又如英人戈登，为焚烧圆明园之祸首，其传中亦无记载，而反夸其平洪秀全之功。凡此诸端，益足证作史者之简陋。

十九曰，忽略也。稿中忽略之处甚多，载不胜载。如诸帝纪，皆于死后接书其年岁。而《道光本纪》，通篇不曾述及其死时年岁，尤属忽略之甚者。

总之，此书除反革命文字以外，其中无非错误忽略，及体例不合等项。即如此文章体例之官书，已难颁行全国，传之后人。况以民国之史官，而有反革命，反民国，藐视先烈诸罪状，若在前代，其身受大辟，其书当然焚毁。现今我国民政府不罪其人，已属宽仁之至，则其书之决不宜再流行海内，贻笑后人，为吾民国政府之玷，而大反先总理之遗意，又岂待言！为今之计，宜将背逆之《清史稿》一书，永远封存，禁其发行。且现在职院已聘请专家，就所藏各种清代史料，分年别月，编辑《清代通鉴长编》。一俟编成，再行呈请国民政府，就其稿本再开史馆，重修清史，一举而数善备矣。所有查禁《清史稿》各理由，理合呈请

鉴核，不胜待命之至。谨呈

国民政府行政院院长谭

（民国十八年十二月二十四日据报载）

这是我在四十余年前所作的请查禁《清史稿》一文，原稿久已不存，最近由台大历史系研究生何烈为批评《清史稿》及清史，得见民十八年旧报，特抄录一份，旧稿重见，我之喜可知也。有需特别声明者，当时外边传说以为查禁《清史稿》，出自谭院长，而其私心以为不为其父谭总督立传的缘故。普通总督非有大过失，鲜不为立传者。而对谭父竟如此，亦一奇事也。但谭院长亦未向人言之，而故宫同人亦未闻之，与此提案绝无关连则可知矣。

在民十三年接收故宫后半（其前半早已为袁世凯所接收后改为内务部古物陈列所）以后，在段祺瑞执政时代清室大为反动，势不能扩大各种接收。直到民十七年国府明令接收除故宫博物院以外，并接收景山及圆明园、堂子等处，至是清室所有产业皆归民国矣。其中到底有多少归内务府私人所占有，至今已成不可解之事！

查禁《清史稿》并不是消极的，断代成书，一朝不能没有他朝的史书，此亦史学家所共知。

后来故宫博物院同人名义上担任审查《清史稿》，而实际上无人负责，到了民十八年国民政府又数次电责催办，院中无法，只好由我这秘书长担任，费了半月之力翻阅《清史稿》全书，找出十九条证据作成呈文如上，其实若多费些时间，必能找出更多证据也。

我说这是很积极的，我在申请查禁《清史稿》这篇文章里，并且也说到我们预备修一部《清代通鉴长编》，以作修新清史的稿本。于是自从民国十九年起，北平研究院就成立史学研究会，聘请吴稚晖师为主任委员，另外有委员大约十九人。我当时有一篇油印的北平研究院与故宫博物院合作修清史的计划，叙说的很详细，因为故宫博物院保存的史料很完整，大约可以分为三大类：

一、内阁档案：从顺治元年起到宣统三年止的红本，完全全备。

二、雍正四年以后的军机处档案：内有各种档册及折包，档册之中由于"随手档"，这等于各档同折包的引得，一翻开它，就等于把各事陈列在眼前。另外还有重要的，是满文的折包，我记得乾隆年间，有不准汉军机大臣偷看满文折包的禁例，可见这里面有很多不愿意汉人知道的军事秘密，而不见于汉文折包的。这种现象到了道光二十年以后就不再见了。可惜这种满文折包我全经手运到上海，而后任的人以为麻烦，并没运来台湾，至少运来的只有几件，可怜之至，另外只偶然遇到。

三、宫中档：顺治年间没有存着宫中档，因为宫中档全是经过御批，自从雍正年间，世宗方才下命令说，凡是经过御批的档案，当事人阅读以后，必须退还，就是圣祖所批的，假设仍旧存在，也必须退还，所以宫中现在存有曹寅父子奏折在懋勤殿中，就因为这种原故。宫中档跟内阁大库、军机处档案，时常有不少重复，可以互相比对参考。

这以上是官书，因为从前有文字狱的关系，所以很多人不敢出版奏议，只是到了道光以后，清朝的国力日衰，大臣们不只敢刻奏议，并且把皇帝的朱批也刻在后面，这是从前所不敢做的事情。所以我主张把已刻过的奏议，再同官书比较一下，假设不同的地方，就着在旁边做考异。可惜我那篇印得的提案，虽然经过大家通过以后，并未能带出来，其大意如此。

这一部《清代通鉴长编》，若不能修成新史，它也不妨单独刊印成书，仿宋代《资治通鉴长编》，亦可以保存有清一代的史料。现在带来台湾的清代史料不全，原因是马衡在最初就反对南迁，所以我辞去秘书长以后，就无人愿负南迁的责任。后来文献馆沈兼士馆长辞职，更无人负责，而马衡听信职员欧阳邦华的意见，只将史料片断不成系统的迁至台湾，所以修《清代通鉴长编》的希望只有待以后了！

（摘自《李宗侗自传》，中华书局，2010 年）

第三篇　历史的剖面

君位由女性转变至男性的途径

在这篇论文中，我并不想研究母系社会中如舅传甥，兄终弟及等诸传位的问题，只想讨论在若干地方君位由女性演变到男性的过渡途径。

一

女君在中国极古之世，似曾存在过。而在现代初民社会中，尤不乏实例。中国古代的传说，女娲即曾继伏羲为帝。

"女娲之笙簧"。（《礼记·明堂位》）郑注："女娲、三皇，承宓羲者。"

"俗图女娲之像为妇人之形，殆谓女娲古妇帝王者也。"（《论衡·顺鼓篇》）

"古之国君，造簧作笙，礼物未就，轩辕篡成。或曰二皇，人首蛇形，神化七十，何德之灵！"（曹植《女娲赞》）

"女娲，古神女而帝者。"（《大荒西经》注）

"女娲，风姓也。一号女希，是谓女皇。"（《帝王世纪》）

据以上各种传说，女娲是极古时代的一位女王。或有人反对此说，以为系一种神话，而非史实。但我们不难想到神话若不以风俗为根据，就无从创造。纵令女娲之名不合，或其时代更前，然由此神话中，也能窥见中国远古曾经有过女王的事实。如果自远古就只有男王，而绝无女王，则造神话的人必无法想象出女王之女娲，且亦何必强造此不合后世社会的神话？况《汉书·律历志》说：

> （张）寿王言化益为天子代禹，骊山女亦为天子，在殷周间。

我颇怀疑骊山女即后世相传的西王母：西王母曰王，亦当是一位女君。此外，东汉末年，日本也曾有女王出现。《后汉书·东夷列传》：

> 桓灵间，倭国大乱，更相攻伐，历年无主。有一女子名曰卑弥呼，年长不嫁，事鬼神道，能以妖惑众，于是共立为王。

在近代的初民社会中，这种现象尤属屡见。在非洲的 Angola 王国，也常有女王统治的现象，该地人民至今尚能记忆到七位女王的称号。最后一位女王并曾因葡萄牙人的侵略，对之作激烈的反抗战争。黄金海岸的 Fanti 人，最近也曾经有过一位女王。在 Uganda 北端的 Latuka 地方，有一位女王，其在位年代甚久。在非洲中东部的 Mpororo 国，两位极有权威的女王曾经统治其国多年。此外，非洲的 Agonna 国在前世纪开端，也曾被一位女王所统治。又在非洲刚果（Congo），未被比国人占据以前，国中分为若干省，常有女子被任命为总督，管理一省的事务；其中一省称为 Matamba 的，后来独立成一国，也曾有过一位女王（蒲立浮著《母亲》Briffault，Mothers，第三册 28—29 页）。蒲立浮结论说："据说在极古非洲的王国里，没有男性的国王，他们相信由女神统治而由主教代表她们来管理。"观以上他所引用的民族学材料，在最近时期，非洲尚有五处有过女王，而且 Angola 王国，其国人至今尚能列举七位女王的称号，足见此非偶然之事；而刚果以女子管理一省的事务，犹如女诸侯，亦即等于次级的女王。在玻里尼西亚的 Huahine 岛中，也有过女王（爱里斯著《玻里尼西亚研究》，W·Ellis，Polynesian Researches 第三册 99 等页）。

王位在若干地方虽曾由女性担任，但其后多转为男性。这种演变有几种途径可循。现在先言第一种途径。

二

王位由女性演变到男性的途径，是王位由女王而传，但事实上执掌王权者为女王之夫亦即前王之婿。这种制度在古代希腊曾经实行过。弗来则（J. G. Frazer）曾搜集过若干材料。兹为简单而明了起见，将之改编为表，并附说明于后。号数以示世次，世次线上为人名，下为所王之国名或地名。

表 一

对于Ⅱ甲，Ⅱ乙，Ⅲ甲我们确知他们不仅在该地为王，且与前王之女结婚。至于Ⅲ乙，确曾与王女结婚，且生有子女；但是否继前王之位，史无明征。Ⅳ乙为该地新王朝的始祖，则其与前王之女结婚，殆无疑问。

表 二

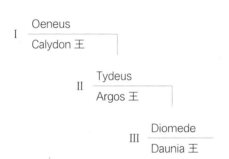

Ⅱ与当地王女结婚。Ⅲ与当地王女结婚，但所分得的国土只有一半。

表 三

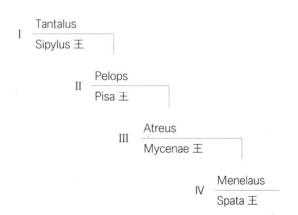

我们现在知道 Ⅱ 与 Ⅳ 确曾与当地王女结婚而后继承王位（弗莱则著《金枝》，J. G. Frazer, Golden Bough, 第一卷，下册，278—280 页）。

在以上三表中我们可以看出，王子皆不在其父国为王而反适异国。王位由王女以传，其夫多是异邦王子，王位虽仍由女性以传，但王权则已渐转移至男性的女夫身上。斯堪的那维亚及古代苏格兰的皮克特人（Picts）皆曾有同类的现象。

不传于子而传于婿，在中国古代亦曾有之，尧舜的相承即系其例。因当时的王位，应由尧之二女相传，故舜必须先娶得二女方能取得王权。娥皇之称皇，似亦可作为王位属于女性的旁证。希腊古时，也有王子因杀人而逃亡他邦，故王不得不传位于婿的传说，殆为后世父系社会对母系社会现象的解释，和我国旧有丹朱不肖的传说，皆非古史之真象。

三

王位由女性传到男性的另一途径，就是南美洲古代秘鲁和古代埃及与现代非洲若干国所用的方法。秘鲁的因加（Lnca）人，其初王位既不由王子继承，也不由王的外甥继承，而是传之于王后之子。王后称之为 Mama-Ccoya，意即王团之母。其后一方面虽仍遵守旧章，但另一方面后之子也不能夺去王子的继承权。为调和此两种不能并存的条件，则只有出于王子与其姊妹结婚之一途，于是因加人乃形成王朝乱伦（Dynastic Incest）的现象，但这无疑是调和父系继承与较早的母系继承之唯一妙法。同样的方法，也实行于布哥达（Bogota）国王的王位继承（蒲立浮著《母亲》，第三册，第 26 页）。

在古代埃及的王族，兄弟与姊妹互婚，由最古王朝以至于被罗马征服时为止，皆曾实行。在埃及人的眼中，兄弟与姊妹互婚，是最完美的婚姻。若结婚者的祖父母及父母也属于兄弟姊妹，则其婚姻可达到极神圣的地位。不只王族如此，即神与平民亦复如此。在罗马征服埃及以后，此类婚姻，尚曾实行，而彼时罗马早已进入父系社会，可见这种婚姻，实为埃及所固有，而非受罗马人的影响。这类婚姻，盖为欲保存王位或财产不致旁落而成，故埃及最崇敬的神 Osirls 与他的姊妹 Isis 女神结婚，想亦以埃及王朝的历史为蓝本，而非强造出的神话（弗来则著《金枝》，第四卷，第二册，214—217 页）。

穆锐女士（Miss Margaret Murray）对此也有深密的研究。她列举埃及新王朝的八位王后，以及 Ptolemaic 王朝的若干代以证明埃及王曾娶姊妹为后，当王后卒时，为维持国王的地位，他就将王后的女继承人，娶为新王后，故常发生娶己女为后的现象。一直到埃及的最后一位王后克娄巴第六（Cleoparta），为罗马所战胜，而凯撒之所以娶她为后，也因由此可以攫取埃及的王位（穆锐女士著《国王婚娶与母系》Miss Margaret Murray, Royal marriages am Matrilineal descent, J. A. I. Vol. XLV）。

巴刚达王国在非洲中部维多利亚湖的西北，行专制政体而兼有封建制度的遗痕，其国在般图（Bantu）人种中处最高文化地位。人民善于制陶器、木器、金属制品、皮革制品以及修建房屋和公路。国中分为十道，每道各有总管，由国王任命。其下置有次级官吏，由国王任命后受总管的指挥。人民对国王必须纳贡赋，服劳役。

虽然政治有如此高度集权的现象，但仍保存若干初民的习俗，譬如王族行内婚制，即其中之一。

巴刚达（Baganda，或称乌干达 Uganda）人，民间属于父系，然其王室则属母系（罗斯克著《廿五年在东非洲》J·Rocsoe，Twenty Five Years in East Africal 61—163 页）。民间行外婚制，而其王室则与秘鲁相同，行内婚制。王的正式结婚典礼在即位后举行。在此以前，他虽然可能已有若干夫人，但皆属于其他各图腾团的平民；而其正式结婚的王后必须是其父之女，换句话说，王后必须是一位公主，或可能时，是他的同父异母姊妹。王后有她自己的宫庭，其宫庭距离王宫不远，其间隔以小河。她与王同拥有"Kabaka"的称号，其意为王。"Kabaka"既非阳性，亦非阴性；而属于中性。王、王后、太后以及王的生母，皆有是称。除王后以外，王又可将其余的姊妹列入后宫，但不须举行典礼。其余的公主皆不许结婚或生育，违犯者处以死刑（同上书 167—169 页）。王后也不得生育，因此嗣王必是群妃所生。

巴刚达国王的葬礼与常人不同。"火灭了"是国王逝世的称谓，而"死"字则为国人所忌讳。他们认为王并没有死，只是回到他祖先的世界去。若干人被指定殉葬，殉葬者全是国王生前曾为之服役者，死后他们仍须服侍国王；其中有男有女，此外尚包括许多奴隶。他们认为国王死后即变成神，所以他不再降生；但其余平民则相信转世之说，与王不同。殉葬以外的若干国王的旧吏，包括其近侍以及各省的总管，皆被新王撤换，迁居于旧王陵庙之旁，各得田园一小区；旧后也从旧后宫中迁出，移居于陵庙旁新建的后宫中，管理旧王时代所有的随员及官吏以及侍奉王陵的群妃。旧后死了以后，新王另任命一位与旧后同辈的公主以继承其职务，代前后统领旧王之群僚。同样，在庙中居住的群妃若有死者，也由死者的图腾团另遣一女子继任其职务，以侍奉前王。前王的侍从和前王所任命的各省的总管,如有人病卒,死者的图腾团也须另派一人以接任死者的职务。前王群妃设获得其图腾团的允许而由其图腾团另遣一人以代替其职务时,亦可重婚(同上书149—150页)。

观王即位之初必须与其姊妹之一结婚,则王位实由王女以传,与之结婚方能取得王权。况王后之称"Kabaka"与王同,尤其明证。后虽无王权而有其位,至王卒后,后更管理前王的臣吏,无异将王权仍交还王后手中,虽其权已缩至局部的。后不能生育,新王属于异姓群妃所出,与下述契塔拉国相同,而较埃及王之为姊妹所生者已少更矣。

巴刚达王国的东北,与契塔拉(Bakitara)王国接壤,两国时常互相侵伐。在上一世纪,契塔拉王国曾占领巴刚达国土之大部,更并吞其南方与东方诸小国。当时曾为中非洲极强盛的王国。然未几即告衰微,其国境又缩至今日的小疆界。他与巴刚达王国不同之处,是其国中兼有游牧人及农业人杂居,各分为若干图腾团。其王室属于游牧部落。据罗斯克(J·Roscoe)的意见,土著是农业部落,而游牧部落则为外来的征服者,所以游牧部落人的地位较尊。王室行内婚制,与他族之行外婚制者不同。此殆与巴刚达人相似。

据罗斯克的调查,当契塔拉的王子尚未即位以前,多半即已曾结婚;但即位以后,纵令其宠妃也不能立之为后,因王后必须是王的同父异母姊妹。王子若与其同母姊妹结婚,就被认为乱伦,但王子却时常娶同父异母姊妹为妻。这种婚姻虽然不受处罚,也不受国王的反对,但仍不能举行正式婚礼。至于国王则不相同,当他娶同父异母姊妹为后时,须行正式婚礼,同时在王族之中,只有国王娶后可以举行正式的婚礼。在国王即位以后,必先葬其前王，然后举行若干被除的仪式，继而选立王后。选后之日，国王的同父异母姊妹皆集于王后殿中。其殿为国王殿旁七座圣屋中最靠近的一座。有若干首领随从着国王，其中大多数等候于殿外，惟 Bamuroga 与 Munyawa 二人随国王进入殿中，Bamuroga 即宰相，而 Munyawa 之意为王团的首领。王后选定以后，由他们二人高声宣布中选公主的名字，于是被选的王后就坐于殿中的宝座上（罗斯克著《契塔拉》，The Bakitara，136—137 页）。

王后的新宫在她被选定之日即已备好，后宫永远建筑在王宫之外，正门之西；但这仅是临时的宫邸。等到国王即位典礼举行完毕后，国王将迁入一座永久性的新宫，而新宫的宫邸仍建筑于新王宫正门外之西。

在婚礼完成的六个月以后，王后必须举行饮圣乳的典礼，而后她的地位始被确定。在此以前，她仍旧处于试署时期，国王可能因为她道德性格的不良或她的不善治理其封邑而废之，另选立一位同父异母姊妹为后（同上书 138 页）。

圣乳亦即圣牛群的乳，为国王所独有。圣乳只能供给国王作饮料，在任命新首领时，亦有饮圣乳的典礼。王后在后宫中，一如王之在王宫中，有自由处理宫务之权；王后的封邑系继承前后所有，此外又从前后处继承若干牛群，但无圣牛。她每年可从封邑中获得若干牲畜的贡赋，也可征调封邑中若干农业部落的人民为她修建房屋或作其他的劳役。她对封邑的人民握有生杀之权（同上书 142 页）。

国王与王后异居，但王后每月必须作两次正式的进见。假若国王派人作例外的召见时，后则于晚间入侍国王，但必须在次晨以前回返她的宫中，其行动必须秘密。王后被禁止生育，如果国王认为其行为不端时，可以废而送之于远处居住。当王后坐于后殿中，只有其同辈姊妹可以入见，新王之女及前王的姊妹皆不准入殿（同上书 141 页）。

王与王后的结婚是王族唯一的结婚典礼，王子及公主的婚娶皆不举行正式的婚礼。王的后宫拥有无数的妃。在王后以外，王又可以任意娶若干异母姊妹，但不能举行仪式；他可以赐予她们若干牛甚至一个封邑，但她们仍旧被禁止生育。这类的妃很少留住在王宫内。

国王又可以从任何宗族中娶妃。这类的妃则常住在王宫内，但她们的地位远不及王族群妃。她们虽然管理着王宫中各种重要的职务，且被各团首领及人民所尊重，但在王族群妃或群公主之前，她们只是平民，永远不能亲密相处；且对前者说话时必须下跪。异族群妃之一将来可以作王太后，纵令作王太后以后，其卑微的身世仍旧使她与王族群妃或群公主分为尊卑判然的两个阶级（同上书 149—150 页）。

王后若病卒，埋葬时，她的双手合掌置于头的左侧。合掌置于头之左侧者只有王后一人，国王及王子、公主等卒后，皆合掌置于头的右侧。王后私有牛群的牛乳也于后下葬时被滴入后的口中。王后的尸体须先在她的宝座上停放数分钟，而后下葬于她的封邑中一个农民的屋中，这人亦就变成后坟的看守者（同上书 143—144 页，121 页）。

后死后四个月 Babito 团的首领先选择团中若干女子，然后由王和 Bamuroga 及 Munyawa 在群女之中选立新后。新后的典礼与前者相同。行过典礼以后，由新后正式宣布旧后病死的消息。新后继承旧后的宫邸、封邑以及其余的财产（同上书 144 页）。若国王先后而卒，后不必担负保护王陵的责任，由新王后另给她一个封邑，使旧后退居其处，将她原有的宫邸封邑与财产让与下一代的新后。

国王只有与同父异母姊妹一人能有正式的结婚典礼，足征王位在于女子身上；必须经过正式结婚，男子方能取得王权。此节与埃及、巴刚达皆相同。王后葬时，双手合掌置于头之左侧，与国王、王子及公主等之皆置于右侧者迥异。王后葬礼之独特，足征王后为国中最尊贵的人，其地位实超出国王之上。此又为较古时代王位属于女性遗痕之一端。现在全部王权虽属于国王所有，但王后在她的封邑中，仍保有生杀之权，所不同者只将全部王权缩小而已。据罗斯克所说，王子或公主有罪时，惩戒的命令，虽然只能由国王颁布，但缢死的刑罚必须在后殿中执行（同上书172—173页）。不在王殿执刑而在后殿执刑的现象，恐亦系沿袭古时女性王权的遗痕。

四

巴刚达的王位由选举产生，但只有前王之子可以当选。（罗斯克著《廿五年在东非洲》J. Roscoe, Twenty Five Years in East Africa. 84—85页）而王之长子则永远不被选出，因为他是宗子，为同辈之长。（弗莱则著《图腾制度与外婚制》G. J. Frazer. Totemisrm and Exogamy，第二册，468页）新王即位后，即将他的生母尊为王太后。这位旧王后原是平民的女儿。在前王生存时，其地位并非极尊；因为她的儿子即位为王，遂使她成为国中最尊贵的一位。在从前，王的兄弟仍许生存，但近几年来，王太后为保护其子的地位，同时亦为保障她本身的地位起见，就命令将新王兄弟圈禁，不给以饮食，使他们绝食饿渴而死。这种圈禁的旧址，现在尚能看见（同上罗斯克书 87 页）。

王太后在政治上也占着极重要的地位。她在每道中皆享有封邑，由她所派遣的官员负责管理，他们的称号与国王的官员相同。太后即位以后，只能与王晤见一次，余时皆居留于自己的宫中，而以使者作为与国王商议国政的媒介。太后若先王而卒，则由其同图腾团的人选出另一同辈女子继其职位（同上弗莱则书 469 页）。

在契塔拉亦有类似的习俗。当国王即位以后，他尊其生母为王太后。由一位巫医和一位卜人的帮助，国王选择一适当的地点为王太后建筑一座新宫。是宫通常距王宫约一二里之遥，由她封邑中的人民负建筑之责。太后新宫的正门与王宫相对；宫中有一座大殿，样式与王殿相似。她拥有圣牛群，亦可举行新月再生典礼，即其冠服，亦与王者相类。她的宝座上覆有牛皮和豹皮。她成为王太后以后，即不能复与国王会晤；假如有重要政事欲与王讨论，亦须乘黑夜秘密潜入王宫，以避免外人闻悉；因此，她亦仅能在王宫作片刻的逗留。她即王太后位以后，接受上一代王太后的封邑和全部的牛群，仅留下一处小封邑以及少数的牲畜和仆役以为上一代王太后生活之用。国王若认为新任王太后的封邑不足时，可以增封。她对封邑的人民有生杀之权（罗斯克著《契塔拉》，146—147 页）。

安克鲁国王即位以后，立即尊其母为王太后。她的宫邸距离王宫不远。她有自己的封邑，封邑中的人民为她私有，她对他们握有绝对的威权。她任命她的亲属管理封邑。她的葬礼与国王相似，所异者只是她以左臂放于头下，而国王则以右臂置于头下而以左臂安放于胸前。据说王太后死后再降生为豹。王太后死后，国王必须在其图腾团中选立新任的王太后以继承她的牲群、财产与封邑。王太后在世时,国王须随时前往朝见,但王太后则不往王宫见王。

在以上各国左近的鲁安达(Ruanda)国中,王太后及国王的弟兄,皆是国王的顾问,可以参预国政,国王的弟兄且被派往各区,分治其地(罗斯克著《乌干达保护国中巴克苏等部落》J. Roscoe, The Bagesu and other triibes of the Uganda protectorat, 189—190页)。派遣弟兄分治各区的现象,颇与我国周代之分封同姓于各国者相似;而太后及王的弟兄之参与政事,尤似文母,周公之于武王。

太后之能干预王政,实不限于以上各国,在夏威夷,太后有特殊的地位,她的威权至少与王相等。王掌管外交,太后则独掌内政。王若不在都城时,所有国政皆由太后掌管(蒲立浮著《母亲》,第三册,第27页)。

在非洲的达侯麦(Dahomey)王国,王位由选举产生,但只有前王之子始能当选。在新王未选出以前,由太后摄行王位,摄位的时间有时可以很长久。非洲中部的伦达(Lunda)王国,由其中的一位公主与王共理国政;她被认为国王的母亲。她虽可以拥有情人,但被禁止结婚,所生的子女也都被处死。而国王却可以娶两位公主,所生的男子也可以继承王位。太后的权限极高,她有独立的宫庭与私有的赋税。她的威权神圣而不可侵犯;国王若不先得其同意,就不能处理任何事务。她干预国王所处理的一切政事,即使国王不在宫庭,她仍有权独自处理。在一八七三年,伦达王国的太后并曾废立国王。

在柏宁(Benin)王国,在王宫以外,太后有独立的宫庭。一切国家的政事,皆须向她咨询;凡国王可以处理的政事,她亦可以处理。但是国王即位以后，太后便被禁止与他重新见面。在达宾（Dwabin）王国，太后有无上威权，而国王的权力则甚渺小。

在非洲黄金海岸的亚山第（Ashanti）人，在王族众女中占首要地位的仍是太后。王离开都城时，由她代王管理一切政务。王位属选举制，凡是公主之子皆能当选，但须经太后之批准。太后也有权废王，据说废王之举曾经实行过。这种制度，一直保存到一八九六年英国人侵入时为止。

由达侯麦太后在新王未选出以前摄行王位，可以使我们对辽太宗未即位以前，应天皇后摄政的故事作进一步的比较与了解。亚山第太后之有权废王，又使我们忆及霍光之废昌邑王而立宣帝，必须请皇太后（昭帝上官后）出坐武帐，再以其名义行之。

五

巴刚达西南安克鲁（Ankole）王国的习俗，较以上巴刚达等国略有改变。国王有若干群妃，而无正式的王后。群妃在国中既无正式地位，亦无特殊权利；而国王的姊妹之一，反是一位重要人物。她既非王后，亦非王妃；可能是国王之姊或妹，但不必是行辈中之最长者。她可以和任何人结婚，且不必获得国王的同意。据罗斯克说："这件习俗，以及许多其他的习俗，尤其是关于继承及被除典礼，皆能证明在较早之世，有母系习俗存在，虽然现在的土人不承认，并以为这种习俗较父系者为低。"（罗斯克著《安克鲁》J. Roscoe. The Banyankole，34—35页）

这位国王的姊妹，在国王即位典礼中，被派为举行被除典礼的人。因此人民认为他与国王的健康有密切关系。她有封邑，在封邑中有绝对的主权。她的住所建筑在王宫的左近，与国王经常保持密切的接触（同上书60页）。她若先王而卒，则王指定另一位姊妹以继承其职位。若国王先彼而卒，她必须先与元妃共负整洁国王尸身之责，而后或自缢或退隐。在晚近的一位国王逝世时，其主持被除典礼的姊妹就召集数约二十位王妃于一室中；她先打碎国王所用的鼓和枪，再到室中令群妃自缢，随后她自缢死去。国中的人皆认为她应当如此（同上书61—62页）。

由安克鲁王国此种现象，可以推测以前国王亦娶姊妹为后，其后演变成为现在的习俗。契塔拉王国的国王娶姊妹为后，已如前述，但自国长改信基督教以还，仅能一妻而不能多妻，他所娶的并非其姊妹，故不能享有王后的称号；但王后的名称，仍为他的一位姊妹所虚拥。两者相较，颇能窥见其演变的痕迹。

在兰沟（Loango）王国，最年长的公主的称号等于女王。国王由众公主诸子中选出。国王不与公主结婚，故其子不能继承王位。国王称长公主曰母，所有国中的政务必须向她咨询。在杜拉（Daura）王国，公主的地位和兰沟国王的公主一样。国王也由众公主诸子中选出，而非前王之子。在以上两国，王太后和长公主实即一人。以上皆为长公主在国中享有实权之例证。此外，亦有无实权而拥有尊位的，如在玻里尼西亚之通加（Tonga）群岛者属之。岛中教王的最长姊妹，或其最长姑，地位远较王为神圣。王对她的礼仪，犹如人民之对王。她是岛中最尊贵的一位；王的女儿也较王为尊。这些女子，皆不得结婚（爱里斯著《玻里尼西亚研究》，第三册，99页，287页）。

在中国汉朝昭帝以前各代，皆有长公主，且似皆极有权威。兹举数例如下：

"景帝立齐栗姬男为太子，而王夫人男为胶东王。长公主嫖有女，欲与太子为妃。栗姬妒，而景帝诸美人，皆因长公主见，得贵幸。栗姬怨怒，谢长公主不许。长公主欲与王夫人，王夫人许之。会薄皇后废，长公主日赞栗姬短。景帝尝属诸姬子，曰：'吾百岁后善视之。'栗姬怒不肯应，言不逊。景帝心衔之，而未发也。长公主日誉王夫人男之美，帝亦自贤之，又耳囊者所梦日符，计未有所定。王夫人又阴使人趣大臣立栗姬为皇后。大行奏事，文曰'子以母贵，母以子贵；今太子母号宜为皇后。'帝怒曰：'是乃所当言耶？'遂案诛大行，而废太子为临江王。栗姬愈恚，不得见，以忧死。卒立王夫人为皇后，男为太子，封皇后兄信为盖侯。"（《汉书》卷九十七上《外戚·孝景王皇后传》）

"初，武帝得立为太子，长公主有力。"（同上《孝武陈皇后传》）

"武帝崩。戊辰，太子即皇帝位。谒高庙。帝姊鄂邑公主益汤沐邑，为长公主，共养省中。"（《汉书》卷七《昭帝纪》）

此外，孝武卫皇后，李夫人，皆由平阳公主得幸（见《汉书》卷九十七《外戚传》）。足征汉之公主仍保有宫闱中若干政治势力（汉代长公主特权，牟润孙先生有专篇研究，见其《汉初公主及外戚在帝室中地位试释》文中，载《台大傅校长纪念论文集》）。至少，自春秋时，宗法社会已经完全建立，列国中也未见国君的姊妹有特权的现象；但刘氏崛起田间，与春秋各国世族迥异，而其保留的初民遗痕也较强。比如高祖之生，则云其母在雷电晦冥时交龙而有娠（见《汉书》卷一《高帝纪》），此与古人或初民的信仰人之生由于图腾者相似。《汉书》卷二十五上《郊祀志》云："（新垣）平使人持玉杯，上书阙下，献之。平言上曰：'阙下有宝玉气，来者已视之。'果有献玉杯者，刻曰'人主延寿'。平又言臣候日再中。居顷之，日却复中。于是更以十七年为元年。"汉文的改元，其用意疑与初民的再生礼相似，又卷三十八《高五王传》："大臣议欲立齐王，皆曰：'母家驷钧恶戾，虎而冠者也。初以吕氏故，几乱天下；今又立齐王，是欲复为吕氏也。代王母家薄氏，君子长者。且代王高帝子，于今见在最为长。以子则顺，以善人则大臣安。'于乃谋迎代王。"立君而视其母家之良否，在宗法社会决不会考虑到，汉朝人士之重视此点，固由于方处吕氏乱后，然亦足见汉代舅权之盛。且由文帝以后，下至东汉，外戚专政，固与吕氏之乱无干。舅权之于母系社会关系的密切，为多数民族学家所共认。由上举三端，足征汉代所保留的初民社会遗痕颇重，而长公主之有权以及太后之干政，亦莫不与此有关系。

六

综合以上的研究，有若干民族曾经有过女君。而君位之由女性转变到男性，根据初民调查报告及古代记载，至少可遵循两种途径：其中的一种是君位由女子以传。而另以异邦人或异族人为夫，代女子执行君权，即本文第二节所曾讨论者。另一种途径，君位仍由女子以传，但其夫不属异族人，而为其同父异母弟兄，亦即本文第三节以下讨论所及者。由埃及的例证，王后可以生育子女；因此将来的王太后和现在的王后本系一人，故王太后之有权并非意外的事。巴刚达等国，王后不得生育，故将来的王太后并非现在的王后；但王太后之仍能干预政治，盖亦由于以前王太后与王后本系一人的缘故。至于长公主之有权，与此相似。王若与其同父异母姊妹婚娶且能生子如埃及者，则将来之王太后即现今之长公主也。

另有介于上述二种途径之间者，则为古代之罗马，罗马自凯撒大帝以后，经过若干代，帝位皆由女子以传，其夫既非异族人，亦非其兄弟，而是母亲系族人（同前穆锐女士著《国王婚娶与母系》）。

我国古代"君"与"后"同称曰"后"，亦若巴刚达人"王"与"后"同称曰"Kabaka"者相同，尤足为中国古代君位先属女性之证。《尔雅·释诂》："林烝上帝皇王后辟公侯，君也。"周初文献如《尚书·立政》亦说："乃敢告教厥后曰：'拜手稽首后矣。'"则亦以后为君称。《释诂》之成篇可能甚晚，但有《立政》为证，则《释诂》所言似不必置疑。且夏后氏诸君皆称后。然则王之称后，由来已古。春秋以后，后称始演变为王后所专有。但起初王之称后，盖夫以妻贵；其后后之称后，则妻以夫贵。其演变的痕迹，不难窥见。

（原载著者《历史的剖面》）

读水浒记

一　水浒故事的演变

水浒故事的流传，就起源于当时，可以说宋江等还存在的时候，这种故事已经变成了俗间的传说。所以致此的缘故，是非常的浅显，完全与那时的地方情形有关。北宋的末年，徽宗以美术家的能力作天子，加以蔡京、童贯、高俅那班小人，于是闹得外面辽金交侵，里面民不聊生，盗贼的横起，也是当然的事。方腊之起，由于花石纲的扰民（花石纲的事见后《方腊始末考》），王伦、宋江之起，是因为夺民田事。陈梁《通鉴》说：

> 宣和三年九月，诏宦者李彦括民田于京东西路。初，胥吏杜公才献策于内侍太傅杨戬，立法索民田契，自甲之乙，乙之丙，展转究寻，至无可证，则度地所出，增利赋租。始于汝州，侵淫于京东西，淮西北，括废堤弃堰荒山退滩，及大河淤流之处，皆勒民主佃额，一定后，虽冲荡回复不可减，号为西城所。梁山泊古钜野泽，绵亘数百里，济郓数州，赖其蒲鱼之利。亦立租，算船纳直，犯者盗执之。一邑率于常赋外增租钱五十余万缗，水旱蠲税，此不得免。擢公才为观察使。至是戬死，以内侍李彦继之。

观此则当此北方诸盗发生之由，颇可想见。但是宋江等受招安以后，何以他们的故事又特别的发达呢？就是因为宋江等被招安以后，搜括民田的事有加无已，人民痛恶官吏，怀念那些力能抗拒他们，为民御侮的豪杰，当然他们的故事，愈传愈远了。陈桱《通鉴》上说李彦的搜括民田，远在杨戬以上：

> 彦……置局汝州，临事愈剧。凡民间美田，使他人投牒告陈，皆指为天荒，虽执印券皆不省。鲁山阖县，尽括为公田，焚民故券，使田主输租佃，本业诉者，辄加威刑，致死者千万。公田既无二税，转运使亦不为奏除，悉均诸别州。……发物供奉，大抵类朱勔……皆责办于民，经时阅月，无休息期。农不得之田，牛不耕垦，殚财靡刍，力竭饿死，或自缢辕轭间。

但是这种的传说，当然是没有系统的。在京东的注意梁山泊，在京西的注意太行山，在两浙的注意平方腊，并且各地还有他所喜爱的中心英雄。这还是水浒故事口传的时期。这时期的经过不甚久，因为南宋时，已经有了笔记的水浒故事了。

由口传的水浒故事，一变而为笔记水浒故事，这变化当在南宋时间，我引两事为证。

（一）周密《癸辛杂识续集》载有龚圣与所作《宋江三十六赞序》，起首说："宋江事见于街谈巷语，不足采著；虽有高如、李嵩辈传写，士大夫不见黜。"所谓传写，即由口说的而变为笔记的。宋时说平话的极多，初时不过强记，后来渐有人简略的写出，以备传习之用，并不为供给读者，笔记之由始此。近来小说，如《三侠五义》、《施公案》等，末不先有说平话的口说，然后有写出的，演变类的小说，大都如此。周密宋人，元时尚在，则所谓高如、李嵩辈，至少是宋元之交的人，传写的时代，至少也是宋末。

（二）《宣和遗事》系杂采各种记述而成，所以文体忽然文言，忽然白话，前后甚不一律。大约是当时平话者传习所用，凡诗句，奏章，皆甚详细载记，而言语则从略，盖亦如现说书的，言语可以顺口改易，奏章书信则必须默记也。所采书甚多，如元集崇宁元年，徽宗对蔡京所说的话，与《宋编年通鉴》所载文字相同；朱勔办花石纲一节，半系赵彦卫《云麓漫钞》文字之方腊一段，半系《宋会要》文字；至后二集，更与《窃愤录》等书相似了。以这些例其余，宋江等一段，恐亦系采自他书者，或即高如、李嵩辈所作的一篇，亦未可定。旧本《宣和遗事》上有"南瓦子……"印记。南瓦子系宋时杭州娼妓及说平话者聚所，《梦粱录》曾道及之，则《遗事》一书，确是南宋作品。亦可证水浒故事，在那时已入笔记时代了。

但是那时的记载，并非如现在通行《水浒传》的体裁，所谓章回体的。那时只是短篇的。这种本子，现在固然逸失，我却有几个间接的证据，足为此说的证：

（一）现在《水浒传》内，常在一段大节目以后，加一句"这个唤作……"，如百回本第十六回，述说吴用建策，将杨志送的生辰纲取了以后说："这个唤做智取生辰纲。"大约以前有段短篇作品，唤作"智取生辰纲……"，所以结成长篇以后，还留了这么一句。

（二）宋江等在梁山，忽然叙写他们去打华州，似乎非常的无道理。但是我们要明白了初一步的水浒是短篇的，是无系统的，就可明白了这无道理内的理由。上边我说过，梁山左近有梁山的水浒故事，京西有京西的水浒故事……。龚圣与的赞有四处"太行"字样的。足可证说宋江等起于京西的，在当时颇盛行。华州事即京西故事之一，后人想综合京东、京西各种为一长篇，想将宋江在京东搬到京西，只好牵出史进被陷，鲁智深被擒，宋江下山去救……以作线索了。

这些短篇水浒故事，是与元代的杂剧同时或少前的，元曲的水浒剧，即取材于这些篇。因为他们的传说，作者，产地的不同，所以内容常异，杂剧内人物的性格，也因取材的不同而不一致。

笔记的水浒故事的第二期，就是将许多的短篇笔记，连贯成了长篇，截成一回一回的，变作章回体的长篇水浒故事，这时期约在元明之间。当时有多少篇这种的小说，我们现在却难知道。我们所知道的，只有四篇，即所谓水浒四传。我先说明何为四传，然后再说他们存在的理由。

水浒四传的第一传内的事迹，约等于百回本的第一回至第八十回所包含的，就是从误走妖魔起至招安止（现行七十回本的楔子，第一回至第七十回，及平四寇的第一回至第十一回）。

第二传是百回本的第八十回至第九十回，平辽一段（平四寇第十二回至第十七回）。

第三传是百回本所无，征田虎王庆一段（百二十回本第九十回至一百十回，平四寇第十八回至第四十回）。

第四传是百回本第九十回至第一百回，平方腊一段（百二十回本第一百十一回至第一百二十回，平四寇第四十一回至第四十九回）。

上面所谓"是"者，不过说与某回至某回的事迹约略相同，当然不能说完全一样，从水浒四传到如今，曾经过许多修改的。

为什么说水浒四传，而不说一传呢？重要的理由是四传内的事迹，互相冲突。在短篇的时候，各种故事的产生地点不同，流传不同，互相冲突的地方，在所不免。如果当时就直接的成为一传，而不经过四传的阶级，自应删去冲突字句，前后照应。现在所以不如此者，恰因是经过四传分立的阶级，在合成一传则冲突者，在四传各身，固不必皆冲突也。引几事作证：

> 王进、王庆两段，前后相似，如前曰柳世权，后曰柳世雄，因此有人疑后面的王庆，被移在前改作王进者。此说似不甚对，两传所取短篇故事，或者倒是同一蓝本。鲁智深别智真长老时，长老所赠四句言语是："遇林而起，遇山而富，遇水而兴，遇江而止"，与《征方腊传》的四句："遭夏而擒，逢腊而执，听潮而圆，见信而寂"，相似而不相同，亦由集《前传》的人，只叙到招安，则前四句已够，后四句系作《征方腊传》者所作，故所含皆征方腊时事。胡适之先生疑后四句系原有，前四句系七十回本改作，殊不知前四句固不能包括后边的事迹，后四句又能包括前边的事迹么？以前大约相传有智真长老赠四句言语的这回事，两传皆窃仿罢了。梁山泊及蓼儿洼，是一非二，蓼儿洼是梁山泊的一部分。第一回内说："直使宛子城中藏虎豹，蓼儿洼内聚神蛟。"以宛子城与蓼儿洼相对，因皆系水泊内地名；尤明显的是第三回，"柴进道：'是山东济州管下一个水乡，地名梁山泊，方圆八百余里，中间是宛子城，蓼儿洼。'"第十五回，"吴用道：'这里和梁山泊一望不远，相通一派之

水，如何不去打些？'……阮小五接了说道：'教授不知，在先这梁山泊是我弟兄们衣饭碗，……'"而第十九回，"阮小五歌道：'打鱼一世蓼儿洼，……'"

以上所举各端，皆足证明《前传》作者以蓼儿洼作为水泊一部分。但是《方腊传》却说：

> 楚州南门外，有个去处，地台唤作蓼儿洼。其山四面是水港，中有高山一座，其山秀丽，松柏森然，甚有风水，虽然是个小去处，其内山峰环绕，龙虎踞盘，曲折峰峦，陂阶台砌，四围港汊，前后湖荡，俨然是梁山泊水浒寨一般。

百回本说：

> 梁山泊内祈风得风，祷雨得雨；楚州蓼儿洼亦显灵验。

这样看来，《方腊传》的作者，将梁山泊、蓼儿洼分作两处，与前大不相同。

除了这几个证据以外，即以文体而论，四传亦不甚相同，且所用地名，亦多古今的分别。皆足证明各传非一人一时之所集，更足证各传集成时的前后。《前传》及《征方腊传》，《征二寇传》较老，《征辽传》次之。《征方腊传》所用宋代地名最多，如润州、楚州等是，且与当时实情有许多相似，下篇《方腊始末考》内，当详言之，《前传》经后人修改处似较多。然不论后人修改了多少，现所见《水浒传》字句，当仍有系宋元人旧者，比如传中说童贯造大海鳅船，《老学庵笔记》内也说："鼎澧群盗战舡有丰船、有桨船、有海鳅头。"足见是当时盛行的一类船名。传内常言"唱喏"，亦当时常礼。因为《水浒》是演变而来的小说，与创造的不同，虽经百手，终难将原面目一概抹杀，不留一二也。

第三时期，约在明代，即将水浒长篇故事，或二传、或三传、或四传合成更长篇的《水浒传》。百回本即合三传（《前传》、《征辽》、《征方腊》）而成，百二十回本等即合四传而成者。百二十回本的发凡说："郭武定本……退王田而进辽国"，则在郭本以前（明嘉靖以前），尚有合《前传》、《征王田》、《征方腊》三传而成的《水浒传》了。因为他们是分开的，自成一段，所以合一传、三传、四传，皆无不成。

第四时期，即清初以后，《王田》、《征辽》、《方腊》三传皆被删去，《前传》亦被删去七十一回以后事迹，加了卢俊义一梦，变作现行的七十回本。这种变化，完全是金圣叹的独出心裁，他虽假托古本，这个古本却似乎并未存在过。现在存在的本子，百回本、百二十回本、百十五回本、百二十四回本，皆无卢俊义一梦，这是七十回本所独有的。即如金圣叹叹赏的句子："那和尚便道：'师兄请坐，听小僧……'智深睁着眼道：'你说！你说！'那和尚道：'……说在先敝寺……'"各本亦只作"听小僧说"。及"在先敝寺……"，先是改本所独有。圣叹所叹赏者，即他所改。然自此以后，七十回本独行，明代各本皆不易找了。

至于宋江等三十六人，皆实有其人。《宣和遗事》，龚圣与《赞》皆有：呼保义宋江，智多星吴加亮（《赞》作吴学究），玉麒麟卢俊义（《遗事》俊作进），大刀关胜（《遗事》作关必胜），活阎罗阮小七，尺八腿刘唐（《遗事》作赤发鬼），没羽箭张青（《遗事》作没羽箭张清），浪子燕青，病尉迟孙立，浪礼白跳张顺（遗事作百跳），船火儿张横（《遗事》作船火工张岑），短命二郎阮小二（《遗事》作阮进），花和尚鲁智深，行者武松，铁鞭呼延绰，混江龙李俊（《遗事》作李海），九文龙史进，霹雳火秦明，黑旋风李逵，小旋风柴进，插翅虎雷横，神行太保戴宗，先锋索超（《遗事》作急先锋），立地太岁阮小七，青面兽杨志，赛关索杨雄（《遗事》作王雄），一直撞董平，美髯公朱仝，没遮拦穆横，拚命三郎石秀，铁天王晁盖，金枪班徐宁（《遗事》作金枪手），扑天雕李应；《赞》有两头蛇解珍，双尾蝎解宝，而无豹子头林冲，摸着天杜千，小李广花荣，《遗事》反此。至于事迹，则有下列各条：

> 盗宋江犯淮阳及京西河北，至是入海州界，知州张叔夜设方略讨捕，招降之。（《续宋编年资治通鉴》宣和二年）

> （宣和）三年二月庚辰，宋江犯淮阳军，又犯京东河北路，入楚州界，知州张叔夜招抚之，江出降。（《十朝纲要》）

> （宣和）三年二月，方腊陷处州，淮南盗宋江等犯淮阳军，又犯京东江北，入楚海州界，命知州张叔夜招降之。（《宋史本纪》）

> 剧贼宋江剽掠至海州，趋海岸，劫巨舰十数。公（张叔夜）夜募死士千人，距十余里，大张旗帜，诱之使战；密伏壮士匿海旁，约候兵合，即焚其舟。舟既焚，贼大恐，无复斗志。伏兵乘之，江乃降。（《东都事略》）

> 宋江寇京东，蒙上书，言江以三十六人横行齐魏，官军数万无敢抗者，其才必过人。今清溪盗起，不若赦江，使讨方腊以自赎。（《宋史·侯蒙传》）

> （童）贯将刘延庆、宋江等讨方腊。（《北盟会编》）

> 王涣统领马公直并裨将赵明、赵许、宋江……入（帮源）洞后。（《续资治通鉴长编》）

> 辛兴宗与宋江破贼上苑洞。（《十朝纲要》）

由以上这些条看起来，宋江等之起在宣和二年，侯蒙始建议招抚，然实行之者是张叔夜。招安在宣和三年二月，是时方腊已起，就令他们去征方腊了。

初霸梁山泊的王伦，亦实有其人。《九朝编年备要》记方腊陷处州时说：

> 詹良臣御贼为所执，欲降之，良臣骂曰：往年王伦反，戮于淮南，王则反，磔于河北，同恶无少长皆弃市。……

蔡绦《铁围山丛谈》卷一说：

> ……元昊请服，上（仁宗）又曰："国家竭力事西陲累数年，海内不无劳弊，今幸甫定，然宜防盗发，可诏天下为预防也。"会山东有王伦者焱起，转斗千余里，至淮南，郡县既多预备，故即得以杀捕矣。

据此两节，则王伦事发生于王则以前，元昊请和以后。元昊请和在仁宗庆历四年，王则乱在七年，王伦当在四年、七年之间，他起事在山东，故《水浒》称引他了。

二　方腊始末

方腊这一寇，在宋代历史上，也颇占一位置，因为他据了"六州五十二县，杀平民一百余万"，而宋师"自出至凯旋，凡四百五十日"，始平。因此他也就变作了水浒故事里的重要部分，水浒四传里的一传（水浒四传一说见上篇）。所以我们为读《水浒》的参考，也应将方腊始末考证一下。

方腊，也叫方十三，是宋睦州青溪县人（青溪县即今淳化县）。他造反的原因，是为那时朱勔在东南搜求珍异物品运京，名为花石纲，扰得民间不堪，所以方腊乘此而起。花石纲的发生是在宋徽宗崇宁四年。《宋史纪事本末》卷五十上说：

> ……至是渐盛，轴舻相衔于淮汴，号花石纲……命（朱）勔总其事。……于是搜岩剔薮，幽隐不置。凡士庶之家，一石一木，稍堪玩者，即领健卒直入其家，用黄封表视，指为御前之物，使护视之。微不谨，即被以大不恭罪。及发行，必彻屋抉墙以出。不幸有一物小异，共指为不祥，惟恐芟夷之不速。民预是役者，中家破产，或鬻卖子女，以供其须。剔山辇石，程督惨刻，虽在江湖不测之渊，百计取之，必得乃止。至截诸道粮饷，纲旁罗商船，揭所贡暴其上，舟人倚势贪横，凌轹州县，道路以目。

就此看来，那花石纲骚扰人民，可想而知了。

此外方腊又凭假邪说，煽惑平民。唐永徽四年，睦州女子陈硕真反过，所以那里相传，有天子基、万年楼，他反时也凭借那个。他又说他一天临溪顾影，冠服如王者。他传的教是一种"吃菜事魔"教。方勺的《青溪寇轨》说的最详细：

> 吃菜事魔，法禁甚严，……而近时事益众。始自福建，流至温州，遂及二浙。睦州方腊之乱，其徒处处相煽而起。闻其法断荤酒，不事神佛祖先，不会宾客，死则裸葬。方敛，尽饰衣冠。其徒使二人坐于尸旁，其一问曰："来时有冠否？"则答曰："无。"遂去其冠。次问衣履，遂亦去之，以至于尽。乃曰："来时何有？"曰："有包衣。"则以布囊

盛尸焉。……其魁谓之魔王，右者谓之魔母。……其初授法设誓甚重，然以张角为祖，虽死于汤镬，终不敢言角字。

下边又说：

> 谓人生为苦，若杀之，是救其苦也，谓之度人。度人多者，则可成佛。故结集既众，乘乱而起，日嗜杀人，最为大害。尤憎恶释氏，盖以不杀与之为戾耳。但禁令太严，罕有告者。株连既广，又当籍没，全家流放，与死为等，必协力同心，以举官吏。州县惮之，率不敢按，以致增多。

方腊既乘着众人皆怨恨的时候，又假着他那神秘的说去煽惑，州县官又惮不敢按，于是方腊一起，遂不可止。《青溪寇轨》内，述说他起兵的时候，也很详细：

> 腊有漆园，造作局屡酷取之，腊怨而未敢发。会花石纲之扰，遂因民不忍，阴取贫乏游手之徒，赈恤结纳之。众心既归，乃椎牛酾酒，召诸恶少之尤者百余人会。饮酒数行，腊起曰："天下国家，本同一理。今有子弟耕织终岁劳苦，少有粟帛，父兄悉取而靡荡之；稍不如意，则鞭笞酷虐，至死弗恤。于汝安乎？"皆曰："不能！"腊曰："靡荡之余，又悉举而奉之仇雠。仇雠赖我之资，益以富实，反见侵侮，则使子弟应之。子弟力弗能支，则谴责无所不至。然岁仇雠之物，初不以侵侮废也！于汝甘乎？"皆曰："安有此理！"腊涕泣曰："今赋役繁重，官吏侵渔农桑，不足以供应。吾侪所赖为命者，漆楮竹木耳，又悉科取无铢锱遗。……且声色、狗马、土木、祷祠、甲兵、花石糜费之外，岁赂西北二国银绢，以百万计，皆吾东南赤子膏血也。

二国得此，益轻中国，岁岁侵扰不已。朝廷奉之不敢废，宰相以为安边之长策也。独吾民终岁勤勤，妻子冻馁，求一日饱食不可得。诸君以为何如？"皆愤愤曰："惟命。"腊曰"……近岁花石之扰，尤所弗堪。诸君若能仗义而起，四方必闻风响应，旬日之间，万众可集。……不然，徒死于贪吏耳！诸君其筹之。"皆曰："善。"遂布署其众千余人，以诛朱勔为名，见官吏公使人皆杀之。民方苦于侵渔，果所在响应，数日有众十万，遂连陷郡县……

这篇话说的有多么沉痛！外人侵索，政府靡费，安能不发生叛者？于此更明白了北宋末年，如王伦、宋江、方腊诸盗的所以蜂起了。

方腊既聚集了十余万人，遂于宣和二年十一月初一自称皇上，改元永乐。二十八，以曾孝蕴知睦州，专捕捉青溪寇。但是第二天，方腊就陷了青溪县。十二月初二，陷睦州，据寿昌，分水，桐庐，遂安等县。十八，陷休宁。二十一，陷歙州。

　　案曾孝蕴，乃是曾公亮的儿子。他以先曾知过歙州。"青溪界至歙州路，皆鸟道萦纡，两旁峭壁万仞，仅通单车。孝蕴以两崖上驻兵防遏，下瞰来路，虽蚍蜉之微，皆可数，贼亦不敢犯境。宋江扰京东，孝蕴移守。掌州者以雾毒为辞，移屯山谷间，州遂陷。"（方勺《泊宅编》）

方腊陷歙州后，婺源、绩溪、祁门、黟县等官吏皆吓逃了，后四天，又陷富阳、新城，遂离近杭州。王黼这时方铺张太平，关于方腊的事皆不上奏，并且责备浙西提刑张苑，教他不要张狂生事。至是，淮南发运使陈遘奏说腊众强，官兵弱，请速调京畿兵，兼程南下。徽宗方大惊，派承宣使谭稹去捕捉睦州青溪贼，又使威武军承宣使王禀前去节制。但是谭稹逗留不进，方腊遂又陷宣州，十二月二十九，陷杭州。因为他们痛恨官吏，凡得到的，"必断脔支体，探其肺肠，或熬以膏油，丛镝乱射"（薛应旂《通鉴》）。于是京城里大怕起来了。恰好那时因为北征的事，许多陕西劲兵聚在京城，遂尽派往，而以领枢密院事童贯为江浙淮南等路宣抚使，殿前副都指挥使刘延庆为宣抚司，统制诸路军马，征讨方腊。方腊至此已乱了两个多月，连陷四州，徽宗方正式的派人征伐，北宋末的政府的糊涂，于斯可见一斑。

童贯临行的时候，徽宗暗暗的送他，握着他的手说："有不得已者，竟以御笔行之。"童贯至苏州，大众皆说贼不能平的原故，是由于花石的挠扰，遂使董耘作手诏罪己，罢苏杭造作局及御前纲运并木石彩色等场，又黜朱勔父子弟侄的在官者，吴人大悦，方腊的势力所以未能到江北者，或者因为这个缘故。

还有一个缘故，就是因为秀州防御甚力，方腊党羽不易过去。《两浙名贤录》说：

> 方腊来攻秀州，去城南一舍而阵，众号十万。（王）子武白太守……简精锐五百人……启门鼓噪而出。太守后率百姓登陴，雷鼓发喊以助之……贼大骇奔溃。追奔数十里，斩首五千级，筑京观五以表其功。贼遂退据临安，不敢北面以窥江淮者，由于武以孤军遏之之力也。

童贯南下以后，宋师与方腊互相攻守，一面宋师渐渐夺回所失各地，一面方腊党四出攻城。宣和三年正月，方腊陷婺州，又陷衢州。二月，陷旌德县，陷处州，三月，吕师囊屠仙居县，攻台州，不克。在这时期内，宋师却颇有进步。王禀于二月夺回杭州。三月，方党再来攻，王禀等战于城外，斩首五百级，又在桐庐打败他们。关于夺回杭州，《青溪寇轨》说：

> 贼（由秀州）退据杭州。二月七日，前锋至清河堰，贼列阵以待。王师水陆并进，战六日，斩贼二万。十八日，再火官舍学宫府库与僧民之居，经夕不绝。翌日宵遁，大军入城。

《宋史·韩世忠传》说：

> 宣和二年，方腊反，江浙震动，调兵四方。世忠以偏将从王渊讨之，次杭州，贼奄至，势张甚，大将惶怖无策。世忠以兵二千，伏北关堰，贼过伏发，众蹂乱。世忠追击，贼败而遁。渊叹曰："真万人敌也！"尽以所随白金赏之，且与订交。

观此则韩世忠不止有擒方腊于帮源洞之功，于攻杭时，战绩也不小了。

三月二十一，王禀等复富阳县。二十二，复新城县。二十四，复桐庐县。二十七，遂夺回睦州。

王禀又分遣刘光世去攻衢、婺。到了衢州，方党万人出城，宋师大捷，生擒贼首郑魔王。四月十二，复龙游县。十八，复婺州。在这个时候，郭仲荀一支兵已夺回上虞县。王禀遂于四月二十，夺回青溪县，愈离近帮源洞了。

"初，童贯与王禀、刘镇两路预约，会于睦、歙间，分兵四围包帮源洞于中，同日进师"（注意，《水浒》内也说宋江、卢俊义分兵为二路：一路打睦州，一路打歙州，即袭此）。至是，王禀已夺回睦州，到了洞前，刘镇于三月十三已打下了歙州，现已来到洞后。童贯"密谕之：克日既定，当纵火为号，见焚燎烟生，则表里夹攻；仍面缚伪囚，上副御笔四围生擒之策。刘镇将中军，杨可世将后军，王涣统领马公道，并裨将赵明、赵许、宋江。既次洞后，而门岭崖壁峭，坎险径危，贼数万据之。刘镇等率劲兵，从间道掩击，夺门岭，斩贼六百余级。是日平旦入洞后，且战且进，鸣镝纵火，焚其庐舍。禀等自洞前望燎烟而进，禀领中军，辛兴宗领前军，杨维中领后军，总裨将王渊、黄迪、刘光弼等与刘镇合围夹攻之。贼二十余万众，腹背抗拒，转战至晚，凶徒糜烂，流血丹地，火其庐万间，王禀以奇兵斩贼五千四十六级，刘镇等兵斩贼五千七百八十余级，生擒四百九十七人，胁从老稚数万计，尽释之，而未得伪酋方腊"（李焘《续资治通鉴长编》）。山上多窟，"诸将莫知所入，王渊裨将韩世忠潜行溪谷，问野妇得径，即挺身杖戈直前，渡险数里，捣其穴，格杀数十人，禽腊以出。辛兴宗领兵截洞口，掠其俘，遂为己功"（陈桱《续通鉴》）。又俘腊妻及亳二太子（腊的太子）方肥等五十二人于石坑内，于是方腊一寇始平。这天是宣和三年四月二十六。

但是这浙东方氏的支党尚炽，又使郭仲荀、刘光世、姚平仲等分路往讨。五月，郭仲荀夺回了嵊县、新昌县。姚平仲打破求日新洞。闰五月，又打破仙居县境四十余洞。方五相公，七佛等众屡次被打败，方党渐衰。六月，"辛兴宗与宋江破贼上苑洞"（《十朝纲要》），姚平仲打破金像等三十余洞，又打败方党于石峡口，吕师囊弃石城逃了，擒得他的太宰吕助等。而吕师囊不久也被擒了。关于这件事，《宋史·杨震传》说：

> 追袭至黄严，贼帅吕师囊扼断头之险，拒守下石，肆击累日不得进。（折）可存问计，震请以轻兵，缘山背上，凭

> 高鼓噪发矢，石贼惊走。已复纵火自卫，震身被重铠，与麾
> 下履火突入，生得师囊，及杀首领三十人。

方腊余党，至是始平，童贯遂于八月得任太师，加楚国公，谭稹
也得加节度使。但是应奉局又置设了，朱勔也又得志。

方腊的事迹，现在所能考出的，约略如此。他占据地方之
多，诛戮人民之众，不得不说是个大寇。宋江曾随征方腊，《续
资治通鉴长编》，《北盟汇编》里皆曾提起，而现在《水浒》内
（除七十回本外），所说战略，与真正的事迹颇类。宋江、卢俊
义分兵去打睦、歙二州，然后聚攻帮源洞；王禀、刘镇也分下
睦、歙二州，会攻帮源洞，不过将宋江、卢俊义放大了，变作元
帅而已。《水浒》所说润州、苏州、常州为方腊所据固非事实，
然进兵步骤，似亦相仿。童贯先驻镇江，后来往金陵，后又往杭
州，是现在记载上明明有的。至于吕师囊、郑魔王（水浒作郑魔
君），又实有其人了。照此看来，《水浒》的末十回，征方腊那
一部分，却是比较古点的故事。至宋江征方腊以后，得何升赏，
记载内却未提及。为童贯所抑，也是可能的事。韩蕲王为辛兴宗
夺功，姚平仲为童贯所忌，不得召见，皆是当时的事实，又何必
特待宋江呢。

（原载著者《历史的剖面》）

曹雪芹家世新考

　　我写这篇文章是根据故宫懋勤殿所藏的曹氏两代三人，在康熙年间的奏折，并附有圣祖的朱批。按以前的习惯，奏折上去以后，皇帝加上朱批，再由原送折的带回去，但至世宗继位以后，他改了一个新办法，就是奏折送回本人以后，经本人看过了，有朱批者必须仍旧送还给奏事处，并且加了一句，以前圣祖时代的奏折，亦必须将有圣祖朱批者补行退回。这批曹氏奏折，恐怕就是在雍正初年缴上的，另外有李煦的若干奏折亦在懋勤殿中发现。李煦是跟曹寅同时的人，江宁织造、苏州织造两个缺，常是两人互相交换做的。

　　关于我作这篇文章，我在民国二十年旧日记中，亦偶有记载，比如五月初二日的日记："饭后再到院往文献馆看曹寅父子奏折，得材料颇多。寅有女嫁王子，頵其嗣子，而非其生子，加以前所得材料，颇能成一篇曹氏家世新考矣。"又五月初三："早到院看《丰润县志》，乾隆年修，得曹氏材料不少。"又五月初四："早到院做纪念周，看乾隆《丰润县志》，为考曹氏家世也。饭后作《曹雪芹家世新考》。"又初五："早到院，饭后作《曹家世新考》，昨今共作得一至五及第七条。"本篇原刊在《故宫周刊》第八十四期，系民国二十年五月十六日出版。

故宫懋勤殿藏有朱批奏折一小匣，内计曹寅折百十八件，曹
頫折十七件，曹頫折四十六件，于曹氏家世颇有足考证者，因合
以前年所考诸节，著为此篇，至于各折全文，院中已从《文献丛
编》第九辑起，陆续发表，可备阅者参考。

一　曹氏非旗人而是汉人

清入关以前，汉人而从军有功者，多半派入汉军旗内，曹氏
即其一也，尤西堂侗与曹寅甚有关系，寅在苏州时常与唱和，
集内并有祝寅母之寿序，祝寅之寿诗、寿词，《栋亭赋》、《御书
赞》、《曹公虎邱生祠记》，故西堂之言当可信也。《艮斋倦稿》
文第十三卷《松茨诗稿序》：

> 司农曹子荔轩与予为忘年交，其诗苍凉沉郁，自成一
> 家，今致乃兄冲谷薄游吴门，因得读其《松茨诗稿》，则又
> 体气高妙，有异人者，信乎兄弟擅场，皆邺下之后劲也，予
> 既交冲谷，知为丰润人。

观此则知寅与河北丰润之曹冲谷为同族弟兄也。

冲谷名鈖，贡生、理藩院知事，其父名鼎望，顺治己亥进
士，历任新安、广信、凤翔知府，即西堂序中所称冠五太史者
也。曹氏为丰润望族，且多擅诗文者，鼎望有《新安集》、《楚游
集》、鈖有《雪窗诗集》，长兄钊，字靖远，有《额甃集》，《仲兄
鈏》，字宾及，有《瘿庵集》、《黄山纪游》、《扈从东巡纪略》、
《笔涛养正图》、《图绘宝鉴续纂》。今据光绪《畿辅通志》、乾
隆《丰润县志》而得其世系如下：

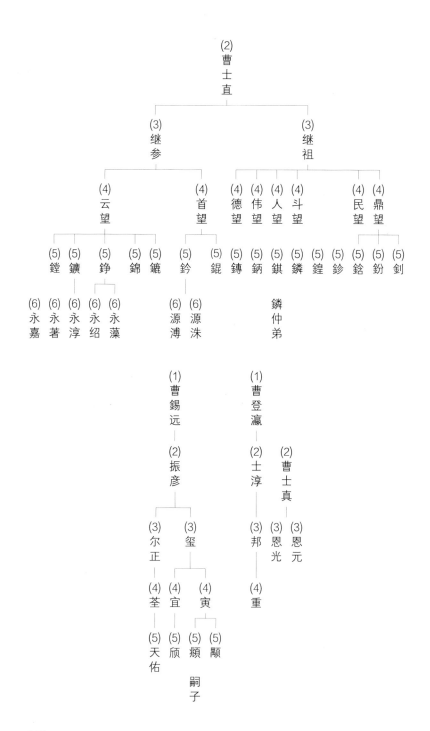

士直、士真、士淳，志内虽未明言是否兄弟行，然《曹继参传》及《曹邦传》皆谓为邑人咸宁里人，而直与真之名既相近，士直字和石、士真字金石，则为弟兄无疑义。

鼎望弟兄七人，（《县志》载《吴慎曹鼎望传》）而见于《志》者只六。

鈝、鍠、鳞、锒、鈉、源溥、永著，虽无从知其支派，然比附得其行辈。《志》内尚有曹牧、曹潜、曹重辉、曹采、曹维法、曹司弼、曹思敬、曹杲、曹溁、曹涉、曹淑、曹志彬、曹衍裕、曹闳、曹英、曹子安，曹远、远子宗礼，曹元、元子秉和，则无从推其行辈，封赠门又有曹邦彦从子森贵一条，邦彦或与寅之祖振彦为兄弟行耶？

曹氏于康熙年间任知府者二人：（一）首望，（二）鼎望。

首望，字统六，以恩拔入成均，考授中书舍人，转户部主事，差榷芜关，廉谨自持。康熙丙午，以本部员外典试广西，榜发，士论翕然。寻升礼部仪制司，值廷臣有以改民间妇女妆请者，上下其议，首望请当事奏寝之。再擢工部通惠河，有奇绩。以户部郎中出守苏州，苏赋役烦重，当天下之半，莅任未期月，赋清役简，若无所事，致仕归。足不窥户，延师课子，寒燠不辍。（《丰润县志·艺文》载《吴慎曹继参传》）

鼎望，字冠五，号澹斋，曹继参之侄也。父继祖，官别驾，举七子，鼎望其一也。甲午举于乡，己亥成进土，授翰林院庶吉士，既而改授秋曹，请停严冬遣犯豁逃人连坐之冤，决疑狱甚多，曹中称其能。丙午典试三楚，所拔多孤寒士。明年出守新安，协计剿婺源山贼，平之。辛亥大旱，赈粥活饥民甚众，损资刻《朱子纲目》，《新安文献志》等书，日召诸生讲学于紫阳书院，嗣以不能事当路，夺职家居。旋起为广信守，乃整顿残破，招复流亡，请兵筹饷，剿贼寇江机杨一豹等，复乞蠲七年逋赋，以忧归。复起为凤翔守，开垦芜地，宽减科条，请停防汉更番兵马，修横渠祠喜雨亭，以风励后学，郡中称治。丙寅，以老乞休。邑令罗景泌嘱修邑乘，采辑多所考核，为一县信史，卒年七十有六。鼎望精究理学，有济世才，未竟其用，人咸惜之。（《丰润县志·艺文》载《吴慎曹鼎望传》）

鼎望仕新安守，夺职家居，起守广信，书中贾氏族人之贾雨村，或即暗指此欤？《志》中载曹氏科举者颇多，且尤有园亭之胜，卷二《古迹门》附载：

> 冷心亭，在城外西南隅，故苏州太守曹首望别业，……今废。
>
> 近林亭，在西关外，故州司马曹云望别业，……今废。
>
> 松茨，在东关，故徽州太守曹鼎望别业，有西松，因以为名，今废为菜圃。
>
> 小辋川，在县西南，亦曹氏别业。

以上园亭至乾隆修《志》时已荒废，则其盛衰之速，亦不亚于雪芹支矣！

曹寅以外，丰润曹氏仍有入旗籍者，《县志》卷五《人物传》：

> 曹邦，字伫清，咸宁里人，明崇祯二年随清兵出口，及定鼎后，占籍正红旗，从征屡建奇勋。顺治十年，授吏部他赤哈哈番，旋擢户部启心郎。左迁湖广慈利令，再迁直隶阜城令，乞养归里。

曹寅实系丰润人而占籍汉军，观此更无疑义矣。

二　曹玺及曹寅之妻

曹玺之妻姓孙氏，《艮斋倦稿》文卷四，《曹太夫人六十寿序》：

> 曹母孙太夫人者，司空完璧先生之令妻，而农部子清、侍卫子猷，两君之寿母也。于今辛未腊月朔日，年登六袠，敝邑诸大夫共酌大斗为祝。

孙氏于丰润为大姓，《志》中载有康熙进士孙濯，乾隆进士孙穆、孙镳，选举门又有孙兆麒、孙郁文、孙潢、孙嗣昌、孙因、孙隆英、孙世億、孙志礼、孙寅、孙窝、孙宓。曹玺妻里系虽不可知，或亦其同乡欤？

又康熙四十五年八月初四曹寅折：

> 惟是臣母冬期营葬，须臣料理，伏乞圣恩准假，容臣办完水陆二运及各院司差务，捧接勅印，由陆路暂归，少尽下贱乌哺之私。

此虽不足证明孙氏之卒即于是年，但旗人惯例速葬，寅虽汉人，而受旗人化者，恐亦不至久停始葬，则孙氏之卒，前此当不甚远。康熙四十五年上去辛未十五年，孙之寿约亦七十四五矣。

曹寅之妻姓李氏，即李煦之姊妹行，康熙五十四年三月初七曹頫折：

奴才母在江宁，伏蒙万岁天高地厚洪恩，将奴才承嗣袭职，保全家口，奴才母李氏闻命之下，感激痛哭，率领阖家老幼，望阙叩头，随于二月十六日赴京，恭谢天恩，行至滁州地方，伏闻万岁谕旨，不必来京，奴才母谨遵旨，仍回江宁。

同折尾又云：

本月初二，奴才母舅李煦前来传宣圣旨。

但李氏非煦的胞姊妹，李煦父李士桢墓志内只言一女，适周承诏佐领，而无曹寅名，俗例称母之堂弟兄，从堂弟兄，亦曰舅，曹頫盖从习惯呼之也。

三　曹寅之子颙及其嗣子頫

曹寅只一子曹颙，曹頫则其过继之子也。康熙四十八年二月初八曹寅折：

臣有一子，今年即令上京当差，送女同往，而臣男女之事毕矣。

康熙五十一年九月初四曹连生折：

奴才年当弱冠，正犬马効力之秋，又蒙皇恩，怜念先臣止生奴才一人，俾携任所教养，岂意父子聚首之余，即有死生永别之惨，乃得送终亲殓者，皆出圣主之赐也。

曹寅尚有子珍儿，早夭，故不数，两折皆云只一人也。连生曹颙小名，故康熙五十二年正月初三曹颙折内云："复奉特旨，改唤奴才曹颙学名。"

康熙五十一年八日二十七日，江西巡抚郎廷极奏报曹寅病故于扬州府书馆，江宁士民并机户等恳请以其子曹颙仍为织造，曹寅病卒，当稍前于此。曹颙继承织造职，并加授主事职衔，遂于康熙五十二年二月初二抵江宁任（见正月初三折，折中谓二月初二日抵江宁莅任，而折尾日期作正月初三，必有一误），卒于康熙五十四年正二月间（参考上引康熙五十四年曹頫折）。

曹颙既死，其妻怀孕，生男女尚不可知（见下），故以頫为寅嗣。故曹頫一折云："伏蒙万岁天高地厚洪恩，将奴才承嗣袭职。"又一折云："奴才自幼，蒙故父曹寅带在江南，抚养长大，今复荷蒙天高地厚洪恩，俾令承嗣父职。"不只曰袭职，且曰承嗣，并曰蒙恩，则为奉旨过继，而非寅之生子明矣。语句之间，又似养子，而非寅侄，曹颙任织造时，方弱冠，頫称颙为兄。康熙批朱内并谓为无知小孩，（见下）则其年亦不过二十余。曹頫于康熙五十四年三月初六接任（三月初七折），至雍正六年正二月罢（见下）。

四　曹颙之妻及其遗腹子

康熙五十四年三月初七曹頫折：

> 奴才之嫂马氏，现因怀妊孕已及七月，恐长途劳顿，未得北上奔丧，将来倘幸而生男，则奴才之兄嗣有在矣。

观此则曹颙死于北方，而不在江宁，或当时适召入京耶？其妻马氏，怀妊已七月，则其遗腹当生于五六月间，康熙五十四年下去乾隆二十七年，凡四十七年，若其遗腹系男子，证以敦诚诗"四十年华付杳冥"句，或即雪芹耶？且《红楼梦》中人物：贾兰系遗腹子，而宝玉出家，亦有遗腹子，则此种推测，虽近于武断，然不为无理矣。

五　曹寅之女

曹寅一女，嫁于镶红旗王子，康熙四十五年八月初四曹寅折：

> 今年正月，太监梁九功传旨，著臣妻于八月船上奉○（原空一格）女北上，……窃思王子婚礼，已蒙恩命尚之杰备办，……

是其女之嫁王子，乃康熙指婚。同年十二月初五折：

> 前月二十六日，王子已经迎娶福金过门，上赖皇恩，诸事平顺，并无缺误，随于本日重蒙赐宴，九族普沾。

结婚以后，女并生有世子，康熙四十七年七月初五折：

> 臣接家信，知镶红旗王子已育世子，过蒙圣恩优渥，皇上覆载生成之德，不知何幸躬逢值此，臣全家闻信，惟有设案焚香，叩首仰祝而已，所有应备金银、缎疋、鞍马、摇车等物，已经照例送讫。

寅又为之置房屋田产，康熙四十八年二月初八折：

> 臣愚以为皇上左右侍卫，朝夕出入，住家恐其稍远，拟于东华门外置房移居臣婿，并置庄田奴仆，为永久之计。

观此，则贾元春实有其人，曹氏虽无贵妃，然有王子福金矣。

六　曹寅之弟、侄及甥

曹寅之弟侄见于折内者，有其弟宜（康熙四十七年四月初三曹寅折），及其侄颀（康熙五十一年曹连生折），曹頫称颀为堂兄，则长于頫可知。

其甥名昌龄，刑部尚书傅鼐长子，仕至学士，栋亭藏书多归于彼。予去年在南京购得叶焕彬丈所藏《唐类函》，上有"曹氏栋亭藏书"，及"长白敷槎菫斋昌龄图书"二章。叶鞠常丈著《藏书记事诗》卷五有诗咏昌龄，并引李南涧《琉璃厂书肆记》：

> 延庆堂刘氏，夏间从内城买书数十部，每部有曹栋亭印，又有长白敷槎氏菫斋图书记，盖本曹氏物而归于昌龄，昌龄官至学士，栋亭之甥也。

袁枚《小仓山房文集》卷二，《刑部尚书富察公碑》内载子三人，长即昌龄，次科占，次查纳，而未载其夫人姓氏，昌龄为甥之关系，尚待考。

七　曹氏与圣祖之密切

曹氏与圣祖关系，可谓甚为密切，曹寅在江苏地方，大小事件，苟有所闻，必立奏闻，观熊赐履及科场案两事可知（原折载文献丛编第九辑），康熙五十七年六月初二曹頫奏折尾康熙批：

> 朕安，尔虽无知小孩，但所关非细，念尔父出力年久，故特恩至此，虽不管地方之事，亦可以所闻大小事，照尔父密密奏闻，是与非朕自有洞鉴，就是笑话也罢，叫老主子笑笑也好。

当时曹寅的密折，决不止现在所存者，必甚多也。有时圣祖并且问他的家事，康熙五十四年批问："你家中大小事为何不奏闻？"他们的密切，真像家人了。

八　曹寅及曹頫的亏累

曹寅卒后，公项的亏空，共有五十四万九千六百余两，所以圣祖令李煦代任盐差一年，以便还清。康熙五十二年十一月十三日曹颙折：

> 今李煦代任盐差已满，计所得余银共五十八万六千两零，所有织造各项钱粮，及代商完欠，李煦与奴才眼同俱已解补清完，共五十四万九千六百余两。

所余之三万六千余两，曹颙曾进呈圣祖，同年十二月廿五折尾批：

> 当日曹寅在日，惟恐亏空银两不能完，近身没之后，得以清了，此母子一家之幸。余剩之银，尔常留心，况织造费用不少，家中私债想是还有。朕只要六千两养马。

公债以外尚有私债，所以曹頫折内亦云：

> 幸蒙万岁天恩，赏了曹颙三万银子，才将私债还完了。

曹頫亏累见于隋赫德折：

> 再查织造衙门钱粮，除在机缎纱外，尚亏空雍正五年上用、官用缎纱，并户部缎疋，及制帛诰勅料工等项银三万一千余两。

亏累原因当然是"差事甚多"，"费用不少"，进贡正项以外，刻书要钱，造瓷造法瑯要钱，圣祖左右亦假名要各种物品，所以圣祖说：

> 近来你家差事甚多，如磁器法瑯之类，先还有旨意，件数到京之后，送至御前览完才烧，法瑯今不知骗了多少，磁器朕总不知。已后非上传旨意，尔即当密折内声明奏闻，倘瞒着不奏，后来事发，恐尔当不起，一体得罪，悔之莫及矣。即有别样差使，亦是如此。（康熙五十九年二月初二曹寅折批）

织造虽然进项不少，如此用钱，安能不亏累！

九 曹氏之产业

曹氏产业之见于折内有二处：

（一）曹頫折

江宁织造主事奴才曹頫跪奏，恭请万岁圣安。七月十四日，奴才家奴赍捧折子回南，蒙御批："家中大小事为何不奏闻？"钦此。奴才跪读之下，不胜惶悚恐惧，感激涕零。窃奴才自幼蒙故父曹寅带在江南，抚养长大，今复荷蒙天高地厚洪恩，俾令承嗣父职。奴才到任以来，亦曾细为查检，所有遗存产业，惟京中住房二所，外城鲜鱼口房一所，通州典地六百亩，张家湾当铺一所，本银七千两，江南含山县田二百余亩，芜湖县田一百余亩，扬州旧房一所，此外并无买卖积蓄，奴才问母亲及家下管事人等，皆云，奴才父亲在日，费用很多，不能顾家，此田产数目，奴才哥哥曹颙曾在主子跟前面奏过的，幸蒙万岁天恩，赏了曹颙三万银子，才将私债还完了等语。奴才到任后，理宜即为奏闻，因事属猥屑，不敢轻率。今蒙天恩垂及，谨据实启奏，奴才若少有欺隐，难逃万岁圣鉴，倘一经察出，奴才虽粉身碎骨，不足以蔽辜矣，奴才不胜惶恐感戴之至。康熙五十四年七月十六日。

此曹頫初任时曹氏产业情况，至曹頫罢后，其产业则约见隋赫德折。

（二）隋赫德折

江宁织造郎中奴才隋赫德跪奏，为感沐天恩，据实奏闻，仰祈圣鉴事。窃奴才荷蒙皇上天高地厚洪恩，特命管理江宁织造，于未到之先，总督范时绎已将曹頫家管事数人拿去，夹讯监禁，所有房产什物，一并查清，造册封固，及奴才到后，细查其房屋并家人住房十三处，共计四百八十三间，地八处，共十九顷零六十七亩，家人大小男女共一百十四口，余则桌椅床机旧衣零星等件，及当票百余张外，并无别项，与总督所查册内仿佛，又家人供出外有所欠曹頫银，连本利共计三万二千余两，奴才即将欠户询问明白，皆承应偿还。再曹頫所有田产房屋人口等项，奴才荷蒙皇上浩荡天恩，特加赏赉，宠荣已极。……

随园即隋赫德之园，想系所赏曹氏房产之一部，袁枚谓大观园即随园，不为无征矣。

十 曹頫之末路

曹頫之罢免，系由亏累而抄家，抑系死后而抄家，详情尚不可知，但隋赫德折谓范时绎将曹頫家管事数人拿去夹讯监禁，所有房屋什物，一并查清，造册封固，则为抄家无疑。但谓讯其家人，而不谓讯頫，又折尾云："曹頫家属，蒙恩谕少留房屋以资养赡，今其家属不久回京，奴才应将在京房屋人口，酌量拨给"，只云家属而不云頫，頫当系前卒，否则至少亦如贾赦之充军矣。

曹氏抄家只因亏累，抑尚有其他因，现尚无从推测，有一奇事，则隋赫德奏曹颙代塞思黑藏狮是也：

江宁织造郎中奴才隋赫德跪奏，为查明藏贮遗迹，奏闻请旨事。窃奴才查得江宁织造衙门左侧万寿庵内，有藏贮镀金狮子一对，本身连座共高五尺六寸。奴才细查原由，系塞思黑于康熙五十五年遣护卫常德到江宁铸就，后因铸得不好，交与曹頫，寄顿廟中。今奴才查出，不知原铸何意，并不敢隐匿。谨具折奏闻，或送京呈览，或当地毁销，均乞圣裁，以便遵行，奴才不胜惶悚仰切之至，谨奏。雍正六年七月初三日。

塞思黑弟兄等案牵连甚众，曹頫而代其藏金狮，曹氏或者为塞思黑党，则受宠四代之织造，忽然抄家，亦不为无因也。

十一　曹氏之亲戚李煦

李煦亦山东人而占旗籍者。《碑传集》卷六载杜臻《广东巡抚李士桢墓志》：

公本姜姓，世居东莱之都昌。……壬午从龙辽左，继正白旗佐领西泉李公，即以李为氏。……子六人，长煦，文氏出，前内阁中书，随征，补广东韶州知府，改补浙江宁波府知府，今授督理苏州织造府事。次耀，陈氏出，原任贵州贵阳府修文县知县。次炘，现任内务府会计司员外郎。次灿，候选知县，俱王夫人出。次炆，白氏出，分理畅春园事。次炜，候选州同，女一，王夫人出，适周承诏佐领。孙男十五人。

煦又曾任畅春苑总管（《张贞朱宏祚行状》），灿后任两淮盐运道（康熙四十三年十一月二十日曹寅折）。

（原载著者《历史的剖面》）

李文忠使俄与光绪《中俄密约》

光绪《中俄密约》讨论及修订皆极秘密，与闻者甚少。电码皆由军机大臣手译，与寻常之由章京译者不同；且进呈以后亦非若惯例之列入档册，多只记件数而不载全文。《李文忠全集》之编纂出自吴挚甫先生手，以为《密约》尚未公布，不敢遽将电稿登载，故《全集》中此卷遂缺。常瑺璋先生，吴门高弟，实佐编纂之役，此编所附电稿即由其传抄。民国二十一年以校军机处档案，所缺甚多，知其系孤本矣。后更加以他材料，至二十九年遂成此编。国际形势今昔虽异，清人言论虽已陈旧，然其历史价值仍旧存在，或亦近代俄史研究者所不废欤？

一　奉使经过

俄皇尼古拉第二于光绪二十二年四月加冕，光绪二十一年十一月十三日中国派湖北布政使王之春为俄皇加冕贺使。既而"俄人以王之春位望未隆，与各国遣使相形，难于接待"（《李鸿章吁辞使俄折》，《李文忠公全集·奏稿》卷七十九）。于十二月廿七日改派李鸿章为正使，邵友濂副之。文忠于当日曾上疏恳辞，但清廷未准，遂于十二月二十九日上谢恩折（两折皆见《李文忠公全集·奏稿》卷七十九）。

邵友濂既奉派任贺俄皇副使，不欲往，当转求南洋大臣张之洞代为恳辞。张文襄遂于光绪二十一年十二月二十八日致电军机处，电曰：

> 前巡抚邵现在上海，当将二十一日谕旨电知。兹接邵电称，"顷奉尊处传电，敬悉。各国从不派副使，恐入宫班次反居小国之下，殊伤国体；且贱躯患病未痊，万难就道。乞代电奏，恳请收回成命，不胜惶悚感祷之至。友濂俭"等，语请酌核代奏之。洞俭。（电报档，十二月二十九日，署南洋大臣电）

清廷既接此电，遂于廿二年正月初二日下谕：

> 张之洞电悉，邵友濂病既未痊，既著勿庸赴俄，著张之洞传谕知之，钦此。（电寄档，二十二年正月初二日）

并同时谕：

> 现派李鸿章出使俄国，王之春毋庸前往，著即回任，钦此。（同上，随手档，二十二年正月初二日亦记有以上两电旨略文）

是时政界人士颇反对李经方随李文忠往俄，正月初九日有《翰林院代递编修丁立钧奏李经方罗丰禄不宜随同李鸿章赴俄折》（奉旨存）（洋务档，二十二年正月初九日），即代表此类意见也。兹录如下：

> 翰林院折，编修丁立钧呈称李经方等不宜随同李鸿章赴俄由。

大学士翰林院掌院学士臣宗室麟书等跪奏，为据情代奏恭折仰祈圣鉴事。窃据臣衙门编修丁立钧呈称："伏惟去年马关之约，倭所要挟割地偿费各节，既已无可复言，犹赖俄人助我以全力争还辽南失地，于是北洋东三省门户形势尚完，差堪自守。皇上鉴俄诚意，今遇俄皇加冕典礼，特遣重臣前往致贺，此诚审固邦交安定国本第一至计也。前闻有旨派布政使王之春前往，嗣以各国贺使率皆宗亲高位大员，于是有改派李鸿章之命。在朝廷权衡轻重，自具苦心；且敕命已颁，势难中止。惟是里巷忧疑之意，有不得不直陈于皇上之前者。去年马关议约之事，天下臣庶痛心疾首，愤郁之气至今未平。其不知者惟恨李鸿章之误国辜恩，其知者则疾其所用随员之逞私燗毒。今李鸿章使俄命下，即电召其子李经方刻日来京。道员罗丰禄新在天津，因人言啧啧，乞假南归；一闻此信，更订同往。是马关债事诸奸，又尽隶随员之列，为朝野之所指目，中外姗笑。前事伊迩，情何以堪！夫比寻常通贺之使，即使所任非才，亦何至尽人疑虑？诚以中俄之交新附未固，倾心联合，通意需人。李鸿章办理洋务，素善英倭，其党李经方罗丰禄以及驻英使臣龚照瑷辈，多与英倭阴相结纳。平日既情存偏袒，临事遂私以废公。即如此次俄助还辽，视英人坐观成败，形显分厚薄；而李鸿章之党人则反为俄腾谤，谓俄将不利中国。此其顺英倭之意以拒俄人，实与朝廷厚联与国之本心，大相刺谬。是非颠倒如此，而资之以通情好，可不为寒心乎？聚群心术难信之徒以适异国，轻则亏国体，重则败邦交。窃料此辈果行，必将于去年中俄交际之好，阴图翻局反报之日。非谓俄势中干，万不可恃，即虚言恫喝，谓实有图我之意，亟宜联英合倭以为之备，皆情事所必至者耳。夫中俄之亲，英倭所大忌也。现日本通商新约未定，未必不窥我与俄之交亲与否以为进退。苟中俄暌隔，则倭益无顾忌，议约章程，变本加厉，势所必然。且英盘踞中国，岁占利益，根柢至深。尝恐中国之强，而彼失其利；又恐中国之弱，而利将为各国所分。伺隙觊觎，匪伊朝夕。今幸俄人助我，故不敢明附于倭，相连为难，然意实未已。若中俄既离，英必乘之。各国生心，祸至无日，岂细故哉！李鸿章受恩深重，此次奉使，未必讵丧心昧良，敢于逞私意以败国家之大计。特其人暮气已深，如无李经方辈为之左右，而更简廉明强毅顾全大局之员为之参赞，亦尚可补救万一，消弭祸患于隐微之中。伏乞圣明再加审酌，即未能另遣贤员，收回成命，亦请严饬该大臣不得仍将万众指目之李经方罗丰禄各员，率行带往。联交睦邻，事体至重。窃愿皇上宸断，与枢臣密议图之，天下大计幸甚。"等语，恭请代奏前来。臣等公同阅看，关系时务重要，不敢壅于上闻，谨照录原呈恭呈御览。所有据情代奏缘由，谨恭折具陈，伏乞皇上圣鉴，谨奏。光绪二十二年正月初九日。大学士翰林院掌院臣宗室麟书，协办大学士翰林院掌院学士臣徐桐。（光绪二十二年正月份折包）

所以有人拟以其子经述随行，以免文忠再携带经方者，遂有派经述随行之举。正月初九日上谕：

大学士李鸿章奉使遄行，精神强固，惟年逾七旬，远涉重洋，朝廷良深廑系。伊子李经述著赏给三品衔，随侍前往，以示优眷，钦此。（洋务档，二十二年正月初九日）

虽然若档，文忠终欲携带经方。正月十三日奏请带人员，附有《带李经方片》（随手档，二十二年正月十三日），并附有《员名片》《礼物片》《带税务司片》《开用关防片》。清廷碍于文忠之坚请，不得不"依议"。（洋务档，二十二年正月十三日）。《文忠全集·奏稿》七十九，《李经方随往片》列于光绪二十一年十二月二十九日，而《随带人员折》及《洋员参赞片》皆列于二十二年正月十三日。但随手档将《带李经方片》与折同列入二十二年正月十三日，与洋务档同。随手档系随按日登载，故名之曰随手档，决不至将前一年之奏片误入于次年。且片中明言"特命臣子李经述随侍前往，体恤周至，感戴莫名"。李经述随侍之谕，发于正月初九日，《带李经方片》必在其后。且清代习惯，奏片必随奏折，所以谓之为夹片。彼时舆论方反对李经方，文忠将片附入《随带人员》折内，正使人不甚注意也。若谓系附于十二月二十九日使俄谢恩折内者，则李经述云云，又与事实不符。显系编全集者误编也。

文忠携带李经方的理由是："臣子李经方幼曾兼习西国语言文字，嗣充驻英参赞，游历法德美各邦，旋充出使日本大臣，于各国风土人物往来道里均所熟谙。臣年逾七十，精神步履日见衰颓，所有沿途舟车馆舍及随从仆役约束指挥，势不能周到，而所至之地，各国官商士庶，必多闻风来谒，不胜接待之烦。若得李经方同行，则程途之照料，宾客之酬应，均可分劳。"所以恳准随行，"俾臣不至以琐务逐细分心，庶得专力于重要各端"。并且他为李经方辩护，说以前办理各事，皆他"相机酌夺"，并且"请旨遵行，实非李经方所能为力"（《奏稿》卷七十九，《李经方随行片》）。但言界仍不以为然，正月十八日"翰林院侍读张百熙参李鸿章坚请其子李经方为随员，请严旨切责"（随手档，正月十八日）。其折若下：

　　臣张百熙跪奏，为奉使大学士臣李鸿章挟夷自重，坚请其子经方为侍员，图托外交，用情叵测，特摘发密陈，仰祈圣鉴事。窃以人臣外交，罪在不赦；况于交通外国窃弄朝权包揽把持如李鸿章者，心迹深险尤异寻常，臣请为皇上切言之。自海禁既开，各国通商，历年既久，交涉事多，于是派直隶两江督臣为南北洋大臣，随时派出使各国大臣，国家添设总理衙门以总其事。诸臣受任者与各国驻京公使及其国外部大臣并通商各口领事，文移照会，语言接见，在事之常，数十年来无一人敢与外国有香火之盟，自使其子为垄断之事。盖人之存心，苟非藏奸以背君，何利挟夷以自重？而李鸿章自北洋解任入阁以来，除与倭使林董集议商务外，无日不与诸酋往来，诸酋亦貌与款洽。夫李鸿章决无御侮于樽俎之心，诸酋亦决无修好公卿之雅，其情易见，路人能知。前此李鸿章所与外酋密交，如倭相伊藤，比于诸国似尤加厚，宜其敌情易得先事能防。卒以无备丧师，奉使辱国，调度乖方，议款卑屈。覆按前事，谓其实有无欺君鬻国之心？本非才力不逮之罪，固非微臣一人之私言也。且当使倭，屡奏盛称其子经方之才。此次使俄，必欲改派经方为随员，尚复诵言使倭款议，全得其子经方之力，要挟朝廷允许。闻李经方私取倭女，所得赃款巨万，尽运入倭。前台湾交割，派李经方迅往，奉旨严促，迁延畏祸，隐避倭船。及今托疾，抗不复命。而李鸿章敢公然保奏，同往使俄，云可全无顾忌至此。匪曰济恶，夫谁信之。查李鸿章与各国私交皆固，而英倭尤亲，独于俄国未即联结。今知而势日强，英倭畏忌，暂睦于我，观衅东方。乃因朝廷择使承乏为出使大臣，必欲派其子为随员，显肆其要求挟制之情，巧售其私结外援之计。臣窃料李鸿章此行，必阴托于俄矣。将逞其媚术，挟其诡谋，不忠于君，何交不固？且欲使事竣后，游历各国，此何意乎？臣窃观自古权奸，皆知审势。汉之势重于丞相大将军，唐之势重于节度使。势所趋重，权即在焉，奸人遂以乱国。我宣制殷鉴前代，轻重维君，永无流弊。然而中外交通，五洲一家，权势所重，莫如外交。苟图固位臣奸，深结外援，彼族利其邪谋，狼狈相倚，要胁欺罔，何所不为？臣读《宋史》，见秦桧、刘豫、张邦昌交结金人，酿祸无极，尝所痛心。不图今值圣明之朝，乃有李鸿章父子之深邪隐匿，恣其所欲，将不忍言！且自古奸权自立世子，权劳相承，不欲稍夺。今李鸿章叠经参劾之后，入居清近之任，不思引退，常恨失权。图度数月，乘此事机，臣恐李鸿章父子此行，必于朝廷不利，为中国无穷之忧。臣维唐贞元以后，藩镇跋扈，凡所陈请，朝廷必委曲以从。浑瑊一铁勒浑部人耳，以高勋达官为唐宗所信。待有所奏论不尽从可瑊，辄私喜曰：上不疑我也。今圣明在上，方将严法纪以饬朝纲，何所顾忌于李鸿章，而必委曲以从其强请？该大学士而稍有人臣之心，亦何能无愧于浑瑊一武臣乎？臣窃闻外间藉藉，颇激愚虑，不揣冒昧，辄以上闻。李鸿章既经奉命，行期甚迫，碍难追改。可否乞下严旨，切责李鸿章，不准携带其子经方为随员，庶可稍戢邪心，俾知儆惧。于国家礼使大臣体之，亦无所损。是否有当，伏乞皇上圣鉴，谨奏。光绪二十二年正月十八日。（二十二年正月份折包）

文忠于正月十六日蒙慈禧皇太后在颐和园召见（《翁文恭日记》，以下简称《翁记》，正月十六日），于十八日请训（《翁记》，正月十八日），于正月二十日出京（见电七）。出京以前曾奉到赴俄致贺敕谕及往英法德美敕谕，其文若下：

> 皇帝敕谕。一等肃毅伯文华大学士李鸿章著授为钦差头等出使大臣，前往俄国，致贺俄君加冕。典礼隆重，故特命尔远行。尔其仰体朕意，联络邦交，敬谨将事。恭随各员，听尔酌调，以期办理妥协，毋负委任。特谕。
>
> 皇帝敕谕。一等肃毅伯文华大学士李鸿章著授为钦差头等出使大臣，前往英法德美四国，亲递国书，奉宣德意。皇华遣使，责任綦严，尔其善体朕意，联络邦交，无负委任。特谕。（洋务档，二十二年正月无日）

并携有瓷铜玉器各礼物，计俄国八色十件，德国五色七件，法国七色九件，英国七色八件（据光绪二十二年九月初一日总理衙门片，折包九月份上）。

所带随员计：

兵部候补主事于式枚；

分省补用道塔克什讷；

记名海关道罗丰禄；

升用道分省补用知府联芳；

候选知府林怡游；

浙江试用同知薛邦穌；

升用直隶州补用知县柏斌；

直隶试用县丞麦信坚；

北河试用县丞张柳；

分省试用县丞洪冀昌（据光绪二十二年正月十三日《随带人员折》，《奏议》卷七十九，及九月二十五《酌保随带出洋员弁折》，光绪二十二年九月份折包）；

二品衔江苏存记道李经方；

三品衔刑部员外郎李经述；

翰林院庶吉士龚心钊；

分省补用同知黄家玮；

候选同知史云龙；

补用同知直隶候补知县黄正；

县丞谢起源；

典史罗忠形（据光绪二十二年九月二十五日《酌保随带出洋弁折》二十二年九月份折包）。

共文职十八人，以外尚有武员八人。另有外国随员六人，计：

俄人柯乐德；

德人德璀琳；

法人穆意索；

英人赫政；

美人杜德维（据光绪二十二年正月十三日《洋员参赞片》，《奏议》卷七十九，及二十二年九月二十五日《李鸿章片》，二十二年九月份折包）；

英人伊尔文（据光绪二十二年九月二十五日片，二十二年九月份折包）。

前五名素任税务司，伊尔文则随行医生也。文忠告许景澄谓"随员十七，供事武弁十八，仆役十"。除仆役外，以上共计随员、供事武弁三十二人，较之电文，当尚有学生三人也。

二　由沪往俄

文忠抵沪似在二月初三日（据电十四），十五日乘法船由沪起程（据电十五，十六）。俄甚惧文忠在抵俄以前经过他国，而他国乘机扰乱中俄交涉，所以正月以前就由喀使与文忠商妥路线，电一云：

> 现与喀使商定，乘法公司船由沪至红海口阿列克三德里，改乘俄公司船至额叠萨，乘轮车至莫斯科。免由法德行，至多周折。鸿江。

当时西比利亚铁路尚未完成，不能由陆路，只能由水路往俄。俄又无直达沪之邮船，不得不乘他国船至红海口，再换俄国船也。法俄是时早已同盟，乘法公司船而不乘其余国船者，当即以此。这些皆征帝俄政府对文忠往俄前之深思熟虑也。并对文忠极尽招待，正月十五日许景澄电：

> 俄外部称奉国主谕，李相及从僚在俄境内，一切概由俄国供给，以表格外交谊。澄盐。（电五，亦见电报档，二十二年正月十五日）

并使之"一切舒服，不至稍受辛苦"（电十三，喀使来电）。

但文忠后又因往阿叠萨（ODessa）之俄轮过小，"恐难禁黑海风浪，故令柯乐德电商"喀使改道（电十四，柯乐德保俄人，五品衔副税司，现充文忠出使参赞）。喀得电后甚惊，一面"另备中堂伙食轮车一辆，在阿叠萨恭候。本国轮船亦奉谕在波塞（Port-Said）专候。倘因改道，致俄廷所已发许多之谕必须一概注销，殊属无谓"（电十三），将路线做成已成之局，使文忠不便更改；另方面"力劝贵爵相仍照我们在北京商定之路程办理"（同上）。他并疑心文忠到沪后受他国人摇惑，遂欲改道，所以他又说"如贵爵相因有别故必须改道，又不便告知本大臣"，以俾文忠知道他疑心，反不便改道也。他并疑心伊尔文医生，所以文忠回电说："伊尔文在敝处多年，于本大臣起居服食一切熟悉，过津时伊求令随行以备医药，不令预闻他事。闻贵大臣不甚谓然，拟令乘法船到马赛，径赴伦敦静候也。"（电十四，伊尔文系英人）

二月二十五日文忠过新加坡（电十七）。三月初十日抵马赛，俄派王爵吴克德托密斯（Coukhtomsty）（电十八）随船来接。遂乘俄船于三月十五日抵阿叠萨（电二十四）。次日往彼得堡（Stpetersbourg），于十八日抵彼（电二十四，二十六）。

据《微德回忆录》，则吴王之往马赛迎接，亦俄国防文忠受西欧他国引诱先道经他处也。兹译《回忆录》所记若下：

> 当李鸿章往俄途中，行抵苏彝士运河之际，他将遇见吴王（Coukh-tomsky），吴王乃彼时皇上亲信左右之一。这事亦由我而发生。因余曾经闻知，英国、德国、奥国意国欲截取李氏，希望李氏先取道西欧，前往圣彼得堡。至于我则恰相反，意欲阻他来俄以前，访问欧洲其他国家。盖余明知，若彼先赴欧洲，则彼势将成为欧洲各国政治家种种阴谋之中心物。吴王遇见这位中国贵臣以后，颇能与他发生亲热的关系。虽有无量请帖请他往欧洲各埠，但他竟登上罗希亚轮（Rossiya），俄国商航公司的轮船，专派迎接他去的。遂偕其属从及吴王，直往阿叠萨。在这城内，一队我国兵士派充作他的卫队。由于我的建议，就请他直往圣彼得堡，虽然罗

拔欲令他在阿叠萨直候至加冕时节。我们的外交大臣既完全不清楚我对远东的情事，我就受皇帝令给我必要的权力，办理与这位中国客人的交涉。（法译本，第四章，七十四至七十五页）

许景澄当时亦曾报告总理衙门说："并闻先至俄都一层，为户部大臣威特赞成。"（《许文肃公遗稿·函牍》五，十四页）足证微德所述不诬也。

三　密约之提出

文忠离国以前，初拟径往莫斯科，似未有先往圣彼得堡之议。至阿叠萨后，俄外部方说奉俄皇谕"电催趁此暇日，先赴圣彼得堡递国书接见"（电二十四）。据微德（Witte）在其《回忆录》中所记，俄外长罗拔（Lobanow-Ros-towsky）初拟请文忠暂居阿，候至加冕礼近再径往莫斯科。微德极反对这办法，乃文忠先往圣彼得堡（见前，《微德回忆录》，第四章，七十五页）。

抵圣彼得堡后，遂于三月十二日进见俄皇（电二十六，二十八），只作呈国书宝星等官样文章，并未谈及路事。但微德于前一日与文忠谈话时已提及（电二十七）。至二十五日，俄皇更"借回宫验收礼物为名"再接见文忠，只"令带经方传话，不使他人闻知"。"即引至便殿，赐坐畅谈。谓我国地广人稀，断不侵占人尺寸地。中俄交情近加亲密，东省接路实为将来调兵捷速，中国有事，亦便帮助，非仅利俄。"（电二十九）这即《微德回忆录》中所说请俄皇接见李氏之事也（法译本，七十七页）。末又谓"将来倭英难保不再生事，俄可出力援助"。密约之机，盖已伏于此矣。中俄两方，对此进见皆关防严密，《李文忠游欧记》对此事毫未提及，盖当时除文忠一二亲密外，即随员亦不之知；《微德回忆录》亦谓俄报纸亦从未提及此次之会谈（法译本，七十七页）。

密约于三月二十六日罗拔约文忠外部晚餐时，方初次提及。文忠于次日致电总署，报告此事：

> 昨罗拔邀赴外部晚饭，与微德会议。该君臣皆以东省接路为急，微谓三年必成。鸿以赤塔至三岔口固多山险，我办漠河矿久，知漠至齐齐哈尔省高山丛莽，人迹不通，必须穿过，亦甚难办。彼谓多费工而直捷合算，中朝自办，无款无期，不如令华俄银行承办较速。姑属妥议章程送核。鸿云此须请旨定夺。至俄皇所称援助，罗谓尚未奉谕，容二十九请示后再面商。大意以若请派兵，须代办粮饷。华有事俄助，俄有事华助，总要东路接成乃便。俟成准后另订密约。（电三十一）

可见彼时文忠已与俄政府谈及互助密约，但这次似只有原则，而未及具体条文。至于条文则四月初一日俄人始正式提出，即（电三十四）所谓"顷罗拔奉俄主命拟具密约稿面交转奏"。

文忠未往俄以前，在北京曾否与俄使商及密约，现在文献无征。虽据史料，彼时重要疆吏，如刘坤一、张之洞皆尝建议联俄。刘忠诚折谓："各国之患犹缓，惟日本之患为急。""第倭之强，非俄所愿，倭之扰我东三省，尤为俄所忌。"若"我乘此时与之深相结纳，互为声援，并稍予以便宜，俄必乐于从我"（《刘忠诚公遗书》，光绪二十一年闰五月十五日奏折）。张文襄所奏阐解尤详，故抄录其全文若下：

密陈结援要策片（光绪二十一年闰五月二十七日）

再，今日救急要策尤莫如立密约以结强援之一端。从古各国角立之时，大率皆用远交近攻之道，而于今日中国情势为尤切。今日中国之力断不能兼与东洋各国相抗。此时事机甚紧，变故甚多，即日夜汲汲征缮经营，仍恐不及，若不急谋一纾祸之方，恐无喘息自强之暇。查外洋近年风气，于各国泛交之中，必别有独加亲厚之一二国，平日豫订密约，有战事时，凡缘兵饷军火可以互助援助。若无密约者，有事便守局外，不肯干预。今欲立约结援，自惟有俄国最便。英以商朘中国之利，法以教诱中国之民，德不与我接壤，美不肯与人兵事，皆难议此。查俄国与中国乃百余年聘邻邦，从未开衅，本与他国之屡次构兵者不同；且其举动阔大磊落，亦非西洋之比。即如同治庚午天津教堂之案，各国争斗而俄国不与其事；伊犁之约，我国家将十八条全行驳改而俄国慨然允从；此次为我索还辽地，虽自为东方大局计，而中国实受其益，倭人凶锋借此稍挫，较之他国袖手旁观，隐图商利，相去远矣。正宜乘此力加联络，厚其交谊，与之订立密约。凡关系俄国之商务界务酌与通融，如俄国用兵于东方，水师则助其煤粮，其兵船可入我船坞修理，陆路则许其假道，供其资粮车马，一切视其所资于我者，量为协济。面与之约定，若中国有事，则俄须助我以兵，水师尤要。并与议定若何酬报之法。盖俄深忌英独擅东方之利，中俄相结，则英势稍戢，俄必愿从。总之，中国惟海军练成不易，若有俄相助我，将来无论何国寻衅，数旬之内可以立发兵舰数十艘，游行东方海面，则我得以专备陆路战守之计，而敌人亦断不能为深入内犯之谋矣。此尤交邻之微权，救急之要策也。中国于外洋各国向皆一例齐观，此次遂无援助，此等事须平日豫筹，及今图之，万不可缓。应请旨敕下王大臣密行筹议，并电出使大臣密速筹商妥办。惟万不可使赫德闻知，恐其忌阻误事。谨附片密陈，不胜激切屏营之至。（《张文襄公全集》，卷三十七，页三十六至三十八）

但这只能代表一部分大臣的意见，而不能认作清廷的共策。我意派王之春以前，文忠有否联俄具体方策，虽不可知，清廷纵有结外之意，但对联俄则并未具体化。否则贺加冕原系商谈的极良机会，足可利用，何以不派重臣而派王之春？观俄人借口王之春位望未隆，其欲乘此机会与我做重要商谈之意至显，愈足见清廷初无与俄结密约之意。但文忠既受使俄之任后，文忠及许多大臣则确曾论及结援，若《翁记》二十二年正月初四日，"拜李合肥，晤谈。一关朝鲜自主，一密结外援。此语尚结实"。即此类也。

中俄交往最早，边境毗联又最广，虽失地最多，但未发生战争，未被注意。且最近又主动还辽，中俄交谊愈较他邦为近，属意于俄以抵日，乃自然之举。但喀使所商谈者，只及铁路而未及具体的密约，电三十五谓"罗云：喀电拟不覆，此议出则喀前议当作废，乞暂勿告喀"（四月初二日电）。足见接铁路者喀之前议，密约一事，则罗不当作此语矣。

四 密约交涉

密约既由俄方提出，交涉枢纽在于我方颇欲订立御倭互助条约，而不欲允俄办接铁路；俄人则以俄人接铁路为订立条约之交换条件。三月二十五日文忠电告再进谒俄皇，俄皇谓"将来倭英难保不再生事，俄可出力援助"（电二十九）；二十七日报告罗拔、微德提及援助密约（电三十一），但尚未有具体条件。于是清廷提出密约三条：（1）如有兵事，俄与中国彼此援助；（2）松花混同两江彼此行船；（3）中国令资本五百万附入俄华银行。内中完全不提接路事。俄人当然不能答应。是电发于四月初二日，于初四日始到莫斯科（文忠于初四日由圣彼得堡往莫斯科）。但俄人于四月初一日提出防御同盟密约初稿，文忠转电北京（电三十四），于初二日方达（据《翁记》）。两电相左，清廷所提之密约三条，俄人所提之六项，并非互商互添改者。俄人既谓第一条即俄稿之一二两项，俄稿足包中方所拟者，遂以俄稿为商讨依据。但清廷终不欲允接路。于是又提出省去末两条只签订前四条之办法（电四十一）。若是则俄国既失其第五项所举之利用铁路运兵运军火权，且将密约与接路之连锁失去。俄人所以坚拒，所以一则云："铁路无成，另约即无庸议。"（电三十八）再则云："六款通篇结穴一字不能改动；否则此约作罢论。"（电四十三，第六条系声明让造铁路举行之日起，此约方能生效）

至于密约条文之修改列表如下，阿拉伯字码所表示为：

（1）四月初一日俄所提约稿（电三十四）。

（2）四月初七日会商俄所改（电三十九）。

（3）四月初九日（十一日电始到莫斯科）中国所提改（电四十一）。

（4）四月十二日会商所改（电四十一）。

（5）四月二十二日签订密约定本（电四十八，五十一）。

密约条文之修改

（甲）大清国大皇帝，大俄国大皇帝，因欲保守亚洲大地现在和局，不使日后别国再有侵占之事，决定订立《御敌互相援助条约》。是以大清国特派某，大俄国特派某，为全权大臣。即将全权文凭互换校阅，均属如式，立定条款如左。

〔按以上八十七字由俄提出，直至签约字句未改。〕

（乙）（1）第一　日本国（或与日本同盟之国）如侵夺俄国属地或中国土地，或朝鲜土地，即牵碍此约，立即照约办理。如有此事，两国约明，应将所有水陆各军，届时所能调遣者，尽行派出，互相援助。至军火粮食，亦尽力互相接济。

（2）（"或与日本同盟之国"俄议删。"亚洲东方属地"改"俄国亚洲东方属地"，余同。）

（3）"属地"改"土地"，余同（2）。

（4）同（3）。

（5）同（3）。

（丙）（1）第二　中俄两国，既经协力御敌，非由两国公商，一国不能独自与敌议立和约。

（2）同。

（3）末尾添"如非敌国，不在此例"八字，余同。

（4）此八字不添，余同。

（5）同（此八字不添）。

（丁）第三　当开战时，如遇紧要之事，中国所有口岸，均准俄国兵船驶入。如有所需，地方官应尽力帮助。

〔按以上一条，由俄提出，毫无争辩，签订时字句未改。〕

（戊）（1）第四　今为将来转运俄兵御敌，并接济军火粮食，以期捷速起见，议于黑龙江吉林边地接造铁路以达海参崴，惟此项让造铁路之事，不得借端侵占中国土地，亦不得有碍大清国大皇帝应有权利。其事可由中俄公司经理。其条款由两国妥善商订。

（2）起见以上同。议于改为"中国国家允于满洲"。黑龙江以下同。"中俄公司经理"改为"中国国家准华俄银行承造经理"。"其事可由"改"此路由"。其条款至商订改为"至此项合同条款由中国国家与华俄银行妥善商订"。

（3）"允于满洲"改为"议于中国"。余同（2）。

（4）同（3）。

（5）"议于"改为"允于"。"边地"改为"地方"。"让造"改为"接造"。"中俄公司"以下字句，改为"中国国家交华俄银行承办经理，至合同条款，由中国驻俄使臣与银行就近商订"。

（己）（1）第五　无论和时战时，俄国可用上款所开之铁路运兵运粮运军械。

（2）同。

（3）此条删。

（4）"俄国"二字起改为"俄国于第一款御敌时，可用第四款所开之铁路运兵运粮运军械，平常无事，俄国亦可在此铁路运过境之兵粮。除因转运暂停外，不得借他故停留"。

（5）同。

（庚）（1）第六　此约应由第四款所议之事举行之日算起照办，以十年为限。

（2）"应"字删。"所议之事举行"改为"合同批准"。"十年"改为"十五年"，并加"届期六个月以前两国再行商办"。

（3）此条删。

（4）不删。

（5）（同2）。只"应"字不删。句末加"展期"字样。

观以上所举，则清廷除提出御倭互相条约而不允接办铁路，或不允以接路作为御倭互相条约的生效标准前后两办法，而未为俄接受外，对于俄所提约稿，并无甚重大的削改也。

由密电中所得知的密约交涉，已若上述。至于清廷得密约提出电后之情形，《翁记》中少有而不甚详，然尚能略窥一斑，兹特录于后，并与电稿比对，注明若下。

光绪二十二年三月二十三日　一电，李抵彼得堡，二十二日见（按此即电二十六，报告抵圣彼得堡者）。

二十四日　电一，电旨一。拟致东三省将军铁路电并李相电。

三十日　晨与庆邸议俄事，毫无主意〔按此时当已接到文忠三月二十五日来电（电二十九，内言再进谒俄皇，俄皇言倭英难保不再生事，俄可出力援助事），或亦已接到二十七日电（电三十一，内始言密约），所以云商俄事也〕。

四月初二日　请电合肥论俄路。……李件堂上自写……皆未经南屋。访樵野（张荫桓），在彼吃面，与彼排发李相电，一时多始毕。电本留樵处，电稿余带回，以码字交发，一百三十八字（按此即电三十六，接到俄提密约后，遂提出密约三条者也。是尚未接到电三十四，即俄人提出密约初稿之电。南屋者指军机章京，军机处在乾清门外西边北屋，军机章京则在对面之南屋。向例写件皆经章京抄缮，此则未经也）。

初三日　李相到电，樵野待余馆上同译之。本是洋码，张仆先译成汉码，按号寻之，较发电易，四刻毕。余收来电及李公密本……写李电两份备递（按此当即电三十四，报告俄人提出密约初稿者）。

初四日　那、宝二君来，回俄息事。

初五日　余译李电，与景官偕，甚得法，可嘉也。……酉初抵园，写电报，直至亥初。

初六日　以二电呈览，欲与诸王商此事，而庆不来，恭观剧，无从抒一词。……又译李昨报，写二份，乏甚（按所谓商此事即指密约）。

初七日　夙约荣（文忠公荣禄）、张两君议事，晨集军机处，稍谈，庆邸亦来。既退，而荣、张、刚三君集余斋，以蔬食款之。拟复件，庆邸来，阅之。译李电。送稿与恭邸。晚刚君来谈，又有所改。子密亦来，议论不决。

初八日　写六件密事，乏甚。晚访高阳（李文正公鸿藻），高阳发论，能见其大，归而改稿。

初九日　以复件请旨发电，退，呈稿。……午正二刻到樵野处排发电旨及总署电信，共二百五十余字。……归后又得李二电，幸景官能译，交之，余倦卧矣（按所发即电四十一及电四十二，拟将密约末二条删去，只用前四条立约者也。后所得文忠二电当即电三十八及三十九，报告议约事）。

初十日　电二，即昨所亲译者。……写电。

十二日　递李电一。

十四日　申正偕庆邸、敬、张、吴，共诣俄馆，贺其酋加冕。补褂。款我酒果，谆约亥初茶会，却之。看其旧君加冕图，雅丽之至。又闻西乐，其声雄远，可惧哉！归译李电二件，兼抄两份，眼花缭乱，亥初始就枕（按所译李电二件，当即电四十三及四十四，报告议约及银行事）。

十五日　李二电（按此即昨二电，顷始进呈也）。……邀张樵野、吴蕙吟（吴廷芬）来会商联俄事，二邸、李、荣皆集，惟敬君该班未至。将所有密电录稿公阅，遂议照办。既定议，乃拟旨一通（按此即商签密约事）。

十六日　是日请旨寄李相定约事。抄电旨，明日……

十七日　电二，电旨二。……赴樵野处排发电旨，先将谕旨排讫发出（申刻），后将约文全篇改定排发（戌正）。请总办来，交讫始归。……逐字磨对，目眩心烦，几不能支。归亥初矣（按此即十五日所拟之谕旨，准画押者。先将谕旨排发者即电四十六，派文忠为全权大臣，此电于十八日达莫斯科；后将约文全篇改定排发者即电四十八，内包密约全文，二十日始达莫斯科者）。

十九日　译李电，写二份，又将全文写两份（十七日所发），拟明日呈递，写毕日落矣（按此译之李电，当即电四十五，请速准签密约者，全文指十七日电内之密约全文）。

二十日　电一，电旨一，又密电一，约文一。……申初总署送李码来，译之。写两份，明日递（按总署送来之李码，当即电四十七，报告拟于二十二日签密约者）。

二十四日　得李密电，归与稚子译之，抄毕戌正矣（按密电当即四十九，文忠接十七日电旨后，报告拟二十二日签订密约者）。

二十五日　电一，即昨日所抄之李件。……归而得李电码二件，与两稚子译之，抵暮始毕，得力之至。眼花不堪矣（按电码二件，当即电五十、五十一，报告约文第四条及签订事）。

二十六日　电二，李（按此即昨译电码二件，顷始进呈）。

二十七日　归，恐客扰，乃在西头屋坐，召两稚子来，同发李电二件（按所发二件即电五十七、五十八，令将条约全文电呈及答电四十九者）。

二十八日　译两电，数百言。译后抄写，抵暮始毕，幸两稚子左右我（按两电数百言当指电五十二、五十四，一翻译罗拔等全权文凭，一报告见俄）。

二十九日　排发电旨（按电旨即电六十一，电悉签订密约并令将约文电奏）。

五月朔　晨得电码，携入译之，即抄两份进呈（按电码当系电五十六，答总署为撤换俄使事。码用密红，故携入军机处译之。密红者总署普通用密码也）。

初三日　戌刻接李寄密码十四叶，无暇译之矣。

初四日　余退后径归，有李密电十四叶，与景子尽力译之，两时始毕。余抄一份半，腕欲脱，目欲眯矣，苦哉！开银行事，此事与铁路牵连，百方饴我，可恨，可叹（此即昨得未译之密码十四叶，亦即日所呈之铁路及银行合同。此电未见电稿及军机处档）！

端午日　电一，李相等铁路合同。

初六日　检电报，小睡不着，意忡忡也。

初七日　署送至电码，译之。

初八日　抄李密电，倦不可支。

初九日　得俄电，系重初七所收电，仅加两字，不可解（初七日及此电码相同，即所谓佳电，电稿及档皆无）。

初十日　又李密电一，即前日所译（按此初七日所接之电，顷始进呈）。

十一日　发李相电旨，批准俄约。……归后抄电旨，又译两电，一件讹码多，不能译，只抄一件，明日递。目昏手僵，不胜其苦（按所发电旨即电六十二，文忠来电则稿及档皆无）。

十二日　电二，李相一（按此即昨所译，顷始进呈）。……电报二，皆更正前电者，一件尚可摹拟，一件码系三字，与此四字迥不同也，驳查数回，不能译。

十六日　临卧译李电百〇字（按此当即电六十四，答十一日电旨者，电发自柏林）。

十七日　抄电报，并前日错码一件，共四份矣。

十八日　电二件，李密件也……又得李电，盖订正五月初二之件。逐码校对，费神思，因以稿商之樵野，樵野回信，但云"所虑极是，可与二邸商之"。噫，国事孰仔肩耶？

二十一日　赴督办处，不至者累月矣。今日二邸、荣公皆集，并邀总署三君（敬、张、吴）同集，商铁路合同事。

二十五日　写许大臣电，樵野所译，以稿示余（按此电系二十四日所发，即电六十五许所谓总署之敬电，内对铁路合同提出四项添改）。

二十六日　电四，内李电非密码，而有约本令塔某赍京语（按此即补电，报告塔什克纳赍约回京事）。

三十日　接李相密函，四月十八日，即所谓效函也，仅两合同稿，信则泛泛数纸。

六月初九日　抄李电（按此即电六十九。为俄派员勘路事）。

初十日　又李电一（按此即电七十一，报告密约将在京互换等事）。

十一日　午初诣督办处，总署及本处诸公毕集，议铁路合同事。樵野属稿，再询李相，令与俄部商量铁轨，明知无益，姑尽我心而已。归排发，赖两孙及鹿侄助余，老眼不支也（按再询李相令与俄部商量铁轨即电七十三）。

十二日　抄昨所发电。明日递，今日面奏矣。

十六日 客去而李电至，与景官译之。抄两份，眼花不辨格（按此电即电七十四，论路轨事）。

十七日 电一，李相（按此即昨电，今始进呈）。

二十二日 电一，李相明码。

二十三日 拟发李相电。先排好，并抄底二份，明日商妥再发（按此即补电，论加税事，二十四日发）。

二十四日 发李相电达伦敦。

二十五 抄呈发李相电。

七月初五日 捡电报，铁路事。午初二诣督办处，仲华续到，两邸暨总督署敬、吴、张毕集，议俄路。草一电，致许使。略言惟轨事一条当商，此外无可改，彼如允，即定议画押。公定后，交樵野排发。

五 密约之签订

密约签订系在光绪二十二年四月二十二日，"顷率同李经方李经述罗丰禄林怡游赴俄外部，与罗拔微德互看彼此全权谕旨，覆校中法约文无讹，因各画押盖印"（电五十一）。《微德回忆录》对此所记较详，他说：

> 最后，我们约定签密约日期。签约者俄方为罗拔及予，中方为李鸿章，他已由北京直接获得训令。我们约定在外交大臣办公室中会齐，依法并依照一切仪式，签定约章。到了预定日期，俄国全权代表及其属吏，李鸿章及其侍从，皆聚集于外交大臣办公室内，围坐桌旁。由罗拔宣布开议，

宣称此约条文两方全权代表均已深悉，现秘书已照底稿精审誊清，我们只须画押，不必再行诵读（但中国代表若欲再行审读一遍，我们当亦同意）。此种条约共应签押两份，于是其中一份交与李鸿章之属员。我就拿起其他一份，开始审查，但初未怀疑其有错误。忽然看出关于我们与中国防御同盟一条，虽然曾经皇帝担保，虽然曾经我抗议，并未照改，将使我们为中国抵御任何列强。我遂走近罗拔身旁，请其暂到侧边，低声向彼耳语，说防御同盟条并未修正，一如皇上所希望者。他开言以手摸额，说："呀！上帝！我完全忘记吩咐秘书将该条依照初稿所拟改写。"但是他却未尝丝毫失措。他将时计一看，业已十二点一刻。于是他连唤侍役上前，他更转身向大家说："正午已过，先去吃饭罢，餐毕再来签字。"

我们全体前去早餐，只留秘书二人，在我们食饭期间，重改写一遍，加以必要的修正。新抄件遂镇静的替换了饭前所提出者。于是一方面由李鸿章，一方面由罗拔及予签字其上。（《微德回忆录》，法译本，七十九至八十页）。

盖微德既与文忠商妥《中俄密约》条款后，由罗拔起草约稿。但当约稿由罗拔进呈俄皇，重交到微德之时，微德看见稿内遗忘"对日本"字样，变成普遍的中俄防御同盟，他又重请俄皇令罗拔增上。所以他在签约之日，惊其并未照增而对罗拔云云也。

清末有种谣传，说文忠上了俄人的当，俄人在签字时，曾抽换约本而文忠不知，当即指此。实在说起，同盟兼对英日，或系帝俄最初的意思，所以俄皇二次接见时，曾面对文忠说"将来倭英难保不再生事，俄可出力援助"（电二十九）。条约初稿亦说"日本国或与日本同盟之国如侵夺俄国属地，或中国土地，或朝鲜土地，即牵碍此约，立即照约办理"（电三十四）。日本同盟之国显指英而言。但几天以后，俄即谓当删此数字，以免人猜疑（电三十九）。微德之建议耶？现虽无证据能确知，盖恐密约若有泄露，必生不便，则其实情也。但中国方面似欲普遍的防守同盟，所以四月初九日电旨谓："倘中国西南水陆有事，俄国如何援助之处，亦应于约内叙明，以期周密。"（电四十一）西南水路有事，意当在英法。俄人明知其意，所以说："第一言中国土地，系包西南在内，日本有事可商办援助。若英法启衅，俄不便明帮，牵动欧亚大局，应勿添叙。"（电四十三）微德对此说的尤明显：

> 欧洲几个强国，我们同盟的法国以及英国亦在其内，皆在中国有利益，我们须为中国抵御这些国，必使他们全反对我们，立即激出冲突。（法译本，七十八页）

中俄共敌是日本，专对日防御同盟而不能普遍的敌对其余各国，亦当然之事。普遍的防御同盟，虽为清廷之所极希望，但明悉欧局的俄国外交家决难应允，况亦俄国国力之所难办到者耶！所以亦不能责微德谓抽换约稿为欺骗文忠也。

六　密约定本及其讹传

据电稿并参定本以外交部《中外约章汇编》所发表，《密约》定本若下：

　　大清国大皇帝陛下暨大俄国大皇帝陛下，因欲保守东方现在和局，不使日后别国再有侵占亚洲大地之事，决计订立御敌互相援助条约。是以大清国大皇帝特派大清国钦差头等全权大臣太子太傅文华殿大学士一等肃毅伯爵李鸿章；大俄国大皇帝特派大俄国钦差全权大臣外部尚书内阁大臣上议院大臣实任枢密院大臣王爵罗拔诺甫，大俄国钦差全权大臣户部尚书内阁大臣枢密院大臣微德，为全权大臣，即将全权文凭互换校阅，均属如式，立定条款如左：

　　第一款。日本国如侵占俄国亚洲东方土地，或中国土地，及朝鲜土地，即牵碍此约，应立即照约办理。

　　如有此事，两国约明，应将所有水陆各军，届时所能调遣者，尽行派出，互相援助；至军火粮食，亦尽力互相接济。

　　第二款。中俄两国既经协力御敌，非由两国公商，一国不能独自与敌议立和约。

　　第三款。当开战时，如遇紧要之事，中国所有口岸，均准俄国兵船驶入，如有所需，地方官应尽力帮助。

　　第四款。今俄国为将来转运俄兵御敌并接济军火粮食，以期妥速起见，中国国家允于中国黑龙江吉林地方，接造铁路，以达海参崴。惟此项接造铁路之事，不得借端侵占中国土地，亦不得有碍大清国大皇帝应有权利。其事可由中国国家交华俄银行承办经理，至合同条款，由中国驻俄使臣与银行就近商订。

　　第五款。俄国于第一款御敌时，可用第四条所开之铁路运兵，运粮，运军械，平常无事，俄国亦可在此铁路运过境之兵粮，除因转运暂停外，不得借他故停留。

　　第六款。此约由第四款合同批准举行之日算起照办，以十五年为限，届期六个月以前，由两国再行商办展限。

光绪二十二年四月二十二日，俄历一千八百九十六年五月二十二日，订于莫斯科。

既于四月二十二日在莫斯科签订后，更于五月十一日上谕批准（电二十六）。约本由塔克什讷赍回，于七月十五日抵平。更于八月二十日在北京换约。任换约者，俄方为喀使，中方则庆王、翁同龢、张荫桓。《翁文恭日记》对约本抵京、用宝、换约等事，所记尚细，兹录于后，以见当时实情。

七月十五日：塔克什讷（同文馆翻译，道员用，李相随员）从俄国由德国归，赍约本来。酷暑走红海，同舟为日本王爵某，极费周防也。约本有匣，匣钥由函中来。函钥交樵野，樵野仍交余。约本则令姑持归，俟商定递法再给信。

十七日：道员塔克什讷两次来见，以箱一件面交，略检点一过，付收据予之，明日携入。

十八日：是日以李相寄到之密约本呈递，其管钥面呈，诸皆慎密。派庆邸二十日携至懋勤殿用宝。不知照内阁，不令章京伺候。

十九日：约本批准发下。

二十日：约本派庆邸用宝讫，仍由军机带上，请留中。

八月二十二日：发下密约要件……午正偕樵野开看要件，遂归。检瓷器为喀使照：龙泉大盘一枚，江西新制瓷灯二，极华藻。樵野来，未正二刻同诣俄馆，以酒果款我。庆邸于申刻到，始就坐。谈数刻，始以要件互看，以一本交之，留一本（画押者）为据。以汉文凭单二件，三人衔名下各画押，各用名印讫，因不用总署印也。法文二件，照样画押用名印，遂各留一件。递时各言两国邦交日密，永敦和好，又就坐举酒互祝而罢，约一时许也。喀观所送物，喜溢于面。又见其女，能华言。樵野来斋，饭而去。夜检要物入匣。

二十三日：卯正三刻见起，奏明昨日互换事，将管钥及两要件缴上，垂询颇详。

密约交涉及其签订既极秘密，然接路一事又不能秘密，于是外人遂有种种揣测。签约后不久，文忠已谓"英使探询，并谓北京驻使电告立约"之事（电五十九）。当时各国对此约必甚留意。后上海《字林西报》更发表一伪造密约全文，当时颇为人所信，西人且采入中外交涉书中，至今尚有人信之者。但现既能在电稿内看见当时交涉之各种真确电文，《字林西报》发表之约之为伪造，自能不待深论而自明。兹为比较起见，特录于下，以免其久作鱼目之混珠。

伪造之密约

大清国大皇帝于中日肇衅之后，因奉大俄罗斯国大皇帝仗义各节，并愿将两国边疆及通商等事于两国互有益者，商定妥协，以固格外和好。是以特派大清国钦命督办军务处王大臣为全权大臣，会同大俄罗斯国钦差出使中国全权大臣一等伯爵喀，在北京商定，将中国之东三省火车道，接连俄国西卑利亚省之火车道，以冀两国通商往来迅速，沿海边防坚固，并议专条，以答代索辽东等处之义。

第一条·近因俄国之西卑利亚火车道竣工在即，中国允准俄国，将该火车道，一由俄国海参崴埠，续造至中国吉林珲春城，又向西北续至吉林省城止；一由俄国境某城之火车站，续造至中国黑龙江之瑷珲城，又向西北续至齐齐哈尔省城，又至吉林伯都纳地方，又向东南续造至吉林省城止。

第二条·凡续造进中国境内黑龙江及吉林各火车道，均由俄国自行筹备资本，其铁道一切章程，亦均依俄国火车章程，中国不得与闻。至其管理之权，亦暂行均归俄国，以三十年为期，过期后，准由中国筹备资本，估价将该火车道并一切火车机器厂房屋等赎回，惟如何赎法，容后再行妥酌。

第三条·中国现有火车路，拟自山海关续造至奉天盛京城，由盛京城接续至吉林。倘中国日后不便即时造此铁路者，准由俄国备资，由吉林城代造，以十年为期赎回。至铁路应由何路起造，均照中国已勘定之道，接续至盛京并牛庄等处地方止。

第四条·中国所拟续造之火车道，自奉天至山海关，至牛庄，至盖平，至金州，至旅顺口，以及至大连湾等处地方，均应仿照俄国火车道，以期中俄彼此来往通商之便。

第五条·以上俄国自造之火车道，所经各地方，应得中国官员照常保护，并应优待火车道各站之俄国文武各官及一切工匠人等。惟由该火车道所经之地，大半荒僻，犹恐中国官员不能随时保护周详，应准俄国专派马步各兵数队，驻扎各要站，以期妥护商务。

第六条·自造成各火车道后，两国彼此运进之货，其纳税章程，均准同治元年二月初四日《中俄陆路通商条约》完纳。

第七条·黑龙江及吉林长白山等处地方所产五金之矿，向有禁例，不准开挖。自此约定后，准俄国以及本国商民随时开采。惟须先行禀报中国地方官，具领护照，并按中国内地矿务条程，方准开挖。

第八条·东三省虽有练军，惟大半军营仍系照古制办理，倘日后中国欲将各省全行改仿西法，准向俄国借请熟习营务之武员，来中国整理一切。其章程则与两江所请德国武员条程办理无异。

第九条·俄国向来在亚细亚洲无周年不冻之海口，一时该洲若有军务，俄国东海以及太平洋水师，诸多不便，不得随时驶行。今中国因鉴于此，是以情愿将山东省之胶州地方暂行租与俄国，以十五年为限，其俄国所造之营房栈房机器厂船坞等类，准中国于期满后，估价备资买入。但如无军务之危，俄国不得即时屯兵据要，以免他国嫌疑。其赁租之款，应得如何办理，日后另有附条酌议。

第十条·辽东之旅顺口以及大连湾等处地方，原系险要之处，中国极应速为整顿各事，以及修理各炮台等诸要务，以备不虞。既立此约，则俄国允准将此二处相为保护，不准他国侵犯。中国则允准将来永不能让与他国占踞。惟日后如俄国忽有军务，中国准将旅顺口及大连湾等处地方，暂行让与俄国水陆军营，泊屯于此，以期俄国攻守之便。

第十一条·旅顺口大连湾等处地方，若俄国无军务之危，则中国自行管理，与俄国无涉。惟东三省火车道，以及开挖五金矿诸务，准于换约后即时便宜施行。俄国文武官员以及商民人等所到之处，中国官员理应格外优待保护，不得阻滞其游历各处地方。

第十二条·此约奉两国御笔批准后，各将条约照行，除旅顺口大连湾及胶州诸款外，全行晓谕各地方官遵照，将来换约应在何处，再行酌议，自画押之日起，以六个月为期。

此伪约欧美人称为《喀西尼条约》（Cossini Convention），谓为俄使喀西尼与督办军务王大臣所订者。予意此伪约必非《字林西报》记者所完全自造，而是出于当时交民巷外交界之所伪传。换密约时，庆邸及翁同龢曾往俄使馆，庆翁皆为督办军务处王大臣，此事当为交民巷外交界之所知，遂谓喀使与督办军务处王大臣议订密约；不知当时偕庆翁同往者尚有张荫桓，则非督办军务处王大臣也。并且喀使对密约事，最初并无所知，交涉中心先在圣彼得堡，后在莫斯科，而非北京，交涉中心人物为文忠及微德而非喀使及在京诸王大臣也。初提交涉时，罗拔且告文忠，暂勿告喀矣（电三十五）；密约甫成，俄人已有换喀使之意（电五十六），俄人始终未以密约交涉重任加诸喀也。伪约之为十二条当亦由于铁路合同十二条之所讹传，其实既与真密约条文不同，与铁路合同亦不完全相似，阅者试将之与以上真约文及下章所载之铁路合同相比较，自能确悉其皆不同，伪约内只提起接修铁路而未及互助防御同盟，愈足证密约之秘密未为当时他国外交界所能窥探，外人所能探知者只片断的铁路合同而已。

七　中东铁路之交涉

接路之议在俄发源甚早，其舆论界亦已有此说，驻俄钦差许景澄译寄总理衙门之俄报即其代表也。

> 照译俄五月二十四日二十五日时报　即中历五月十三日十四日俄报述奥国时报得森堡信云：俄国欲与中国商假满洲地为接造悉毕利铁路以达黄海之议，日多一日，不独报

馆私论，即俄执政大臣亦有此意，想迟早终当与中国商议开办云。近日俄都官报累登悉毕利铁路会各大臣会议节略，皆以为按照目前情形，此路早成一日，早得一日之利。前皇亚历山德第三早知俄欲增强于东方，非于悉毕利开造铁路不可。当时论者以俄国国帑支绌，何能筹此巨款以造荒远无用之铁路，且获利亦尚在渺茫。前皇不为浮言所动，即行开工。此次中日构衅，边防加严，论者又以为悉毕利铁路之不可少，转惜其兴办稍晚，足见前皇深谋远略，早有以见及之矣。此会既系俄皇亲总其事，各议绅又复力催加工，当不至作为空论也。(《许文肃公遗稿·函牍四》，页四十五)

许景澄并加以说明曰："悉毕利（西比利亚）之路取道我境，彼报言之不已，必将有向我明商之举。"此光绪二十一年五月间语也。至九月间果如许氏所料，接路议遂由俄使喀西尼来北京向总理衙门提出，总理衙门遂电许使与俄外部商自办接起，不由俄办。许氏在其致总理衙门总办函中所述若下：

（九）月之初二日奉电发与俄外部说明中国自造铁路与彼相接。钦译圣意，正以借地修路为虑，并及俄外部不问遽办等因。弟以外部未言，则派员勘路之举，谅据边吏所报，非有彼国明告。我先允其自造，疑于步骤稍速。因拟探商户部，将接路前说再与申证，俾借地之说愈得杜遏。旋接衙门佳电，始悉为喀使来文所述。凡驻使之言即为交涉明文，理应与外部公言，故商探又作罢论。所有晤告罗拔情形，业由元电请奏。惟此役繁重，果能办到自造，而议接事宜恐亦周折不少，大约总须两国派员在交界商办矣。自俄户部经办借款订定后，各国新报皆谓中国已允俄国在满洲通造铁路以

为相酬，俄将干预海关等语。大抵发端于英，而德附和之。（《函牍四》，页五十一，《致总理衙门总办函》）

此许氏与罗拔所谈接路经过也。接路之事实由微德坚持，故九月底微德又邀许氏商谈。许氏对总署之报告若下：

> 又上月下旬俄户部大臣威特邀晤，据称中国现拟自造铁路，与俄路相接，已经外部告知。但本部为中国代计，目前未必有款，又无熟悉工程之人，办理恐难迅速。俄国铁路至九十八年即可造至中国黑龙江省边界，若华路稽延不成，俄路仍不能通车至海参崴，于俄国颇有不便。莫如准俄人集立一公司，承造此路，与中国订立合同，只要所订章程无碍主国事权，在中国可无他虑。请由贵使先行电请国家，准由本部商拟合同草稿，送呈中国核办，并声明此稿准否仍听中国，并不作为议定等语。弟告以公司办法与前奉本国训条自造之说不同，遽尔电请拟稿殊有不便。威特谓此亦有理，姑俟备稿奉阅再商。迨数日前威特来馆，谓公司之议已经外部电饬喀使在北京商办，日内本部将所拟章程缮竣，一并由外部寄递喀使，顺便奉告云云。窃查俄之瓦尔肖铁路，意大利之生郭塔山铁路，系德奥等国公司承造，其主国或纳其税赋，订若干年后购为本国之产，泰西诸邦原有此例。惟揣俄商物力未必能举此巨役，且议出威特，明系托名商办，实则俄廷自为。盖即借地修路之谋，变通其策，以免诸国之忌，而释我之疑。既曰公司，则如何议订合同，取益防损，在我得操其权，与借地之授权于人，譬之两害，相权自觉较轻。未审喀使已来提及否？（同上，《函牍四》，页五十四至五十五）

至光绪二十二年二月许氏更有报告若下：

中俄接造铁路，承抄寄衙门折片及各件，弥佩堂宪维持边计之至意。其路如何取道，上年五月间曾于俄报译件附述大概（在八十二号函）。今据喀使照会，证以游历各俄员行程，正与相合。大约俄之悉毕尔干道造至斯特列田斯克城（在敖嫩河西岸，俄曰什勒喀河），分支转东至粗鲁海图俄卡（俄游历西二起所经），逾额尔古纳河入中国界；过内兴安岭至齐齐哈尔省城，沿嫩江松花江出吉林省城之北，经宁古塔至三岔口出中国界，而与海参崴至双城子（俄称尼果赖斯阔业）干路连接。此盖经由我之陆地以达彼之海口。推原取道之故，自俄斯特列田城以北，两国以黑龙江为界，江水北行转东，复折而南，三面回环。俄若循此江左岸筑路，须增二千余里，多费五六千万卢布，自海参崴抵俄京须迟四五日。避迂趋捷，乃有接路之图，所谓弓弦弓弯之别也。李家鳌条陈谓造路至营口旅顺，张香帅电奏谓至鸭绿江口，皆误以俄路归宿在中国海口，情形隔膜，可以无烦置论。兹就拙印简明俄图，摘要贴注，截寄奉阅。凡原估现拟弧直之形，我界彼境出入之迹，不难了然矣。惟俄廷现令喀使在京别商公司办法，情事又稍不同。去腊杪罗拔诺夫面称现接喀使来电，本部所寄拟公司函件已到，不久可与贵政府晤议云云。计此时喀已开谈。此事重要，想非一时可了，以后有须与外部辩论之处，再候堂宪训条办理。（《函牍五》，页九至十）

足证由光绪二十一年九月至二十二年文忠抵俄以前，俄京与北京两处常在办理接路交涉中也。

此文忠往俄前中俄接路交涉之大略情形。

中俄交涉起自接路问题，文忠抵俄后始发生防御同盟密约之讨论，于是接路似变为次要，文忠所谓"先订援助，后议公司"也。但两事始终相因，防御同盟者，接路之交换条件，密约第四条特别声明让造铁路，第六条且明白规定"此约应由第四款合同批准举行之日算起照办"，合同实等于密约之附件。在俄人实将密约与合同看成一个，所以《微德回忆录》谓密约共三项，即（1）让造铁路，（2）公司在铁路地带内有警权，（3）对日防御同盟（法译本，七十七至七十八页），并未分密约与合同也。

密约之生效既视合同之批准，而修路又交由华俄银行承办经理，因此而有入股五百万两于华俄银行之事，签订密约后自应商订铁路及银行两合同。文忠即往德法后，任其事者，中方为驻俄钦差许景澄，俄方为财政部秘书罗启泰（Romanoff）但事实上仍为文忠及微德。罗启泰为微德秘书，凡事皆微德训令；许则时常请示文忠，观电稿中各电可知。许兼驻德钦差，故铁路交涉多由罗启泰来德商议。文忠随员之税务司柯乐德亦常参与。

文忠与俄议铁路合同开始于密约签订后(合同初稿系由文忠电达北京者)，后更由许景澄接着商议，至八月初二始画押（据电八十六，光绪条约无月日）。当时许与军机处往来电报亦极秘密，洋务档只记有电码几件，而未载电文，当亦似文忠往来电报之由大臣亲译而不经章京之手者（其详见第九章军机处档案），档案既不能供吾人以当时交涉状况，赖有电稿，由李许来往电报中，尚能略窥其一二。

据《翁记》，则铁路及银行合同原稿，皆曾电达军机处，而于五月初五日进呈。电稿则未录此电，但由电稿中各电尚能约略窥见初稿之面目，至其修改处不甚重也。兹为便利阅者起见，特录光绪条约所载之东省铁路合同及银行合同若下：

东省铁路合同

钦差驻俄大臣许，钦奉光绪二十二年七月二十日谕旨，允准与华俄道胜银行订定建造经理东省铁路合同。中国政府现以库平五百万两入股，与华俄道胜银行合伙开设生意，盈亏均照股摊认，其详细章程，另有合同载明。

中国政府现定建造铁路，与俄之赤塔城及南乌苏里河之铁路两面相接，所有建造经理一切事宜，派妥华俄道胜银行承办，所有条款列后：

第一款·华俄道胜银行建造经理此铁路，另立一公司，名曰中国东省铁路公司。该公司应用之钤记，由中国政府刊发；该公司章程，应照俄国铁路公司成规一律办理。所有股票只准华俄商民购买。设公司总办，由中国政府选派，其公费应由该公司筹给。该总办可在京都居住，其专责在随时查察该银行暨铁路公司于中国政府所委办之事，是否实力奉行，至该银行暨该公司所有与中国政府及京外各官交涉事宜，亦归该总办经理。该银行与中国政府往来账目，该总办亦随时查校。该银行应专派经手人在京都居住，以期一切事宜就近商办。

第二款·凡勘定该铁路方向之事，应由中国政府所派总办酌派委员，同该公司之营造公司暨铁路所经之地方官，和衷办理，惟勘定之路，所有庐墓村庄城市，皆须设法绕越。

第三款·自此合同奉旨批准之日起，以十二个月为限，该公司应将铁路开工，并自铁路勘定及所需地段给与该公司经理之日起，以六年为限，所有铁路应全行告竣。至铁轨之宽窄，应与俄国铁轨一律，即俄尺五幅地，约合中国四尺二寸半。

第四款·中国政府谕令该管地方官，凡该公司建造铁路需用料件，雇觅工人及水陆转运之舟车夫马，并需用粮草等事，皆须尽力相助，各按市价，由该公司自行筹款给发，其转运随时由中国政府设法使其便捷。

第五款·凡该铁路及铁路所用之人，由中国政府设法保护，至于经理铁路等事需用华洋人役，皆准该公司因便雇觅，所有铁路地段命盗词颂等事，由地方官照约办理。

第六款·凡该公司之建造经理防护铁路所必需之地，又于铁路附近开采沙土石块石灰等项所需之地，若系官地，由中国政府给与，不纳地价，若系民地，按照时价，或一次缴清，或按年向地主纳租，由该公司自行筹款付给。凡该公司之地段，一概不纳地税，由该公司一手经理，准其建造各种房屋工程，并设立电线，自行经理，专为铁路之用。除开出矿苗处所另议办法外，凡该公司之进项，如转运搭客货物所得票价，并电报进款等项，俱免纳一切税厘。

第七款·凡该公司建造修理铁路所需料件，应免纳各项税厘。

第八款·凡俄国水陆各军械过境，由俄国转运经此铁路者，应责成该公司径行运送出境，除转运时或必须沿途暂停外，不得借他故中途逗留。

第九款·凡外国搭客经此铁路于中途入内地，必须持有中国护照，方准前往；若无中国护照，责成该公司一概不准擅入内地。

第十款·凡有货物行李由俄国经此铁路仍入俄国地界者，免纳一概税厘，惟此项货物除随身行李外，该公司应另装车辆，在入中国边界之时，由该处税关封固，至出境时，仍由税关查明所有封记并未拆动，方准放行，如查出中途私行拆开，应将该货入官。至货物由俄国经此铁路运往中国或由中国经此铁路运赴俄国者，应照各国通商税则，分别交纳进口出口正税。惟此税较之税则所载之数，减三分之一交纳。若运往内地，仍应交纳子口税，即所完正税之半。子税完清后，凡过关卡，概不重征。若不纳子税，则逢关纳税，遇卡抽厘。中国应在此铁路交界两处各设税关。

第十一款·凡搭客票价费货物运费及装卸货物之价，概由该公司自行核定，但中国所有因公文书信函，该公司例应运送，不须给费，至运送中国水陆各军及一切军械，该公司只收半价。

第十二款·自该公司路成开车之日起，以八十年为限，所有铁路所得利益，全归该公司专得，如有亏折，该公司亦应自行弥补，中国政府不准作保。八十年限满之日，所有铁路及铁路一切产业，全归中国政府，毋庸给价。又从开车之日起，三十六年后，中国政府有权可给价收回，按计所用本银，并因此路所欠债项并利息，照数偿还。其公司所赚之利，除分给各股人外，如有盈余，应作为已归之本，在收回路价内扣除。中国政府应将价款付存俄国国家银行，然后收管此路。路成开车之日，由该公司呈缴中国政府库平银五百万两（见光绪条约卷四十五，页六）。

附录：华俄银行总办罗启泰来函

启者：本公司账目，按年结算刊布，其中载明各项账目及一岁出入款项，并所欠之债所借之款还本付息等情，将来中国给价收回此路，应以每年结算之账为凭，其收回缘由，详载公司章程之内。光绪二十二年七月二十五日，即西历一千八百九十六年俄历九月初二日。（同上，页一〇）

华俄道胜银行合同

钦差驻俄大臣许景澄，钦奉光绪二十二年七月二十日谕旨，与华俄道胜银行订立入股伙开合同，所有条款开列于后：

第一条·中国政府以库平银五百万两与华俄道胜银行伙作生意，即自给付该行此款之日起，所有赔赚照股摊认。

第二条·每年于俄历正月初一日该银行结算大账时，应将中国政府之股本与该银行之股本比较核准，至年底，凡中国政府所有赔赚之款，即照此准期，仍以库平银核计。

第三条·然该银行章程，每年所赚利息，先提出若干份，作为各总办之花红。于提出花红之后，所余利息，中国政府与该银行按股摊分。惟所分之利，应各提出一成，作为公积。并核计成本，如所剩余利过于六厘，则于股息六厘之外，将所剩余银提出二成，作为办事各人酬劳。若生意赔累，中国应认赔之款，先由其公积提出弥补。

第四条·该银行月总年总，由股东总会核准后，即送由该银行驻华经手人随时呈交中国所派之东省铁路总办查核转呈。

第五条·若该银行因事收歇，或因生意赔累收歇，应核明中国政府股本折耗若干外，其余本银仍应照数归还。

光绪二十二年七月二十五日，即西历一千八百九十六年俄历九月初二日。（见光绪条约卷四十六，页二）

据电六五，总署于五月二十四日电许商应添改者四项，即
（一）路轨应照中国式四尺八寸五分，交界换车；（二）开出矿
苗另议办法；（三）俄货经此路仍入俄境者征半税；（四）三十六
年后将路归还中国。由此可知合同初稿当系（一）用俄路轨尺
寸，不换车；（二）未提矿苗，当与公司所有他项进款一律不纳
税；（三）俄货仍入俄境者免税；（四）八十年后将路归还。《翁
记》二十一日"商铁路合同事"，此当即所商者。

经许派柯乐德往俄商议，俄人允（二）矿苗另议；（三）俄
货入界，另车封记，出界查明放行备稽考；（四）仍八十年后归
还，但增三十六年后可议价收回；但俄坚持第一项，即轨须用俄
轨尺寸（电六七）。

俄人对轨式持之甚坚，谓若"驳此条，不如并密约俱废"。
然中方亦坚持须照中国路轨。两方各有其理由。中方为将来国内
各路能联络通车，故欲划一路轨，且为国防起见，不欲与俄同
轨，使之便利；俄方则为铁路能直达海参崴，亦不欲中间用中国
轨式，须两次换车。俄人既坚持，文忠似亦偏袒俄方，商议结
果，中方让步采用俄轨。微德后又欲改三十六年后议价收回为
五十年后，矿苗办法须将煤矿除外，皆经中方拒绝。

此外中方更声明电线专为铁路之用。

总观以上各节，吾人当能明悉铁路合同之初稿及其添改。

第一款至第五款　未改。

第六款　"并设立电线，自行经理"下，初稿无"专为铁路
之用"字句；"凡该公司之进项"上，初稿无"除开出矿苗处所
另议办法外"字句。

第七款至第九款　未改。

第十款　"免纳一切税厘"下，初稿无"惟比项货物除随身

行李外，该公司应另装车辆，在入中国边界之时，由该处税关封固，至出境时，仍由税关查明所有封记并未拆动，方准放行，如查出中途私行拆开，应将该货入官"字句。

第十一款　未改。

第十二款　"毋庸给价"下，初稿无"又从开车之日起，三十六年后，中国政府有权可给价收回，按计所用本银，并因此路所欠债项并利息，照数偿还。其公司所赚之利，除分给各股人外，如有盈余，应作为已归之本，在收回路价内扣除。中国政府应将价款付存俄国国家银行，然后收管此路"字句。

至于银行合同则李许往来电报皆未提及，对初稿并无添改也。

八　文忠之历聘欧美及俄廷之答使

文忠既办妥密约后，更往聘欧美诸国始回。其行程则由俄而德，经荷比至法，更由法而英，由英而美，详见行程表及电稿补电稿。其应聘欧美亦出于原来计划，所以行前于赴俄致贺敕谕外，更受有前往英法德美敕谕。其目的并非普通聘问而重在加税问题。当时清廷经济状况甚恶，故拟要求各国将关税改用金镑征收，以增收入。文忠之出使目的，至少公开之目的，似即在此。

增税交涉总署令由俄发端，但文忠对此未作答复，似交涉未有结果。至于英国方面，则切实辩论两小时后，沙侯（Salis bury）谓"应俟修约届期再议"，采取拖延态度。而德国则反更进一步，要求口岸为交换条件，德璀琳致许景澄函对此所说甚详：

奉李中堂派留在德商加关税一事，特为贵大臣陈之。查德外部大臣马沙尔前此不以李中堂商加关税为非者，因欲中国让一海岛或一口岸与德，为储煤屯船之用。某又探知德国新任驻京公使海靖奉有训条，向中国商办此事。并闻德外部之意，非此不肯允中国加税之请。故夏间马沙尔请假时，某先在伦敦柏林设法广登新报，以感动人心。想英国商务较广，如果允加，德亦不能不允，所以某随李中堂至英，住至四礼拜之久，渐知英国于加税一事亦不甚阻驳。盖中国允以兴办铁路，如法管理，使商货销路日益推广也。兹于八月二十八日（西历十月初四日）谒见马沙尔，晤商甚久。知德国索地之意仍未改变，且知新公使海靖所奉训条在京商办，必成。（《许文肃公遗稿·函牍五》，页一八至一九）

至于美国则称"各国如允，美无不从"。盖各国无一肯加关税者，当然对之采取狡猾态度矣。

光绪二十二年四月有俄国谢使来京之举。许景澄当时报告总署说：

吴克托穆斯基为俄主派送礼物，伊得信先来相告。并言去夏早拟有此役，因外部罗拔诺夫与之不协，特请国主将答赠宝星寄至伦敦托李傅相带呈，因此阻止，今日始遂此行等语。

又说：

并言吴克至中国送礼以外，不办出使之事，惟有权可商铁路事件。又近晤户部大臣威特，亦言吴克送礼差毕，现伊充铁路公司局董，顺便有事商办。弟询所商何事，威特谓如

> 定勘路线及开采煤矿之类，俟吴克临行时得有国家训条，伊必来详告云云。谨就现在情形先以奉闻。（《许文肃公遗稿·函牍五》，页二二）

吴王之来盖既为谢贺加冕礼，而尤重商讨铁路诸事，仍不离密约中之铁路问题也。

吴王于光绪二十三年四月二十日抵京，进谒德宗并与总署诸大臣商讨铁路各项后，于五月末返俄。

李文忠使俄及签订《中俄密约》，中国外交史上一至为重要之事也。盖自道光以后，中外诸役，造成清廷对外采取一体敌视的态度，可谓为一体拒外的外交。于是中外分成两个分明的壁垒。动一国则诸国齐怒，惠一国则余国亦要求利益均沾，其政策之结果若此。及帝俄首倡干涉还辽，于是始悟对于各国不妨有联有拒，但以护持国家利益为标准，遂由一体拒外的外交变为有联有拒的外交，《中俄密约》即其尝试也。不幸帝俄之目的只在接路，而防御同盟不过鱼饵，原无诚意；文忠只思借外援而不悟及此。故密约甫签而俄皇已以胶州面许德皇矣（见《微德回忆录》及《俄皇德皇往来函简》）；德占胶澳而帝俄之军队且侵入旅顺大连矣。于是更悟俄之干涉还辽原为俄而非为中国也。有联有拒之外交尝试遂告失败，其反动不只一体拒外，且一体仇外而酿成庚子之拳祸。尝试虽未成，然俄人遂建铁路于东北，势力亦由之而渐入于东三省。及庚子俄人更占东北，于以发生日俄战争，驯至于九一八，下至于《雅尔达协定》，幕幕层层，莫不导源于《中俄密约》，则其重要盖可见矣。

九　军机处档案与密约

《中俄密约》在外交上极为重要，无须我之深论。论理当时交涉时往返电报，必皆保存于彼时发号施政之军机处或专司外交之总理各国事务衙门档案内。然调查结果，则外交部保存之总理衙门档案中并无此项电报，而军机处档案内除极少数次要电报外，亦未登载。予曾在大高殿细阅光绪二十二年各档，所记密约交涉者，只有若干不甚重要的电报及某月某日进呈电码几件之记载（各电见补电稿），至各要电文字，并未载入。

在研究军机处档案所记《中俄密约》交涉以前，且先略述军机处档案之分类，使阅此文者对文中所称某档，能相当了解其性质。

军机处档分为两总类，一系档册，皆连史纸楷书，按年月分订成册，或一月一册，或数月一册，各视其事之多少而定；一系折包，皆系内外奏折，每月一包，亦有分为上下两包者，京官所上之折曰内折，皆原件存入包内，外省各官所上之折曰外折，皆行书抄件。档册除临时专为一事而暂创者外，最重要者曰上谕档，曰随手档，皆与军机处相终始。随手档实等于上谕档及折包之提要目录，凡谕及折皆随时记载其事由，另有一类档册，其创设较晚，然亦有永久性质者曰洋务档，专载与各国交涉之文件；曰电报档，专记外来之电报；曰未递电信档，则外来电报，或因其不重要，或因他由，未呈清帝者也；曰发电档，则军机处对外所发之电报；曰电寄档，则用电报传递之廷寄。但后二者之界限似不分明，廷寄间有栏入发电档者。以上各档，皆系此文所曾引用，故略说明其性质。至于未曾引用者，恕不细述。

洋务档对使臣往来电报，例载其全文，然独对文忠使俄时各

电，除极少数外，皆不载其文，只载某月某日电码几件。许景澄
彼时往来电报，亦有若干件只载电码几件而不载其文者。盖档册
记载，皆出诸军机章京之手，当时往来电报，皆由军机大臣或总
理各国事务衙门大臣手译，故章京只知电码而无从记其内容。俟
观下文，则更有并电码而不记者。

　　兹先将洋务档所记文忠与军机处及译署往来各电件数列表
若下，档中只记明月日电几件或电码几件，或发电几件，皆无
电文。洋务档以月为分，封面书明某年某月份洋务档，内无页数。
军机处档案既由国务院移回故宫博物院文献馆以后，予曾建议
在档册加盖页数，以便检阅且免遗失。后由两位职员专司其事，
经过数年，在物品南迁以前，各档册页数已将粗完，表内页数
亦指此也。

二月份

日期	14
页数	24
件数	1

三月份

日期	12	18	23	24	24	25	29
页数	21	37	47	49	50	52	63
件数	1	1	1	发1	1	1	2

四月份

日期	2	7	21	24	25	26	28
页数	4	14	40	52	54	56	62
件数	发1	1	码1	1	码1	码2	码1

五月份

日期	1	5	6	10	12	18	26
页数	1	10	13	18	22	39	52
件数	码1	码1	1	码1	码1	码2	1

六月份

日期	1	6	6	10	11	13	17	22	24	29	29
页数	1	11	13	17	23	30	37	44	51	58	60
件数	1	1	发1	码1	1	总署发1	码1	1	总署发1	1	发1

七月份

日期	3	4	8	15	23
页数	3	6	13	25	42
件数	码1	码2	2	1	1

八月份

日期	9
页数	13
件数	1

关于文忠出使之电报，除洋务档所载电码件数而未载电文外，电报档中却载有二十四件电文，计文忠来电二十一件，许景澄来电二件，王文韶来电一件。李电中有九件与电稿同，即电稿中之电十六（二月）、十八、二十四、二十六、二十七、二十八、二十九、三十一（三月）、五十三（四月）也。许电内一件与电稿同，即其中之电5。其余李电十二件，许电一件，王电一件，皆照录入补电稿内。

电寄档内亦有电谕李鸿章三件，其一即电稿内之电30，其余二件不见于电稿，亦录入补电稿内。

洋务档内电报虽多无电文,然亦能使吾人略能窥见其件数。试再与电稿及补电稿两相比较，作表若下：

二月

洋务档	李1		共李1	
电　稿	李1		共李1	
补电稿				

三月

	李7	署1	共李7	共署1
	李7	署3	共李7	共署3

四月

洋务档	李7	署1	共李7	共署1
电　稿	李18	署10	共李19	共署10
补电稿	李1			

五月

	李8		共李8	
	李2	署2	共李4	共署2
	李2			

六月

洋务档	李7	署3	共李7	共署3
电　稿	李3	署2	共李7	共署4
补电稿	李4	署2		

七月

李7		共李7	
李2		李6	
李4			

八月

洋务档	李1		共李1	
电　稿			共李1	
补电稿	李1			

　　电六十及六一虽皆于五月接到，但一则发于四月二十五日，一则发于四月二十九日，仍列入四月份。

　　观以上各表，知不特当时往来各电稿，未曾照寻常电稿之将电文完全载入洋务档，即电码之记载，亦欠完全，而尤以四月份为甚。据电稿则文忠致总署之电共十九件，而档内只记有七件，总署发电共十件而只记其一（电三十六）。抑更有进者，电二十四始提及密约并载有条文初稿，其重要实居诸电之上。四月份档所记最早者为四月初七日所收之电，以各电收发相隔时间论，少者隔一天，多者三天，势不能于初七日方接到初一日所发之电。则此重要之电码亦未记载可知，其余多数关于密约之电码，似亦未入档。至电报档虽载有若干电文，然只有不甚重要之报告途程及关于铁路交涉者，一涉及密约，如电三十一所谓"俟成准后，另订密约"者，随即不再录电文，直至四月二十三日始再录赠宝星及进谒俄太后等不重要电文（电五十三补二），而仍忽其同时之重要电报如电四十九，五十，五十一，五十二，五十四等有关密约之电文（补电二与电四十九皆系酌电）。电寄档则只载关于慰问、加税等电文，而对密约签订及批准之谕旨，亦毫不提及一字。总观各端，愈见当时对此事之极度慎密。

反之，电稿中亦间有遗落，如五月份洋务档中记收文忠来电八件，然电稿只载有两电，予虽据电报档补其二，增为四件，其余四件之电文仍付阙如（据《翁记》则一电系铁路及银行两合同）；七月份洋务档记收来电七件，然电稿亦只载两电，现虽据电报档补其四，增为六件，亦仍缺一件。其余各月则电稿缺者亦皆补足，盖除五月份之四件，七月份之一件外，《中俄密约》交涉电稿俱于电稿及补电稿中矣。

当时清廷对此交涉之慎密，电存档之秘密亦足见之。据以上各章所引《翁记》，电报皆由军机大臣或总理衙门大臣亲译，不经章京之手。当时与闻其事者，除慈禧太后、德宗以外，则有：

军机大臣督办军务恭王奕䜣

军机大臣礼王世铎

军机大臣礼部尚书兼总理各国通商事务大臣会办军务李鸿藻

军机大臣户部尚书兼总理各国通商事务大臣会办军务翁同龢

军机大臣户部右侍郎刚毅

军机大臣礼部左侍郎钱应溥

会办军务庆王奕劻

兵部尚书会办军务荣禄

户部尚书兼总理各国通商事务大臣敬信

户部左侍郎兼总理各国通商事务大臣张荫桓

兵部右侍郎兼总理各国通商事务大臣吴廷芬

更加以随文忠出席签约之李经芳、李经述、罗丰禄、林怡游，与闻其事者不过十余人而已，其慎密由此足知矣。

文忠奉使行程略表

光绪二十一年十二月二十七日（西历一八九五年）

　　派李鸿章为贺俄皇加冕正使

光绪二十二年正月二十日（西历一八九六年三月三日）

　　出京

正月二十日

　　抵津

正月二十日

　　登轮

二月初三日（西历一八九六年三月十六日）

　　抵沪

二月十五日（西历一八九六年三月二十八日）

　　由沪乘法邮船动身（电十五）

二月二十五日（西历一八九六年四月七日）

    过新加坡（电十七）

三月初十日（西历一八九六年四月二十二日）

    抵波赛，俄派吴王来迎。遂换乘俄轮（电十八）

三月十五日（西历一八九六年四月二十七日）

    抵阿叠萨（电二十四）

三月十八日（西历一八九六年四月三十日）

    抵圣彼得堡（电二十六）

三月二十二日（西历一八九六年五月四日）

    进谒俄皇（电二十八）

三月二十五日（西历一八九六年五月七日）

    再谒俄皇，密谈（电二十九）

三月二十六日（西历一八九六年五月八日）

    俄外交大臣罗拔约在外部晚餐，始谈及密约（电三十一）

四月初一日（西历一八九六年五月十三日）

    俄人始提出密约稿（电三十四）

四月初四日（西历一八九六年五月十六日）

    由圣彼得堡往莫斯科（电三十一）

四月十四日（西历一八九六年五月二十六日）

俄皇行加冕礼

四月二十二日（西历一八九六年六月三日）

《中俄密约》在莫斯科签字（电五十一）

五月初一日（西历一八九六年六月十一日）

离俄往德（电五十九）

五月初四日（西历一八九六年六月十四日）

进见德皇（补三）

五月十一日（西历一八九六年六月二十一日）

上谕批准《中俄密约》（电六十二）

五月二十四日（西历一八九六年七月四日）

抵荷京（补四）

五月二十八日（西历一八九六年七月八日）

抵比京（补四）

六月初四日（西历一八九六年七月十四日）

抵巴黎（补四）

六月初五日（西历一八九六年七月十五日）

谒法总统

六月二十三日（西历一八九六年八月二日）

　　离法往伦敦（补七）

六月二十六日（西历一八九六年八月五日）

　　进见英皇（补八）

七月十五日（西历一八九六年八月二十三日）

　　离英往美（补十一）

七月二十日（西历一八九六年八月二十八日）

　　抵纽约（补十二）

七月二十一日（西历一八九六年八月二十九日）

　　进见美总统（补十二）

八月初二日（西历一八九六年九月八日）

　　中东铁路合同画押（电八十六）

八月初八日（西历一八九六年九月十四日）

　　由加拿大登舟返国（补十三）

八月二十二日（西历一八九六年九月二十八日）

　　在北京换约

八月二十七日（西历一八九六年十月三日）

　　回国抵津

附：密约交涉未刊电稿

（一）彼得堡许钦差　上海马眉叔
　　巴黎庆钦差　李伯行　正月初三日申刻

现与喀使商定，乘法公司船由沪至红海口阿列克三德里，改乘俄公司船至额叠萨，乘轮车至莫斯科。免由法德行，至多周折。鸿江。

（二）上海沈子梅　正月初三日酉刻

准二月望日搭法公司船放洋，约计三十初一必须到沪。望饬海晏务于二十五到津相候。转致盛黄道。鸿江。

（三）彼得堡许钦差　正月初九日巳刻

约四月初可至莫斯科。各国贺客云集，乞预商俄内务府兼礼部侯爵倭龙祚福达施格夫，酌派使馆随员前往租赁公寓，并车马二辆，庶免临时竭蹶。所带随员约十一二人。鸿佳。

（四）寄彼得堡许钦差电　正月初三日辰刻

总署奏明赍呈头等第一宝星。喀使谓巴黎制最精，为求格外美善。彼亦将酬送我皇。询各使谓贺加冕向不必送礼物，然中俄亲厚，宜加礼，且灼棠前办有案，现与政府商筹土物。鸿俟礼成仍至彼都，密商要务。文。

（五）出使许大臣来电　正月十五日到

俄外部称奉国主谕，李相及从僚在俄境内，一切概由俄国供给，以表格外交谊。澄盐。

（六）许大臣来电　正月十六日

宝星已重置。定制大带托总署供事董瀛在京配绣，请饬询带出。另有俄后衣料，能赶成，乞并带。俄内务府现拟备馆，仆役数亦乞示。澄愿。

（七）复比得堡许大臣电　正月十七日巳刻

大带衣料询署堂，云不知，已属催。鸿二十日出京，能赶及否？俄备馆格外要好，希代谢。仆役约共三十余人。篠。

（八）寄上海李宫保电　正月十九日申刻

现奉赍俄德法英美国书五道，枢译因匆促，未及制备绣龙明黄缎夹包袱。望饬叙俖与洪冀昌设法订制五件。每件约见方四尺。克期二月初赶成，务求精美，黄缎面，黄缎里，价俟到时照付。勿误为要。鸿效。

（九）许大臣来电　正月十九日

大带等请派员与董瀛接洽寄沪，至恳。仆役彼但拟如员数。今三十余，礼官虑馆不能容，又不愿客自赁分住。甚为难，乞酌。俄外部婉请在四月初四五到莫斯科，弗太早。澄巧。

（一〇）复许大臣电　十九日

顷询署催董瀛，大带已成，衣料俟制就再寄。颇怪公未先知会。仆役仅如员数，势难遵办，仍希婉商从宽预备为荷。闻俄以到莫先后序位次，四月初三或可到。鸿效。

（一一）许大臣来电　正月二十五日酉刻到

俄外部致意：行馆一切仆役全备，钧处但带贴身伺候人已足。并晰示自带与各员所带确数。澄敬。

（一二）复许钦电　二十五日酉刻

俄外部美意，感谢。老年起居行动需人伺候，未免稍多。连武弁学生约共三十四五人。随员多不带人。鸿有。

（一三）北京喀希尼来电　二月初三日到

俄廷已照本大臣之请，一切预备必使贵爵相一路舒服，不至稍受辛苦。并另备中堂伙食轮车一辆，在阿叠萨恭候。本国轮船亦奉谕在波赛专候。倘因改道，致俄廷所已发许多之谕必须一概注销，殊属无谓，俄廷必以为非计。本大臣敢力劝贵爵相仍照我们在北京商定之路程办理。如贵爵相因有别故必须改道，又不便告知本大臣，即请先期径电贵国驻俄公使转达。

（一四）复北京喀希尼电　二月初四日十一点钟发

昨因到沪后查阅各国船册，君士但丁亲王吨载稍小，恐难禁黑海风浪，故令柯乐德电商贵大臣可否改道之处。原知贵国暨贵大臣为本大臣此行多方筹划，无微不至，正在抱歉。今承电示已在阿叠萨另备伙食轮车一辆，又派轮船在波赛专候接替，自无庸另议改道。务请贵大臣放心。至医士伊尔文在敝处多年，于本大臣起居服食一切熟悉，过津时伊求令随行以备医药，不令预闻他事。闻贵大臣不甚谓然，拟令乘法船到马赛，径赴伦敦静候也。

（一五）寄彼德堡许钦差电　二月十三日辰刻

十五乘法船放洋，至波赛换俄船。随员十七，供事武弁十八，仆役十，共四十五人，此确数。又交德船径寄柏林使馆箱件，望函告信到妥为提收。鸿元。

（一六）寄总署电　二月十三日辰刻

密红。朔日抵沪后，料理行装，添购礼物，调集奏带各随员，并令素习之西医伊尔文随行，另有自备资斧愿同游历各国庶吉士龚心钊分省同知黄家玮二员，定于十四日乘法公司船，十五放洋。俄廷拟派俄船至埃及之波赛口岸接换前进，由土耳其黑海径赴莫斯科加冕地方。水陆兼程，约计四十余日可到，请代奏。鸿元。

（一七）复彼得堡许钦差电　二月二十五日午刻发

顷抵新加坡，接正十九书。俟波赛换俄船再电闻。当在阿叠萨小住候车。鸿有。

（一八）致上海沈道总署电　三月初十日申刻

顷抵波赛，渐凉。俄皇派王爵吴克德托密斯随船来接，照料周挚。祈晤喀道谢。转津宁。鸿蒸。

（一九）致柏林许钦差电　三月初十日酉刻

俄派王爵吴随船来波赛远接，约十四可抵阿叠萨少息。随员衔名即电俄。宝星载明国书，乞早寄莫。鸿蒸。

（二〇）许大臣来电　三月初十日

续有函递亚丁相左。专使序次论递书先后，不计到期。德廷已定邀请之举。俄派船相接洽。何日抵阿叠萨？乞电柏林。澄佳。

（二一）许大臣来电　三月初十日

俄礼官亟待钧处随僚衔名发印，恳即饬译法文，电俄馆转送，至盼。澄蒸。

（二二）许大臣来电　三月十五日

昨派员并函陈，顷闻俄廷拟邀驾先至森都。如定行乞电示，俾澄辞奥即来俄。元。

（二三）复柏林许钦差电　三月十五日午刻

明日未正乘官车往森都，约两日到。宝星务速交勿误。鸿咸。

（二四）寄总署、天洋交李经迈由海兰泡接递　三月十五日午刻

顷抵倭德萨，俄水陆提督暨地方文武接待甚恭。沿途托庇平顺，鸿体气如常。俄皇令外部电催趁此暇日，先赴彼得堡递国书接见。明日未正乘官车行，两三日到。在彼应酬稍毕，再往莫斯科候贺加冕。请代奏。即转沪宁。咸。

（二五）北京总署来电　三月二十日巳刻到

密。俄使来商接筑东三省铁路，本署允以中国自办，无须代筹款代荐公司。喀谓果尔则俄别联倭。其言甚悖，决非俄廷本意。本署驳论，喀亦无词，但谓不用俄公司，亦不可用他国公

司。迹近挟制。本署要以中国自办，拟由黑龙江运料。喀允电外部。兹将现议情形电告，以备外部见商，内外一气。皓。

（二六）复总署电　三月二十日酉刻

霰电悉（以上电报档无）。十八抵彼得堡，各官接至车站。晤外部请期，订于二十二未正俄主在皇村行宫接见。鸿哿。

（二七）寄总署电　三月二十一日戌刻

密。俄户部微德来谈东三省接路。缘自尼布楚至伯力，道纡河多，工费太巨，不若由赤塔过宁古塔之捷速省费。本欲借路速成，借纾倭患。今中国虽认自办，但素习颟顸，恐十年无成。鸿谓代荐公司，实俄代办，于华权利有碍，各国必多效尤。彼谓若皆（皆电报档作竟）不允，自办又无期，俄拟做至尼布楚一带即停工候机会，但从此俄不能再助中国矣。查此意系微德主持，其才略俄主最信任。罗拔两晤均未提及。合先密报。鸿马。

（二八）寄总署、天津李经迈电　二十二日酉刻

顷俄主在皇村行宫接见，面呈国书宝星，并读颂词。俄主谓远来辛苦，慰劳周至，询及马关伤痕是否作痛，仍忆李经方前奉旨赴神户慰问，射钩之耻可知。据云二十五回城宫（城宫电报档作城后）验收礼物，拟再面谈。请代奏。转宁沪。鸿养。

（二九）寄总署电　三月二十五日酉刻

密。向例递书后不再见，今俄皇借回宫验收礼物为名，未正接见，令带经方传话，不使他人闻知。先将礼物逐一查问，嘱代奏谢。旋出示所藏镂金托金玉如意，乾隆古稀天子玉玺，皆精品。

即引至便殿，赐坐畅谈。谓我国地广人稀，断不侵占人尺寸地。中俄交情近加亲密，东省接路实为将来调兵捷速，中国有事，亦便帮助，非仅利俄。华自办恐力不足。或令在沪俄华银行承办，妥立章程，由华节制，定无流弊。各国多有此事例，劝请酌办。将来倭英难保不再生事，俄可出力援助等语。较微德前议和厚。未便壅于上闻。谈六刻归寓，彼即回行宫。请代奏。鸿有。

（三〇）总署来电　三月二十五酉刻到

奉旨：李鸿章安抵彼得堡，深慰廑系。至联络邦交，筹商一切办法，可随时电闻。钦此。敬。

（三一）寄总署电　三月二十七日辰刻

密。昨罗拔邀赴外部晚饭，与微德会议。该君臣皆以东省接路为急，微谓三年必成。鸿以赤塔至三岔口固多山险，我办漠河矿久，知漠至齐齐哈尔省高山丛莽，人迹不通，必须穿过，亦甚难办。彼谓多费工而直捷合算，中朝自办，无款无期，不如令华俄银行承办较速。姑属妥议章程送核。鸿云此须请旨定夺。至俄皇所称援助，罗谓尚未奉谕，容二十九请示后再面商。大意以若请派兵，须代办粮饷。华有事俄助，俄有事华助，总要东路接成乃便。俟成准后另订密约。鸿按我自办接路实恐无力，又难中止，两事相因，应否先订援助，后议公司，请代奏候旨。初四赴莫斯科，更无暇及。沁。

（三二）北京总署来电　三月二十七日巳刻到

远涉贤劳，平顺可喜。十八日本署与喀论铁路，告以我由龙江水路运料则兴办速。喀首肯，云须达外部。盖松花彼已行船，于情理正可相抵。然非鼎力不能成，希密商之。径。

（三三）复总署电　四月初一日酉刻

密。径电悉。顷与罗拔议龙江运料。查《瑷珲约》云龙江等只准中俄行船，外国不准行，是有明文。罗谓咸丰十年续约，龙江下游至乌苏里河会处，北岸属俄。虽未提前约行船事，然从未禁阻，运料自无不可。喀电无此语。鸿询海参崴巡抚，俄有大轮公司一，行龙江下游；小轮公司二，行上游，俄廷岁助巨款。龙江口正对库页岛，在崴东四千里，华轮向未能去。即准我运料，只可借用俄轮。另电密陈，可否由堂亲译免传播。俄虑英倭疑忌探听。鸿东。

（三四）寄总署电　四月初一亥刻

密。顷罗拔奉俄主命，拟具密约稿面交转奏。其文云：大清国大皇帝大俄国大皇帝因欲保守亚洲大地现在和局，不使日后别国再有侵占之事，决计订立御敌互相援助条约。是以大清国特派某，大俄国特派某，为全权大臣，即将全权文凭互换校阅，均属如式，立定条款如左。第一：日本国或与日本同盟之国如侵夺俄国属地，或中国土地，或朝鲜土地，即牵碍此约，立即照约办理。如有此事，两国约明应将所有水陆各军届时所能调遣者，尽行派出，互相援助。至军火粮食，亦尽力互相接济。第二：中俄两国既经协力御敌，非由两国公商，一国不能独自与敌议立和约。第三：当开战时，如遇紧要之事，中国所有口岸均准俄国兵舰驶入。如有所需，地方官应尽力帮助。第四：今为将来转运俄兵御敌并接济军火粮食以期捷速起见，议于黑龙江吉林边地接造铁路，以达海参崴。惟此项让造铁路之事，不得借端侵占中国土地，亦不得有碍大清国大皇帝应有权利。其事可由中俄公司经理，其条款由两国妥善商订。第五：无论和时战时俄国均可用上款所开之铁路运兵运粮运军械。第六：此约应由第四款所让之事举行之日算起照办，以十年为限。以上各款惟第四末二句系鸿商添，俄无异词。是否可行，乞速奏请旨示遵。莫斯科礼节繁重，在彼当住十余日即赴德。东二。

（三五）寄总署电　四月初二辰刻

密。驻倭之俄使与倭亲王偕行，欲为倭解说，与俄密约图朝鲜，俄皇不许。故廷臣皆疏远之，今愿结好于我。约文无甚悖谬，若回绝必至失欢，有碍大局。罗拔密议时只微德在座。微续示中俄公司合同草底，大意中俄集股，不准收别国商股；无论盈亏，岁贴中国二十五万，先交二百万，俟路成五十年或八十年，中国可自收回。均照各国商路通例。鸿谓事体重大，猝难定议。密约如奉旨准可即画押。路事须派员在北京妥商。合同甚长，译出再寄。罗云喀电拟不覆，此议出则喀前议作废，乞暂勿告喀。请代奏。鸿宋。

（三六）北京总署来电　四月初四日巳刻到

奉旨：俄君厚意可感，此后邦交益固，著李鸿章代达申谢。至接路我欲自办，一则兴中国商务，一则杜他人援请，非有所疑也。用俄公司，雇俄工匠，购俄物料，皆可行。著将此意与外部商酌。另三条著酌办，如有端倪，电闻候旨。钦此。另密约三条。一、如有兵事，俄与中国彼此援助。一、松花混同两江彼此行船。一、中国令资本五百万附入俄华银行。冬午。遵旨亲译。

（三七）寄北京总署电　四月初四日未刻发

顷奉冬午电旨，谨遵。俄部臣均赴莫斯科。与罗拔约，到莫后如得京电，俟彼少暇再会商。初十、十一俄主接见三十六国专使，外部甚忙。接路自办，罗微谓是正办，但虑延宕。俄欲改道至海参崴，空出尼布楚至伯力一大段，非另接支路也。约内第五款意指此。我自办是否由关外接至赤塔？道远款多，又须另筹接至双城子支路。且伊必询几年造成，密约限明，望妥筹速覆。三条内第一即罗稿之一二款；松花混同彼此行船当易商；五百万想是接路资本。连日俄廷导游造枪炮各厂，三分口径枪三百万枝连夜赶制。大小炮无算。并随俄君观新铁甲两艘下水，一重一万三千吨，一万八千吨，皆巨观。仍续造。请代奏。鸿支未。

（三八）寄北京总署电　四月初六日戌刻

顷晤罗拔，属将朝廷感谢之意转达俄主。渠允明日见皇面申。自办接路，告以欲兴商务；彼云，前拟办法即兴华商务。又谓杜法英交界援请；彼云，照此援请无后患。复请雇俄工匠，购俄物料；彼云，喀电有此语，未允行。此需巨款，恐华债已多，难再借。告以筹五百万付银行；彼云太少。又告以用俄公司改为中国公司；彼云，俟约同微德会议。看来似有端倪。鸿谓如可定议，密约第四款未应删改；第六应改二十年为限。彼云可商，但铁路无成，另约即无庸议。请代奏。鸿语。

（三九）复总署电　四月初七日戌刻

顷与罗拔微德会议密约各款。罗谓第一删去或与日本同盟之国，免人猜疑。以下改如侵占俄国亚洲东方属地。第四起见句下改中国国家议允于满洲黑龙江吉林地方，接造铁路，以达海参崴。此路由中国国家准交俄华银行承造经理。至此项合同条款，由中国国家与华俄银行妥善商订。第六改此约由第四款合同批准举行之日算起照办，以十五年为限。届期六个月以前，两国再行商办。其余不肯再改。如奉旨准行，祈电示全权存样，以便画押。至混同松花两江彼此行船，罗谓旧约及现在办法均准，容再查案核复，或交许使商办。五百万付银行，应俟议合同时商定。微欲及时成议，鸿谓条理极繁，须在京商办。乞代奏请旨。鸿遇戌。

（四〇）寄总署电　四月初八日巳刻

昨与俄户部微德将原拟公司合同稿辩论。大要一、作为中国东省铁路公司令华俄银行承办。一、此路据微德约计需费六千万罗布。每罗布合洋壹元。由银行借四千万，中国助五百万。该公司于路成运价内每年报效二十五万。可先提五百万，共成本壹千万，岁认四厘息。余招中俄商股。一、铁路进款中国不能保利，如不敷由公司自行弥补。一、批准合同日起，限十二个月开工，六年工竣。一、所遇城市村庄庐墓均应避让。一、中俄铁路交界处分设税关，查核应征应免。一、由中国政府派妥员总办，督查保护。微均允行，其余节目尚多，俟其在京商定。鸿齐。

（四一）北京总署来电　四月十一日巳刻到

奉旨：李鸿章电悉各国惟俄与中为数百年旧好，今复连盟，益征推诚相与。所拟约稿均已阅悉，惟末两条皆可省去。著李鸿章转达俄廷，即将四条定立密约。倘中国西南水陆有事，俄国如何援助之处，亦应于约内叙明，以期周密。钦此。第一属地属字改土字。第二末添如非敌国不在此例八字。第四今字下添俄国二字；议于下添中国二字。佳申。

（四二）北京总署来电　四月十一日巳刻到

宋电中俄集股，不准收别国商股，此议甚是。至补电二十八字，岁贴若干，定期收回，虽系商路通例，非中国向订接路之意。此节先与说明，毋庸列入，合同稿速译寄。支电询五百万，想是接路资本。前冬电第三条之意，系欲与该银行伙开，不为接路资本。并与商订电覆。遵旨达。佳酉。

（四三）寄总署电　四月十二日未刻

佳申电旨遵。即晤商罗拔微德，省去末两条。罗等谓五款尚可商改，六款通篇结穴，一字不能改动，否则此约作罢论。鸿谓五款字句含混，再四驳辩。罗因改拟俄国于第一款御敌时，可用第四款所开之铁路运兵运粮运军械，平常无事，俄国亦可在此铁路运过路之兵粮。除因转运暂停外，不得借他故停留等语。过路专指往海参崴，可免流弊。至第二末添如非敌国不在此例八字，罗谓此款明指敌国言，与他国无干，应毋赘文。至第一言中国土地，系包西南在内，日本有事可商办援助。若英法启衅，俄不便明帮，牵动欧亚大局，应勿添叙。总之，俄既推诚，华亦应推诚相与，勿过疑虑云。另示第一第四应改数字，均照办。时促事烦，求及早请旨电覆遵办。鸿文未。

（四四）复总署电　四月十二日未刻

佳酉电悉。五百万与华俄银行伙开，不作接路资本，岁贴若干，定期收回，均毋庸列入合同，已面告微德。微云伙开甚好，合同须饬银行另拟。前稿系华俄公司办法，今为中国公司，则又有别。俟合同底交到再译寄。微德倚信银行总办罗启泰，鸿数接见。彼谓宜拟两合同稿，一付银伙开，应照西例；一承办东省接路。罗尚拟赴京请示，断不能在此定议。请代奏。鸿文未。

（四五）寄总署　四月十六日戌刻

俄主加冕礼成，今午邀请入宫庆贺。鸿居各国专使首班，颇蒙温语。连日皆有宴会。俄主定二十六回銮，部臣随去。亟盼文电核准施行，迟则无及。伙开银行铁路公司两合同稿，拟出容译寄。铁路照齐电大意，除成本一条外，俱照办。德君之弟约明初一往柏林。请代奏。鸿谏。

（四六）北京总署来电　四月十八日巳刻到

奉旨：李鸿章十二日电悉。中俄睦谊从此加密。著派李鸿章为全权大臣，与俄国外部大臣画押。约内字句均照所收订定。至公司合同，著许景澄就近商酌，随时详电总理衙门，奏闻请旨。约文全篇并著总理衙门电去。钦此。霰申。

（四七）寄总署电　四月十八日戌刻

钦奉霰申电旨，告俄外部。据罗拔称，俄主先令户部微德会议，拟请旨会同画押。定于二十二酉刻齐集照办。公司两合同稿，已抄寄署。即抄交许使商酌。许与微德罗启泰素熟，俄廷急欲成议，当易商办。请代奏。鸿巧戌。

（四八）北京总署来电　四月二十日巳刻到

约文全篇。大清国至条款如左八十七字，照来电。第一、日本国如侵占俄国亚洲东方土地，或中国土地，或朝鲜土地，即牵碍此约，立即照约办理。如有此事，两国约明，应将所有水陆各军，届时所能调遣者，尽行派出，互相援助。至军火粮食，亦尽力互相接济。第二、中俄两国既经协力御敌，非由两国公商，一国不能独自与敌议立和约。第三、当开战时，如遇紧要之事，中国所有口岸均准俄国兵船驶入。如有所需，地方官应尽力帮助。第四、俄国今为将来转运俄兵御敌并接济军火粮食以期捷速起见，中国国家允于中国黑龙江吉林边地，接造铁路，以达海参崴。惟此项让造铁路之事，不得借端侵占中国土地，亦不得有碍大清国大皇帝应有权利。其事可由中国国家交华俄银行承办。至合同条款，由中国驻俄使臣与银行就近商订。第五、俄国于第一款御敌时，可用第四款所开之铁路运兵运粮运军械。平常无事，俄国亦可不用。但此铁路运过路之兵粮，除转运暂停外，不得借他故停留。第六、此约应由第四款条约批准举行之日算起照办，以十五年为限。届期六个月以前，两国再行商办。霨戌。

（四九）寄总署电　四月二十日戌刻

顷始接霨戌约文全篇电。内有不符处，立即知会俄外部户部细商。第四边地彼欲改作黑龙江吉林省生意易旺。鸿执不可，改写地方二字。华俄银行承办下，原有经理二字，彼不肯删。第五平常无事句下，添俄国亦可不用。彼谓初无是说，且与下文运过境之兵粮语意相背。第六合同批准举行之日算起，电称条约批准。彼谓应改添限三个月铁路合同批准之日算起，迟则全约为废纸等语。鸿谓许使必能赶办，限定三月太泥，不如仍用原字。其再行商办句下，前已商添展限二字。磋磨再四，此外无可商改。彼转讯中朝办事多疑多变也。俄主已派罗拔微德为全权，事难中止。因改订二十二午初画押。约本秘密，拟亲赍呈进，或俟至巴黎妥派员赍送。罗催早日批准，仍令驻使互换。请代奏。智戌。

（五〇）寄总署电　四月二十一日戌刻

顷与外部校对约文已毕，摘录第四款云，俄国今为将来转运俄兵御敌并接济军火粮食以期捷速起见，中国国家允于黑龙江吉林地方，接造铁路，以达海参崴。惟此项接铁路之事，不得借端侵占中国土地，亦不得有碍大清国大皇帝应有权利。其事可由中国国家交华俄银行承办经理。至合同条款，由中国驻俄使臣与银行就近商订。容录咨许使遵照。罗拔拟添专条云：两国全权大臣议定本日中俄所订之约，应备汉文法文约本两份，画押盖印为凭。所有汉文法文校对无讹。遇有讲论，以法文为证。此向例也，合并附闻。鸿马戌。

（五一）寄总署电　四月二十三日午刻

顷率同李经方李经述罗丰禄林怡游赴俄外部，与罗拔微德互看彼此全权谕旨，覆校中法约文无讹，因各画押盖印。罗等谓从此两国交谊益加亲密，该君臣欢庆同深。更盼黑吉铁路开工，中国再将山海关外铁路接至宁古塔一带，与俄路相连，中俄生意必旺，税饷较丰。鸿昨与银行密商，罗启泰云可代借款，利息不过四厘。祈预留意，请代奏。养午。

（五二）寄总署电　四月二十三日未刻

译罗拔等全权文凭云：俄皇尼果赖第二谕曰，余现与大清国皇帝意见相同，均以欲保东方现在已复之和局，必须立一御故互相援助之条约。是以简派外部尚书内阁大臣上议院大臣枢密院大臣王爵罗拔诺甫并户部尚书内阁大臣枢密院大臣微德作为全权大臣，会同大清国皇帝所派之全权大臣，商议一切，并予以订立以上所拟御敌互相援助条款署名画押之权。该约一经订立署名画押，余必批准照行，以符给予全权之本意。今欲有凭，特亲笔画押，并加国玺，以昭大信。余登极第二年，即俄历一千八百九十六年五月二十一日，在莫斯科给尼果赖第二押。外部罗拔加押。此可为实心和好之据。约本送到尚迟，可否请旨先行批准，专电示知，以凭转致，俾坚其信。罗拔并与鸿面订洋文密电码，庶遇要事彼此通信。漾未。

（五三）寄总署电　四月二十四日午刻

密红。今午进见俄太后（太后，洋务档作国后），询来去日期寓俄情形甚悉。两国交谊素好，前皇于华事甚为关怀。今皇告知游历时未得相见，到此会晤为幸。以后盖加敦睦，共保太平。鸿谓俄廷接待优厚，举朝感谢，并略致颂祝。请代奏。敬。

（五四）寄总署电　四月二十六日戌刻

午后进宫辞行，俄主令带同经方于申酉间晋见两次，坐谈一刻。云约已画押，以后如中国有事要我帮助，必照约办理。将来当选派妥员为驻使，自易和商。并询接路宜早成议。属回朝代谢宝星。闻将专员赍呈皇上宝星。鸿略致殷勤而别。请代奏。宥戌。

（五五）总署来电　四月二十七日子正到

密红。中外立约以来，各国公使领事动违公法，侵占国权，近年尤甚。遇事扺牾，终损邦交，长此隐忍，何以为国。环球通例，领事履任须由奉驻之国给准札，公使亦有因事请换之例。望于去俄之先，与外部订明。俄若允照通例办理，他国当无异言。

俄谊最睦，不难就范。德法英美亦未必肯以一人悖通例，坏声名。务希设法妥办，以保国权。兹非指俄之疵，但欲借俄起例。应如何备文取复，望酌办电复。敬申。

（五六）复总署电　四月二十七日午刻

密红。顷始接敬申电。俄主昨晚接见各专使后，即启行，各部臣陆续随去。鸿已辞行，迭电陈明，自不便再商公事。俄廷本有换使之意；至领事履任须给准札，虽系通例，而条约未载。忆巴西订约时，鸿曾添入，旋经各驻使挑唆删去。俄谊固睦，恐难改已定之约。即如税则改照镑价，外部谓原约未提，必须修约再议。英使欧格纳在此逢人辄诋毁我政府。前与罗拔议事时，语多抑扬，为欧所惑。国权随国势为转移，非公法所能铃制，高明必鉴及之。沁午。

（五七）北京总署来电　四月二十八日戌刻到

奉旨：李鸿章两电悉，画押约文应先译全篇电署呈览。约本或亲赍或派员，要须慎密，防传播生衅。钦此。沁午。

（五八）又电　四月二十八日戌刻到

哿电悉，约文本无异同。边地二字系东电原文。经理二字虑与龙州约有碍，故删。合同向不请批，故改条约。展限二字来电从未提及。至俄国亦可四字，尊处文电住此，非本署所添。因语气不完，故填不用二字。固非多疑多变，若不准改一字，则遇电第四海参威下直接此路中国国家云云，竟将不占土地不碍权利等紧要语全行截去。约文全篇所以遵旨添入。沁未。

（五九）复总署 五月初一日辰刻

俄户部微德邀往新城看赛奇会，顷回莫斯科。奉沁午电谕旨，谨照录画押约文第一款至六款。其第四款及专条，已于马戌电陈明，不赘。续奉沁未电敬悉。六款合同批准，俄人看得甚重，钧署核准后，必须奏明，即系批准。咢电已详及。英使探询，并谓北京驻使电告立约。鸿以谣言辟之。此间并无传播。现将俄文武员弁应给宝星传旨赏给，即登车赴德。请代奏。东巳。

（六〇）总署来电 五月初三日到

密红。加税办法宜从俄发端，即详章商议需时，或先订两国扩充商务变通税则专章，附入约后，以为异时张本。本署今日覆议御史条奏，奉旨饬行，应并入前奏办理。此时中俄交际宜有可商，邦交以商务加亲，亦可释他人疑忌。遵旨电达，望茇筹速复。径。

（六一）总署来电 五月初三日到

奉旨：李鸿章二十三日电悉。前因约本寄到需时，是以令将全篇先行电奏。一俟奏到即行照准。钦此。艳午。

（六二）总署来电 五月十二日亥刻到

密。奉旨：李鸿章电奏约文全篇，阅悉。即批准照行，以昭信守。钦此。真申。

（六三）总署来电 五月十四日戌刻到

佳电驳下办上二十字码讹，请再电。铁路合同，效函到时再核迟否？希电复。文午。

（六四）寄总署电　五月十五日戌刻

顷回柏林，奉真申电旨，遵即照会俄外部转奏。又文电询佳电驳字下，查系驳阻，但两国交谊关切，如中朝准我推广制造代办，二十字。昨汉倍克商会礼待优隆，或无抗阻。外部令德璀琳随往英伦，密探该国意旨再定。英德商务最盛，如允行，他国易商。铁路合同望早核定，效函无他语。德皇情谊甚厚，顷复赠瓷器。其办差及阅营员弁，应照俄例，传旨分别赏给宝星，咨署查核。请代奏。鸿咸戌。

（六五）柏林许大臣电　六月初一日戌刻到

署敬电：函尚未到。今将应添改者先电商。第三条铁轨应照中国定式四尺八寸五分；交界设栈换车。六条自行经理下添除开出矿苗处所另议办法外十二字。十条俄货经此路仍入俄界者免纳，似无稽考，拟征半税。十二条八十年归还太远，应改三十六年。希与该商议妥电复云。已饬柯回俄转商。澄艳。

（六六）复柏林许大臣电　六月初四日辰刻

函电悉。三十六年本利不足，彼断不允。闻罗已至巴黎，晤时告知营口接路原议，及吕布宝星即汇办。鸿支。

（六七）许大臣来电　六月初五日到

柯见俄户部商明，现电署云：遵议第六条十二字照添；十条过境货征税，各国所无，拟添该货入界另车封记，出界查明放行备稽考；十二条八十年难减，但允三十六年后可议价收回；三条用中国轨，俄户部谓驳此要条，不如并密约俱废。坚不允，并催早定议。统候核示等语。澄豪。

（六八）复许大臣电　六月初五日巳刻

罗议与豪电同，华轨难合，其说甚长。鸿属罗明晚回俄，顺过克新谒晤畅谈，并电柯来会。歌。

（六九）寄总署　六月初七日巳刻

华俄银行总办罗启泰来巴黎，面称俄廷催办铁路甚急。合同一经画押，即须开办。拟先派委员雅都里阿诺甫带同监工十五人，并绘图丁役等，前往黑龙江吉林地方勘路测量，求发给护照，并电总署转致吉黑将军副都统就近派员在交界接护，会商一切等语。鸿系原议之人，彼因喀使于此事原委未详，不便知照，姑缮给护照，属俟接照后再往。阳。

（七〇）寄柏林许大臣电　六月初八日巳刻

罗即行，护照准发，余令面到。鸿庚。

（七一）寄总署电　六月初九日酉刻

接俄外部罗拔函称，准来文，前画押条约业奉大皇帝批准，即转呈我皇，亦将该约批准，迅寄驻京公使，与大皇帝御笔批准之本互换。并奉我皇致复国书，呈赠大皇帝圣安德第一宝星，祈代敬谨呈进等因。查复书系俄文，译出系格外恭敬欢喜之意。宝星正副各一，皆金刚钻密嵌。圣安德为极大名目，俄例另备各等宝星正副共五份，连上十二件，装二匣，应由鸿敬谨亲赍呈进。请先代奏，晤喀使先道谢。约本可否添写批准字样，盖用御玺，免挑剔。佳酉。

（七二）许大臣来电　六月初十日辰刻到

罗来晤，已行。柯留。轨式关系成本，暨自陈说殊确。澄佳。

（七三）总署来电　六月十四日亥刻到

佳电已代奏准。昨许电云：六条照添十二字；十条过境仍免税；十二条三十六年后可议价收回；惟中轨俄坚不允。查俄与德奥接路异轨，并无窒滞；独于华路强欲同轨，否则并废密约，颇不可解。现正与法议定龙州铁路，各国各轨。若允俄，法必争论。华车四尺八寸五分，系中堂所定，通国一式。仍望婉商俄部妥定，以免两歧。再来电涉俄密事，均由堂译，电码宜分别，密红非宜，恐传播。统电复。真戌。

（七四）复总署电　六月十五日辰刻

密。罗谓俄轨系独创之式，若易中轨，两头换车多费需时，有碍成本。俄与德奥无争，非因边防异。即为防边，一二时可另改辙，实无益。鸿由德赴法，同轨可证。微德性急坚持，似不必因此中废。俟收回后再议改。鸿初照英轨，欧洲概系一律，并非各国各轨。闻谅山轨小，龙州宜用华轨，以便推广，法难强争。罗来法代俄借壹万万金，息三厘，九二扣。昨与哈言，华再借当照办。哈谓如允法公司承办铁路，必尽力。后涉俄事仍用此码。咸辰。

（七五）寄柏林许钦差电　六月二十八日巳刻

函悉。到英后忙甚，拟七月十四渡海赴美。署电勘路已奏准，但以不合华轨为疑。鸿据罗议转覆，并以德法同轨作证，劝勿因此中废，或可核准。法允镑价收税，惟须各国准行，越陆不改，龙州铁路求再接南宁。德员管带罢论，德君臣必不悦。勘。

（七六）总署来电　六月二十八日巳刻到

咸电悉。两头换车，交界类如此。界口各设税关炮垒亦通例。微德性急坚持，动言废约。设因他求不遂，又言废约，则此约适增要挟之端，非真心和好之据。若俟收回另议，三十六年后恐成虚愿。德法同轨之害，普法战纪言之。闻虽同轨，实亦换车，界上稽察，彼此加密。中俄邦交非德法比，特事关边要，岂能徒顾目前？俄但以换车多费需时为嫌，尚易转圜。两国相商相助，更不宜任气。望荩筹周妥，顾邦交，存定制，杜口舌为要。敬午。

（七七）寄柏林许钦差电

署敬电云：咸电悉。两头换车，至杜口舌为要，云。祈属柯乐德将大意转致。鸿在远无由面商。勘。

（七八）许大臣来电　七月初一日未刻到

两勘电均悉。顷署电云：华轨俄户部及公司均不愿，今欲再争，请通核合同两稿有无再改。如专商轨式一条，或冀转圜；若笼统与商，彼疑有意延宕，恐愈相左。三十六年议价，应载明照本利已偿若干除算，似于中国操纵有益。俄君及户部出月初十赴他国，能赶旬内定议为便。等语。拟候署复再转商。应否饬柯来英，候示。澄艳。

（七九）复总署、许大臣电　七月初一日酉刻

顷覆署电：罗启泰前来法，数日即回。咸电系据情代陈。昨

奉敬电,属妥筹,已转许使商办。鸿距俄远,无由面商。合同果定,当无他求;若久不定,恐生枝节。德法交界并不换车,彼此无另派稽察,炮台防边,又是一事云。东酉。

(八〇)寄总署电　七月初二酉刻

前微德面称俄臣祖倭者半,祖华者半。彼实祖华,故山县不欲接见。顷驻倭奥参赞过英,密告俄倭为朝鲜有定密约之说,东电恐生枝节盖指此。鸿宋。

(八一)许大臣来电　七月初十日亥刻到

署电:艳电悉。通核合同,照豪电所添第六条十二字,过境免税下添数语,艳电三十六年后添数语,余只电线声明专为铁路用;此外无可再改。但与商铁轨照华式一条,如允商即定议画押,以期迅速。现由柯电致俄户部,然恐无济。澄青。

(八二)许大臣来电　七月十二日到

柯自俄来电,俄兵户外三部会议,均以改轨必换车,窒碍不允。已电署。十四定行否?澄文。

(八三)复许大臣电　七月十三日辰刻

改轨不允,当即定议。画押日电示。英外部允加税,另议办法,交龚续议。十四准行。纪八月秒抵津。鸿元。

(八四)许大臣柏林来电　七月二十三日申刻到

旨准画押。微德欲改三十六年收回为五十年,已拒之。罗候微覆未到。澄漾。

（八五）寄柏林许钦差电　七月二十四日午刻

罗拔故，似宜往喑。展限能拒，望早定。拟初八登舟。鸿敬。

（八六）许大臣柏林来台　八月初四日到

展限拒后，俄户部复欲六条声明煤矿不在另议办法内。辗转驳商，允其代请以后优待，始于初二画押。请代折已发。澄支。

（八七）天津四达尔祚福致罗丰禄电　十月十一日到

请转禀中堂，吴克托穆士奇王爵允办，详细条目三十款由恰克图电来，三礼拜可到此处。

（八八）寄彼得堡许钦差　十月十九日午刻

顷奉旨：杨儒使俄，黄遵宪使德。杨不愿留洋，恐来不速。公早到京总办银行铁路为盼。鸿效。

（八九）周守来电　十二月二十四日并寄北洋

顷密闻俄铁道有造两路之说，一照原议借道，一从众论沿黑龙江。系黑河对江俄抚衙长文案传说，未知确否，冕禀个。

（九〇）周守来电　冬月初七日到并寄北洋

密。奉朔谕欣悉。轮船事已蒙商允。查码头惟聂格来司必须设立。该处即在混同江口，为江海各轮装卸货物要地。余如克薄诺付又乍、伯利，有华人小船码头，或可将就。然江轮不甚夜行，自伯利下至聂格来司，两岸均为俄坞，必须允我随地停轮，并允寄存或购办船上生火材料。倘俄轮欲在华界购办柴火，亦请允行以答其情。盖历年本系过江私伐，常滋口舌。但须向矿局预定，只允在江边交易，不允自行入山，以免意外而资联络。是否祈核夺。至木税容奉后再议。冕禀寔。

（九一）寄北洋大臣王　冬月初八日巳刻

查混同江口即黑龙江口，在海参崴东北三千余里，华船及各国商船向未过，仅俄有大轮公司由此行龙江下游，小轮公司二行龙江上游。咸丰八年瑷珲条约准两国人民在黑龙江松花江乌苏里河行船，并与沿江居民贸易，内无混同江口字样。俄欲借此商定章程，已声明混同江口小轮难到，应毋庸议，只能照约商办。周守电请聂格来司立码头，断做不到。余如随地停轮，寄存购柴各项，再商。松花江口拟添设税关，木税不必另议。希电该守知照。鸿齐。

（九二）彼得堡来电　十一月初八日发初九日到

璞科第系启泰所信任，已命其赴京代议银行事务，敢请中堂格外照拂。罗启泰。

（九三）萨宝实呈其本国来电　冬月十三日

准给应用的钱，可是愿意中国准我们造一铁路，从北京往俄国铁路，与按照现在已准的在满洲地方造铁路的规矩。

（九四）致彼得堡罗启泰　十二月初十日辰刻

来函收到，王爵吴克托何时启程？约在何时到京？现拟借洋债一万万两，至轻利息多少？

（九五）许大臣来电　十二月十一日午刻到

顷罗启泰称，公司创始，诸事皆在俄京定议，所请总办若由澄在洋兼办，彼此均便等语。属达钧处，据实转闻。澄佳。

（九六）周冕等来电　十二月十一日到

密。如俄人至松花江内汤王河及呼兰各属全境开矿，则大碍观厂；若开黑龙江南岸与额尔古讷河东岸一带，则大碍漠乾等厂。曾于夏间奉将军核准，汤王河及呼兰各属全境归廷杰开办，呼伦贝尔与黑龙江两城属界归冕办理。伏求中堂俯赐主持，凡由各处大山分水岭流入松花江黑龙江额尔古讷河者，不拘山水大小远近，务令俄人不必搀杂其间。倘蒙先赐知会，更感宪慈。因职等正在认真开拓，分头布置，以仰副中堂从前开创边矿苦心起见，伏乞恩准施行。临禀不胜待命。卑府曹廷杰周冕谨会禀蒸。

（九七）复周冕等　十二月十一日申刻

蒸电悉。铁路公司合同第六条有开出矿苗另议办法之语，原指铁路附近地方如出有煤矿等项，可供转运之用，且须临时另议办法，并非江境内所有金铁各矿产概归公司开采；即有开处亦当妥议，何必先自炸苗。汝等既各分有矿界，则本界内务须认真开办，勿得有名无实，临时自有词以拒之。洋人事求实在，未便以空言折服也。鸿真。

（九八）彼得堡来电　十二月十三日到

吴王有意于四个月内来华。前次英德借款股票尚未卖完，市价甚低。鄙意目前借款非其时也，不若稍缓。罗启泰。

（九九）四达尔祚福自津来函　西正月十七日即华十二月十五日发

启者，顷准吴王电称，西历四月底可抵中国云，请代禀中堂为荷。

（一〇〇）致彼得堡许钦差　十二月十七日未刻

本日奉旨，派公总办东省铁路，虽可就近商办，惟黑吉交涉事多，署应兼管。彼既有璞科第，我也不可无承上启下之人。塔克什纳谨厚熟悉，似可电署饬令在京随办。鸿霰。

（一〇一）许钦差来电　正月初九日到

吴克托穆充使，虑中国疑以官兼商看轻，拟辞退华俄银行总办，密请钧酌。澄虞。

（一〇二）复许钦差　正月初十日辰刻

吴王于银行本仅挂名，若充使于邦交有益，银行铁路兼可商量，绝不致看轻，似勿庸辞退。请密致。鸿蒸。

（一〇三）寄北洋大臣王　二月十六日巳刻

前署电聂提督，请延俄官弁教习，有妥订合同之语。顷俄署使称，领事传谕，仿照德国教习办法，伊不谓然。盖德人图利恐失信；俄廷好意帮助，大信不约。应俟该官弁到后，聂与当面议明月给薪赀若干，如何听令教队，将来彼此或有不愿，即自辞遣去，较为大方，无庸写立合同。祈属聂提督妥办。鸿谏。

（一〇四）寄俄京许大臣　二月二十七日巳刻

吴王何日行？已属沪津优待照料，并令方至沪晤。鸿沁。

（一〇五）寄北洋大臣王　三月初二日辰刻

俄使吴王过津时，客寓难觅，已电致四达尔祚福暂借萨宝实洋行，较宽绰。其武弁随员均可敷住。尊处临时但派一委员照料可矣。又闻拟派两员，一塘沽，一车站迎接，甚妥。俟其至寓后，再彼此拜晤。渠未必在津久住。北河浅阻，届时车路如通至黄村，专身送往为便。再由京派车马往迓。此各国优待专使例，祈酌办。鸿宋。

（一〇六）直督王复电　三月初五日辰刻到

宋电祗悉。四达尔祚福现往海参崴，不在津门。所有接待俄使一切，自应格外从优。奉电得有遵循，已饬关道次第预备矣。文韶支。

（一〇七）复北洋大臣王　初五日辰刻

四达尔与吴王熟悉，本欲邀住其津寓。昨鸿电致海参崴，嘱其款留，复电遵办。查该行在津最属宽大轩爽，于西人贵客相宜，较饭店及租屋均胜。该行现有管事人，可令关道与商。铁路专车一节已告知芸楣。鸿微。

（一〇八）寄新疆巡抚　三月二十日申刻

俄使来言，嘱什喀尔领事闻萨雷阔勒岭有疫症，派医官悠苏颇甫前往查勘，请饬道发给护照，并派弁同去。查毕即回。本署允办，望饬行。号。

（一〇九）罗启泰自彼得堡来电　三月二十一日午刻到二十日未刻发

九四扣甚上算，如有人照此折扣议借款，敢请中堂允之。即本行经理亦不能较此便宜也。罗启泰。

（一一〇）直督王来电　三月二十五日午刻到

俄使吴王闻初九可抵沪。此间本拟遵谕借萨宝实洋行为行馆，而俄预事书思齐谓住本国商家，不足显中国优待之意，因改用水师营务处。现饬稍加修饰，供应一切已由李道次第预备，格外从优。拟派联道迎送，并照料一切，以期周妥。余详署电。文韶敬。

（一一一）复直督王　三月二十五日午刻

敬电悉。改用水师营务处更昭优礼。专车护送来京，派联道极妥。尚拟留联在京伺应照料。鸿有。

（一一二）沈道来电　四月十二日到

吴王顷说定十三日申刻上船，即开。在沽口有事耽搁十余点钟。十七午前须到津，谓奉俄皇电旨也。随带箱匣大者五十余件，余亦数十件，均须随轮车一起。答以电津接洽。再岘帅派镜清兵轮护送到津。虎禀真。

（一一三）盛太常又电　四月二十八日酉刻到

美总领事来鄂密商，如愿照比约，须求商办他路。其意注粤汉。窃思津榆师所创，原奏极郑重。若就此止，坐听俄人代办，昨是今非，必多异议。俄廷前谓中国自造准接。夔帅函来密商借款接造之法。如借美款先造至奉省止，再自请部款造至宁古塔，与俄路接，俄可无辞。究可用美款先造一段，美亦不为俄忌，乞裁示后再与夔帅商。宣叩沁。

（一一四）复盛京堂　四月二十九日辰刻

中朝无人议及关东接路。俄公司办干路铁六年成，已形竭蹶，遑暇兼营吉奉枝路。芦汉借款，议者蜂起，吾与常熟力持乃定，岂可遽许美修粤汉奉吉耶！华士宾已行，函称交比办，十年难成。比使顾虑亦在此，务慎图之。鸿艳。

（一一五）寄盛京堂　四月二十九日午刻

金达前呈铁路应归一律章程，甚详妥，应交比监工查阅照办。否则将来与津芦不合辙，为害甚大。比人向未替他国做路，欧美均疑诧。又闻比厂桥料多旧式，订办时尤要讲求重力。又金达面称芦保应用钢轨垫木，秋间急需，并无复电，应速详细告知。英使前争比事，告以芦保系分与金做，伊始默然。鸿艳。

（一一六）盛京堂复电　五月初一日辰刻到

俄无暇兼管吉奉，已将钧电密呈南皮，一概不议。英美藐视比工，正可借资激励。轨辙四尺八寸五，自必一律。芦保轨木已定，不致误限。宣叩艳。

（一一七）俄外部复电　五月初十日未刻到

本国大皇后得贵中堂祝寿之电，心感无既，特命本爵大臣驰电致谢。伯爵马勒裴夫。

（一一八）致柏林许钦差　六月初八日巳刻

馈冰感谢。吴克托由漠北回，柯随去。水师条陈甚妥，已分行北洋罗使照办。樵过德否？鸿齐。

（一一九）复盛京堂电　六月十四日申刻

俄使送来合同稿，已行尊处，俟覆到再复。俄使并无另函。比用费由汝酌办，费难遥制。鸿寒。

（一二〇）盛京堂来电　七月初二日到并致翁宫保

敬电敬悉。专议国债一千六百万镑，息五厘，九五扣。关税不敷，以内地粮课划交海关分还。上海则中国银行代收代付，藉有体面。照去年英德借款便宜一扣头。如要试议，请将英德洋文合同寄下。先议大略，再令入都。乞电示。宣叩艳。

（一二一）复盛京堂　七月初二日巳刻

艳电借款想仍美领事所议。纽约何人来？能作主？汇丰现议四厘五息，八五五扣，先十年付息，十一年起至五十一年止按年还本除利。均半年一付。年内千六百万镑交清。较英德前借稍异。应照此先议大略，再令入都。鸿宋。

补电稿

（补一）出使许大臣电　光绪廿二年三月廿五日　电报档

传旨颁给罗拔礼物四色，伊甚感激，请代奏谢。澄敬。

（补二）李中堂电　四月廿三日，廿四日递　电报档

俄主派员送给宝星，鸿系头等第二，大小两枚，皆钻石密嵌，并分赠参随十三员有差。应照案收受，只于入宫宴会时佩带，以昭睦谊。至俄国应差之礼官朝官，在内外部及沿途伺应护

送文武，均以得赏宝星为荣；亟应就近照章分别制造，汇咨总理衙门核填执照，寄由许景澄转交。祈代奏请旨饬遵。鸿哿。

（补三）出使李鸿章电　五月初五日　电报档

初四午正在柏林皇宫进见德君，恭递国书。颂词答词抄咨署。请代奏。鸿豪。

（补四）又电　五月二十五日　电报档

德官商沿途伺应周备。定二十四到荷兰，二十八到比利时，初四到巴黎。约本派塔克什纳妥慎赍呈。请代奏。鸿漾。

（补五）李中堂电　五月三十日　电报档

荷比一路差还，君臣宴会欢洽。法美皆有信来，预备公馆车马，一切待以上宾，照俄德之例。具见朝廷恩待远人，使臣荷庇不浅。祈代奏，并晤各驻使道谢。鸿艳。

（补六）出使李大臣电　六月初五日

今午见法总统，恭递国书，慰问周挚。颂词答词汇抄咨署。初六晚公宴。暑热，拟暂住两旬。礼物另送。请代奏。鸿豪。

（补七）寄李鸿章电　六月初六日

奉旨：李鸿章电悉。该大学士周历各邦，辛劳可念，自宜稍加憩息。其加税一书，著于所到之国，随宜商酌。钦此。

（补八）出使李中堂电　六月廿一日

法总统避暑哈璃海口，邀往饯行。廿二赴约，廿三专轮送伦敦。英君主订廿六在行宫接见。法员伺应者，照章酌（给）宝星，即传旨赏给，咨署查核。沿途犒赏、电费、杂用不贸，拟电江海关道于使费内拨汇银四万两。请代奏。鸿智。

（补九）李中堂电

昨谒英君主于阿士本海岛行宫。先见其大太子、太孙，继面递国书。属将御颁礼物奏谢。退而外部沙侯传命赠给鸿章头等宝星，礼意优隆。旋调集附近大铁船快船六十号，邀令阅看。行兵整肃，军容雄盛，洵称大观。请代奏。鸿沁。

（补一〇）寄李鸿章电　六月廿九日

奉旨：李鸿章电悉。各国商务英为领袖，照镑加价亦得情理，该大学士切实与商，当可就范，如有头绪随时电闻。龚照瑗病体若何？并著察看具奏。钦此。

（补一一）出使李中堂电　七月初七日

艳电奉旨饬商照镑加税，廿六先将赫德节略面交英外部察阅。旋据沙侯称，须由各总办核议，约初六申刻会商。是日同龚照瑗赴外部，切实辩论两时。沙谓应俟修约届期再议。鸿云，中国受亏已久，急迫难待，且非议改税则可比。彼以照镑须加税一倍，商情不愿。鸿谓日本加税，并改订镑价，英先允行，未便歧视。沙云，前外部舍伯理所允，英商咸怨，我不敢擅许。鸿谓德法皆允商办，必俟英定议。中英交情素厚，不应薄待。沙谓我必尽力，但须确询香港上海商会众议。鸿谓起程在即，请由龚使与商。沙云可行。沙甚疲滑，德使谓与彼交好，只公事难商，信然。回答节略续寄。已与美约定十四搭船而去。请代奏。鱼。

（补一二）又电　七月初七日

奉旨询龚照瑗病体若何。查龚自去秋患病，调养日久，现已痊愈，惟腿软不甚健步。察看情形，尚可支撑。明年四月报满，拟请遴选妥员另来接代。请代奏。鸿鱼。

（补一三）大学士李中堂电　七月十四日

法外部专员函称：总统复国书，并送上我皇上礼物，寄驻京公使呈递。计开自织绣幛二，油画一，大瓷瓶二，猎虎马枪二，百音琴一。另复镑价收税节略，略同前议。美总统定于廿三在纽约接见。明早登舟渡大西洋。请代奏。鸿元。

（原载《大陆杂志》第 1 卷第 1、3、4、6、8 期，1950 年；

第 25 卷第 6—8 期，1962 年）

敬悼溥心畬大师

——兼述清末醇王对恭王政争的内幕

溥心畬先生逝世已经好几个月，本刊编者早已属我写一篇追念的文章，我虽然同溥先生认识开始于台湾，但想起上辈的交情，恭忠亲王与先祖义正公的密切同僚关系，可以说我们两家够得上三代知交了。心畬先生的诗、书、画，早已为国内外的人所共誉共赏，不必我来多恭维他，所以这篇文字由另一方面写。我头一次碰到他是在一九五二年的一天，在台北世界书局的楼下，我正坐在客厅里，心畬先生走进，书局人就给我俩介绍。他谈到我的先祖，又问起我是那一房的，我因以先君李符曾先生回答，心畬就肃然起敬的说："李老先生是忠心耿耿，我们皆知道的。"后来又谈起《平复帖》，这部帖说起来话长。这是陆机所写的真迹，它的价值远超过《三希》之上。《石渠宝笈》书画的登载以《三希》为最早。而《三希》中的三王（王羲之《快雪时晴帖》，王献之《中秋帖》，王绚《伯远帖》是为三希）是东晋的人，陆机是西晋初年由吴入洛的人物。它所以没登录在《石渠宝笈》之中的缘故，是因为这部帖始终藏在高宗的母亲孝圣皇太后的手中，等到皇太后崩后以遗念的性质给了她的孙子成哲亲王永瑆，所以成亲王的斋名叫贻晋斋，就是因为纪念这部帖的关系。到了光绪年间归到成亲王的后人载治（治贝勒）手中。后来又归了恭忠亲王。在光绪七年恭王以此帖送给先祖，但是先祖不肯收留，说："这是皇家的旧物，仍应当归你所有。"坚持不受，恭王又坚持相赠，先祖乃答应留观几个月。托祁文恪世长转令人照像后仍归还给恭王。此事见于《翁文恭日记》，这一年十月初九日翁《日记》说："于兰翁处得见陆平原《平复帖》手迹，纸墨沈古，笔法全是篆籀，正如秃管铺于纸上，不见起止之迹。后有香光一跋而已。前后宣和印，安岐张丑诸印；宋高宗题签，董香光签，成亲王签。"宣和是北宋徽宗的年号，又有南宋高宗的题签，足证南北宋时曾入内府。安岐是安仪周，朝鲜人，与著《清河书画舫》的张丑皆收藏名家。在民国时代谭组庵院长看见了这段日记，以为帖在我们舍间，找到家叔，希望能一看。家叔亦茫然不知，我就去问先君，先君就将这事的经过真相告诉我。后来此帖由溥心畬经傅沅叔（增湘）介绍卖与张伯驹。张伯驹是张镇芳的儿子，收藏古字画甚多，皆藏在北京燕京大学。后来有珂珑板印本。这天我与心畬也谈到此事，他说早知如此，此帖由你们保管更好，当不致卖掉。

关于《平复帖》一事，我于民国廿二年也问过红豆馆主溥西园将军，那一天是赵叔雍（尊岳）请我们在他家里吃饭，同席有史量才、吴景洲及溥将军等，因为溥将军是溥伦（伦贝子）的弟弟，他们皆是成亲王的后人。我就问起《平复帖》来。溥将军也承认从前是他们所有，后来归到恭忠亲王。

那一天就由世界书局请我们在萤桥旁吃涮羊肉，又谈论了很久。心畬并且告诉我两件事，其中一件与近代史很有关系的。他说当文宗往热河时命恭亲王留在北京，与英法联军办交涉。文宗写了一个朱笔的上谕给恭亲王，大意是说，如有意外的事件发生，你即可自登大位，诸事当以社稷为重。这件朱笔一直保存在恭亲王的手中，后来他的孙子袭恭亲王溥伟将它交还给溥仪。这件事是外人不大知道的。另外一件事，是关于我们两家的密切关系。据心畬说，他的一位姑母即恭忠亲王的女儿，曾受恭亲王的命拜先祖为义父，先祖也是推托了好久方才接受的。他这位姑母是齐侯的夫人（当时我没有细问齐侯是谁，现在姑且如此写）。心畬又说，后来他的姑母在恭忠亲王的牌位的旁边另供先祖的神位，以证明所说的话不假。但我这是头一次听见说，以前在家里没听说过此事。后来我又到临沂街他的寓所拜过年。他屋里墙上倒贴着"福"字，这是北平人的习惯，表示"福到了"的意思。

后来又在金山街潘家寅教授家中吃饭，彼时潘教授的令郎拜心畬为师，同他学画。据说他的规矩，拜师的人必须向他行三叩首的大礼。有很多人讥笑他的举动迂腐，不知道他以为三叩首的典礼是清朝自初就遵行的，三鞠躬礼是民国的典礼，所以他不愿意人家行这种礼。这同我那年拜年出他家大门时，看到门框上贴着他亲笔写的红对联，文字我现在记不清楚了，只记得是与《易经》有关系的典故；那时报纸上正登着他为学生教画以外，另外给他们讲《易经》，我问他以后，他亦承认。我就笑着说这是不是箕子明夷的意思，他就哈哈大笑，认为恰当。他有一块在署款下常用的章，就是"明夷"，这与另一方"旧王孙"同意。

现在再说起醇贤亲王对于恭忠亲王争夺政权的内幕，这又是近代史上一件最重要的事。按醇王年纪比恭王小，两人是同父异母的弟兄，恭王行六，醇王行七。醇亲王的同母弟兄共三个人，即醇亲王、孚郡王及钟郡王。在咸丰末年关于反对肃顺党的争斗，当时醇王年纪甚轻，所以他与恭王合作，帮助慈禧抵制肃顺。在同治初年，恭王因办理外交甚久，深知外国的强盛，只有励行新政以图自强方敢希望有一天，亦能敌对外国人。这件事主张最强者为文文忠祥。而先祖与文文忠交情最密，也加入所谓同治新政派。至于他同恭忠亲王的关系，至晚始于同治元年，那时他是穆宗的师傅，而恭亲王是在弘德殿照料一切。至同治四年先祖以内阁学士的资格加入军机，更成了同僚。但醇王在同治年间，尚与恭王合协，比如编修蔡寿祺参奏恭王那件事，醇王常上折力保恭王。而自从德宗即统以后，他无形中成了太上皇。所以潘文勤祖荫致先祖的信中，常称醇王为"感应"，暗用《太上感应篇》的书名喻太上皇之意。他对恭王的态度也就发生了变化，并且他对于新政平素持反对的意见。记得他在同治年间，曾上过一篇奏折，主张禁止洋货，鼓励人民焚烧洋货。这件事见于《翁文恭日记》中。其思想之极右可以想见。他想夺恭亲王的政权，由来已久。据我的表兄祁君说，光绪甲申二月那篇罢退恭王等的上谕，已经预备了很久。祁表兄能说出拟稿的人名，似乎是醇王府的门客赵某。起初醇王已经跟慈禧太后商量好，只等着机会发表。这次的机会是如下的，当时李文忠公丁忧，开去直隶总督的实缺，由张靖达树声自两广总督调来署理。张树声是淮军的老将，与李文忠是同一系统。文忠以前曾请过张幼樵佩纶无名位的暗中帮他，因此张亦拟请张佩纶为帮办以拉拢清流派的人物。据说，张已经答应了他，后又反悔，而使陈宝琛上奏折说张树声不应该奏调文学侍从之臣，如此遂成了僵局。张树声亦因此深怨张佩纶，遂找寻机会使人参他。于是叫他的儿子张华奎到北京同王仁堪、王仁东弟兄往访盛昱。王仁堪是位状元，那时是张树声的坐京（当时外省的督抚住在北京探听各处的消息来报告，名叫"坐京"。等于后来民国时代各省驻京办事处，不过办事处是公开的，而坐京是秘密的。在康熙年间各县皆派人住在省城探听消息，名为"坐省"。

这见于故宫中康熙朱批谕旨。看来坐京之名由来已久），他就同张树声的儿子往盛昱家中苦磨，住至夜间亦不走，请他上折子参张佩纶。盛昱同张佩纶有交情，不肯上折子，但又经不住苦磨，就说，张佩纶所依持者军机，参张佩纶不如参军机，军机倒了张佩纶也就无用。盛昱的原意以为参军机的折子亦不是没有人上过，但是普通不发生效力，他为敷衍张树声的办法就用了这条路。不知慈禧和醇王就在等候着这机会，而盛昱却不知内情，贸然上了参军机的折子，于是恭王与军机等人一律被罢免。文韵阁丈廷式《张蔼卿兵备同年挽诗》有句云："少年便已关朝局，交际谁堪属后尘。"即指此。醇王以太上皇之尊不便入军机，而使他的代表礼亲王作首席军机。凡事皆由孙毓汶将文件送到醇王府先请他同意。《清史稿》称这种办法为"过府"（见《史稿·孙毓汶列传》），可见得政权事实在醇王的手中。后来盛昱也后悔了，又上了一个折子，说醇亲王以皇父之尊，不应该干涉政治。慈禧就回答一个上谕，大意是说，与醇王商量者只指重要事情而言，并非所有的事情都请示醇王。但是礼亲王是醇王的傀儡，孙毓汶是醇王的私人，他们凡事仍需请教醇王。

张文襄《广雅堂诗集·题盛伯羲集》有句云："赵国文章惊北燕，西园记事珍珠船。不知有意还无意，遗集都无奏一篇。"亦指此奏。

在甲申以前恭亲王当政的时候，中法战争已经爆发，醇亲王对于政府的软弱颇为不满，这也就是他所持的反对恭亲王的表面理由。但是自从变成政治当局直接与法国人办交涉，方才明白对法战争是无法打下去，错处不在恭亲王的主张，而在中国的积弱形势，所以第二年即光绪十一年，醇亲王事实上指导的清政府就与法国人赶急妥协停战，醇亲王从前责备恭亲王，现在他仍旧走的是恭亲王的路。关于中法讲和的内幕，我后来在法国曾听到一个传闻，彼时正是曾惠敏（纪泽）在英法当钦差大臣，他用了一个秘书叫陈季同，陈的法文甚为精通，曾惠敏就派他到法国议会中游说，议会中本来有一部分议员反对战争，又经陈季同的一番游说，遂有大部人主张推翻当时的内阁而使中法战争停止。不料这时间李文忠有电报给曾纪泽主张讲和，曾以为大功即将告成之际，横生枝节，乃大失所望。陈季同亦懊恼万分，回家后不觉形于颜色，无意中将消息泄漏，陈的太太是法国人，就报告给法国政府，法国政府就立即请和，不需赔兵费。曾纪泽本拟将陈季同送回国处死刑，后经人劝解方只将他免官。他就回国教法文。

以前恭亲王当政的时代，对内多抑压宦官，比如同治八年宦官安得海出京到山东经丁文诚（宝桢）报告清政府，恭亲王及先祖皆极力主张将安置诸重典（详情见《翁文恭日记》及文韵阁廷式《论安得海》一文中）。但至醇亲王当政时宦官李莲英势力大张，招权纳贿笔不胜书。有一次醇亲王往天津巡视海军，李莲英要求随往，醇亲王对他毫无办法，台谏上奏折且以唐代宦官监军为戒。所以新政不能够推行，抑制宦官的旧办法亦不能接续使用，清朝政治之衰颓，醇亲王所负的责任甚大，而其原因皆由于醇亲王对恭亲王的政争，其重要性不亚于人所熟知的帝后之争。

另附心畬致陈弢庵（宝琛）的一封信，可以看出他的文笔之优美及其字体的高逸。这函大约是民国十八年左右的。弢庵是陈宝琛，字伯潜，老年方以此自号。

溥心會致陳弢庵的信

弢庵太傅未見君子憂々我思昨晤

升岱知

太傅有厭臨之志良喜然儌倖遊

濟南且登歷山訪罪祠攬鵲華俯黃

河渷辰始歸恐遲邂逅呂憂

執事不敢不告

溥儒頓首

故宫博物院回忆录

一、溥仪出宫的详情

民国十三年十一月初五日是一个可以纪念的日子，因为自这天起，多少年为清室所掌握的文物初次又归还为国家所有。这批文物固然一部分由清代诸帝所收集，但是至少其中的一部分是经由宋、元、明而传到清代的。虽然王国维曾说，清宫的古物皆为清代诸帝所收集，明代所藏的古物早已经李自成的掠夺及焚毁而失落。他并且引吴梅村的一句诗为证，大意是说："当时北平摆地摊的多半卖的是明宫的古物。"其实这是王氏的强词夺理，目的在证明清人入关以后，明宫里的一切古物皆已一扫而空。不知我们若细研究，不只明宫遗留下若干古物，就是北南宋的宝藏亦转由元而明而至清宫。毕良史亦得古器十五种于盱眙榷场，上之秘府，其中八种亦《博古图》中物也。《建炎以来系年要录》云："绍兴十五年以毕良史知盱眙军。"按《三朝北盟会编》谓良史以买卖书画古器得幸于思陵，则良史之知盱眙当由高宗使之访求榷场古器耳（王国维《观堂集林》卷十八《书宣和博古图后》），则南宋内府文物有一部分是由北宋转来的。比如元朝翰林国史院所藏的图籍，皆由元人从临安海运而至北平。并且当时董文炳主临安留守事说："国可亡，但史不可灭。"遂将南宋十一朝实录及起居注等，北运至燕京。这事是见于记载。我想元人搬运南宋的古物必亦在同时，所以清宫里面有一部分古物是由北南宋辗转而传至清朝的。所以我认为十三年十一月初五日是一个足可纪念的日子，它的意义不亚于双十节。双十节这天是清室让出政权的日期，而十一月初五日是清室将文物的所有权归还给民国。

当时交涉溥仪出宫的情形，各报所载多不太详细，因为当时交涉这件事的人，只有京师警察总监张玉衡、京师卫戍总司令鹿瑞伯钟麟及家叔李石曾先生三人。故外人当时不在场因而多想象其情景。我曾于民国廿年九月下半月为此特别访问张玉衡先生于他的杨梅新斜街住所楼上，最近在台湾并先后与家叔及徐次辰（永昌）先生加以印证，综合他们的谈话以成此篇。

据张玉衡先生说：民国十三年十一月初四晚八点钟，冯焕章忽然打电话来召他及鹿瑞伯同往旃坛寺，有话面谈。（按冯任陆军检阅使时即以旃坛寺为其办公处。这次班师以后，国民革命军总司令部仍在此处。旃坛寺在西安门外，其街即名旃坛寺夹道。）时鹿瑞伯患感冒，故张独往。及见焕章，他就说："平常常谈的那一件事情，现在可以办理。"张初不解其意，为之愕然。焕章看见他的状态，就又说："就是那个小孩子的事。"张即问彼应如何办理。他说："汝同瑞伯便宜行事可也。"张又回答说："这件事过于重大，应当由内阁下命令方好，否则由卫戍司令部及警察厅自行办理，恐怕引起外人的误会。"焕章说："好好，汝立刻就去访黄膺伯。"张当晚即往见膺伯，告诉他这件事。膺伯立刻就召集内阁会议，张亦列席。议决修改清室优待条件五条，交卫戍司令及警察总监执行。及散会，时已夜半。张又至天安门内鹿瑞伯处（按当时卫戍司令部在天安门内两廊办公，瑞伯亦住其处），告以此事，并将命令留给他，又各发命令予保安队、警察及卫戍司令部所辖兵士。此出宫前一天的情形也。

次日初五早八点钟，张至瑞伯处，瑞伯曰："就是我们两个人进去吗？"张曰："是。"瑞伯曰："只有我们两个人似乎不甚妥当。"张曰："你莫非怕处于嫌疑地位？恐怕外人造谣，欲旁人来作证？"瑞伯曰："就是为此。"张曰："请许多人来一时在事实上做不到，只好请北京人所信仰的一两个人作证人，比如李石曾先生者。"（按驱逐溥仪出宫乃李石曾先生及一部分学术界人所主张者。且北苑会议曾请李先生做教育总长，李先生虽未答应，但国民革命军诸人对他素熟习，他且曾与他们平常谈过溥仪出宫的事。据他自己说，在最近的时候亦与黄膺伯谈到，所以张玉衡在拟议中想到他。）瑞伯亦表示赞成。乃用电话约李先生来天安门，告诉他请他作证的意思。李先生慨然应允，乃同入宫。时已九点钟矣。张等已调保安队两队及军士多名分布于神武门外。当时守卫故宫外之护军已调往北苑改编，景山已换国民革命军驻守。（清室护军大约共有一百廿名左右，平常驻守神武门护城河营房中。）

至神武门张等率警察四十余名，军士廿余名，步行由西筒子而入。（按宫中由神武门至隆宗门、景运门有两条通达的小路，不经过内朝者，名曰西筒子东筒子，其名称由来已古，见于《翁文恭日记》。西筒子系经由英华殿旁，绕春华门前而至隆宗门之路，东筒子较无曲折，傍宁寿宫直到景运门。）未到隆宗门即遇内务府之绍英、耆龄、荣源、宝熙四人，衣冠走出。盖溥仪以护军被调走颇为惊慌，故召他们入内讨论。绍英等对张等说："诸君之来，必有缘故，请入我们的他坦坐谈何如？"（按他坦是满洲语的译音，义为办公以后休息之处，此处内务府他坦在隆宗门外北面尽西头之木板屋。后为鹿部下之段营副住室。）大家坐定后，张等就拿出阁令给他们看。绍英说："实在说起来，旧的优待条件大而无当，甚难于实行，不如缩小范围，执行上当较容易，想上头必无不赞成之意，但需容我们进内一商。"绍英等遂入隆宗门而去。

半点钟后同回来说："赞成，但迁往颐和园，需加修理，不是仓促所能办到的事，需容其三个月。"张曰："三个月太长了，实在说吧，这事的主动既非我们亦非内阁，实因你们的皇上处现在的时势而享有特权，俨然在宫内做皇帝，颇为新潮流所不能容忍。教育界及军人皆不以你们为然，要求我们这样办理。我们实在是一番好意，请你们出宫以免发生意外之事，否则人情如此汹汹，我们不能担负保卫的责任。你们不见李先生在此吗？他可以证明我所说的话不假。"以后李先生亦说了若干话，并且说："今天的事情，非今天解决不可，外面情形实在如此，并且若不解决，张鹿两位亦难交令。"于是绍英等四人又第二次入内，许久方才出来，说："三个月搬家可以改为一个月。"张等坚持不可，荣源就说："小户人家搬家尚且需几天，何况这种特别的局面。"张曰："为其特别，非小户可比，所以非立刻搬家不可。"这时鹿瑞伯亦发怒曰："方才已经说过，外面情形甚为不稳，如果今天不搬家，我即将军队撤开，荣先生敢担保不发生意外的变故么？至于我，我则绝对不敢负责任。"绍英等见鹿瑞伯发怒，即将一个月减为十天。绍英等又说："瑾妃此后需要下葬，而瑜妃、瑨妃现在誓死不肯出宫，需慢慢劝解，这皆非立刻就能做到的事，所以搬家需较长的限期。"（瑜妃、瑨妃皆是穆宗的老妃，当时年龄皆在七十以上。）张等说："这些事皆可缓办，只要你们的皇上一旦出宫，群情自然缓和，其余的事不妨慢慢商量。"

于是绍英等又第三次入内商量，出来回答张等说："收拾物件需三天可以完毕，到彼时方才可以搬家。"这时李先生就说："物品不必收拾，并且有关历史的文物，以不搬走为是，因系国宝不应该归一人一姓。你们今天出去后，只需将没有职守的太监开去，各宫殿仍由原管理人管理，并且加以封条，以专责成。"李先生这句话初次谭及文物，这对于后来的故宫博物院有很大的关系，因为当初张玉衡及鹿瑞伯始终注意令溥仪即日出宫，而未想到关于文物的处置，经李先生这句话提醒，方才明白要办的事不只令溥仪出宫，而且更关系文物的处置。张鹿皆亟力赞成。这时已经争辩了许久，已是下午三点多钟。以前溥仪曾以电话通知摄政王载沣，至是他乘坐二人肩舆而来，直入隆宗门。他此来或能促进溥仪的出宫，因为他进神武门时，看见许多军警围守故宫，他恐怕对溥仪不利，所以沿路屡问太监等溥仪是否平安，亦因此他力劝溥仪出宫。绍英等四人见摄政王进内亦随着进去，他们会商了大约一点钟之久，出来说："立刻即出宫，往住北府。"（按宫中习惯称摄政王府为北府，因为在德胜门城墙左近。）这才算溥仪出宫的问题解决。于是张鹿等三人乃出候于顺贞门，这时已经五点钟。（按顺贞门是对着神武门，入宫必经过之路，门在御花园之北。）未几，看见溥仪及他的后妃，后面跟随宫女太监多人，最后是绍英等四人，最后面是摄政王，步行由御花园而出。溥仪皇后及妃、宫女、太监等手中各拿着一个小包，有的用布包的，有的用手巾包的，大概皆是珠宝之属，而不是衣服（按现在宫中所藏珠宝的精品甚少，除大批早已由溥仪抵押给盐业银行以外，皆随这些手巾包而出宫矣）。绍英等介绍张等与溥仪相见，各握手，又介绍载沣，乃各登车，鹿瑞伯一车在最前，后为溥仪及绍英一车，他的皇后等一车，载沣等一车随着，张玉衡的车最后。到了醇王府，溥仪又同大家握手。载沣又慎重地询问溥仪的保护问题，鹿瑞伯说："不成问题，警察已经派来，立刻就到。"张璧等乃再会同绍英等入宫，巡视各宫殿，并到交泰殿拿走玉玺两颗。按交泰殿共藏有玉玺廿五颗，拿走的两颗一是"皇帝之玺"及"宣统之宝"，张鹿等就再到国务院，将两颗玉玺交黄膺伯封存，以表示已将清宫政权拿来，他们并到冯焕章处报告。这一天自早八点钟起至晚八点钟方毕，在宫中两餐皆购买烧饼及热汤面果腹，李先生不吃荤仅以咸菜烧饼充饥。这一次交涉中旗人发言最多者为绍英与耆龄，荣源较次，宝熙则始终默无一言。

初六日溥仪又以电话约张玉衡及鹿瑞伯至北府，坐在一圆桌前，张玉衡坐上边，鹿瑞伯次座，载沣末座，在桌子的另一面溥仪独坐，载涛则立在溥仪旁边，耆龄等远远侍立。溥仪对耆龄等说："大哥，到了今天还闹这个作甚？大家都坐下吧。"耆龄听了甚为慌恐。载涛说："我看大家都坐下吧。"于是辈分较溥仪尊者皆坐下，余仍侍立。溥仪于是说明请张等来的意思，因为他听见北京的学生们将包围摄政王府，甚感恐慌，请张鹿等保护。张鹿等皆力安慰他。鹿瑞伯并且立刻电话召集军队来，保护北府。此时溥仪态度尚甚好，等到段祺瑞到京后，就起了变化。

附录修正的优待条件五条如下：

第一条：大清宣统帝从即日起永远废除皇帝尊号，与中华民国国民在法律上享有同等一切之权利。

第二条：自本条件修正后，民国政府每年补助清室家用五十万元。并特支出二百万元，开办北京贫民工厂，尽先收用旗籍贫民。

第三条：清室应按照原优待条件第三条即日移出宫禁，

以后得自由选择住居，但民国政府仍负保护责任。

第四条：清室之宗庙陵寝永远奉祀，由民国酌设卫兵，妥为保卫。

第五条：清室私产归清室完全享有，民国政府当特别保护，其一切公产，应归民国政府所有。

国务院关于故宫的事曾发过两次电报，第一次是歌电，文如下：

（衔略）民国建国，十有三年，清室仍居故宫，于原订优待条件第三条，迄未履行，致民国首都之中，尚存有皇帝之遗制，实于国体民情，多所抵触。爰于十一月五日，与清室溥仪商订修正优待条件，其文曰：今因大清皇帝欲贯彻五族共和之精神，不愿违反民国各种制度仍存于今日，特将清室优待条件修正如后（第一条至五条已见院令不赘）。商订定毕，溥仪已于本日移出宫禁，政府已令行长官妥为保护。特此电闻。国务院歌印。

第二次是庚电，文如下：

（衔略）慨自晚清逊政，共和告成，五族人民，咸归平等。曩年优待条件之订，原所以酬谢逊清。然今时务所趋，隐患潜伏，对此畸形之政象，竟有不得不量予修正以卒其德者。诚以北京为政治策源之地，而宫禁又适居都会中心，今名为共和而首都中心之区，不能树立国旗，依然沿用帝号，中外观国之流，靡不列为笑柄。且闻溥仪秉性聪明，平日恒言愿为民国一公民，不愿为禁宫一废帝。盖其感于新世潮流，时戚戚然以己身之地位为虑。近自财库空虚，支应不继，竭蹶之痛，益伤其身。故当日百政刷新之会，得两方同意，以从事于优待条件之修正。自移居后海，并饬由军警妥密保护，从此五族一体，阶级尽除，其基础固如磐石。而在溥仪方面，既得自由向学之机，复苏作茧自缚之困，异日造就既深，自得以公民资格，宣勤民国。用意之深，人所共喻。缅惟荩虑，定荷赞同。至于清室财产，业经奉令由国务院聘请公正耆绅会同清室近支人员，共组一委员会，将所有物件分别公私，妥为处置。其应归公有者，拟一一编号交存于国立图书馆博物院中，俾垂久远，而昭大信，并以表彰逊清之遗惠于无穷。恐远道传闻，有违事实，特电布闻，敬祈照察。院庚印。

二、我与北大及北大研究所国学门的关系

我与清室善后委员会的关系，是由于北京大学国学门研究所主任沈兼士先生的推荐。所以我必须要说明我与北京大学及北京大学所属研究所国学门的关系。北京大学校长蔡孑民世丈是先祖文正公的朝殿门生，并且与家叔石曾先生在欧洲时间亦为至好的朋友，所以舍间与蔡府上的关系由来已远。但是我初次见蔡世丈是在民国元年四月在北京教育部，后来我在法国蒙达邑中学读书的时候，蔡世丈亦曾来过学校，到了民国四年我们曾到法国西部的大西洋上一个小岛上同蔡世丈一家度暑假，后来我又同他借正史中的几篇列传，他那时住在法国西南部的都鲁斯（Toulouse），这地方离西班牙很近，他就将一包书寄给我。这时我方才明白他对于二十四史重分类的办法，那是竹简斋石印本

的二十四史，他把各朝代混在一起按类分别制订成册，比如汉代的宰相同历朝的宰相合装为一册，各儒林传合装为一册，大体上等如郑樵《通志》中的列传。我藉此以明白蔡世丈的读书方法之一。在民国十年我第一次回国，那是在暑假期中，乘的是法国邮船 ANDRÉLEBON 号，我们是住二等舱，二等中有大房间和小房间，大房间中五个铺位，小房间两个，我们同舱者共四人，另一法国人在西贡下船。除我以外为王雪艇（世杰）、李仲揆（四光）、皮皓白（宗石）三位先生，皆是北大请回来做教授的。到了上海就有杨端六及丁巽甫二位先生来接，遂同往一家纺织厂的宿舍。端六这时住在上海，在商务印书馆编辑所做事，他同巽甫皆是留英国的学生，而曾经到过法国的，所以我在巴黎就认识他们。巽甫当时已经在北大任教授，这次是专为接雪艇他们三位来的，因为他不知道我也回国，所以他预备的寄宿舍床位不够，他就同我到三马路的一品香旅馆，同住一个房间，第二天早晨我就乘津浦通车往天津。那时父母住在英租界仁义里，四弟惠季（宗侨）在南开中学读书。那天他正在巷子口站立，我在家住了两天，就到北京去，因为祖母及大伯母那时仍住在北京丞相胡同的后半段房子，前半段是租给晨报馆了。这一段期间有时回天津，但在北京的时间较多，在天津的时间较少。我并且向徐旭生（炳昶）先生等组织了一个法文翻译社，意在翻译法国文学方面的书，当时推北大校长蔡孑民世丈为会长，彼时旭生亦在北大哲学系任教授。到民国十年春间叔陶（宗侃）弟亦从法国回国，预备回家一看，然后再和我一同往法国。再到了巴黎以后，我特别注意研究文史方面。这一年，看的戏剧特别多，有古典派的，也有近代的。另外也常游观博物馆及档案馆，也是在这一年初次认识伯希和（P. Pelliot）及葛兰言（M. Granet）二位著名的汉学家。

伯希和是有一天当我在法国国立图书馆看书遇见他的，而葛兰言我则上过两堂他讲的《左传》课。我本来预备以《左传》研究的题目同他预备博士论文，后来因为家中催我回国而作罢。

这中间我曾往德国。我那时已经补上直隶省官费，因为当时德国马克贬值，我们身上带的钱是佛郎，每天早晨到火车站或银行去兑换要用的马克，因为第二天马克的价格必定更低落。到了十月间又回到法国，因为李书华（润章）先生读完博士学位回国，我赶回去送他。

第二年我又到过一次德国，忽然接到一封家信，说我的四弟宗侨（惠季）病故，催我赶急回国。因此我在暑假前同戴修骏（毅夫）、王祖渠（子方）乘法国邮船回国。这时国立北京大学已经聘请我为法文系教授，途中曾遇见蔡子民世丈全家往法国。

到了北京，法文系主任是李景忠，他对我这初教书的人所排的课既多且重，每门全需特别预备。就在这个时候，我初认识沈兼士先生，他是北大国学门研究所的主任。本来蔡世丈欲设立北大研究所，但是只成立了国学一门，就在北大第三院的楼上。因为他常同他谈关于考古及整理档案的事，沈主任甚引我为同调。我同他所谈的考古的事，就是后来在《古史辨》中发表的写给顾颉刚先生的信。原信附录于后：

《古史问题的唯一解决方法》

（十三、十二、二七、《现代评论》一卷三期）

研究历史已是件难事，研究古史更是难上加难。我国人素来懒于动笔，所以关于近代的史料，比起欧西各国来已经算少了。加以古代世既辽远，史料真伪揉杂，研究起来，较之欧西古史似乎更难了。近来顾颉刚钱玄同诸先生审别史料，将东周至于今对于古代的错点指穿，于古史研究尽力真算不少！但现在这个问题是否算是解决？还是必须有待？这也是关心古史研究的所欲知的。

研究前人的往迹，所可藉的材料约分二种：曰载记，曰遗作品。第一类包括一切纸片的记载。近人研究古史所用的证据皆属于这一类。古代载籍去今既远，展转抄刻，错误愈多。何况中间更有人伪造呢！在用史证以前，分别真伪是件不可免的要务。前清以来，学者对于这节甚为注意，颇有重要的发现。但是我对于真伪书籍之辨颇觉怀疑。作伪的人去古比我们为近。他们所见的古书，如果我不敢说绝对比我们见的多，至少可以说他们所见的各种有与我们所见的不同。那么，他们所造伪本的全体虽然不是古人的原样，若分段看起来，也许有一两段真是古人的。或者其语出自古某人，但其意则"断章取意"。或其语虽非古人原文，其意则系古人的。我们设再前进一步讲。造伪的人是否受了种暗示？若然，则所谓某时代如此如此虽不尽然，但与某时代有关而为造伪者所可闻见的或系如此。那么，这类记载虽不足供作研究某时代的材料，但颇可为研究某时代有关的材料。譬如所谓夏礼如此，商礼如此，虽不必尽实，或系受杞礼宋礼的暗示，由于杞夏宋商的关系而涉想到礼的同样。供作夏商的史料固然不可，却可作研究杞宋的材料。在"伪书"中分出真的，这样的难。反着去看，现在所谓真书又全是真的吗？《论语》一书现在学者多半认为真的。孔子当时的言语总不能这样的简单。弟子们或觉得他话中的一二句说的好，就记在"小板"上了。这样是取其言。取其言多系断章,对于原意有否改变?取其意则所记是种改造的话,与原意是否仍合?这两件皆是甚要紧的问题。果与原意有所改变,虽不能说他是伪书,价值却减少了许多。

这分别真伪的困难既然如此,何者绝对可用作史料,何者绝对的不能用,真是个极难的问题了。所以用载记来证古史,只能得其大概——譬如西周以前的形势与西周时不同,而不能得其详情。顾颉刚刘掞藜两先生所争论的"禹的存在",两造所引的书籍皆是那两句,实不足以解决这个问题。

载记既不能与"我们"一个圆满的回答,我们只好去问第二种材料,"古人直遗的作品"。

直遗的作品直接出自古人,古人所能看见的,除了缺破以外,我们仍能看见。所以他的价值远非传抄错误、伪作乱真的载记所可比拟。现地中藏品,除为商贾盗发者外,大半尚未发掘。设以科学的方法严密的去发掘,所得的结果必能与古史上甚重大的材料。这种是聚讼多久也不能得到的。所以要想解决古史,唯一的方法就是考古学。我们若想解决这些问题,还要努力向发掘方面走。

颉刚回答我的一封信,也登在十四、二、十四、《现代评论》一卷十期,亦登在《古史辨》第一册中。原文如下:

在本刊第三期中,读到李玄伯先生的《古史问题的唯一解决方法》,非常快乐。李先生说的"用载记来证古史,只能得其大概……要想解决古史,唯一的方法就是考古学;我们若想解决这些问题,还要努力向发掘方面走",确是极正当的方法。我们现在研究古史，所有的考古学上的材料只有彝器文字较为完备，其余真是缺的太多。发掘的事，我们应当极端的注重，应当要求国家筹出款项，并鼓吹富人捐出款项，委托学者团体尽力去做。

但李先生这句话颇有过尊遗作品而轻视载记的趋向，我还想加上一点修正。我以为无史时代的历史，我们要知道它，固然载记没有一点用处；但在有史时代，它原足以联络种种散乱的遗作品，并弥补它们单调的缺憾，我们只要郑重用它，它的价值决不远在遗作品之下。我们现在讨论的古史，大都在商周以降，已入有史时代，载记的地位已不可一笔抹煞。要讲遗作品直接出于古人，载记何尝尽是后人写的。要讲载记多伪作难以考定，遗作品又岂纯粹无伪作而又易考定呢。所以我觉得我们若是多信一点遗作品，少信一点记载，这是很应当的。

若说惟有遗作品为可信而载记可以不理，便未免偏心了。推原从前人对于古史专主载记的弊病，只为他们用了圣道王功的见解去看古人，用了信古尊闻的态度去制伏自己的理性，所以结果完全受了谬误的主观的支配，造成许多愈说愈乱的古史。若是他们能够用了客观的态度去做整理的功夫，像他们对于名物训诂一样，他们所得的成绩当然不能菲薄。我们生于今日，初懂得用历史演进的眼光去读古书，初懂得用古人的遗作品去印证古书，乍开了一座广大的园门，满目是新境界，在载记中即已有无数工作可做。依我看，我们现在正应该从载记中研究出一个较可信的古代状况，以备将来从遗作品中整理出古史时的参考。若我们轻易跳过这个阶级，那就失去了研究的基础了。

前年，我们对于古史作过一番汗漫的论辨；承李先生称行，甚为惭感。但李先生似乎看得我们的论辨过于有力了，仿佛我们所讨论的问题已经自许为解决似的。这一点误会我不敢领受。我要在此声明一句，我作这些文字，只是想把我的假设开出一条研究的路；我固然未尝不希冀从我的假设上解决古史，但我深明白从假设到解决不知要费多少日子的研究，在研究中间不知要经过多少次的困难，我决不敢贸贸然想在半年之内所作的几万字中作一个轻率的解决。

李先生说，"载记既不能与我们一个圆满的回答，我们只好去问第二种材料，古人直遗的作品"。我对于这句话，以为在学问的目的上是无疑义的，但在我们的研究工作上则未必便应这般。学问是无穷无尽的，只有比较的近真，决无圆满的解决。另一方面，学问是随时随地可以研究的，材料多固然便于研究，材料少也应把仅有的材料加以整理，不必便尔束手。现在古史问题在载记的研究上刚才开头，面前原有许多路径可走，并不是已经碰住了死胡同里的墙脚，非退出来不可。若说因它终究不能给我们一个圆满的解决，不如把它丢过一旁，专从发掘去求圆满解决，话虽说的痛快，其如眼前放着路不走，反而伸长了头颈去待不知何年可以实现的事业，岂不是与乡下人不去种田单想着触树的兔子的办法相同呢？语云："俟河之清，人寿几何！"我们若必等到材料完备而后去作研究的工作，恐怕永远没有工作的日子吧。所以我们在研究的工作上，对于新材料的要求加增，对于旧材料的细心的整理，有同等的重要，应当同时进行，不宜定什么轻重，分什么先后。

下面略去的一段是他自己整理古史的方法,亦就是他在自序中所简略说的:"去年我答李玄伯先生时, 说自己愿意担任的工作有两项:一是用故事的眼光解释古史的构成的原因,二是把古今的神话与传说作为系统的叙述。"(《古史辨》第一册, 61 页)我这意见远在中央研究院在河南试掘以前。

三、我与办理清室善后委员会的关系

前篇已经讲到溥仪出宫之后, 政府要设立一个机构,以分别公产和私产。为这个目的, 黄膺伯就设立办理清室善后委员会,初六日就聘请李石曾先生为委员长,但真正设立之日期当以李委员长就职之日算起, 就是说由十一月廿日,这天有办理清室善后委员会致国务院函为证。函云:

> 敬启者,本月六日奉钧院函开清室优待条件业经修正,所有清室善后事宜,亟应组织委员会以资处理,兹谨聘先生担任委员长一席,务希慨允,力膺艰巨,无任翘企等因,本月十四日政府公报复将是项委员会组织条例登载公布。煜瀛即遵于本月二十日就职任事,并刊木质关防一颗,文曰善后委员会章,即日启用,除分函外,理合函报钧院察核备案。谨上国务院。
>
> 中华民国十三年十一月二十一日

现在应当回溯到留法的时代, 当时除上课以外, 现很注意法国的保存古物,更于暇时参观巴黎的各大博物馆,以至于国家档案馆。我记的我游览巴黎最大的国家博物院狼宫博物院

（Musee du Louvre）时，我特别喜欢那些埃及、巴比伦、希腊和罗马的古物，而对于画廊中的图画，不过轻轻地一看，这证明我对于绘画的外行。我记的有一年因为留法同学汪申伯（汪申）的一位法文教师的哥哥是当时担任法国的文物与艺术部的次长（按法国在教育部以外，设有文物与艺术部，教育部有部长，文物与艺术部只有次长，但是他的权力与部长相当，亦与教育部部长有同等出席内阁会议的权力，他专主管文物如博物院等，及艺术如剧院等），于是有一天由汪申伯的法文教师先约好，使我们同这位次长相见，这是在旧王宫中（Palais Royal）。我还记的在请教他法国保存古物的条例外，他反问我们中国由何部主管这种事务，当我们告诉他，中国没有类似的文物与艺术部，他就笑着说："我原来在中国找不到同事。"在此以外我并同汪申、严智开（字季冲，严范孙丈的幼子）等人草拟一种中国保存古物会的章程。

等到民国十二年回到中国以后，担任北大法文系的教授，可是我常同同事们谈起保存古物的意见。这时北京大学已经成立了研究所，那时只有一部门就是文史的研究，称为研究所国学门，由沈兼士先生担任主任。我亦同他谈过保存古物的意见，沈先生颇引我为同调，他就请我做研究所国学门的委员。那时委员甚多，如陈援庵、叶浩吾、朱希祖等诸先生皆是。我们也常谈到应当开放清宫使明清两代的史料可以公开研究。因此引起上文所讲到的与王国维的辩论，王先生以为清宫的文物皆是由清帝所收，与明帝无关的议论。彼时顾颉刚亦在研究所国学门中，他正发表《古史辨》，以疑古为中心。我就写了一篇《古史问题的唯一解决方法》，大意是以研究上古史必须根据地下发掘的材料，不能只杖书本上的记载，否则甲用的也是这一句，乙用的也是这一句，只是解释不同，就发生了不同的结论，只有地下的发掘才能有真实的材料。这篇文章先登在《现代评论》中，后又由顾颉刚转载在《古史辨》第一册中，原文已抄入第一编中，兹不赘。那个时间是远在中央研究院发掘以前，沈兼士先生颇以我说为然。

（北苑会议那一天开会的情形，据徐次长（永昌）将军在台北他的永康街寓所对我说：开会时中间设了一个长案，冯玉祥坐在一头，孙岳坐在对面，两边坐着胡景翼、黄郛、鹿钟麟、张璧等，张之江最后至，随他同来的是孙连仲。讨论到教育总长问题，大家公推李石曾，但李先生当时不在场，孙岳说就这样定议，托黄膺伯转达。）

就在十一月初六的清早，沈兼士先生打电话给我，说："我们常谈的故宫的事，已经实现了，溥仪昨天已经被轰出去，我们现在需商量接收的事，甚盼望你能够帮忙。请你即刻到干面胡同李石曾先生家，大家共同讨论讨论。"这时李先生已内定为办理清室善后委员会的委员长，因为十月十五日北苑会议由国民革命军诸将领公推李石曾先生担任教育总长，李先生当时不在场，就由黄膺伯转达。李先生就说："我一向不愿担任政治上的甚么名义，教育总长一职我不能做，请另找人。"黄膺伯说："那是大家的意思，公推出来的。"李先生仍坚辞，黄膺伯就提出两个条件，一请李先生推荐人选，二在黄内阁任内请李先生以在野人士的资格，在社会活动多加以支持。对这些李先生全都答应了。这就是为什么张鹿请李先生加入入宫做证，较后黄膺伯请李先生担任办理清室善后委员会委员长，李先生全都答应的缘故。（后两句话是李先生最近对我亲自说的。）

办理清室善后委员会组织条例

第一条　国务院依据国务会议修正清室优待条件议决案，组织办理清室善后委员会，分别清理清室公产私产及一切善后事宜。

第二条　委员会之组织，委员长一人，由国务总理聘任，委员十四人，由委员长商承国务总理聘任，但得由清室指定五人，监察员六人，由委员公推选任，国务总理得就委员长委员中指定五人为常务委员，执行委员会议决事项，各院部得派一人或二人为助理员，辅助常务委员分办各项事务，委员会得聘请顾问若干人，就有专门学识者选定之，委员长委员监察员助理员及顾问均系名誉职。

第三条　委员会之职务

（甲）清室所管各项财产，先由委员会接收。

（乙）已接收之各项财产或契据，由委员会暂为保管。

（丙）在保管中之各项财产，由委员会审查其属于公私之性质以定收回国有或交还清室，如遇必要时，得指定顾问或助理员若干人审查之。

（丁）俟审查终了，将各项财产分别公私，交付各主管机关及溥仪之后，委员会即行取消。

（戊）监察员负纠察之责，如发现委员会团体或个人有不法情事，随时向相当之机关举发之。

（己）委员会办理事项及清理表册清单，随时报告政府并公布之。

第四条　委员会以六个月为期，如遇必要时得酌量延长之，其长期事业，如图书馆博物馆工厂等，当于清理期内，另组各项筹备机关，于委员会取消后，仍赓续进行。

第五条　委员会办公处所设于旧宫内。

第六条　委员会所需办公费，由财政部筹拨。

第七条　委员监察员助理员之审查规则及议事细则及办事细则均另订之。

第八条　本条例之修正须经委员会多数议定后，呈请国务院公布之。

按在初五日溥仪出宫以后，张、鹿、李三位将玉玺两颗面交国务院，黄总理接受，当时陆军总长李书城亦在座。后来他们又往旃坛寺见冯焕章。在这时间他们与黄冯两个人已经决定了设立办理清室善后委员会，所以初六日李先生就奉到国务院的聘书，请他担任委员长。后来因为国务院在修改委员会的组织大纲，所以迟到十一月廿日方才公布，并公布委员的人名如下，连同委员长共十五人：

汪兆铭（易培基代）、蔡元培（蒋梦麟代）、鹿钟麟、张璧、范源濂、俞同奎、陈垣、沈兼士、葛文濬、绍英、载润、耆龄、宝熙、罗振玉（自绍英以下五人为清室方面委员）

至监察员一项，除以京师警察厅、高等检察厅、北京教育会为法定监察员外，并由会特聘三人，其姓氏如左（下）：

吴敬恒、张继、庄蕴宽

这个委员会可以说是半官性质，而李先生亟力反对把它组织成一衙门，所以对各委员皆用聘书，不用命令。委员以下另有各部派的助理员，每部有的派二人，有的派四人，不太一致，大约由各部自送津贴。由委员会自行聘任的是顾问，顾问不支薪，支薪者称为事务员，但薪水甚低。顾问中做事最出力者为胡鸣盛君，胡君湖北人，北大毕业，他等于担任出组的事宜（按出组是故宫专用名词，所以十三年十二月廿日议决的清室善后委员会点查清宫物件规则的第二条，就说点察时分组，每组分为执行及监视二部，其职务之分配，临时定之。又第六条说，每组人员派定后于禁内执务前，集聚在办公处签名，并需佩带徽章。又按禁内是指由内右门进内点查的范围，内右门在乾清门之西）。而助理员中亦不乏勤劳者，如司法部参事汤铁樵君即是。

我接到沈兼士先生电话后就往干面胡同，那时已经聚了北京大学的若干同事。当时谈两件事，一件是关于清室善后委员会事，我就与其他的北大研究所国学门的委员们一样，接受了顾问的职务。这一天讨论的另外一件事，就是关于教育总长的事。上文已说到黄膺伯请李先生推荐教育总长的人选，李先生就找到顾孟余，顾孟余也不肯做。他另推荐方由广州来的易寅村，易先生方来北方做孙中山先生的代表，拿着汪精卫的介绍信，来见北方教育界的人，所以顾孟余想到他。但是易先生与北方教育界皆无深长的关系，所以蒋梦麟就提出赞成的交换条件，是以马叙伦为次长。于是这天就由在场的北大同人，写了一封公函致易寅村，推荐马叙伦，后来他答应了，所以马叙伦作了教育次长。

四、外朝与内廷

北京城是分为内外城的，内城修建于明永乐年间，外城是到了明嘉靖年间后修的。在内城之中又有两道城，一大一小，小的套在大的里面，大的名为皇城，小的名为紫禁城。皇城的南门曰天安门，北门曰地安门，俗称为后门，东曰东安门，西曰西安门，城墙皆涂上红色。紫禁城的南门曰午门，后曰神武门（原名玄武门，后因避清圣祖讳而改为神武），东曰东华门，西曰西华门，城墙同普通墙用厚砖建成，不涂颜色。午门之内为太和门，其中有太和、中和、保和三殿，东有文华，西有武英两殿，此地所谓外朝也，不过明清两代对于各殿的用途不同，明朝普通上朝皆在太和殿。《日下尊闻录》卷二说：

> 每岁元日、冬至、万寿三大节及大庆典则受贺，凡大朝会燕飨，命将出师，临轩策士及百僚除授谢恩皆御焉。圜丘大祀前一日祝版，祈谷常雩亦如之。

因为明代诸帝虽不常上朝，如神宗万历年间常几年不上朝接见大臣，但上朝必在太和殿（明最早称为皇极殿），而以乾清宫为寝宫。清朝诸帝，几乎每天上朝，虽然非大典不御太和殿，平常总是在乾清宫的东西暖阁及养心殿，而寝宫已不在乾清宫，而在养心殿。这是两朝的大变化。

外朝自袁世凯称帝以来已被接受，为预备他将来登基之用，后来他称帝未成，民国就改为古物陈列所，包括太和、中和、保和及武英、文华等殿属于内政部。在保和殿后修了一道围墙，隔绝内外，围墙以北仍归溥仪，以南就归民国所设的古物陈列所。另外在围墙以南而为清室所管理者为内阁大库，及文华殿以北的文渊阁。另外在东华门以内的清史馆，即从前的国史馆，既不属于清室，成一个独立的机构。谈起接受文渊阁的事，亦颇可笑，因为每次清室善后委员会点查文渊阁必须出神武门，绕道入东华门，然后方能达到文渊阁，路远且不方便。于是有一天，我就想出一个主意，预先由北京大学借来测量仪器，在文渊阁后墙北面，用仪器测出文渊阁的中心，并用粉笔在后墙上做一记号，然后就请工匠在正中间墙上开一长洞。并约好鹿钟麟的军队来帮忙运砖，排成长列，一手一手地搬运砖头，另由工人在文渊阁之南砌上一道长墙。等到我们的公函送到古物陈列所，长墙已经砌的半人高了。于是以后再点查文渊阁的书的时候，就由我们新开的门而进，不再绕道。第二天正式的门就修好了。

自从溥仪出宫以后，后面一部分是由清室善后委员会所接收，另附有几处亦由清室善后委员会从清室接收来，就是文渊阁及实录等大库，这是最晚为民国所接收的。至于故宫各处，清室不肯合作交待，就由清室善后委员会会同军警机关陆续点查，经过了数年之久，出版有《故宫点查报告》共五编，至北伐成功尚未点查完毕。最初是由北政府国务院各部派人名为助理员，另有故宫所请的人员，名为顾问，参加点查，后来国民军撤出，就由内政部所派的警卫人员参加，这种现象一宜到奉军代尽守卫的责任，如是直到北伐成功。

长墙的北面，即保和殿后门恰对着内廷的乾清门，乾清门宽广五楹，东为内左门，西为内右门，皆南向。清代内左门不常开，凡军机处、南书房、上书房等处官与懋勤殿、弘德殿行走各官，及在养心殿、乾清宫召见的各官，皆由内右门出入。至清室善后委员会接收以后，点查各人员出入皆由此门。乾清门之南，东出者为景运门，西出者为隆宗门，皆是顺治十二年重修的，门各五楹，东西向。方清室善后委员会点查时，所有助理员、顾问、事务员等皆在隆宗门聚餐。在乾清门与隆宗门之间，路北由东向西为乾清门侍卫处、内务府、军机处各值房，点查时即以这排房子为办公室，而以南面之旧军机章京办公室为委员会。

乾清门之内，为乾清宫、交泰殿及坤宁宫。乾清宫之东为日精门，对面坐西向东为月华门。乾清宫之东而坐北朝南为昭仁殿，按《国朝宫史》说，高宗另检内府书，宋金元明旧版四百部存于殿内，名曰"天禄琳琅"，后有书目十卷，嘉庆中又有续书目二十卷。后殿为五经萃室，因为藏有南宋岳珂所刻五经。但是我记得点查昭仁殿时，见那些个小书架每层皆用纱为帘，但是其中并没有"天禄琳琅"初编的书，我们很觉得奇怪。到后来偶然在内务府档案里发现嘉庆二年的奏折，就是在那年的一天晚间因为宫中用的炭盆火没熄灭，太监将它移到乾清宫最西边的那间殿里，这间殿恰与昭仁殿相连，于是夜半起火，遂将乾清宫、昭仁殿、交泰殿焚毁，坤宁宫南面的门窗被熏焦了，于是整个的昭仁殿的书，及乾清宫的"石渠宝笈"所载书画亦被波及，于是方才明白昭仁殿的书所以只有续编者而很少初编的原因在此。续编是因为初编的书籍焚毁以后，方才编定，两编并非同时撰修的。当时是有名的王世贞所藏的北宋本"两汉书"上面画有高宗的像，亦于这时毁掉。昭仁殿亦是圣祖寝息之处，高宗御制昭仁殿诗序："乾清宫之东籤为昭仁殿，皇祖在御时，日夕寝兴之温室也，朕弗敢居焉，乃贮天禄琳琅宋元镌本于内，时一徘徊，曷胜今昔之思！"清帝住在养心殿，是由世宗开始。

乾清宫之西与昭仁殿部分相对的为弘德殿，清穆宗读书于此。有祁文端寯藻所进《弘德殿铭》，点查时仍在。

昭仁殿之南，坐东向西有殿三楹，曰端凝殿，端凝殿之对面为懋勤殿，明世宗嘉靖中始定这两殿名称。端凝殿用端冕凝流之意，盖以为贮藏衣冠之处。懋勤殿则用德懋勤学之意，圣祖常读书于此，后来成为南书房的附庸，因为南书房地方小，翰林们写好了对联匾额后无处晾干，所以利用懋勤殿。懋勤殿亦是皇帝藏日用书籍及碑帖之处，拙老人蒋衡所写的十三经原稿亦藏在殿中，刻本就是清石经，就立在国子监内。据抗战前北平研究院由我所主持的坛庙调查时，其中有一块已经毁裂了。

在乾清门之西，为南书房，屋三楹。中间一屋有匾额曰南书房，为刘石庵（刘墉）所书。宫中惯例，除御笔以外，为臣工所书者皆须上加臣字，唯此匾无之，为宫中独有之一例。西间有宝座，备皇帝临幸之用，据《啸亭续录》卷一说：

> 本朝自仁庙建立南书房于乾清门右阶下，拣择词臣才品兼优者充之，康熙中谕旨皆其拟进，故高江村权势煊赫一时。仁庙与文士赏花、钓鱼、剖晰经义，无异同堂师友，如张文和、蒋文肃、厉尚书廷仪、魏尚书廷珍等，皆出其间，当代荣之，列圣遵依祖制宠眷不衰，为木天储材之要地。

当溥仪未出宫以前，宫中尚保留两个机构，一是内务府，等于清室账房，它办公的弄门在造办处以南，职员甚多，所以吴稚晖先生那一篇《危哉溥仪先生》特别指出内务府是吃溥仪的痨病虫。在接收故宫的时候，有一天我在往点查内阁大库的路上，同内务府的笔帖式闲谈，我说："外人皆说你们对于付商人的钱，拿到倒二八的回扣（按倒二八是指拿八成的回扣）。"他笑着回答我："没有那么多，不过倒三七罢了。"可见内务府之赚钱。另外一机构就是南书房行走，比如溥仪拿走的那一批精品字画善本书籍，即所谓"赏溥杰"者，先曾经南书房行走的袁励准、王国维等，选择出来的。袁励准并曾经注了一部书，名曰《中秘日录》，北平图书馆曾借到他这部稿本，用晒蓝纸晒出，共四本，所以我亦曾见到过。

前面说在未设立军机处以前，圣祖尝令南书房的人代撰上谕，这本来是内阁的职务，不过内阁在太和门外，离皇帝所居太远，当时圣祖住在昭仁殿，距离南书房甚近，所以南书房的人就得到这种权力。在乾清宫门以东，部位与南书房相对称，坐南向北五楹为上书房，皇子读书之处也。据《啸亭续录》卷一说：

> 雍正中初建上书房，命鄂文端、张文和二公充总师傅，二公入，诸皇子皆北面揖，二公立受之。定制，卯入申出，攻五经、史、汉、策问、诗赋之学，虽穷寒盛暑不辍，较往代皇子出阁讲读，片刻即退，徒以饰观者，不啻霄壤也。

关于上书房的掌故，吴振棫《养吉斋丛录》卷四有下列各条，今汇录于此：

（1）我朝家法，皇子皇孙六岁即就外傅读书。寅刻，至书房先习满洲蒙古文毕，然后习汉书。师傅入直率以卯刻。幼稚课简，午前即退直。退迟者至未正二刻或至申刻。惟元旦免入直，除夕及前一日巳刻准散直。

（2）雍正元年谕诸皇子入学之日，与师傅备杌子四张高桌四张，将书籍笔砚表里安设桌上。皇子行礼时尔等力劝其受礼，如不肯受，皇子向座一揖，以师儒之礼相敬。如此则皇子知隆重，师傅等得尽心教导，此古礼也。至桌张饭菜，尔等照例用心预备。

（3）上书房楹联云："念终始，典于学，于缉熙，单厥心。"高宗御书。

（4）曩时自大学士以下皆称入直上书房，至乾隆二十二年以礼侍介福，兵侍观保，刑侍蔡新为总师傅。于是有总师傅之称。

（5）上书房总师傅以贵臣为之，或一人或二三人无定制。有事则至，或月日一至，非日日入直也。书房行走之员初被命，则总师傅率以至。又总谙达亦以贵臣充。

（6）上书房师傅曩时由掌院学士拣选，会同内阁带领引见。乾隆五十五年命大学士公同拣选。近亦有由总师傅保荐或圣意特简者。

（7）内廷官员时荷珍赐。凡食物不谢，用物则谢，或命弗谢则止。其谢则于引见人员未带领之先，诣殿阶下叩头而退。

（8）岁终赐总师傅、师傅荷囊各二枚，囊贮银锞，其轻重以官阶为等差。

（9）乾清门每日夕进门单、某人某时入直，某时散直，或因事不至，皆一一注明。故侍读者工夫严密无间断。

（10）师傅之外别有谙达，教满蒙书者，由八旗翻译出身人员选派，教弓箭者，由各旗营参佐领选派。每一皇子各三员，轮日一员入直。此外有谙达五员，管理马匹鞍鞯及教演鸟枪等事，每日亦一员入直。如皇子有事他往，则五员皆随往。又皇子各有哈哈珠塞八人（亦称哈哈珠子），由八旗年幼闲散人内挑派，每日二人入直，司奉茶进食之事。又或云内谙达、外谙达共五人。内谙达教内蒙书，由八旗翻译人员选派；外谙达教弓箭骑射等事，由八旗参佐领选派，轮日入直。哈哈珠子或八员，或六员，由八旗大员子弟内选派，亦轮日入值。按清语哈哈男也，珠塞小孩也。

（11）皇子亲郡王已分府或仍命入书房，无定课。大约午刻即散，别有差使即不至。派上书房行走一人谓之照料。未分府以前有功课者谓之授读。

五、点查的预备

由十一月初六日起，第一是放出宫内一千余名太监及宫女，因为留他们在宫内有许多种不方便：第一得供给他们饮食费用，第二是对他们的出入稽查，第三人多难保不发生火险，这些皆使防卫故宫的军警增加了责任。于是由初六日起，就将他们放出宫去，每人只准许带随身用的行李。为慎重起见，清室善后委员会的职员不能不会同军警，在神武门出门的地方加以检查，以防备他们将公物私行带出，这种工作连续做了大约三天，就是由初六日到初八日。最初，只留下南书房的两个太监，因为想留他们以备咨询南书房掌故，但是后来鹿瑞伯说这种办法对军队的稽查出入甚不方便，因为就是两个人亦需要每天出去购买食物，所以较后亦把他们遣散了。至此宫中只留下鹿瑞伯所派去的一连军队，就是国民革命军第一军（军长鹿钟麟）属下的第一师（师长韩复榘）第一旅第一团第一营第一连，由丁营长率领。另外有京师警察厅内六区的警察若干人，驻守在神武门内路西边的三间小室中。

当时由委员会与清室代表商妥，每一处宫殿之太监宫女等遣出后就由国务院、清室善后委员会、京师卫戍司令部及清室代表会同将这一处查封，以备将来的点查。

同时两面更商以下各事：第一，瑾太妃出殡的事情，商妥仍照原定日期，于阴历本月二十三日举行，出殡时仪仗应一律改从民国制度，执事人等一律改穿便服，大约共需三百人，皆由委员会发给特别徽章，由慈宁宫起赴什刹海广化寺，由军警沿途护送。

第二是瑜瑨两妃出宫的问题，最先她们两人声明不愿出宫，后经履次商量，先将两人合住在一处，即由重华宫合住于启祥宫之太极殿然后再搬到宫外,先经决定暂住北兵军司大公主府西花园。后遂决定阴历十月二十五日出宫。

第三,因为筹备两太妃出宫,清室人员讲无钱做此项事,遂要求将藏于库内的元宝归还清室,经清室善后委员会允准,遂于十一月十七日下午一时由清室善后委员会及清室代表,两方面共同监视过秤,计该库银两共六千三百三十三斤,合十万一千三百二十八两,内中颇有明代的年号,除遗留数颗为将来陈列之用外,其余的悉数发还,当即由鹿总司令饬兵士当众代为装包,并书明数量于包上,俟全部装齐,当由鹿总司令派士兵,清室善后委员会及清室人员,会同押送至盐业银行,清室代表请以一千两为犒赏搬运银两兵士之用,但鹿总司令则璧谢未收。

除此三事以外,清室善后委员会另预备点查事项,比如点查报告册及出组单等,皆由我及沈兼士、陈援庵两先生所计划。因为当时李委员长不过问委员会中琐事,这些皆由我们办理。我独记得点查清册在两页相联处,必盖上清室善后委员会的骑封,以免有人掉换一页,这是出之我的建议。

兹附录清室善后委员会点查清宫物件规则(十三年十二月二十日议决)。

第一条　点查事项,以左列人员担任之。

甲　委员长、委员　或其指定之代表。

乙　监察员(京师警察总监、京师高等检察厅长、北京教育会长及聘请员等或其代表)。

丙　各院部所派助理员。

丁　委员会聘请之专门家及事务员。

戊　守卫军警。

己　前清内务府人员(由委员会中代表清室者指定之)。

第二条　点查时分组,每组分为执行及监视二部,其职务之分配临时定之。

第三条　每组人数及组长由委员长临时指定之。

第四条　每日应分若干组,每组应执务之地点,由委员长先一日指定。

第五条　每人应隶何组,按各部分人员分配,用抽签法抽定。

第六条　每组人员排定后,于进内执务前,均须在办公处签名,并须佩带徽章(签名单见前页)。

第七条　登录时,每种物品上均须粘贴委员会特制之标签,一面登记物品之名称及件数,凡贵重物品并须详志其特异处,于必要时或用摄影术或用显微镜观察法或其他严密之方法以防抵换。

第八条　点查物品时,以不离物品原摆设之地位为原则,如必不得已须挪动地位者,点查毕后,即须归还原处,无论如何不得移至所在室之门外。

第九条　室内工作时,得视必要情形,更将组员分为小组,以免拥挤。

第十条　室内工作时,不得单独游憩,不得先进或后退。

第十一条　室内工作时,监视人员,须分立于执行事务人员之间,不得自由来往于事务地之外。

第十二条　室内工作时不得吸烟。

第十三条　组员有违背规则时,监视人员得报告于委员长及监察人员处理之。

第十四条　点查时间每日两次,上午自九时起、十二时止，下午一时起、四时止，作息均不得逾法定时间，遇必要时，星期日亦可点查。

第十五条　各组组员只须勤务半日，以节劳逸，第一处物品开始点查后，即由某组始终其事，以专责成，故每点查时间，每日只须三小时，如组员愿终日在内勤务者，可声明志愿，得附隶于上下勤务之两组。

第十六条　各组进屋勤务，无论已毕未毕，出屋时每次必须加以封锁，由本组会同军警签字，或作别种符号于上，点查未完之箱柜亦照此办理。

第十七条　本会每日应将点查情形，编出报告公布之。

第十八条　本规则遇有必要修改时，应由委员会开会行之。

按点查办法，曾经详细讨论，所以执行多年仍然美满。后来段祺瑞曾想法干涉点查。当时内政部组长龚心湛曾有一手折呈给段祺瑞，关于此事以后当详细述说。兹只述他的手折如下：

敬呈者：窃查奉谕查止清室善后委员会查点清宫物件一案，当经本部分别转行警卫司令暨该委员会查照。惟本部详查该委员会所订点查规则，如第一条点查人员之组织，定有监察员及军警机关人员参列其内；第七条登录办法以严密方法预防抵换；第八条物品原设地位不得挪移；第九至第十三条限制查点人员进退往来监视各项办法；第十六条封锁房屋会同军警签字；第十七条公布点查情形等各节，以及其他各条规定，均尚慎密周妥，并经委员会函约心湛随时莅场察视，据此不妨仍照该会原议办理。如蒙钧允，拟即由部转行知照，是否有当，伏乞鉴核批示。心湛谨呈执政。附呈点查规则一份。

原折呈所说甚详，足证明以段内阁立于反对清室善后委员会之地位，他的总长亦不能不说几句公道的话。又按点查规则第五条每人隶何组，按各部分人员分配，用抽签法抽定。是则每人不一定每天准在那一组，而且点查并非审查，审查者对于一器一物必须断定其真伪及年代，而这必须专家为之。而点查者，不过有一物品就登记一物品，因为故宫原是帝王的办公处和住宅，每一宫殿内，真是百物杂陈，可能有一个宫内既有书籍又有字画，既有瓷器又有铜器，有些地方甚而有一包包的洋烛，甚而有的地方是做厨房用的，就堆的内院的煤球，所以每一个点查的人在未进入某一宫殿以前，颇难悬想里面有何物件。每次出组的时间规定三小时，既无时间能供详细研究，况一组所有的人员不一定恰有这天所要点查的这么复杂的物品的每一类专家，所以也无从审查。审查的工作必须留待以后各馆的专门委员办理。

每一次出组皆预先领一个印好的出组单，用竹纸，上面印着红字，大家的签名用墨笔，其大略形状如下：

月　日（星期　）　午　第　组点查

担任职务签名单

组长

执行部

查报物品名称

物品登录

写票

贴票

事务记载

照像

监视部

监视

本组共　人

组长　签名

每次点查所有物品皆登记在点查清册中。清册式样如下：

数号	品目	件数	备考

物品登录人签字盖章

另外每组点查完毕，有一事务记载报告，由记载人签字盖章。

六、点查的中间被阻止

点查规则已如上篇所说的通过，我们就预备开始点查了，但这期间段祺瑞已来到北平，就了执政的位置，他这执政是由张作霖、冯玉祥在天津会议公推出来的。我在前几年曾问过徐永昌将军，他说因为他没有同去天津，所以会议的情形他不知道。至于要他做执政的是冯玉祥，因为彼时国民革命军的势力只限于河北、河南及察哈尔等数省，对于东南各省及两湖是无法统治的，据说段最初不肯答应，冯玉祥求他几乎叩头，段的头脑甚旧，所以对于冯玉祥将溥仪驱逐出宫一事，根本不以为然。（在段到京后，他亦曾表示对故宫事的不满。）所以段来京以后，清室遗老非征服比，优待条件全球共闻，虽有移往万寿山之条，缓商未为不可，迫之，于优待不无刺谬，何以昭大信于天下乎？望即从长议之可也。云云。按电中所述皇宫锁闭迫移万寿山一节殊非事实，想一经解释，当可了然也。

天津六日电云，溥仪出宫消息传到天津，一般前清遗老复辟党人，闻之颇为震骇，当即召集会议，闻推定铁良、升允、袁大化、罗振玉等，先行到京提出抗议，作为第一步骤云。

我们若把日本电通社的电报及段祺瑞放走了溥仪，以及溥仪逃往日本使馆，再加以以后的"满洲国"等等一幕一幕的事件联系起来，使我们颇疑心这件事不只那么简单，恐怕不只段祺瑞想拥护从前的皇帝，就是日本人自从溥仪出宫以后，也想利用他了。

现在再以罗雪堂先生《年谱》为证，《年谱》引《集蓼编》：

> 十月而值宫门之变。冯玉祥军入城，于景山上驾炮直指皇居，益知变且亟。乃诣日本使馆，商附国车赴津，向夕始抵津。一日，日本司令部参谋金子君遽至，谓得京电，冯军鹿钟麟部入宫迫改优待条件。乃急诣司令部，请司令官为介，往见段祺瑞，令发电止暴动。司令官许诺，出刺为介。持刺往，段如命发电而谢面见。翌晨附车入都，知圣驾已幸醇邸矣。上谕已派贝勒载润及绍英耆龄宝熙及予为皇室善后委员，与国民军折冲。时鹿钟麟派兵一营围行朝……是日初与鹿钟麟辈相见，议定诸臣出入，不得禁止，及御用衣物须携出两事。

　　予以鹿不肯撤兵，乃商之段祺瑞，请由段饬鹿撤兵。段允饬，乃一日午后撤兵。又越日，予与陈太傅密商，谓撤兵亦至危，非速移使馆不可。议定由陈太傅借英文师傅庄士敦汽车，赴北府迎上微行。至日本使馆；公使夫人亲洒扫馆楼，并命书记官池部君（政次）常川照料。当皇出北府时，风霾大作，官道中不辨行人，故沿路军警皆无知者，遂得安稳出险。（载《大陆杂志》）

　　由罗振玉这段自己的述说，可见得溥仪出宫以后他的部下如罗振玉等，就暗中与日本有接洽，所以我们的假设并不只是假设，而有事实为证的。

　　在段祺瑞没来以前，鹿瑞伯曾派他的士兵保护北府，各义上是保护，实在是在防备溥仪逃走，但是段祺瑞来了以后，清室就要求段命令鹿瑞伯撤退他的士兵，于是就在这时间溥仪逃往东交民巷日本使馆。据马夷初（叙伦）说曾往日本使馆去过，见使馆中空屋上有的贴着内务府，有的贴着南书房。这证明日本使馆已临时作了溥仪的行宫了。

　　另外清室善后委员会即决定十二月廿一日开始点查，乃执政府秘书厅有公函致内务部略云：

　　　径启者，奉执政谕，据报清室善后委员会于本月二十三日点查清宫物件，现清室善后之事，政府正在筹议办法，该委员会未便遽行点查，著内务部暨警卫司令查止，等因，相应函达贵部，希即查照办理可也。此致内务部。

　　　　　　　　　　　　中华民国十三年十二月二十一日

下午在神武门旁开点查预备会议，当时出席者有李委员长、庄思缄先生、吴稚晖先生、易寅村先生、鹿总司令及善后委员会各委员、各监察员、各顾问、各院部助理员等，人数甚多。开会前内务部所转来执政府之公函亦送到。首由李委员长主席。当时《社会日报》载其演讲词，大意如下：

> 民国优待清室条件，本已载明溥仪暂居宫中，不料我国人民素性宽大，竟任其延长至十三年之久，此次国民军回京，摄政政府代表大多数国民意见修改优待条件，并令溥仪迁出宫禁，本属极正当极自然之事。况民六复辟，清室显已违反优待条件，决非张勋一人之罪，有张勋死后，清室赐谥忠武之事可以为证。且在民国统治之下，京中满街翎顶补服，宫中并有宣统十几年上谕，非清室违反优待条件之证明而何？是此次摄政政府举动，虽仍觉得过于和缓，然吾人对此种办法，亦可认为比较的满意，今查封手续既告完竣，急宜从事开始点查，即自明日起开始办事。惟有一言为到会诸君告者，今日忽接内务部转来执政府公函，大意对于清室善后问题正在考虑，应从长讨论，所有清室善后委员会检查物件等事，暂缓进行等语。查本会系由委员会委员、监察员、各部所派助理员及本会所聘学术专门家组织而成，非如其他行政机关，可以随时听候政府命令者可比，且查点系本会内部手续，本会既已承受保管，决不能不知其中究有何物，共有若干，正如受人委托保管一包银钱，决不能不知包中所有的银钱数目，而贸然负此责任也，故个人对于原则上主张反抗政府此种违反民意不合手续之命令，至于事实方面若何办理，则请到会诸公详细讨论云云。

以后各委员、助理员及顾问等相继发言，吴稚晖先生发言尤多，在场人的意见似乎全体一致，遂决议照旧点查，推吴先生及国务院所派助理员杨千里先生（杨天骥）起草答覆内务部，文曰：

敬覆者，准贵部函开本日准临时执政府秘书厅函开，奉执政谕，据报清室善后委员会于本月二十三日点查清宫物件，现清室善后之事，政府正在筹议办法，该委员会未便遽行点查，著内务部暨警卫司查止等因，相应函达贵部希即查照办理等因，除函知京畿警卫司令部外，相应函达查照，务将查点清宫物件事宜从缓办理，等因。查本会于本月二十日议决于二十三日点查清宫物件，系会内应有手续，又本会点查规则，系会同军警各机关，及各项专门学术人员分组办理，亦系本会会议决定，似非单纯行政机关可比，万难中止。除由京畿警卫司令部另行函覆外，相应函覆，希即查照为荷。此致，内务部。

中华民国十三年十二月二十二日

晚间内务部以此事已成僵局，意欲和平解决，乃由其次长王君夜间往见庄思缄先生，庄先生因告诉他会中主张之正当，并托其致一函予龚心湛总长，因彼时龚方卧病，未到部办公。庄致龚函如下：

仙翁先生总长大鉴：闻公偶抱采薪，昨经电访，夜间复与王次长晤谈，敬悉政躬即占勿药，敬以为颂。清室善后委员会一事，弟本不与闻，乃因公推为监察员，用函聘请，询其何故，谓弟凤有公正虚誉，一再相邀，故勉从其约。及到会后，知诸人皆清白乃心，刻苦从事，乃大异于新闻。昨忽见贵部传谕之函，窃疑当局有所误听而发。点查之举乃会中因鹿总司令负责过重（亦鹿司令所自请）（原文旁注）亟亟行此，期昭信于国人，且各部院均派助理员，事属公开，绝不违法，尽可由政府派员查察，何止之有？会中如李、易、吴诸君皆民党清白之人（稚晖亦阁下素识，不待弟言）（原文旁注），其发言或有激昂，但理则甚正，弟之所说较近官僚，意在融和不生窒碍，闻警察中有人报告执事，目弟为发言激烈之至，此等名字，弟所肯承，唯办事辨明正当与否，且亦必有各种手续，不可不于各方面着想。段公性质，弟所略知，左右宜匡救而弥缝之，若以回护而生枝节，影响所关非细（满人之胡涂，皆一偏之见耳，其言可听耶）（原文旁注），高明以为然乎。事上，敬颂愈安，诸维详察。次长同此。弟宽顿首。

民国十三年年底，中山先生抵北京，清室内务府又上书对于修改优待条件责难，中山先生乃由其秘书处回答一函如下：

瑞辰、越千、寿民、钟权诸先生均鉴：近奉惠书，关于十一月间修改清室优待条件及清室移宫一事，已呈请中山先生阅悉，中山先生对于此事之意见，以为由法律常理而论，凡条件契约，义在共守，若一方既已破弃，则难责他方之遵守。民国元年之所以有优待条件者，盖以当时清室既允放弃政权，赞成民治，消除兵争，厚恤民生，故有优待条件之赏报，然以国体既易民主，则一切君主之制度仪式必须力求芟除，一以易民群之观听，一以杜帝制之再见，故于优待条件第三款载明大清皇帝辞位以后，暂在宫禁，日后移居颐和园，又于民国三年，清皇室优待条件善后办法第二款，载称清皇室对于政府文书及其他履行公权私权文书契约，通行民国纪元，不适用旧时年号，第三款载称清皇帝谕告及一切赏赐，但行于宗族家庭，及其属下人等，其对于官民赠给以物品为限，所有赐谥及其他荣典，概行废止，凡此诸端，所以杜渐防微，至为周至，非但以谋民国之安全，亦欲使清皇室之心迹有以大白于国人也。乃自建国以来，清室既始终未践移宫之约，而于文书契券仍沿用宣统年号，对于官吏之颁给荣典赐谥等，亦复相沿弗改，是于民国元年优待条件及民国三年优待条件善后办法中清室应废行之各款，已悉行破弃。逮民国六年复辟之举，乃实犯国体之大眷，优待条件之效用，至是乃完全毁弃无余，清室已无再请民国政府践履优待条件之理。虽清室于复辟失败以后，自承斯举为张勋迫胁而成，斯言若信，则张勋乃为清室之罪人，然张勋既死，清室又予以忠武之谥，实为奖乱崇叛，明示国人以张勋之大有造于清室，而复辟之举，实为清室所乐从，事实俱在，俱可覆按，综斯数端，则民国政府对于优待条件势难再继续履行，吾所以认十一月间摄政内阁之修改优待条件及促清室移宫之举，按之情理法律，皆无可议，所愿清室诸公省察往事，本时代之趋势，为共和之公民，享受公权，翼赞郅治，以消除向者之界限，现五族一家之实瞻，若于此时肆力学问，以闳其造就，则他日之事业，又讵可限量，以视踽踽于深宫之中，瞢然无所闻见者，为益实多，尤望诸公之高瞻远瞩，以力务其大也。将命代为奉覆，希裁察为幸。此颂公祉！

　　　　孙中山先生秘书处启　十四年一月六日

七、开始点查乾清宫记

上篇讲的是段祺瑞阻拦点查的事情，后来因为阻拦不住，我们就在十二月廿二日开始点查。据《故宫博物院前后五年经过记》著者吴瀛所记：

> 次晨（二十）再往神武门，同人意兴犹未衰，舅氏（庄思缄）亦至，时见有白皙而文之少年蓄有草色遥看之微须，往来声说即日出组点查之不可以已，大有千万吾往之慨，其勇锐为尤甚。异而询之，则石曾先生之犹子李玄伯先生是也。余因联想及于往日吾辈学生时代，因教职员之不称职及抵制美日货等事而发生风潮时，每有不顾饥寒策励同人，誓灭此而朝食，犹恐自泄其气而为敌所乘者，其声势亦然。一行作吏，十余年不复睹此盛事。年来索薪风潮，或有几微相类，然一则天真纯挚，一则为饥驱利诱所致，且杂以种种内幕，污浊时亦与对方相等，其相去真不啻天壤。故余于此等运动，辄仍悯悯然去之，不能有所歆动。今日之事，则大与当日学生时代之情形相近；而同人年事均长，余亦已入中年，其举动无论如何，总嫌凝重而欠流利之致，一有玄伯点缀其间，大足补此缺憾，故余与玄伯识面之始，其神情至今犹留脑际。当时舅氏亦掀髯微笑，或亦联想及于秀才闹考之趣矣。于是以陈佩忍（去病）先生为组长，舅氏与蒋梦麟先生、玄伯先生均列监视，偕其他同人职员再度出组于乾清宫。

吴景洲所记当时的情形，对我亦许有过分夸奖之处，但实在说起来，我那天所说的话，第一确是极端激烈，恐怕若不是这几句话，亦不会激起同人的兴奋，所以我对于点查能开始，自信未尝没有大功劳。我当时是说，清室所派的代表若不出席点查，就算是他们自己放弃权利。至于内六区的警察不参加，我们尚有鹿瑞伯的军队，条例上说的"军警"，现既有军，虽然没有警，亦不算违背条例。

记至此，我应该述说内六区的本质。北京警察厅分为若干区，除外城有若干区外，内城是一至六区，而内六区在内城的正中间。其中包括故宫在内。署长叫延庚，他不只是旗人，而且是肃亲王的女婿。据说他当警察署长亦由于清室替他运动的，并且指定要做内六区的署长。可见清室的计划，由来已远，所以在曹锟时代以赏溥杰的名义将精品书画一包一包的拿出神武门，而看守神武门的警察置之不问，以及故宫博物院成立后，对于院里的事情，延庚知道的很清楚，也就由于警察对他常有报告，就是这次警察不参加点查，也是受了延庚的命令。所以延庚在故宫博物院中，布列了无数的暗探。后来曾调他到庐山去受训，因为他素来有鸦片烟瘾，急急忙忙地戒掉，以致得病而死。

在叙说乾清宫点查以前，我将先详述出组的情形及领出组单的地点。因为自从这时起，出组的办事处，移设在军机处、内务府等处，这一排办事处，由西边起，迫近隆宗门的墙是军机处，稍东就是内务府，再东迫近乾清门西面的内右门是禁卫处。这一排共十二间。对面在隆宗门的南面，坐南向北共五间是从前军机处章京办公室，"章京"两字是满文的音译，意思是军机处的书记。章京共分四班，满汉各两班，每几天一轮流。章京的办公室除中间的一间堂屋，左右各两间大约满章京办公室在东边，汉章京办公室在西边。现在改为清室善后委员会委员的办公室。章京屋子的后面就是保和殿的后墙。章京的办公室清代俗称为南屋，因为军机大臣的办公室在北面。在乾清门以东由内左门起一直到景运门，也有一排十二间房子，为文武大臣奏事待漏之处，这是在景运门以北。景运门以南，部位与军机章京房子东西对称，也是五间，为宗室王公奏事待漏之处。内右门与内左门之间为乾清门，门凡五间，台阶中左右各一，各有九层。由圣祖到高宗有时在门下陈设御座，各部院以次启事，内阁在此面奉御旨，这是沿自明朝的习惯，后来就不常实行。但嘉庆十八年林清党徒攻入宫禁平后，仁宗下罪己诏，王公大臣皆集乾清门下跪听。

点查的办公处设于旧军机处，每天早晨及下午助理员及顾问等顺着西筒子走进。有时遇到刮风的天，筒子是条长巷并无树木，冒着北方的朔风虽然重袭亦是感觉到寒烈彻骨。在上午九点以前，或下午两点以前，参加查点的人必须到办公室，否则只有在办公室坐候，因为组已进去，个人不能独身出入，这是见于出组条例。

有一件巧合的事情，内左门与内右门皆在乾清门的两旁，但自清朝起，内左门不常开启，凡太监及承应人等出入皆由内右门。军机处大臣、南书房翰林、内务府大臣官员出入亦由此门。如遇在养心殿召见大臣之年老者亦由此门进（皆见乾隆朝所编《国朝宫史》）。军机处的办公室共三间半，由最东边那两间进去，两间北边是大木炕；靠南墙的窗子底下有一张方桌两把椅子，窗上边悬着世宗的御笔木刻匾"一堂和气"；东墙下亦摆着一张桌子两把椅子，上面悬着文宗御笔木刻匾"捷报红旌"，这大约是当时征伐太平天国时所写。再往西边的一间，南北皆有木炕，为军机大臣商量公事的地方，更西边的半间是苏拉们预备茶水之处（"苏拉"是满文音译，意思是供使唤之人，而非太监）。这半间最初在没有盖南屋之前，据赵翼《簷曝杂记》说就是章京的办公室。

在领到出组单以后，并领有封条锁钥，人员皆由内右门进去。我上文所说巧合者即是点查也由内右门出入，而不由内左门。最初只有一组，但这时间甚短，后来组数逐渐增加，为不得不防备是否各组皆已退出，就将各组编成号头，各组在退组的时候把号头挂在内右门的钉子上，等到办理出组的人员点明然后将内右门封锁，由最后退出的一组的组长在封条上签名，填上年月日。在下次再开内右门时必须先验明封条的完整与否。

我所讲的这一天，是指点查乾清宫。进了内右门之后，将门由里面关上，顺着西一长街前进至月华门。月华门在东，它的对面坐西的是遵义门，遵义门是通养心殿的门，而月华门则通往乾清宫。由月华门往北走，沿着懋勤殿等处游廊，游廊北头有一石筑的斜坡，直上到乾清宫；当然由月华门下台阶到院中，然后走一段路，再由乾清宫前面北边的台阶上去也可通行，但是上台阶又下台阶在遇见雨天，经过院子甚不方便，不如由游廊转上斜坡比较直捷简单。从前军机大臣们召见时候也常由这斜坡走，但是普通召见的人就不准许。由乾清门到乾清宫中间有条御路，将到乾清宫时，台阶是由一块石头雕花而成，这名为丹墀。在御路的底下有一条曲折的小路，可以由西面走到东面，这是为的太监们暗走的路，遇见皇帝坐在殿上可以看不见。路是大石块砌成，我当时常笑说这是一处很好的防空避难室。

十二月廿二日那天首次点查乾清宫，是由乾清宫的东面门进入（按乾清宫共九楹，深五楹）。我所说由东边门进入，是指这正中三间最东头的那扇门。当时内务府并没有交出钥匙，所以我们自己每回出组，必须带着锁匠临时配制钥匙开锁，等着查点以后，就换上新锁，各宫殿大约皆如此，就是进了东边门以后，大家商量应该由何处点查起，于是我就提议，由右首第一件物品点起，以后就永远用这方法。但是这间不巧的很，第一号物品恰好是顶门用的大木墩子。因为乾清宫的编号是用千字文中的天字，所以天字第一号就是大木墩子。宫正中设有宝座，宝座高处悬有世祖御笔匾曰"正大光明"，圣祖跋云："皇考世祖章皇帝御笔正大光明四字。结构苍秀，超越古今，仰见圣神文武精一执中，发于挥毫之间，光昭日月，诚足媲美心传，朕罔不时为钦若，敬摩勒石垂诸永久，为子孙万世法。康熙十五年正月吉旦恭跋。"两楹悬有圣祖御笔联曰："表正万邦，慎厥身修思永。弘敷五典，无轻民事惟难。"北两楹高宗御笔联曰："克宽克仁，皇建其有极。惟精惟一，道积于厥躬。"按圣祖御笔联于嘉庆二年于乾清宫同毁于火，现所存者为高宗所临摹。在东西暖阁门前，各有天象仪、地球仪各二，靠东墙长案上，列有《图书集成》若干木匣，在第一匣中缺了头两本，有太监写的黄纸条说是在庚子年某年某月某日为洋人拿走两本。这一部是开化纸初印本，每匣上并刻有"图书集成△△典"。我们当初点查的方法甚笨，一匣匣的编号点查，开匣点册数，费了很多时间。等到第二次点查到西面桌子上的《图书集成》，我们就改变了方法，将《图书集成》编成一个总号，每个匣子成一分号。总号用正楷写的，分号用罗马字写的。这是我们头一次用总号分号。以后凡在一箱子或一柜子的物品，箱或柜用总号，物品就用分号。这是由点查乾清宫的经验得来的。

这一天的点查参与者甚苦，因为北方到冬天朔风烈烈，乾清宫同太和殿一样高大，平常上朝时是用炭盆取暖。宫中的炭盆形式同民间的不太一样，下边是一个真正的炭盆，为燃烧木炭之用，上面是一个很高大的景泰蓝的雕花的罩子。大约一个殿里不只一个，但是点查规则限制出组的人不得抽烟，更说不到生炭盆，所以大家都是一边点查，一边受冻。可见故宫的点查，是由很多的人坚强努力而成的。在《图书集成》书案以南是东暖阁的门，有匾曰"抑斋"，对面的西暖阁匾曰"温室"。在东暖阁门的南边，靠着东墙有雕花两层的大木柜，对着的西面也有同样的布置。柜里皆藏有清代实录的小红绫本，是由太祖一直到穆宗的。因为清朝的祖训每天皇帝早晨要读两册实录。

并且在中间东西两扇门前，即东西两暖阁的门前，以及中间左右的后门前皆有大玻璃穿衣镜，这大约是乾隆时代外国人进贡的，因为在那个时间中国还不会制造这么大块的平板玻璃，所以认为是异宝。这是中间三大间的大概状况。

东暖阁进去在南边是一个大砖炕，北面是两层，前面摆着宝座，左右各有高大的宫扇。上面的一层是一个小阁，点查时有的里面一无所有，有的只有一两件皇子们所画的手卷。看来这暖阁最初也是存贮精品字画之所在，后来溥仪将精品拿走，偶摆上一两件次要的充数。小阁的上下是用活动的梯子。南面的砖炕左右皆有无数层的架子，每层皆盖有纱帘，每层并有描金花的大木匣，从前这里面当然就是《石渠宝笈》及《秘殿珠林》初编所载的书画，但在嘉庆二年起火以后大多数被焚毁。到了嘉庆年间编《石渠宝笈》及《秘殿珠林》续编的时候，这里面就换上续编所载的书画。续编的目录中与初编目录间或有重复，那就是在乾清宫中或者没有烧到的，或者当时就不在乾清宫，而陈列在旁处的，所以续编中有和初编重复的地方。但是到我们点查的时代，各描金花大匣子仍旧存在，我们当然认为至少可以看到续编所载的书画，可是等到打开一看，大失所望，里面全是历代清帝的御笔，大约这也是溥仪拿走精品以后换上来的。东暖阁的窗户台上有几本抄写的穆宗的诗文集。那一天恰好碰到钱玄同先生也参加点查，他就笑着对我说："这里面恐怕有高阳相国的诗文不少。"因为先祖担任过穆宗的师傅，玄同故有此戏言。东暖阁的北面的桌子上，尚有两轴清帝的御容，一是文宗的，一是穆宗的。这两件后来故宫博物院成立，皆在宁寿宫由文献馆展出。

（原载《李宗侗自传》，中华书局，2010 年）

杨叔峤光绪戊戌致张文襄函跋

昔在北平，颇喜购名人信札，所积至万余件，带至台者不过数百札耳，此劫余之一也。吾所注意与收藏家不同，收藏家偏重人与字，而吾则重内容，若内容重要，即片简断篇亦所不计。文襄遗物多经后门外估人之手，以其故宅在白米斜街，去诸肆甚近，忆曾购得两木箱，杂有诸人致文襄信札及文襄所批文件与亲笔电稿若干件，现回忆之，皆可谓为至宝矣。

杨叔峤先生锐，四川绵竹人，举人。文襄自同治十二年督四川学政，直至光绪二年。二年按试眉州，苏东坡祠竣工，有文记之，有《登楼诗》：

> 共我登楼有众宾，毛生杨生诗清新。范生书画有苏意，蜀才皆是同乡人。自注：仁寿学生毛席丰，绵竹学生杨锐，华阳学生范溶，皆高材生。召之从行读书，亲与讲论，使研经学。

光绪三年离蜀至西安，又致书谭学使，推举四校官五少年，杨叔峤亦列入五少年中，可见文襄对他的重视。

后至北京遂担任文襄的"坐京"。坐京者，等于民国初年之各省驻京办事处，不过后者为公开挂牌之办事处，而前者为秘密的，各省督抚皆有之。"坐省"为府县派驻省城的人，见于雍正朱批谕旨，则"坐京"一名称亦必甚早。"坐省"、"坐京"皆指其人而言，并无机关，其职务以向省中报告京中政府的动态为主。文襄的坐京现可知者，除杨叔峤外，尚有黄仲弢绍箕、吴菊农敬修，皆文襄侄婿，张黄楼彬则其侄也。梁任公《戊戌政变记·杨锐传》说：

> 张公之洞督学四川，君时尚少，为张所拔识，因受业为弟子。张爱其谨密，甚相亲信。光绪十五年以举人授内阁中书。张出任封疆将二十年，而君供职京僚。张有子在京师，而京师事不托之子而托之君。张于京师消息，一切借君；有所考察，皆托之于君，书电络绎，盖为张第一亲厚之弟子，而举其经济特科，而君之旅费亦张所供养也（据《戊戌政变记》原刊本）。

"京师消息，一切借君"，即所谓坐京职务也。

此札即报告消息者，中云："公入对之举，前沮于常熟，昨日之电则出刚意，何小人之必不能容君子耶！"足证是光绪戊戌所写。许同莘《张文襄公年谱》：

> 光绪二十四年闰三月初四日奉旨："张之洞著即来京陛见，有面询事件。"十七日，交卸篆务。二十一日，乘舟起程。二十五日，行抵上海，奉二十四日电旨："现在沙市有焚烧洋房之案，恐湘鄂匪徒勾结滋事。长江一带呼吸相连，上游情形最为吃重，著张之洞即日折回本任，俟办理此案完竣，地方一律安静，再行来京。"四月初一日即自上海启程，初八日返抵武昌。

曾闻吴菊农丈言，此次内召，孝钦实欲文襄入军机。当时先祖文正公已故，常熟翁文恭同龢独揽大权，雅不欲文襄入枢府，遂谓沙市教案紧要，非张在湖北坐镇不可。孝钦闻之以为有理，遂有回任之命。此与札中所谓沮于常熟相合。又易顺鼎《抱冰师入觐》诗序亦言"戊戌入觐，以沙市有交涉之案，中道折回。知其事者，谓翁文恭实尼之"。足见此事当时人知者甚多。至于刚（刚毅）沮之事不见于他记载，当亦戊戌间事，较翁事为晚，疑在五月间，见下文。

翁不只反对文襄入枢府，且对湖北各种建设皆以少拨款为尼沮，盖文恭长户部二十余年，财权皆在其手。《张文襄年谱》中记载此者不下数次。其中有汪荃台凤瀛跋文襄致文恭信札，对二人性格亦有详细研究：

> 常熟极修边幅，与文襄行径本不相同。然作京官时，虽踪迹较疏，而同在清流，未尝不互相引重。迨文襄开府粤楚，兴作繁多，规模宏大。常熟局量较隘，视文襄举动不无挥霍之疑。汉阳铁厂开端，中国创举，事事借重客卿，糜费所不能免。常熟时筦度支，文襄请款，动遭驳诘，赖醇贤亲王一意维持，厂事得不中辍。卒以预估之数一再追加，用至六百余万，仍不足用，始奉旨招商承办，非文襄本意。此函词意虽极推崇，实望其维持到底。筱山（按此指文恭侄曾桂）传述之言，盖以搏节为规，故篇末云云，即申明无可搏节之意耳。此事始末，文襄亲为余言之。要之，事皆因公，初无私怨，则可一言决也。

汪跋中有两事错误，即（1）"同在清流"，盖将中日战争时之清流混同治末年光绪初年之清流为一谈，同光间之清流固不数翁在内也。（2）文襄对文恭固无私怨，然文恭的态度并不如此。《广雅堂诗集》卷二《送同年翁仲渊殿撰从尊甫药房先生出塞》诗自注，略言予与翁氏交谊极密，而叔平协揆必欲置予于死地，诚不可解（此非原文，手边无定本《广雅堂诗集》，余刻本皆无此注）。文襄盖不无怨而文恭颇有有意为难之嫌，皆于此注见之。

司农牵掣，遂使中国实业建设受极大影响，受害者不只湘鄂也！读此札可为叹息。

札中又言"公条陈科举一奏，立奉谕旨，一切允行，天下仰望"。当指五月十六日与陈宝箴会奏改革科举之奏折，由此可知此札事在五月末六月初，更可确定刚毅沮文襄入对之举，亦在翁文恭离枢府以后，在五月间矣。

（原载《大陆杂志》第 19 卷第 5 期，1959 年 9 月）

杨锐致张文襄密函跋

此札原至少系六页或更多,购时已佚其一,当是张文襄坐京杨锐对他的秘密报告。虽然未署名,但考证彼时文襄的坐京,共有四人,即刘恩溥(文襄之亲戚)、黄仲弢绍箕(文襄之门生兼一侄女婿)、杨叔峤锐(文襄之门生)及文襄之侄张黄楼彬,四人的报告余皆藏有,以笔迹相对,则此数页确属杨锐者。又按其中所举各事,则当在光绪二十二年九月以后所写也。

第一条言李文忠鸿章因游圆明园获咎事。按文忠与俄商妥光绪中《俄密约》以后,周历欧洲各都城返国,于九月十四日抵北京。翁文泰同龢《日记》云:九月十四日"饭罢,闻合肥到京,往访晤谈"。于十五日进见,《翁记》云:"李相请安,召见。"此朝见德宗于宫中也。次日,往住圆明园旁之善缘庵,以备叩见孝钦后,盖自正月十二日以后,孝钦后常住颐和园,而德宗时常往园,即在彼办事,诸大臣亦随往,各自寻住处。故《翁记》云:十六日,"即出西直门,便道访李相于善缘庵,略坐。未正抵公所"。按公所者,军机公所,在颐和园旁,为翁文恭所住处。信中"所僦寓庵适在园旁"之寓庵即善缘庵也。函中"张荫桓为之供具"语亦有来历,盖张樵野原住彼处。《翁记》:三月初八日,"绕道至善缘庵,访樵野,亦未到,与僧语。庵之南即澄怀园也"。所谓"尚未到"者,自城中尚未来庵也。是樵野于

523

文忠回国后，在其寓中寻屋与住，所以说"为之供具"也。庵在澄怀园北，故函中言适在（圆明）园旁。澄怀与圆明同为咸丰庚申英法联军所毁。文忠于九月十八日奉谕在总理各国事务衙门行走，二十六日始到署，《翁记》所谓二十六日"申到总署，合肥到任，匆匆一见"是也。函中"长信"指孝钦后，汉时太后居长信宫，故以为称。函中第二条谓"闻其入译署，只以议加税事，上意未有回也"。译署即当时人对总理各国事务衙门之简称。文忠自甲午中日战争以后，甚不为清廷所喜，以王文勤、文韶代为直隶总督，只留大学士之闲官。派往欧洲原为加关税事，各国多以裁厘金为条件，俟裁厘后再谈，不得要领而归。至是清廷以经济困难，仍望加税，故派合肥入总理衙门，与外国使臣交涉。

函中或曰一条，合肥入游圆明园目的在欲报效殿座一二所，其说或亦不为无因。按三月初一日《翁记》："立（山）君亦来云：将修建圆明园，懿旨将土药厘金全数提归颐和园工程处，并须将本年奉宸苑之十五万，又借十五万，共三十万，归圆明园工程。昨日本传慈圣偕上讲圆明园，以雪中止，改传初二日。"盖同治末先祖文正公偕恭忠王等谏修圆明园，先祖尤犯颜极谏，李莼《客京邸冬夜读书》诗所谓"台疏间一上，未得回宸衷。贤傅造辟言，主德本至聪。岂不念民瘼，何难罢新丰！事关国根本，连章期诸公"者是也。后遂改修三海，至是修园之议复起。立山时任内务府大臣，管修颐和园兼圆明园工程事，奉宸苑亦内务府所属机构之一。文忠既甚不得意，如前所述，思捐款为修一二处殿座，亦情理中事。不料竟因此获罚，十八日遂有明发："李鸿章擅入圆明园游览，交部议。"二十四日，"李鸿章吏（部）议革职，旨改为罚俸一年，不准抵销"（以上皆见《翁记》）。由是亦可推测出所失之页之后半，必记李文忠自欧回国事也。

第二条言修铁路事。盛杏荪宣怀为王文勤文韶、张文襄之洞联函保督办铁路公司,召来京。按许同莘之《张文襄公年谱》,光绪二十二年七月"会北洋大臣覆函芦汉铁路商办难成,请设铁路公司,招商集股,暂借洋债垫用,以苏宁铁路并归修筑,保道员盛宣怀总理其事"。盖去年十月督办军务王大臣曾以修铁路事上请,奉旨官督商办,著王文韶、张之洞会同办理。后盛宣怀以承办铁厂至湖北,文襄与言铁路事,见其议论透辟,遂与王文勤商保举他经办。请盛办铁路公司盖由文襄所发动也。八月十七日盛至京。《翁记》:八月十七日"晚盛杏生自津来,王张两公保办芦汉铁路也。力辞,谈六刻去。"又九月初三日:"是日约盛杏孙观察到彼询铁路事,彼递节略一通,众佥谓然,一时许去。"彼指督办军务处。又九月初五日:"约杏孙来谈铁路。明日总督递折言见该道,询悉一切,并将所递说帖呈览。"初六日:"封函二,其一即总署铁路事,留中。"此折至十四日即合肥到京二日,始下。所以函云:"有顷,左右持片纸至,乃本日盛宣怀办铁路明发谕旨也。"《张文襄公年谱》亦载有上谕,但将月份误记,谱作十月,当作九月也。上谕原文如下:

> 奉上谕,前据王文韶、张之洞会函,芦汉铁路另筹办法一折,当交总理各国事务衙门王大臣查阅。旋据函称,遵旨咨询盛宣怀条陈一切办法,均确有见地。请准设铁路总公司,令盛宣怀督办,由芦汉办起,苏、沪、粤、汉,次第扩充。……并将盛宣怀所递说帖抄录呈览。昨召见盛宣怀,奏对具有条理,以责成实力举办,以一事权。仍著王文韶、张之洞督率兴作,作事谋始,务策乃全,著再逐细考校,电商妥协。盛宣怀开缺以四品京堂候补,此后折件,著一体列衔会函。

第三条"鉴园"指礼王世铎。由光绪十年至十六年，礼王名义上为首席军机大臣，而事实上皆须请示醇贤亲王。至光绪十六年醇王卒后，礼王始独揽机务。刚毅补工部尚书在二十二年四月。刘麒祥者以道员总办上海制造局，言官劾其挥霍亏空，张文襄时署理两江总督，廷寄令其督敕刘道认真规划，文襄遂饬刘麒祥交卸。

第四条言铁路事，指中东铁路而言。所谓归其名于中国公司，指名由中东铁路公司修理，而暗由俄人供款并由俄技术人员修理。延茂奏询之密约即李文忠与俄外部大臣罗拔诺夫及度支大臣微德所订之《中俄密约》。约共六条，俄以共同防御日本为理由，而中国许其修筑经过中国境土之铁路。当时订约极秘密，往来电报密码皆由军机大臣亲自翻译，与普通电报之由军机章京者不同，外人因此多不能知，大约杨叔峤亦未知，故函中未提及内容。议约详情见拙著《李文忠使俄与光绪中俄密约》一文，载《大陆杂》志第一卷中。

第五条言玉铭事。按玉铭旗人，以开木厂为业，捐四川盐茶道。召见时，照例背诵履历，而玉铭背不清楚。于是德宗大怒，遂令其用笔跪写，又只能写"奴才玉铭，某旗人"。清代习惯汉人称臣，而满洲人称奴才也。德宗遂问他做何事，答曰"是开木厂的"。于是帝愈怒，曰："你仍开木厂好了，何必当盐茶道！"玉铭答以"听说盐茶道的收入比开木厂的更高"。遂下谕将玉铭降为候补同知。至是又因醇王福晋事革职共往新疆，此八月二十七日事也。醇贤亲王宣宗第七子，故曰七福晋。七福晋卒于五月十八日，而奉移于六月初八日。园寓者，醇王在西郊之花园也。按《翁记》，八月二十七日："有旨，前四川盐茶道降补同知玉铭革职，发新疆，遇赦不赦。"又："日昨醇府管事瑚图礼等五人发新疆；内监高顺发龙江，皆懿旨。"与札中所说皆相合。文恭未记载内幕，若非此札，世人无有能知之者矣。

第七条言鹿文端传霖对松潘剿番事。文端由光绪二十一年任四川总督，至二十三年罢。按文端请将瞻对平定各地设汉官电，系八月初七日到京者。钱指军机大臣钱子密应溥。至八月二十一日方谕"瞻对用兵，系暂时办法。事定之后应否仍设番官，当再斟酌妥办"。所谓"高阳在告，翁持之不下"，先祖文正公自是年五月十七日因病请假，至九月初四日方销假，故云在告也。翁指翁文恭同龢。

第八条说徐用仪被刺事，事发生于九月十五日。据明发云：

> 步军统领衙门奏："本月十五日，吏部左侍郎徐用仪由前门棋盘街地方经过，突有已革马甲林光施放火枪，将该侍郎车上玻璃打碎，以致面有微伤。当将凶犯拿获审讯，供词支离，请饬送部严讯等语。"已革马甲林光，胆敢在辇毂之下，施放火枪轰击大员，不法已极！著即将该犯林光送交刑部严加审讯，加等治罪；并著正黄旗满洲都统将该犯所供之领催札姓严行看管，听候刑部传质。

棋盘街在前门内大清门之南。

第九条所记太监事，《翁记》略有不同。四月十五日："又廷寄一道，饬兵部内务府及三省将军直督严定发遣太监脱逃章程。前者太监闻得兴（闻原作文，文恭自改作闻）由内务府承旨于黑龙江口戍所正法，继而飞寄江南拏（原空格）等于上海，旋报王（空格）宣增泰于营口就获。王正法，宣发原处永远枷号监禁；聂得禄获于伯都讷正法。至是乃有此电。"飞寄江南拏内监事亦见四月初二日《翁记》："面谕刘坤一等覆函交拿内监未获，因命饬依长恩三将军直督王山海副都统桂一体访拿，六百里加紧廷寄。"文恭并在下注云："拿犯谕亦密拟亲写，皆未经南屋。"所谓"未"、"皆"、者，因同日有寄李文忠为《中俄密约》电亦密拟者。南屋指军机章京办公室，在军机大臣直庐对面，庐居北故称为南屋。与《密约》同等秘密，足见此事之重要矣。"大约必是闻姓太监一案或与寇连财有交涉耳。"寇连财《翁记》作寇万财，实以寇连财为是。昔闻之内监唐姓，与寇同时同事者，则"上封事"之说为可靠。据云寇工文墨，自拟一奏折，于一日清晨在孝钦后所居殿外跪进，后取阅之，大怒，遂处死。翁记二月十七日又云："杨（崇伊）弹文（廷式）与内监文姓结为兄弟，又主使安维峻言事，安发遣敛银万余送行。"所言内监文姓想即信中之闻姓太监也。

按刘坤一覆函在四月初二日到京，则命江南拿内监之廷寄必远在前，而闻姓之发遣或在二月寇连财事同时也。

第十条言杨崇伊参方孝杰事。方为总理各国事务衙门章京。杨崇伊字莘伯，久在李文忠幕府，故谓为淮党也。

按前数页多光绪二十二年八九月间事，故谓此札必写于九月或更迟者。至于第九、十两条皆三四月间事，疑此页系另一札而混入前札者。

附录：杨锐致张文襄密函全文

园则以所僦寓庵适在园旁（张荫桓为之供具，合肥得处分颇咎之），内监导之遍历各处，意望得其厚犒，因所予不满众欲，遂上闻于长信，故有是命。或曰合肥之入，实欲相度工程，盖拟报效殿座一二所，未及上达，遽以冒昧获咎，因作罢论云。

合肥过津见仁和，言及海关缺，力劝保沈能虎，王辄乱以他言。闻此次上奏，仍以沈拟陪也。到都，盛宣怀往谒，合肥询铁路事。盛云已议上数日，当俟中堂来亭决，颇自喜。有顷，左右持片纸至，乃本日盛宣怀办铁路明发谕旨也。李为嗒然。闻其入译署，只以议加税事，上意未有回也。

迩来机务决于鉴园。其所最亲信者自荣实禄外，刚毅极得邸欢。景星放陕安道，至今未行，闻亦时预谋议，只以刘麒祥故失意指，颇自慰也。刚为也昏妄浅愎，一无所知，惟不通馈赂耳。近骤擢尚书；派崇文门监督，无差不与，意甚自得。遇条陈有涉变法事，必竭力阻尼之，近来一事不能办，实坐此人作梗耳。

自恰克图至海参崴之铁路允由俄人自修，而归其名于中国公司，盖虑各国效尤，其实都下无人不知也。倭人另索厦门、上海、天津汉口四马头租界与各国一律，不照宁波章程，已应许，奈何？合肥求加洋税，美商以待中国尽撤厘金为言，未知将来能争得寸益否。前日吉林将军延茂奏询密约何事，请密示以便预备，不报。

有曾放四川盐茶道之玉铭，向开杠房。此次七福晋移园寓，丧仪大臣已定向来承办之某家，而玉铭贿醇护卫太监等争得之，浮销实止数万，为内务府堂官文琳讦发。佛大怒。此事与嗣醇王之生母侧福晋有连，意欲穷治，恭邸为叩头固求，乃止。玉铭发新疆，遇赦不赦。在逃未获，现已籍产严拿，护卫等均发新疆给披甲为奴。太监某发黑龙江，永远枷号监禁。圣怒不测也（两杠房争揽此事，慈驾临奠，见府门置杠二具，以为不祥，已大怒；金棺发引时，上须跪奠三爵，候起行始起，而杠夫以一扣不能合，延至二刻许，上亦怒。故此次谴罚独重云）。

赵巡抚舒翘覆奏，宁藩瑞章有片，请将已与督臣刘坤一议处旨宽免。后旬日，杨侍郎颐再疏论刘以有旨在前，故弗追及也。杨另片请今年内勾到时，龚照玙褚诸人勿予宽典。疏留中。其事虽不行，人颇以是称之。

四川鹿制军因松潘剿番案请奖。高阳在告，翁持之不下。占对土司抗命，侵占明正土司地界，川中发兵剿办。鹿奏请俟平定后改设汉官，政府以卤莽责之。鹿执奏谓事已得手，不可养痈贻患云云。乃听其相机办理。钱云若设汉官，恐英人不允。真可谓梦呓也。

徐用仪到署，行过棋盘街，有人以洋枪轰击。不中，穿轿柱而过，差寸许即危矣。此一大奇事也。徐为人庸软，素少仇怨，或谓神机营被革马甲欲击荣禄，或云欲击熙敬，或云欲击文琳，皆以面貌相似而误，未知孰是。闻刑部讯无端倪，拟以风魔结案云。

前月在营口及吉林地方拿获在逃之太监王得福、聂得平、宣增太三人，均已次第正法。所坐何罪，至今莫名，大约必是闻姓太监一案，或与寇连财有交涉耳。

杨崇伊去冬曾参朱之榛，高阳寝其奏不行。渠前在苏州有事干求，未惬所愿，故也。本月廿一再疏参朱，另片论机匠鼓噪事，仍专罪朱一人。又片论江南饥荒，请铸制钱。又片参方孝杰。方从去年来议论甚谬，专袒淮人，不意乃为淮党所毁，可异也。

（原载《大陆杂志》第 22 卷第 4 期，1961 年 2 月）

附　录

新编李宗侗教授遗著目录

任长正

李宗侗教授字玄伯，河北高阳人。生于1895年，卒于1974年。曾任北京大学、中法大学及台湾大学历史系教授，中研院历史语言研究所通讯研究员。玄伯师学问渊博，治史严谨，著作等身，为中国古代社会史及清史权威。教育学生，耐心督导，善意栽培，门人弟子，受惠良深。如今，桃李满天下，各有所成，是可感也。这个目录共收集117项，内容分两大类，计专书17本，论文100篇，以出版年代的先后次序排列。无论中外专家、学者、学生选读或做研究时，只要看到这份目录，就可找到最好的参考资料，尤其现今的在线书目（Online Bibliography），在线检索（Online Search），以及电子书的供用，图书资讯的发展，日新月异。而吾师的研究著作，既已公诸于世，当更流传广远，与日月长存。

专　书

1.《中国古代社会新研》，上海：开明书局，1939年。
2.《中国史学史》，台北：中华文化出版事业委员会，1953年。

3.《中国古代社会史》（二册），台北：中华文化出版事业委员会，1954年。

4.《希腊罗马古代社会史》（二册），［法］古朗士著，李宗侗译，台北：中华文化出版事业委员会，1955年。

5.《中国历代大学史》，李宗侗等著，台北：中华文化出版事业委员会，1958年。

6.《中华文学史》，台北：中华文化出版事业社，1964年。

7.《历史的剖面》，台北：文星书店，1965年。

8.《资治通鉴今注》（十五册），李宗侗、夏德仪等校注，台北：台湾商务印书馆，1966年。

9.《史学概论》，台北：正中书局，1968年。

10.《李鸿藻先生年谱》（二册），李宗侗、刘凤翰著，台北：台湾商务印书馆，1969年。

11.《春秋左传今注今译》（三册），台北：台湾商务印书馆，1971年。

12.《春秋公羊传今注今译》（二册），台北：台湾商务印书馆，1973年。

13. 중국사학사（《中国史学史》韩文版），李宗侗著，Hyean 译，韩国首尔（Seoul）：慧眼图书出版社（Hyean Publishing Company），2009年。

14.《李宗侗自传》，北京：中华书局，2010年。

15.《中国古代社会新研 历史的剖面》，北京：中华书局，2010年。

16.《中国史学史》，北京：中华书局，2010年。

17.《李宗侗文史论集》，北京：中华书局，2010年。

论文及杂著

1.《古史问题的唯一解决方法》,《现代评论》第 1 卷第 3 期,1925 年 1 月。

2.《嚣俄的童年》,《猛进周刊》第 7 期,1925 年。

3.《红楼梦的地点问题》,《猛进周刊》第 8 期,1925 年 4 月。

4.《与胡适之先生论三侠五义书》,《猛进周刊》第 9 期,1925 年 5 月。

5.《再论红楼梦及其地点》,《猛进周刊》第 12 期,1925 年 5 月。

6.《儿女英雄传作者文康的家世》,《猛进周刊》第 22 期,1925 年 7 月。

7.《方腊始末考》,《猛进周刊》第 24、25 期,1925 年 8 月。

8.《水浒故事的演变》,《猛进周刊》第 28、29 期,1925 年 9 月。

9.《读水浒记》(百回本《水浒》卷首),北京:燕京印书局排印本,1925 年,现收在鲁迅的《中国小说史略》第 16 册。

10.《服尔德(Voltaire)》,《中法教育界》第 1 期,1926 年 10 月。

11.《史料旬刊》(套装全四册),1930 年 6 月 1 日创刊,至 1931 年 7 月 1 日共出 40 期,李宗侗主要负责,单士元主编,故宫博物院,1930 年。

12.《曹雪芹家世新考》,《故宫周刊》第 84 卷第 85 期,1931 年 5 月。

13.《玄武笔记》,《故宫周刊》第 101 卷,1931 年。

14.《东北史纲》(第一卷),傅斯年等合编,北平:中研院历史语言研究所，1932年；台北：洪叶文化事业出版社，2006年。

15.《二年花月的故事》，〔法〕法朗士著，李玄伯译，1932年，《中国现代文学总书目》，页741。

16.《述也是园旧藏古今杂剧跋》，《辅仁学志》12，1943年，现收在《中国文学史论文索引·戏曲》（40年代）。

17.《中国古代婚姻制度的几种思想》，《史学集刊》第4卷，页1—9，1944年8月。

18.《赵东潜〈旷亭读书图歌〉注》，《国立中央图书馆馆刊》复刊第1号，页8—12，1947年；又见于《华冈学报》第2期，页235—236。

19.《中国古代社会与近代初民社会》，《国立中央图书馆馆刊》复刊第2号，页1—8，1947年。

20.《赵东潜年谱稿》，《文史哲学报》第1期，页327—373，1950年6月。

21.《李文忠使俄与光绪〈中俄密约〉》（共八篇），（一）《大陆杂志》第1卷第1期，页4—19，1950年6月；（二）《大陆杂志》第1卷第3期，页21—24，1950年8月；（三）《大陆杂志》第1卷第4期，页23，1950年8月；（四）《大陆杂志》第1卷第6期，页24—26，1950年9月；（五）《大陆杂志》第1卷第8期，页15—19，1950年10月；（六）《大陆杂志》第25卷第6期，页1—7，1962年9月；（七）《大陆杂志》第25卷第7期，页20—25，1962年10月；（八）《大陆杂志》第25卷第8期，页27—32，1962年10月。

22.《君位由女性转变男性的途径》，《大陆杂志》特刊第1辑，页221—232，1952年7月。

23.《跋庐浦笔记各种版本的比较研究》，《大陆杂志》第7

卷第 5 期，页 8，1953 年 9 月。

24.《怎样才算是一部完善的中国通史》，《建设》第 2 卷第 5 期，页 18—26，1953 年 10 月。

25.《廷寄序》，《文献专刊》第 4 卷第 3、4 期，页 7，1953 年 12 月。

26.《周代的政治制度》，《中国政治思想与制度史论集》（三），页 1—16，1954 年。

27.《春秋战国战史》，《中国战史论集》（一），页 1—16，1954 年 8 月。

28.《中国史学的绵长与二十五史》，《中国一周》第 275 期，页 12，1955 年 8 月。

29.《二十五史的体裁》，《中国一周》第 276 期，页 6，1955 年 8 月。

30.《二十五史中最重要的两部书及其作者》，《中国一周》第 277 期，页 6，1955 年 8 月。

31.《王渔洋诗文书札手稿跋》，《大陆杂志》第 12 卷第 1 期，页 2，1956 年 1 月。

32.《忠烈双全的孙督师承宗》，《中国一周》第 315 期，页 11，1956 年 5 月。

33.《司马光与资治通鉴》，《中国一周》第 330 期，页 12，1956 年 8 月。

34.《资治通鉴今注》，《教育与文化》第 13 卷第 12 期，1956 年 10 月。

35.《怎样研究中国历史》，《中国一周》第 343 期，页 5，1956 年 11 月。

36.《南朝的四代史及其作者》，《中国一周》第 346 期，页

5，1956 年 12 月。

37.《论夫子与子》，《史语所集刊——庆祝胡适先生六十五岁论文集》第 25 本上册，页 465—484，1956 年 12 月。

38.《〈华侨志总志〉评介》，《政论周刊》第 123 期，页 23，1957 年 5 月。

39.《Ancient Chinese Society and Modern Primitive Society》，*Chinese Culture* Vol. 1，No. 3，pp. 15—34，January 1958.

40.《读〈春秋晋卜骨文字考〉后记》，《大陆杂志》第 16 卷第 5 期，页 1—2，1958 年 3 月。

41.《孔学中的"仁"及由是而生的教育平等观念》，《教育与文化》第 194 期，页 5—7，1958 年 10 月；亦见于《中央日报》1958 年 9 月 28 日。

42.《续论夫子与子》，《史语所集刊——庆祝赵元任先生六十五岁论文集》第 29 本下册，页 757—773，1958 年 11 月。

43.《办理军机处略考》，《幼狮学报》第 1 卷第 2 期，页 1—19，1959 年 4 月。

44.《杨叔峤光绪戊戌致张文襄函跋》，《大陆杂志》第 19 卷第 5 期，页 1—2，1959 年 9 月。

45.《三字经简注跋》，齐如山手书说明稿本，董作宾题签，李宗侗跋，1959 年。

46.《记叔父李石曾先生的书画及我们的家世》，《中国一周》第 527 期，页 7—8，1960 年 5 月。

47.《士的演变》，《人生》第 21 卷第 1 期，页 22—25，1960 年 11 月。

48.《杨锐致张文襄密函跋》，《大陆杂志》第 22 卷第 4 期，页 1—3，1961 年 2 月。

49.《跋寿伯茀与张文襄书并述宝竹坡父子》,《大陆杂志》特刊第 2 辑,页 113—115,1962 年 5 月。

50.《宣统的出宫与故宫博物院的成立》,《青年学术年会论文集》,页 120—123,1962 年 5 月。

51.《旅法杂忆》(共四篇),(一)《传记文学》第 1 卷第 3 期,页 36—38,1962 年 8 月;(二)《传记文学》第 6 卷第 2 期,页 47—50,1965 年 5 月;(三)《传记文学》第 6 卷第 3 期,页 48—50,1965 年 3 月;(四)《传记文学》第 6 卷第 4 期,页 52—54,1965 年 4 月。

52.《庚子拳乱的一页直接史料》,《大陆杂志》第 26 卷第 4 期,页 31—34,1963 年 2 月。

53.《社祭演变考略——台湾土地庙的调查研究》,《大陆杂志》第 26 卷第 10 期,页 1—5,1963 年 5 月。

54.《吴敬恒书简并附吴先生小传》,《文星》第 12 卷第 5 期,页 24—25,1963 年 9 月。

55.《谭延闿书简》,《文星》第 12 卷第 6 期,页 37—38,1963 年 10 月。

56.《张人杰书简》,《文星》第 13 卷第 1 期,页 43—44,1963 年 11 月。

57.《我的童年》,《传记文学》第 3 卷第 5 期,页 26—28,1963 年 11 月。

58.《由曲阳到光州》,《传记文学》第 3 卷第 6 期,页 25—27,1963 年 12 月。

59.《由光州重回北京》,《传记文学》第 4 卷第 1 期,页 36—37,1964 年 1 月。

60.《敬悼溥心畬大师——兼述清末醇王对恭王政争的内

幕》，《传记文学》第 4 卷第 2 期，页 34—36，1964 年 2 月。

61.《五大臣出洋与北京第一颗炸弹》，《传记文学》第 4 卷
第 4 期，页 35—37，1964 年 4 月。

62.《故宫博物院回忆录》（共七篇），（一）《中国一周》第
735 期，页 1—2，1964 年 5 月；（二）《中国一周》第 736 期，页
9—10，1964 年 6 月；（三）《中国一周》第 737 期，页 3—14，
1964 年 6 月；（四）《中国一周》第 738 期，页 7—8，1964 年 6
月；（五）《中国一周》第 741 期，页 7—8，1964 年 7 月；（六）
《中国一周》第 742 期，页 6—7，1964 年 7 月；（七）《中国一
周》第 743 期，页 8—9，1964 年 7 月。

63.《从家塾到南开中学》，《传记文学》第 4 卷第 6 期，页
43—45，1964 年 6 月。

64.《辛亥革命与民元往法国》，《传记文学》第 5 卷第 1 期，
页 52—54，1964 年 7 月。

65.《我的先世与外家》（共两篇），（一）《传记文学》第 5
卷第 3 期，页 52—54，1964 年 9 月；（二）《传记文学》第 5 卷
第 4 期，页 45—47，1964 年 10 月。

66.《高阳李氏简史略述》（手稿本），共 13 页，李宗侗敬
述，商务印书馆稿纸，1964 年。

67.《读中国上古史札记》，《大陆杂志》第 29 卷第 10、11
期合刊本，页 33—36，1964 年 12 月。

68.《朱家骅傅斯年致李石曾吴稚晖书》，《传记文学》第 5
卷第 6 期，页 50—53，1964 年 12 月。

69.《巴黎中国留学生及工人反对对德和约签字的经过》，
《传记文学》第 6 卷第 6 期，页 41—42，1965 年 6 月。

70.《史官制度——附论对传统之尊重》，《文史哲学报》第

14 期，页 119—157，1965 年 11 月。

71.《先祖父文正公同治十三年上穆宗谏折墨迹跋》，《大陆杂志》第 32 卷第 1 期，页 1—2，1966 年 1 月。

72.《李文正公为军机及御前大臣谏重修圆明园事所上两宫皇太后折手稿跋》，《大陆杂志》第 32 卷第 2 期，页 8—9，1966 年 1 月。

73.《文韵阁（廷式）丈吴韬日记手稿跋》（高阳李氏所藏清代文献之一），《大陆杂志》第 32 卷第 4 期，页 1—8，1966 年 6 月。

74.《翁方纲〈曹慕堂先生碑铭志传逸事册书后〉真迹跋》，《大陆杂志》第 32 卷第 5 期，页 9—10，1966 年 3 月。

75.《王文端（杰）〈曹慕堂先生碑铭志传逸事册〉跋》，《大陆杂志》第 36 卷第 7 期，页 17，1966 年 4 月。

76.《董文恭（诰）〈曹慕堂先生碑铭志传逸事册〉跋》，《大陆杂志》第 32 卷第 8 期，页 19，1966 年 4 月。

77.《林文忠则徐题成亲王画册跋》，《大陆杂志》第 32 卷第 11 期，页 32，1966 年 6 月。

78.《潘文恭（世恩）阮文达（元）汤文端（金钊）题诒晋斋画册跋》，《大陆杂志》第 32 卷第 12 期，页 14，1966 年 6 月。

79.《封建的解体》，《文史哲学报》第 15 期，页 309—343，1966 年 8 月。

80.《回国任教及祖母病逝》，《传记文学》第 9 卷第 3 期，页 46—47，1966 年 9 月。

81.《北大教书与办猛进杂志》，《传记文学》第 9 卷第 4 期，页 45—46，1966 年 10 月。

82.《诒晋斋画册第一跋》（高阳李氏所藏清代文献之一），

《大陆杂志》第 33 卷第 9 期，页 32，1966 年 11 月。

83.《史学》，李宗侗主编，《廿世纪之科学》第 9 辑《人文科学之部》，台北：正中书局，1966 年。

84.《高阳李文肃公五种跋》，台北，1967 年。

85.《清代中央政权形态的演变》，《史语所集刊》第 37 本上册，页 79—158，1967 年 3 月。

86.《炎帝与黄帝的新解释》，《史语所集刊·庆祝李方桂先生六十五岁论文集（上册）》第 39 卷，页 27—40，1969 年 1 月。

87.《查禁清史稿与修清代通鉴长编》，《传记文学》第 19 卷第 1 期，页 62—64，1971 年 7 月。

88.《从九一八说到故宫文物的南迁》，《传记文学》第 19 卷第 3 期，页 43—44，1971 年 9 月。

89.《清代对于年轻翰林习满文的办法》，《中华文化复兴月刊》第 5 卷第 11 期，页 89—107，1972 年 11 月。

90.《新校三国志注》，李宗侗主编，台北：世界书局，1972 年。

91.《〈三国演义〉的史传背景》，收在《新校三国志注》第二章，台北：世界书局，1972 年。

92.《春秋时代社会的变动》，《文史哲学报》第 22 期，页 263—303，1973 年 6 月。

93.《光绪中俄密约之交涉及签订》（共四篇），（一）《传记文学》第 36 卷第 4 期，页 26—27，1970 年 4 月；（二）《传记文学》第 36 卷第 5 期，页 127—131，1970 年 5 月；（三）《传记文学》第 36 卷第 6 期，页 124—128，1970 年 6 月；（四）《传记文学》第 36 卷第 7 期，页 128—130，1970 年 7 月。

94.《家邦通论》，《中国上古史论文集》（下册），台北：华世出版社，1979 年。

（以下为登在报纸上的文章）

95.《如何研究中国历史》,《中央日报》1956 年 8 月 15 日。

96.《敬悼袁同礼学长》,《中央日报》1965 年 2 月 16 日。

97.《补谈〈大库书档与故宫文物〉》,《中央日报》1965 年 12 月 24、25 日。

98.《怀念齐寿山丈并述齐禊亭太夫子》,《中央日报》1965 年 12 月 26 日。

99.《由居延汉简谈到西北科学考察》,《中央日报》1966 年 2 月 17 日。

100.《周公与孔子》,《新生报》1966 年 12 月 23 日。

2010 年 8 月